ERIC HOBSBAWM

Os trabalhadores
Estudos sobre a
História do Operariado

ERIC HOBSBAWM

Os trabalhadores
Estudos sobre a
História do Operariado

Tradução de Marina Leão Teixeira Viriato de Medeiros

6ª edição

Paz & Terra

Rio de Janeiro
2022

copyright©Eric J. Hobsbawn

Direitos de edição da obra em língua portuguesa no Brasil adquiridos pela EDITORA PAZ E TERRA. Todos os direitos reservados. Nenhuma parte desta obra pode ser apropriada e estocada em sistema de bancos de dados ou processo similar, em qualquer forma ou meio, seja eletrônico, de fotocópia, gravação etc., sem a permissão do detentor do copyright.

Editora Paz e Terra Ltda.
Rua Argentina, 171, 3º andar – São Cristóvão
Rio de Janeiro, RJ – 20921-380
http://www.record.com.br

Seja um leitor preferencial Record.

Cadastre-se e receba informações sobre nossos lançamentos e nossas promoções.

Atendimento e venda direta ao leitor:

sac@record.com.br

Texto revisado segundo o novo Acordo Ortográfico da Língua Portuguesa.

CIP-BRASIL. CATALOGAÇÃO NA FONTE
SINDICATO NACIONAL DOS EDITORES DE LIVROS, RJ

H599t 6ªed	Hobsbawn, Eric J. Os trabalhadores: estudo sobre a história do operariado / Eric Hobsbawn; tradução de Marina Leão Teixeira Viriato de Medeiros. Rio de Janeiro: Paz e Terra, 2022.

Título original: Labouring men
ISBN: 978-85-7753-118-9

Bibliografia

1. Trabalhadores I. Título II. Série

	CDD-331
81-0379	CDD-331

Impresso no Brasil
2022

SUMÁRIO

	PREFÁCIO	7
1	Thomas Paine	11
2	Os destruidores de máquinas	17
3	O Metodismo e a ameaça de revolução na Inglaterra	39
4	O artesão ambulante	53
5	O padrão de vida inglês de 1790 a 1850	91
6	A História e as *Satânicas Fábricas Escuras*	145
7	O debate do padrão de vida: Um pós-escrito	165
8	Flutuações econômicas e alguns movimentos sociais desde 1800	173
9	Os trabalhadores ingleses do gás, 1873-1914	215
10	Os sindicatos trabalhistas gerais na Inglaterra, 1889-1914	243
11	Sindicatos nacionais portuários	277
12	Hyndman e a FSD	313
13	O Dr. Marx e os críticos vitorianos	323
14	Os fabianos reconsiderados	337
15	A aristocracia do trabalho na Inglaterra do século dezenove	365

16	Tendências do movimento trabalhista inglês desde 1850	423
17	Costumes, salários e carga de trabalho na indústria do século dezenove	461
18	Tradições trabalhistas	497

PREFÁCIO

OS ENSAIOS AQUI PUBLICADOS consistem parcialmente em artigos de vários diários, alguns deles bastante inacessíveis, e parcialmente de estudos não publicados, produto ou subproduto do interesse de vários anos na história e assuntos da classe trabalhadora. Eles abrangem, principalmente, do fim do século dezoito até a Primeira Guerra Mundial e classificam-se de uma maneira geral em quatro grupos: até a metade do século dezenove, estudos do "novo-sindicalismo" de 1889-1914, estudos do renascimento do socialismo na Inglaterra no fim do século dezenove e um grupo de documentos gerais abrangendo um período cronológico bastante amplo. A maioria destes têm uma coisa negativa em comum. Ficam fora dos limites da história cronológica direta ou narrativa dos movimentos trabalhistas. Isto foi iniciado com inteligência pelos Webbs e G.D.H. Cole, e na idade do ouro da história do trabalhismo inglês que começou cerca de quinze anos atrás, um certo número de estudiosos excedentes continuaram, ampliaram ou reviram o trabalho deles. Contudo, tem havido comparativamente poucos estudos sobre as classes trabalhadoras como tais (ao contrário das organizações e movimentos trabalhistas), e sobre as condições econômicas e técnicas que permitiram aos movimentos trabalhistas serem eficientes, ou que os impediram de ser eficientes. Nos últimos anos este campo começou a atrair maior atenção, mas está ainda bastante escassamente cultivado. A maioria dos ensaios deste volume pertencem à última categoria.

Vários são expositivos. "A aristocracia do trabalho na Inglaterra do século XIX", e o "O Artesão ambulante" "Costumes, salários e carga de trabalho na indústria do século XIX" foram as primeiras tentativas de reunir material sobre esses assuntos e considerar algumas de suas implicações. Isto se aplica também aos estudos sobre o "novo sindicalismo". Outros são polêmicos, ou com o caráter de revisões históricas. Assim "Os destruidores de máquinas" tenta rever as opiniões tradicionais do Luddismo, "O Metodismo e a ameação de revolução na Inglaterra" refuta a bem conhecida controvérsia de Elie Halévy de que Wesley salvou a Inglaterra da convulsão social no começo do século dezenove, e os documentos sobre o padrão de vida são contribuições para a controvérsia entre os historiadores que se tornou bastante intensa nos últimos anos. "Os fabianos reconsiderados" também se destina a rever as opiniões tradicionais sobre o assunto. Outros documentos tratam de vários aspectos da ideologia radical, trabalhista e socialista. Já que alguns dos ensaios foram escritos para diários não especializados ou para um público não especialista, são menos carregados do aparato habitual de erudição do que aqueles destinados principalmente aos especialistas. Contudo, espero que mesmo os aparentemente mais especializados contenham algo de interesse geral; porque tentei torná-los mais genéricos do que os seus títulos possam algumas vezes sugerir.

A maior parte dos documentos reeditados foram deixados substancialmente inalterados, a não ser por pequenas correções ou modificações, e algumas referências à literatura subsequente. As principais exceções são o documento principal sobre o padrão de vida, no qual incorporei material reunido desde 1957, ou incluídos em outros artigos não reeditados aqui, e "Tendências do movimento trabalhista Inglês desde 1850", publicado pela primeira vez em 1949, que tem uma última parte reescrita e muito ampliada. Ocasionalmente acrescentei um breve pós-escrito em trabalho subsequente que afeta o meu argumento. Os leitores que desejarem explorar mais a questão devem consultar a bibliografia completa do trabalho inglês sobre a história do trabalhismo desde 1945, publicada nos primeiros números do *Bulletin of the Society for the Study of Labour History*.

Apresento meus agradecimentos aos editores da *Economic History Review, History Today, Marxism Today,* à *New LeftReview,* à falecida *New Reasoner,* à *New Statestman, Past & Present,* e aos Srs. Macmillan and Lawrence and Wishart, pela permissão de reeditar material que apareceu antes em suas páginas ou sob o seu patrocínio.

Londres, Dezembro de 1963

E. J. Hobsbawm

A não ser por pequenas correções e alterações, a edição inglesa em brochura é idêntica à edição encadernada de 1964. Isto não significa que o autor desconheça as críticas que foram feitas a algumas de suas afirmações, ou teria escrito os documentos reimpressos aqui exatamente da mesma forma, se tivesse pretendido fazer isso em 1967.

1
Thomas Paine

Uma revolução moderada é uma contradição em termos, embora um *putsch,* golpe ou pronunciamento não seja. Por mais limitados que sejam os objetivos ostensivos de uma revolução, a luz da Nova Jerusalém deve brilhar através das rachas da alvenaria do Estabelecimento eterno que ela abre. Quando a Bastilha cai, os critérios normais do que é possível sobre a terra são suspensos, e os homens e mulheres naturalmente dançam nas ruas antecipando a utopia. Os revolucionários, em consequência, são cercados por um halo milenar, por mais teimosas ou por mais modestas que possam ser suas propostas verdadeiras.

Tom Paine refletiu esta luz de arco-íris de uma era "na qual tudo pode ser procurado". Ele viu diante de si "uma cena tão nova e transcendentalmente inigualada por qualquer coisa no mundo europeu, que o nome de revolução é diminutivo do seu caráter, e ergue-se numa regeneração do homem". "A era atual," sustentava ele, "merecerá doravante ser chamada a Era da Razão, e a geração atual parecerá ao futuro como o Adão do novo mundo." A América havia se tornado independente, a Bastilha havia caído, e ele era a voz de ambos estes acontecimentos maravilhosos. "Uma participação em duas revoluções", escreveu ele para Washington, "é viver para algum propósito."

E apesar disso as verdadeiras propostas políticas deste homem profunda e instintivamente revolucionário foram quase ridiculamente moderadas. Seu objetivo, "a paz universal, a civilização e o comércio", era o da maioria dos livre-cambistas vitorianos. Ele negou deliberadamente qualquer intenção de "mera reforma teórica" em assuntos econômicos. A iniciativa privada era suficientemente boa para ele e "o processo mais eficiente é o de melhorar as condições do homem através do seu interesse". Sua análise dos males da sociedade, ou seja, de que a guerra e os impostos altos estavam no fundo disso tudo, ainda é doutrina bem-fundada no cinturão dos executivos do Sussex, exceto nas ocasiões em que os lucros dos armamentos e o medo do comunismo superem o horror dos altos gastos do governo. A incursão mais radical de Paine no processo econômico foi um imposto de herança de dez por cento proposto para financiar as pensões da velhice. Quando veio para a França, ele — como outros "jacobinos" ingleses — juntou-se à Gironda, e foi moderado mesmo nesse grupo.

Que ele tenha sido, não obstante, um revolucionário, não é surpreendente. Houve, afinal de contas, uma ocasião em que os industriais sólidos estavam preparados para erguer barricadas (ou mais precisamente, para apoiar o seu erguimento) contra as forças da iniquidade que impediam "a felicidade geral da qual a civilização é capaz", preferindo reis e duques a homens de negócio. O que é surpreendente é o sucesso extraordinário de Paine, e na verdade provavelmente sem paralelo, como porta-voz da revolta. Isto é que o transforma num problema histórico.

Outros panfletários têm algumas vezes conseguido dar o golpe que justifica a vida do agitador e que o transforma por um momento na voz do homem comum. Paine fez isso três vezes. Em 1776 Common Sense cristalizou as aspirações meio-formuladas pela independência americana. Em 1791 sua defesa da Revolução Francesa, *The Rights of Man,* disse quase tudo que os Radicais Ingleses gostariam de dizer algumas vezes sobre seu assunto. Diz-se que vendeu 200 mil exemplares em alguns meses, numa ocasião em que toda a população da Inglaterra, inclusive as crianças e outros analfabetos, era menor do que a da Grande Londres de hoje. Em 1794 sua *Age of Reason* tornou-se o primeiro livro a dizer positivamente, em linguagem compreensível às pessoas comuns, que a Bíblia não era a palavra de Deus. Isso permaneceu como a afirmação clássica do racionalismo da classe trabalhadora desde então. Evidentemente um triunfo triplo desses não é devido a acidente.

E devido em parte ao fato de que Paine era o povo para o qual escreveu, os homens que se fizeram por si mesmos, autoeducados, autoconfiantes ainda não divididos finalmente em patrões e empregados. O homem que foi sucessivamente aprendiz de fabricante de cabos, professor, suboficial, negociante de fumo, jornalista e "uma pessoa engenhosa, esperando introduzir suas invenções mecânicas na Inglaterra", podia falar por todos eles. Incidentalmente, ele tinha a mesma afinidade misteriosa com o público como inventor e como jornalista. A mais popular estrutura isolada da Revolução Industrial, a julgar por suas inumeráveis reproduções nos jarros, é a ponte de ferro sobre o Wear, construída segundo o projeto pioneiro de Paine, embora — caracteristicamente — sem lucros para ele. A descoberta da revolução como um fato deu-lhe, como a seus leitores, a enorme confiança num futuro que era deles.

Na verdade, a descoberta o fez. A não ser pela luta na América, em 1776, ele podia ter se tornado uma figura literária de segunda ordem, ou mais provavelmente um inventor e industrial fracassado, porque a ciência aplicada permaneceu a sua primeira e última paixão. Seus amigos — mas poucos outros — o teriam admirado como um astro espirituoso e encantador da sociedade de uma cidade pequena, um esportista e um bom parceiro no xadrez ou no picquet.* Teriam deplorado moderadamente seu gosto pelo conhaque, e poderiam ocasionalmente comentar a ausência de qualquer vida sexual em alguém aparentemente tão sensível aos encantos da beleza. Se ele não tivesse emigrado para a América com uma recomendação do astuto Franklin, teria sido esquecido. Se ele não tivesse renascido na Revolução, teria sido lembrado apenas numa tese rara de ph.D.

---

* Jogo de 2 a 4 pessoas com 32 cartas. (*N. do T.*)

Mas ele é inesquecível; e bastante tipicamente, não no mundo do liberalismo ortodoxo, mas no universo sectário da rebelião política e teológica; e isto apesar do seu fracasso político uniforme, exceto como jornalista, e da sua falta de extremismo. (Ele foi o único membro da Convenção Francesa que lutou abertamente contra a sentença de morte de Luiz XVI, embora tenha sido o primeiro a clamar pela República.) Seis das oito vidas publicadas antes da mais recente, do professor Aldridge, são de esquerdistas; um comunista publicou suas obras completas.

Por quê? Porque para a maioria dos leitores de Paine a salvação pela iniciativa privada não era a resposta, o que quer que eles pudessem ter pensado. A oposição a ele e a eles era ostensivamente contra o "privilégio" que impedia o caminho da "liberdade"; mas na verdade era também contra as forças novas e não reconhecidas que impeliam os homens tais como eles próprios para a pobreza. Eles eram bastante independentes — como artesãos hábeis, pequenos negociantes ou fazendeiros — para verem por si mesmos como o futuro, não devido ao próprio grau de sua opressão (como o proletariado marxista), os destinava à Revolução, mas porque era ridículo e irracional que homens independentes não devessem triunfar. Por outros 25 anos os artesãos racionalistas do tipo de Paine não procuraram sua salvação através da "união geral" e uma comunidade cooperativa. Mas a pobreza para eles já era um fato coletivo, a ser solucionado e não simplesmente evitado.

Por estes e para estes pobres autoconfiantes Paine falou. Sua análise importa menos do que sua dedicação inabalável e arrogante a eles, expressa com aquela "razão e energia profundas" que Condorcet admirava tanto nele. Quando ele falou da felicidade humana, foi o fim da pobreza e da desigualdade que tinha em mente. A grande questão da Revolução, apesar de sua devoção aos impostos baixos e à livre iniciativa, foi "se o homem deve herdar seus direitos e ter lugar na civilização universal. Se os frutos do seu trabalho devem ser gozados por ele mesmo... Se o roubo deve ser banido dos tribunais e a miséria dos países". Era que "nos países que chamamos de civilizados vemos a velhice indo para os asilos e a mocidade para a forca". Era que a aristocracia dominava "aquela classe de pessoas pobres e miseráveis que estão tão numerosamente dispersas por toda a Inglaterra, que devem ser avisadas por uma proclamação de que são felizes".

Mas Paine não disse só aos seus leitores que a pobreza era incompatível com a felicidade e a civilização. Disse-lhes que a luz da razão havia raiado em homens como eles próprios para terminar com a pobreza, e que a Revolução mostrou como a razão deve triunfar. Ele foi o menos romântico dos rebeldes. O bom senso autoevidente e prático do artesão transformaria o mundo. Mas a simples descoberta de que a razão pode cortar como um machado através da vegetação rasteira do costume que mantinha os homens escravizados e ignorantes foi uma revelação.

Em todas as páginas da *Age of Reason,* como através de gerações de grupos de discussão da classe trabalhista, fulge a exaltação da descoberta de como isso é fácil, uma vez que se tenha resolvido a ver claramente, a descobrir que o que os padres dizem sobre a Bíblia, ou os ricos sobre a sociedade, está errado. Por todo o *Rights of Man* brilha a evidência da grande verdade. Para Burke esta razão revolucionária significava que "toda a roupagem decente da vida deve ser arrancada violentamente" para deixar "nossa natureza nua, trêmula" revelada em todos os seus defeitos. Paine não tinha medo de uma nudez que revelasse o homem, feito por si mesmo, na glória de suas infinitas possibilidades. Sua humanidade permanecia nua, como os atletas gregos, porque estava em posição para a luta e o triunfo. Mesmo agora, quando lemos essas frases simples e claras nas quais o bom senso eleva-se ao heroísmo e uma ponte de ferro fundido cobre a distância entre Thetford e a nova Jerusalém, ficamos eufóricos e comovidos. E se acreditamos no homem, como podemos deixar, mesmo agora, de animá-lo?

(1961)

2

OS DESTRUIDORES DE MÁQUINAS

É HORA TALVEZ DE RECONSIDERAR o problema da quebra de máquinas no começo da história industrial da Inglaterra e outros países. Quanto desta forma de equívocos do início da luta da classe trabalhadora são ainda largamente sustentados, mesmo por historiadores especializados. Assim, um excelente trabalho publicado em 1950 pôde ainda descrever o Luddismo simplesmente como uma "Jaquerie* industrial sem propósito e frenética", e uma autoridade eminente que contribuiu mais do que a maioria para o nosso conhecimento dela, passa sobre os tumultos endêmicos do século dezoito com a sugestão de que estes eram o transbordamento da excitação e da animação.[1] Tais equívocos são, acho eu, devido à persistência das opiniões sobre a introdução de maquinaria elaborada no começo do século dezenove, e às opiniões quanto ao operariado e à história do sindicalismo formuladas no fim do século dezenove, principalmente por Webbs e seus seguidores fabianos. Talvez devamos distinguir as opiniões e as presunções. Em grande parte das discussões sobre a quebra de máquinas ainda se pode detectar a presunção dos apologistas econômicos da classe média do século dezenove, de que se devia ensinar aos operários a não baterem com a cabeça contra a verdade econômica, por mais intragável que fosse; dos fabianos e liberais, de que os métodos com emprego da força na ação trabalhista são menos eficazes do que as negociações pacíficas; de ambos, de que o início do movimento trabalhista não sabia o que estava

---

* Revolta camponesa na França em 1358. (*N. do T.*)

fazendo, mas simplesmente reagia, cegamente e às apalpadelas, à pressão da miséria, como os animais no laboratório reagem às correntes elétricas. As opiniões conscientes da maioria dos estudiosos podem ser resumidas como se segue: o triunfo da mecanização era inevitável. Podemos compreender e simpatizar com a longa ação de retaguarda que todos, exceto uma minoria de trabalhadores favorecidos, empreenderam contra o novo sistema; mas devemos aceitar sua derrota inevitável e sem propósito.

As presunções tácitas são inteiramente discutíveis. Nas opiniões conscientes há obviamente uma boa dose de verdade. Ambas, contudo, obscurecem uma boa parte da história. Assim elas tornam impossível qualquer estudo real dos métodos de luta da classe trabalhadora no período pré-industrial. No entanto, tal estudo é extremamente necessário. Um olhar muito apressado sobre o movimento trabalhista do século dezoito e começo do dezenove mostra como é perigoso projetar o quadro da revolta desesperada e retirada, tão familiar de 1815-48, longe demais no passado. Dentro de seus limites, e eles eram, intelectual e organizacionalmente muito estreitos, os movimentos do longo surto econômico que terminou com as guerras napoleônicas não foram nem desprezíveis nem completamente malsucedidos. Grande parte deste sucesso foi obscurecido pelas derrotas subsequentes: a forte organização da indústria de lã do oeste da Inglaterra decaiu completamente para só reviver na ascensão dos sindicatos gerais durante a primeira grande guerra; as corporações de ofícios dos trabalhadores belgas de lã, suficientemente fortes para vencer acordos coletivos virtuais na década de 1760, decaíram após 1790, e até o começo da década de 1900 o sindicalismo esteve morto para fins práticos.[2]

Contudo não há realmente nenhuma desculpa para ignorar de qualquer modo a força destes primeiros movimentos na Inglaterra; e a menos que percebamos que a base do poder estava na quebra das máquinas, nas arruaças e na destruição das propriedades em geral (ou, em termos modernos, na sabotagem e na ação direta), não vemos sentido neles.

Para muitos não especialistas os termos "destruidor de máquinas" e Luddita são intercambiáveis. Isto é apenas natural, porque as insurreições de 1811-1813, e de alguns anos após Waterloo neste período, atraíram mais a atenção pública do que quaisquer outras, e acreditava-se exigirem mais força militar para a sua supressão. O Sr. Darvall[3] fez bem em nos lembrar de que os 12 mil soldados empregados contra os Ludditas excederam grandemente em tamanho o exército que Wellington levou para a Península em 1808. Contudo, a preocupação natural que se tem com os Ludditas tende a confundir a discussão da quebra de máquinas em geral, que começa como um fenômeno sério (se se pode dizer propriamente ter tido um começo) em algum momento do século dezessete e continua até mais ou menos 1830. Realmente, a série de revoltas dos trabalhadores rurais que Hammonds batizou de "última insurreição de trabalhadores" em 1830 foi essencialmente uma ofensiva importante contra a maquinaria agrícola, embora destruísse incidentalmente também uma quantidade razoável de equipamento industrial.[4] Em primeiro lugar, o Luddismo, tratado como um fenômeno isolado para fins administrativos, abrangia vários tipos diferentes de quebra de máquinas, que na maior parte existiam independentemente uns dos outros, exceto antes e depois. Em segundo lugar, a rápida derrota do Luddismo levou a uma crença generalizada de que a quebra de máquinas nunca era bem-sucedida.

Vamos considerar o primeiro ponto. Há pelo menos dois tipos de quebra de máquinas, bastante diferentes da quebra incidental dos distúrbios comuns contra os altos preços ou outras causas de descontentamento — por exemplo, uma parte da destruição no Lancashire em 1811, e no Wiltshire em 1826.[5] O primeiro tipo não implica nenhuma hostilidade especial contra as máquinas como tal, mas é, sob certas condições, um meio normal de fazer pressão contra os empregadores ou os trabalhadores extras. Como foi notado com justiça, os Ludditas de Nottinghamshire, Leicestershire e Derbyshire "estavam usando os ataques contra a maquinaria, quer nova ou velha, como meio de forçar seus empregadores a fazer-lhes concessões com relação a salários e outras questões".[6] Este tipo de destruição era uma parte tradicional e estabelecida do conflito industrial no período do sistema doméstico de fabricação, e nas primeiras fases das fábricas e das minas. Ele não era dirigido apenas contra as máquinas, mas também contra as matérias-primas, produtos acabados, ou mesmo a propriedade privada dos empregados, dependendo do tipo de danos a que estes eram mais sensíveis. Assim, em três meses de agitação em 1802, os tosquiadores de Wiltshire queimaram montes de feno, celeiros e choças de negociantes de tecidos impopulares, abateram suas árvores, destruíram carregamentos de pairo, bem como atacaram e destruíram suas fábricas.[7]

A prevalência desta "negociação coletiva através da arruaça" é bem demonstrada. Assim — para tomar simplesmente os ofícios têxteis do oeste da Inglaterra —, os negociantes de tecidos queixaram-se ao Parlamento em 1718 e 1724 que os tecelões "ameaçaram demolir suas casas e queimar seu trabalho a menos que concordassem com suas condições".[8] As disputas de 1726-7 foram travadas no Somerset, Wiltshire e Gloucestershire, bem como em Devon, por tecelões "invadindo as casas (dos patrões e furadores de greves), estragando a lã e cortando e destruindo as peças nos teares e os utensílios do ofício".[9] Elas terminaram em algo parecido com um contrato coletivo. O grande tumulto dos trabalhadores têxteis em Melksham em 1738 começou com eles cortando todas as correntes dos teares pertencentes ao Sr. Coulthurst... por ele ter baixado os preços;[10] e três anos mais tarde empregadores ansiosos na mesma área estavam escrevendo para Londres pedindo proteção contra as exigências dos homens de que nenhum estranho devia ser empregado, sob pena de destruição da lã".[11] E assim por diante, durante todo o século.

Novamente, quando os mineiros de carvão tinham chegado ao ponto de dirigir suas exigências contra os empregadores de mão de obra, usaram a técnica da destruição. (Na maior parte, naturalmente, as insurreições dos mineiros ainda eram dirigidas contra os altos preços dos alimentos, e os exploradores julgavam-se responsáveis por eles.) Assim, no campo de carvão de Northumberland, o incêndio da maquinaria da boca do poço fez parte dos grandes tumultos da década de 1740, que deu aos homens um aumento de salários bastante grande.[12] Novamente, as máquinas foram despedaçadas e o carvão incendiado nos tumultos de 1765, o que deu aos mineiros a liberdade de escolherem seus empregadores no fim do contrato anual.[13] Leis do Parlamento contra o incêndio de poços foram baixadas a intervalos durante a última parte do século.[14] Mesmo em 1831 os grevistas em Bedlington (Durham) destruíram mecanismos de içamento.[15]

A história da destruição de formas no ofício de malharia do East Midlands é por demais conhecida para precisar ser contada de novo.[16] Certamente, a destruição das máquinas foi a arma mais importante usada nos famosos tumultos de 1778 (os ancestrais do Luddismo), que foram essencialmente parte de um movimento para resistir às reduções de salários.

Em nenhum destes casos — e outros podem ser mencionados — houve qualquer questão de hostilidade às máquinas como tais. A destruição era simplesmente uma técnica do sindicalismo no período anterior, e durante as primeiras fases da Revolução Industrial. (O fato de os sindicatos organizados dificilmente existirem ainda nos ofícios envolvidos, não afeta grandemente o argumento. Nem tampouco o fato de, com a chegada da Revolução Industrial, a destruição adquirir novas funções.) Ela era mais útil, quando tinha que ser feita pressão intermitente sobre os patrões, do que quando tinha que ser mantida pressão constante: quando os salários e as condições mudavam subitamente, como entre os trabalhadores têxteis, ou quando os contratos anuais chegavam para renovação simultânea, como entre os mineiros e marinheiros, mais do que quando, digamos, a entrada no mercado tinha que ser firmemente restrita. Ela pôde ser usada por todos os tipos de pessoas, desde os pequenos produtores independentes, através das formas intermediárias tão típicas do sistema de produção doméstica, até os assalariados mais ou menos completamente capacitados. Contudo dizia respeito principalmente mais às disputas que surgiam do relacionamento social típico da produção capitalista, do que entre empresários empregadores e os homens que dependiam, direta ou indiretamente, da venda da sua força de trabalho a eles; embora este relacionamento existisse ainda em formas primitivas, e estivesse confundido com as relações da pequena produção independente. Vale a pena notar que os distúrbios e destruições deste tipo parecem mais frequentes na Inglaterra do século dezoito, com a sua Revolução "burguesa" por trás, do que na França do século dezoito.[17] Certamente os movimentos dos nossos tecelões e mineiros são muito diferentes das atividades superficialmente parecidas com as dos sindicatos das associações de assalariados em áreas continentais muito mais primitivas.[18]

O valor desta técnica era óbvio, tanto como meio de fazer pressão nos empregadores, como de garantir a solidariedade essencial dos trabalhadores.

O primeiro ponto é admiravelmente apresentado numa carta do secretário da Câmara Municipal de Nottingham em 1814.[19] Os fabricantes de malha, em bastidores, comunicava ele, estavam agora em greve contra a firma de J. e George Ray. Já que essa firma empregava principalmente homens que possuíam seus próprios teares, era vulnerável a uma simples suspensão das encomendas. A maioria das firmas, contudo, alugavam os teares aos fabricantes de malha "e através deles adquiriam controle total de seus trabalhadores. Talvez a maneira mais eficaz pela qual a combinação podia coagi-los era o seu meio anterior de continuar a guerra destruindo seus bastidores". Num sistema doméstico de indústria, onde pequenos grupos de homens, ou homens isolados, trabalhavam espalhados em numerosas aldeias e pequenas casas de campo, de qualquer maneira não é fácil conceber qualquer método que possa garantir uma parada eficaz. Além do mais, contra empregadores locais comparativamente pequenos, a destruição de propriedades — ou a ameaça constante de destruição — seria bastante eficaz. Onde, como na indústria de roupas, tanto a matéria-prima como o artigo acabado são caros, a destruição de lã ou da roupa pode bem ser preferível à dos teares.[20] Mas nas indústrias semirrurais mesmo o incêndio das medas, celeiros e casas dos empregadores pode afetar seriamente sua conta de lucros e perdas.

Mas a técnica tem outra vantagem. O hábito da solidariedade, que é o fundamento do sindicalismo eficaz, leva tempo para aprender — mesmo onde, como nas minas de carvão, ele se sugere naturalmente. Leva mais tempo ainda para integrar o código de ética inconteste da classe trabalhadora. O fato de os fabricantes de malhas em bastidores espalhados no East Midlands poderem organizar greves eficazes contra as firmas empregadoras, por exemplo, atesta um alto nível de "moral sindical"; mais alto do que poderia normalmente ser esperado nesse período da industrialização. Além do mais, entre homens e mulheres mal pagos, sem fundos de greve, o perigo de furadores de greves é sempre agudo. A quebra de máquinas foi um dos métodos de contra-atacar estas fraquezas. Desde que o equipamento de içamento de um poço de mina Northumbriano fosse quebrado, ou o alto-forno de uma fundição galesa posto fora de serviço, havia pelo menos uma garantia temporária de que a fábrica não funcionaria.[21] Este era apenas um dos métodos, e não aplicável em toda parte. Mas todo o complexo de atividades que os administradores do século dezoito e começo do dezenove chamavam de "Tumulto" conseguia o mesmo fim. Todos estão familiarizados com os bandos de militantes ou grevistas de uma fábrica ou localidade, percorrendo toda a região, convocando aldeias, oficinas e fábricas por uma mistura de apelos e força (embora poucos trabalhadores precisassem de muita persuasão nas primeiras fases da luta).[22] Mesmo muito mais tarde as demonstrações e reuniões de massa constituíam uma parte essencial das disputas trabalhistas — não só para intimidar os empregadores, como para manter os homens juntos e animados. Os tumultos periódicos dos marinheiros do Nordeste, no tempo em que os contratos de trabalho eram fixos, são um bom exemplo;[23] as greves dos portuários modernos outro.[24] Evidentemente a técnica Luddista estava bem adaptada para esta fase da guerra industrial. Se os tecelões ingleses do século dezoito (ou os madeireiros americanos do século vinte) foram um grupo de homens proverbialmente desordeiros, havia sólidos motivos técnicos para serem o que eram.

Quanto a este ponto também temos alguma confirmação de um moderno líder sindical que, quando criança, viveu a transição de uma indústria de lã de doméstica para o sistema de fábrica. "É necessário lembrar", escreve Rinaldo Rigola,[25] "que naquela época pré-socialista a classe trabalhadora era uma turba, não um exército. As greves esclarecidas, ordeiras e burocráticas eram impossíveis. (R. é um conservador extremo entre os líderes sindicais — E.J.H.) Os trabalhadores só podiam lutar por meio de demonstrações, gritaria, incitação e vaias, intimidação e violência. O Luddismo e a sabotagem, embora não elevados à categoria de doutrinas, tinham apesar de tudo de fazer parte dos métodos de luta".

Devemos agora nos voltar para o segundo método de destruição, que é geralmente considerado como a expressão da hostilidade da classe trabalhadora às novas máquinas da Revolução Industrial, especialmente as que economizam mão de obra. Naturalmente, não pode haver nenhuma dúvida do grande sentimento de oposição às novas máquinas; um sentimento bem-fundado, na opinião de nada menos que uma autoridade como o grande Ricardo.[26] Contudo, três observações devem ser feitas. Primeiro, essa hostilidade não era nem tão indiscriminada nem tão específica como se tem presumido muitas vezes. Segundo, com exceções locais ou regionais, ela foi surpreendentemente fraca na prática. Finalmente, ela de maneira alguma se restringiu aos trabalhadores, mas foi partilhada pela grande massa da opinião pública, inclusive muitos industriais.

(i) O primeiro ponto ficará claro, se considerarmos o problema como ele se apresentava ao próprio trabalhador. Ele estava preocupado, não com o progresso técnico abstratamente, mas com os problemas gêmeos práticos de impedir o desemprego e manter o padrão de vida habitual, que incluía fatores não monetários, tais como a liberdade e a dignidade, bem como os salários. Assim, não era às má-

quinas como tal que ela objetivava, mas a qualquer ameaça a estes —
acima de tudo à mudança total nas relações sociais da produção que
o ameaçava. Se esta ameaça vinha da máquina, ou de alguma outra
parte, dependia das circunstâncias. Os tecelões de Spitaltields insur-
giram-se contra as máquinas pelas quais "um homem pode produzir tanto... como quase vinte sem elas", em 1675; contra os usuários
de chita estampada, em 1719; contra os imigrantes que trabalhavam
abaixo do preço, em 1736; e eles destruíram teares contra o corte de
salários na década de 1760:[27] mas o objetivo estratégico destes movimentos era o mesmo. Por volta de 1800, os tecelões ocidentais e
os tosquiadores entraram simultaneamente em ação; os primeiros se
organizaram contra a inundação do mercado de trabalho por trabalhadores extras, os últimos contra as máquinas.[28] Contudo, o objetivo
deles, o controle do mercado de trabalho, era o mesmo. Inversamente, quando a mudança não trazia absolutamente desvantagem aos
trabalhadores, não encontramos nenhuma hostilidade especial contra as máquinas. Entre os tipógrafos, a adoção de prensas movidas
a motor após 1815 parece haver causado pouca perturbação. Foi a
revolução posterior na composição de tipos que, já que ameaçava
um rebaixamento por atacado, provocou a luta.[29] Entre o começo
do século dezoito e o meio do dezenove a mecanização e os novos
implementos aumentaram grandemente a produtividade do mineiro
de carvão; como a introdução, por exemplo, das explosões de dina-
mite. Contudo, como eles deixaram a posição do cortador intocada,
não ouvimos falar de nenhum movimento importante para resistir
às mudanças técnicas, embora os mineiros fossem proverbialmente
ultraconservadores e arruaceiros. A restrição da produção praticada
pelos trabalhadores sob a iniciativa privada é uma questão totalmente diferente. Ela pode ocorrer e ocorre em indústrias completamente
não mecanizadas — por exemplo, na indústria de construção; nem
depende ela de movimentos ostensivos, organizações ou insurreições.

Em alguns casos, na verdade, a resistência à máquina foi com bastante consciência uma resistência nas mãos do capitalista. Os destrui-

dores de máquinas do Lancashire de 1778-90 distinguiram claramente entre máquinas de fiar de 24 fusos ou menos, que eles pouparam, e as grandes, adequadas apenas para uso em fábricas, que destruíram.[30] Na Inglaterra, que estava mais familiarizada com as relações sociais da produção que anteciparam aquelas do capitalismo industrial, sem dúvida este tipo de comportamento é menos inesperado do que em outros lugares. Nem devemos ler demais a respeito. Os homens de 1760 estavam ainda longe de compreender a natureza do sistema econômico que estavam prestes a enfrentar. Apesar de tudo, é evidente que a luta deles não foi uma simples luta contra o progresso técnico como tal.

Nem há, na maior parte, qualquer diferença fundamental na atitude dos trabalhadores em relação às máquinas, tomada como um problema isolado, nas primeiras e últimas fases da industrialização. É verdade que em muitas indústrias o objetivo de impedir a introdução de máquinas indesejáveis havia cedido lugar, com o advento da mecanização completa, ao plano de "capturá-las" para os trabalhadores que gozavam de padrões e condições sindicais, enquanto tomavam todas as medidas praticáveis para minimizar o desemprego tecnológico. Esta política parece ter sido adotada improvisadamente após a década de 1840[31] e durante a Grande Depressão, mais genericamente após o meio da década de 1890.[32] No entretanto, há muitos exemplos de oposição direta às máquinas que ameaçam criar o desemprego ou rebaixar o trabalhador mesmo hoje em dia.[33] No funcionamento normal da economia da iniciativa privada, os motivos que levaram os trabalhadores a não confiar nas novas máquinas na década de 1810 continuaram convincentes na década de 1960.

(ii) O argumento até agora pode ajudar a explicar por que, afinal de contas, a resistência às máquinas foi tão pequena. O fato não é geralmente reconhecido, porque a mitologia da era pioneira do industrialismo, que homens como Baines e Samuel Smiles refletiram, exagerou os tumultos que ocorreram realmente. Os homens de Manchester gostam de pensar em si mesmos não só como monumentos da iniciativa e da sabedoria econômica, como também — uma tarefa mais difícil — como heróis. Wadsworth e Mann reduziram os tumultos do Lancashire no século dezoito a proporções mais modestas.[34] Na verdade temos registro apenas de alguns movimentos de destruição realmente generalizados, tais como os dos trabalhadores rurais, que provavelmente destruíram a maioria das debulhadoras nas áreas afetadas,[35] as companhias especializadas de pequenos grupos de tosquiadores na Inglaterra e em outras partes,[36] e talvez os tumultos contra os teares movidos a motor em 1826.[37] As destruições do Lancashire de 1778-80 e de 1811 restringiram-se a áreas limitadas e número limitado de fábricas. (Os grandes movimentos do East Midland de 1811-12 não foram, como vimos, absolutamente dirigidos contra a nova maquinaria.) Isto é devido não só ao fato de que um pouco de mecanização era considerada inofensiva. Como foi acentuado,[38] a maioria das máquinas tendia a ser introduzida em ocasiões de prosperidade crescente, quando o nível de empregos estava melhorando e a oposição, não totalmente mobilizada, pôde ser dissipada por algum tempo. Quando as dificuldades voltaram, o momento estratégico para se opor aos novos implementos havia passado. Novos trabalhadores para operá-los já haviam sido recrutados, os operários antigos ficaram de fora, capazes apenas de destruições ao acaso de seus competidores, incapazes de se imporem sobre a máquina. (A menos, naturalmente, que tivessem bastante sorte de possuir um mercado especializado que não fosse afetado pela produção à máquina, como os que fabricavam sapatos à mão e os alfaiates fizeram nas décadas de 1870 e 80.) Um motivo pelo qual a destruição pelos tosquiadores era muito mais persistente e séria do que a pelos outros foi que estes homens-chaves altamente especializados e organizados mantiveram muito controle sobre o mercado de trabalho, mesmo após a mecanização parcial.[39]

(iii) A mitologia dos industriais pioneiros obscureceu também a avassaladora simpatia pelos destruidores de máquinas em todos os segmentos da população. No Nottinghamshire não foi denunciado um único Luddita, embora muitos dos pequenos patrões devessem conhecer perfeitamente bem quem quebrou seus bastidores.[40] No Wiltshire onde se sabia que os intermediários que terminavam as roupas e os pequenos patrões simpatizavam com os tosquiadores,[41] os verdadeiros terroristas de 1802 não puderam ser descobertos.[42] Os negociantes e fabricantes de lã de Rossendale baixaram, eles próprios, resoluções contra os teares movidos a motor alguns anos antes de os homens destruí-los.[43] Durante a insurreição dos trabalhadores de 1830, o escrivão dos magistrados de Hindon, no Wiltshire, comunicou que "onde a turba não destruiu a maquinaria, os fazendeiros expuseram a mesma a fim de ser destruída"[44], e Lord Melbourne teve que enviar uma circular em termos incisivos aos magistrados que havia "em muitos casos recomendado a Paralisação do Emprego de Máquinas usadas para debulhar Milho e para outros Fins". "As máquinas", alegou ele, "têm tanto direito à proteção da Lei como qualquer outro tipo de Propriedade."[45]

Nem isto é de surpreender. Os empresários capitalistas completamente desenvolvidos formavam uma pequena minoria, mesmo entre aqueles cuja posição era tecnicamente a de auferidores de lucros. O pequeno lojista ou patrão local não queria uma economia de expansão ilimitada, acumulação e revolução técnica, a selvagem briga de foice que condenava os fracos à falência e ao status de assalariado. Seu ideal era o sonho secular de todos os "pequenos homens", que encontrou expressão periódica em Leveller, no radicalismo jeffersoniano ou jacobino, uma sociedade em pequena escala de proprietários modestos e assalariados em condições confortáveis, sem grandes distinções de riqueza ou poder; embora sem dúvida, em sua maneira discreta, ficando mais ricos e mais confortáveis o tempo todo. Esse era um ideal irrealizável, e mais ainda na evolução muito rápida das sociedades. Lembremo-nos, contudo, de que aqueles a quem isso era dirigido na Europa do começo do século dezenove constituíam a maioria da população, e fora de indústrias tais como a do algodão, da classe empregadora.[46] Mas mesmo o empresário capitalista genuíno podia pensar de duas maneiras quanto às máquinas. A crença de que ele devia favorecer inevitavelmente o progresso técnico como uma questão de interesse próprio não tem fundamento, mesmo que a experiência do capitalismo francês e do capitalismo inglês posterior não estivessem disponíveis. Bastante diferente da possibilidade de ganhar mais dinheiro sem máquinas do que com elas (em mercados protegidos etc.), só raramente eram as novas máquinas proposições lucrativas imediatas e óbvias.

Há, na história de qualquer implemento técnico, um "limiar de lucro" que é atravessado bastante tarde — quanto maior o capital que tem que ser enterrado numa máquina, mais tarde. Daí, talvez, a proverbial falta de sucesso comercial dos inventores, que enterram o seu próprio dinheiro e de outras pessoas em seus projetos enquanto eles ainda são inevitavelmente imperfeitos e de maneira alguma evidentemente superiores aos seus rivais não mecanizados.[47] Naturalmente, a economia de livre iniciativa pode superar estes obstáculos. O que foi descrito como o "vasto surto do século" de 1775-1875 criou situações, aqui e ali, que forneceram aos empresários em algumas indústrias — a do algodão, por exemplo — o ímpeto para saltar além do "limiar".[48] O próprio mecanismo de acumulação do capital numa sociedade passando por uma revolução forneceu outros. Desde que houvesse concorrência, os progressos técnicos da seção pioneira espalhavam-se sobre um campo bastante largo. Contudo não devemos nos esquecer de que os pioneiros eram minoria. A maioria dos capitalistas tomaram a nova máquina no primeiro caso não como uma arma ofensiva para obter maiores lucros, mas como uma arma defensiva para se proteger contra a falência que ameaçava o competidor retardatário. Não ficamos surpresos ao ver E.C. Tufnell em 1834 acusando "muitos patrões do comércio de algodão... do comportamento vergonhoso de incitar os trabalhadores a se voltarem contra os fabricantes que eram os primeiros a expandir suas máquinas de fiar".[49] Os pequenos produtores e os empresários médios estavam numa posição ambígua, mas sem poder independente para mudá-la. Eles podiam antipatizar com a necessidade de novas máquinas, quer por elas alterarem sua maneira de viver, quer porque, sob qualquer consideração racional, elas não eram realmente bom negócio no momento. De qualquer maneira eles as viam como reforçando a posição do grande empresário modernizado, o principal rival. As revoltas da classe trabalhadora contra as máquinas deram a esses homens sua oportunidade; muitas vezes eles a aproveitaram. Pode-se concordar razoavelmente com o estudante francês de quebra de máquinas que observa que "algumas vezes o estudo detalhado de um incidente local revela o movimento Luddita menos como uma agitação do trabalhador, do que como um aspecto da competição entre o lojista ou fabricante atrasado e o progressista.[50]

Se o empresário inovador tinha o grosso da opinião pública contra ele, como conseguiu ele se impor? Por meio do Estado. Foi bem comentado o fato de que na Inglaterra a Revolução de 1640-60 marca o momento decisivo na atitude do Estado em relação à maquinaria. Após 1660, a hostilidade tradicional aos equipamentos que tomam o pão da boca dos homens honestos deu lugar ao encorajamento da iniciativa em busca de lucros, qualquer que fosse o custo social.[51] Este é um dos fatos que nos justifica em considerar a Revolução do século dezoito como o verdadeiro começo político do moderno capitalismo inglês. Durante todo o período subsequente o aparelho central do Estado tendeu a estar, se não adiante da opinião pública em questões econômicas, então pelo menos mais disposto a considerar as reivindicações do empresário totalmente capitalista — exceto, é claro, quando estas se chocavam com interesses mais antigos e maiores. Os proprietários rurais ocidentais em alguns condados devem ainda brindar à sombra de uma hierarquia feudal desaparecida numa sociedade imutável: de qualquer maneira não havia nenhum traço significativo de política feudal nos governos Whigs, após 1688. A simpatia de Londres iria provar ser de inestimável valor para os novos industriais quando sua ascensão monetária começou no último terço do século. Em questões de política agrária, comercial ou financeira o Lancashire podia estar em conflito com Londres, mas não na supremacia fundamental do empregador em busca de lucros. Foi o Parlamento não reformado no seu período mais ferozmente conservador que introduziu o laissez-faire total nas relações entre empregador e trabalhador. A economia da livre iniciativa clássica dominava os debates. Nem Londres tampouco hesitava em bater nas juntas dos dedos dos seus representantes locais mais antiquados e sentimentais se eles deixassem "de manter e apoiar os direitos da propriedade de qualquer tipo, contra a violência e a agressão."[52]

No entanto, até a última parte do século dezoito, o apoio do Estado ao empresário inovador não era irrestrito. O sistema político da Inglaterra de 1660 até 1832 era destinado a servir aos industriais apenas na medida em que abrissem caminho à força do dinheiro para dentro do círculo dos interesses adquiridos de um tipo mais antigo — proprietários com mentalidade comercial, comerciantes, financistas, ricaços etc. Na melhor hipótese eles podiam apenas esperar uma parcela do barril de carne de porco proporcional à pressão que fizessem, e no começo do século dezoito os industriais "modernos" eram até então apenas grupos ocasionais de provincianos. Daí, em algumas ocasiões, uma certa neutralidade do Estado nas questões trabalhistas, de qualquer maneira até o meio do século dezoito.[53] Os fabricantes ocidentais de roupas se queixavam amargamente que a maioria dos juizes de paz locais estavam predispostos contra eles.[54] A atitude do governo nacional nos tumultos dos tecelões de 1726-7 contrasta surpreendentemente com a da Home Office da década de 1790 em diante. Londres lamentou que os fabricantes locais de roupas hostilizassem sem necessidade os homens prendendo os arruaceiros; ridicularizava as sugestões de que eles eram sediciosos; sugeriu que ambas as partes se reunissem amigavelmente, de forma que uma petição apropriada pudesse ser redigida e o Parlamento pudesse agir.[55] Quando isto foi feito, o Parlamento sancionou um acordo coletivo que deu aos homens grande parte do que desejavam, ao custo de uma "desculpa" perfunctória "pelos tumultos passados".[56] Novamente, a frequência da legislação *ad hoc* no século dezoito[57] tende a mostrar que nenhuma tentativa sistemática, consistente e geral foi feita para obrigar o seu cumprimento. À medida que o século avançava, a voz do industrial se tornou cada vez mais a voz do governo nestas questões; mas anteriormente ainda era possível aos homens lutar ocasionalmente com grupos de patrões em termos mais ou menos justos.

Chegamos agora ao último e mais complexo problema: qual a eficácia da destruição de máquinas? É, acho eu, justo afirmar que a negociação coletiva através do tumulto foi pelo menos tão eficiente como qualquer outro meio de exercer pressão sindical, e provavelmente mais eficiente do que qualquer outro meio disponível antes da era dos sindicatos nacionais para grupos tais como os tecelões, marinheiros e mineiros. Isso não é afirmar muito. Os homens que não gozam da proteção natural dos pequenos números e escassas habilidades de aprendiz, que podem ser salvaguardadas pela entrada restrita no mercado e monopólios de contratação das firmas, estavam em qualquer caso obrigados normalmente a ficar na defensiva. O sucesso deles portanto devia ser medido pela sua capacidade de manter as condições estáveis — por exemplo, níveis de salários estáveis — contra o desejo perpétuo e bem anunciado dos patrões de reduzi-los ao nível da fome.[58] Isto exigiu uma luta incessante e eficiente. Pode-se alegar que a estabilidade no papel era minada constantemente pela lenta inflação do século dezoito, que fraudava com firmeza o jogo contra os assalariados;[59] mas seria pedir demais das atividades do século dezoito enfrentar isso. Dentro dos seus limites, dificilmente se pode negar que os tecelões de seda de Spitalfields se beneficiaram com os seus tumultos.[60] As disputas dos barqueiros, marinheiros e mineiros no Nordeste, das quais temos registros, terminaram, não raro, com a vitória ou um compromisso aceitável. Além do mais, o que quer que tenha acontecido nos engajamentos individuais, o tumulto e a destruição de máquinas proporcionaram aos trabalhadores reservas valiosas em todas as ocasiões. O patrão do século dezoito estava constantemente consciente de que uma exigência intolerável produziria, não uma perda de lucros temporários, mas a destruição de equipamento importante. Em 1829 a Comissão dos Lordes perguntou a um proeminente gerente de minas de carvão se a redução dos salários nas minas do Tyne e do Wearside podia "ser efetuada sem perigo para a tranquilidade do distrito, ou risco de destruição de todas as minas, com toda a maquinaria, e o valioso capital nelas investido". Ele achava que não.[61] Inevitavelmente, o empregador que se defrontava com esses riscos fazia uma pausa antes de provocá-los, com medo de que "sua propriedade e talvez sua vida (pudessem) correr perigo em consequência".[62] "Muito mais patrões do que se podia esperar", notou Sir John Clapham com injustificada surpresa, apoiaram a manutenção das Leis dos Tecelões de Seda de Spitalfields, porque sob elas, alegavam eles, "o distrito viveu num estado de quietude e repouso".[63]

Podem o tumulto e a quebra de máquinas, contudo, deter o avanço do progresso técnico? Patentemente não pode deter o triunfo do capitalismo industrial como um todo. Numa escala menor, no entanto, eles não são de maneira alguma a arma desesperadamente ineficiente que se tem feito parecer. Assim, supõe-se que o medo dos tecelões de Norwich impediu a introdução de máquinas lá.[64] O Luddismo dos tosquiadores do Wiltshire em 1802 certamente adiou a generalização da mecanização; uma petição de 1816 nota que "no tempo da Guerra não havia nenhuma percha* nem Bastidores em Trowbridge mas lamento relatar que estão agora aumentando Todo Dia".[65] Por paradoxal que pareça, a destruição pelos indefesos trabalhadores rurais em 1830 parece ter sido a mais eficiente de todas. Embora as concessões salariais em breve perdidas, as máquinas de debulhar não voltaram de maneira alguma na velha escala.[66] Quanto desse sucesso foi devido aos homens, quanto ao Luddismo latente ou passivo dos próprios empregadores, não podemos, contudo, determinar. No entretanto, qualquer que seja a verdade na questão, a iniciativa veio dos homens, e até esse ponto eles podem reivindicar uma parcela importante em qualquer desses sucessos.

(1952)

---

* Máquina composta de vários tambores guarnecidos de corda para tornar paralelo o pelo dos estofos. (*N. do T.*)

Notas

1. J. H. Plumb, *England in the Eighteenth Century* (Harmondsworth 1950), p. 150: T.S. Ashton, *The Industrial Revolution* (Londres 1948), p. 154.
2. L. Dechesne, *L 'Avènement du Régime Syndical à Verviers* (Paris 1908), p. 51-64 e disperso.
3. F. O. Darvall, *Popular Disturbance and Public Order in Regency England* (Londres 1934), p. 1.
4. P. ex., máquinas de fabricar lã e seda no Wiltshire, máquinas de fabricar papel em Buckinghamshire, máquinas de fabricar ferro em Berkshire (Public Record Office, Home Office Papers, HO 13/57, pp. 68-9, 107, 177; Sessões 25/21 disperso); J. L. e B. Hammond, *The Village Labourer* (várias edições) é o relato mais acessível; ver também duas teses não publicadas: N. Gash, *The Rural Unrest in England in 1830* (Oxford Examination Schools) e Alice Colson, *The Revolt of the Hampshire Agricultural Labourers* (Biblioteca da Universidade de Londres).
5. Para discussão dos tumultos pela alta de preços, *The Coal Industry of the Eighteenth Century,* de T. S. Ashton e J. Sykes, (Manchester 1929), cap. VIII, *The Cotton Trade and Industrial Lancashire* de A. P. Wadsworth e J. de L. Mann, (Manchester 1931), pp. 355 ss.
6. Darvall, *op. cit.*, cap. VIII disperso.
7. *Bonner e Middleton's Bristol Journal*, 31/7/1802. Alguns destes foram devido a disputas trabalhistas comuns, alguns à oposição às novas máquinas. Ver *The Skilled Labourer*, de J. L. e B. Hammond; para um relato do movimento *The Early English Trade Unions*, de A. Aspinall (ed.), (Londres 1949), pp. 41-69 para alguns dos documentos.
8. *House of Commons Journals*, XVIII, p. 715 (1718); XX, p. 268 (1724).
9. *House of Commons Journals*, XX, pp. 598-9 (1726); Salisbury Assize Records pergunta no *Wiltshire Times* de 25/1/1919 (Wiltshire Notes & Queries).
10. Gentleman's Magazine (1738), p. 659.
11. Public Record Office, State Papers Domestic Geo. 2 (1741), pp. 56, 82-3.
12. *The Miner's Unions of Northumberland and Durham*, de E. Welbourne, (Cambridge, 1923), p. 21.
13. Ashtori e Sykes, *op. cit.*, pp. 89-91.

14. 10 Geo. 2,c. 32, 17 Geo. 2, e. 40, 24 Geo. 2, c. 57, 31 Geo. 2, c. 42 (The English Coal Industry in the Seventeenth and Eighteenth Centuries, de E. R. Turner, Amer. Hist. Rev. XXVII p. 14). Turner parece haver negligenciado 13 Geo. 2, c-.21, 9 Geo. 3, c. 29, 39 e 40 Geo. 3, e. 77, 56 Geo. 3, c. 125 que são também dirigidos contra a destruição das minas. *(Rum 's Justice of the Peace, ed. Chitty, 1837* edn. vol. III, pp. 643 ss).
15. Welbourne, op. cit.,p. 31.
16. A *History of the Machine-Wrought Hosiery and Lace Manufactures*, de W. Felkin (Londres 1867) é a principal autoridade.
17. Para as minas francesas cf. *Les mines de charbon en France au XVIIIe siècle*, de M. Rouff (Paris 1922).
18. *Le Compagnonnage*, de E. M. Saint-Léon, (Paris 1901), I, cap. 5.
19. Aspinall, op. cit., p. 175.
20. Os homens de Bolton foram acusados em 1826 de haver planejado a destruição de todos os fios de algodão embalados para exportação, bem como das máquinas. (Public Record Office, Home Office Papers HO 40/19, Fletcher para Hobhouse 20 de abril de 1826).
21. Cf. a discussão destes problemas em *Le Sabotage*, de E. Pouget (Paris n. d.), pp. 45 ss.
22. P. cx., os metalúrgicos galeses em 1816 *(The Times, 26* out. 1816), a greve geral de 1842 *(The Risings of the Luddites, Chartistes and Plugdrawers,* de F. Peel, Meckmondwike 1888, pp. 341-7), e os mineiros alemães em 1889 (P. Grebe, Bismarcks Sturz u. d. Bergarbeiterstreik vom Mai 1889, Hist. Ztschr. CLVII, p. 91).
23. Aspinall, op. cit., p. 196: "Não posso deixar de pensar que as reuniões matinais e as chamadas atualmente são o laço de união."
24. *The Story of the Dockers'Strike*, de H. L. Smith e V. Nash, (Londres 1889), disperso.
25. *Rinaldo Rigola e il Movimento Operaio nel Biellese*, de R. Rigola (Bari 1930), p. 19. R. não relata nenhuma destruição verdadeira pelos tecelões, apenas pelos chapeleiros.
26. Veja capítulo sobre "Maquinaria" em seus Principies. Sobre esta, inserido apenas na 3ª edição, ver *Works and Correspondence of David Ricardo*, de Sraffa e Dobb, (Cambridge 1951), I, p. lvii-ix.
27. *London Life in the Eighteenth Century*, de M. D. George (Londres 1925), pp. 187-8,180.

28. *Parl. Papers* 1802, Relatório da Comissão sobre a Petição dos Fabricantes de Roupas de Lã, 247, 249, 254-5. *Rules andarticles of... The Woolen-Cloth Weaver's Society...* 1802 (British Mus. 906. k. 14 [1]).

29. *The London Compositor*, de E. Howe e H. Waite (Londres 1948), pp. 226-33.

30. Wadsworth e Mann, op. cit., pp. 499-500.

31. *Industrial Democracy*, de S. e B. Webb (Londres 1898), cap. VIII: New Processes and Machinery.

32. Para a mudança política dos compositores de tipos cf. *The History of the Engineers de Howe e Waite;* engenheiros J. B. Jefferys (Londres 1945), pp. 142-3, 156-7; *trabalhadores em chapas de estanho, The Tinplate Industry*, de J. H. Jones (Londres 1914), pp. 183-4, cap. IX.

33. *The Printing Trades*, de J. Lofts (Nova York 1942) para a longa luta dos tipógrafos americanos contra a revolução técnica na década de 1940.

34. *Op. cit.*, p. 412 .Ver também análise detalhada da sorte de Hargreaves, pp. 476ss.

35. *Sel. Ctee. on Agriculture*, 1833, 64 estimativas — sem dúvida com algum exagero — de que apenas 1 em 100 das máquinas de debulhar que existiam antes de 1830 estão agora em uso em Wilts e Berks.

36. Sobre a agitação dos tosquiadores estrangeiros, The Luddite Movement in France, de F. R. Manuel, *Journ. Mod. Hist.* 1938, pp. 180 ss.; id., L'introduction des Machines en France et les Ouvriers, *Rev. d'Hist. Mod. N. S.* XVIII, pp. 212-5. O verdadeiro Luddismo na França parece ter sido virtualmente limitado aos tosquiadores, com menos sucesso do que na Inglaterra, embora as intenções Ludditas fossem algumas vezes expressas por outros. Ver os documentos em *Le Régime de l'Industrie en France de 1830 a 1840*, de G. e H. Bourgin (Paris 1912-41), 3 vols.

37. *SkilledLabourer*, de Hammond, p. 127.

38. *J. Mod. H.*, de Manuel, p. 187, Darvall, disperso. Ver também a nota em *Character, Objects and Effects of Trade Unions* de Tufnell (1834), p. 17, sobre a relutância dos homens que operavam realmente as máquinas em aderir à greve contra eles, Mas T. admite que eles aderiram, ameaçados ou persuadidos por seus colegas desempregados.

39. Os tosquiadores (tosadores) ergueram a felpa do tecido acabado e rasparam-na com pesadas tosquiadeiras de ferro. Eles tinham que ser não só muito fortes como muito hábeis.

40. Darvall, *op. cit.*, p. 207.

41. Aspinall, *op. cit.*, 57-8.

42. Thomas Helliker, executado como tal em 1803 é geralmente considerado inocente.

43. *Economic History of Rossendale*, de G. H. Tupling, (Manchester 1927). p. 214.

44. MS. Correspondência de M. Cobb, empregado dos juízes de Salisbury, na Biblioteca de Wiltshir e Archacol. & Nat. Hist. Soc., Devizes: 26 Nov. 1830.

45. Circular Impressa de 8 dez. 1830. Esta é mencionada em *Village Labourer*, de Hammond (Guild Books edn), II, pp. 71 -2.

46. Ver a brilhante análise do "pequeno-burguês democrata" no Discurso de Marx ao Conselho Central da Liga Comunista, *Sei. Works of Marx & Engels*, II, pp. 160-1.

47. A frase "Limiar do lucro" é de G. Gilfillan (Invention as a Factor in Economic History, *Supp, to Journ. Econ. Hist.*, dez. 1945).

48. Eles foram ajudados pelo baixo preço das novas máquinas. Um fabricante ocidental de roupas instalou máquinas de Fiar com 70-90 fusos por 9 cada em 1804. Daí a possibilidade da mecanização aos poucos.

49. Tufnell, *op. cit.*,p. 10.

50. Manuel, *J. Mod. H.*, p. 186.

51. *Econ. Hist. of England*, de E. Lipson (4ª edn) II, pp. CXXXV-VI, III, pp. 300-13, 324-8. *A Concise Econ. Hist. of Britain* de Sir John Clapham, p. 301, nota corretamente a "traço extra de dureza que parece ter feito parte da vida pública na Era da Restauração".

52. Ver Nota 45 acima.

53. Para a "mudança revolucionária" neste período ver *Hist. of Trade Unionism* de S. e B. Webb (1894), pp. 44 ss. Mas as atas parlamentares podem dar a impressão errada. O curso normal dos acontecimentos foi que o laissez-faire progrediu calmamente, com a legislação contrária caindo em obsolescência, a menos que ocorresse uma campanha ativa e eficiente dos trabalhadores. Cf. a rescisão das cláusulas de salário no Statute of Artificers em 1813 (W. Smart, *Econ. Annals of the Nineteenth Century*, 1801-20, p. 368).

54. *The Case as it now stands between the Clothiers, Weavers and other Manufactures with regard to the late Riot, in the County of Wilts*, de Philalethes,

Londres, 1739 (Cambridge Univ. Lib., Acton d. 25.1005), p. 7. De qualquer maneira, até 17 Geo, 3, c. 55 os chapeleiros conseguiram uma lei proibindo qualquer patrão de sentar no banco numa disputa que lhe dissesse respeito — o que é mais do que os trabalhadores rurais puderam conseguir.

55. Public Record Office: State Papers Domestic Geo. I, 63: pp. 72, 82, 93-4, 64: pp. 1-6, 9-10 (esp. 2-4).

56. *Journals of the House of Commons*, xx, p. 747.

57. *Burn's Justice of the Peace,* ed. cit., III, pp. 643 ss., V, pp. 485 ss., 552 ss., dá um quadro revoltante desta massa de legislação intermitente não coordenada.

58. *Der Moderne Kapitalismus,* de W. Sombart, I, ii, p. 803 para uma bibliografia disto; Capital I, de K. Marx (1938 edn), pp. 259-63. *"The Case as it now stands..."* (Nota 54 acima), pp. 29, 41, dá argumentos típicos.

59. The Profit Inflation and the Industrial Revolution, 1751-1800, de E. J. Hamilton, Q. Journ. Econ., pp. 56 (1942), 256.

60. *Skilled Labourer,* de Hammond, a observação de M.D. George, *op. cit.*, p. 190 de que os preços dos tecidos pelas leis não eram comparáveis com os de outros ofícios durante o período, pode ser verdadeira. Mais importante é o colapso drástico dos preços após a rescisão das leis (ibid., p. 374).

61. Hammond, ibid., p. 26.

62. William Stark sobre os motivos porque a maquinaria não foi adotada no comércio de lã penteada de Norwich e as reduções de salários foram combatidas.

63. The Spitafields Acts, de J. H. Clapham, 1773-1824, *Econ. Journ.* XXVI, pp. 463-4.

64. Hammond, *op. cit.*, p 142. The Transference of the Worsted Industry from Norfolk to the West Riding, de J. H. Clapham, *Econ. Jour.* XX, discute a questão com grande detalhe.

65. Hammond, *ibid.*, p. 188.

66. The Agriculture of Berkshire, de Clutterbuck (Londres & Oxford 1861), pp. 41-2.

3

O METODISMO E A AMEAÇA DE REVOLUÇÃO NA INGLATERRA

O METODISMO IMPEDIU A REVOLUÇÃO, ou o desenvolvimento de um movimento revolucionário na Inglaterra? A pergunta há muito interessa aos historiadores. O período de 1789-1848 é cheio de revoluções em todas as partes da Europa Ocidental, mas não na Inglaterra, e ele parece também ser o período em que o Metodismo cresceu mais rapidamente neste país. Que o Metodismo tenha mantido a Inglaterra imune à revolução é, na verdade, uma crença generalizada. A History of the English People do falecido Elie Halévy sustenta fortemente esta opinião. Pode, portanto, ser útil elucidar as relações entre o Metodismo e a ameaça de revolução neste período.

Sabemos, naturalmente, que John Wesley e os primeiros líderes da sua Seita Religiosa, bem como o dos metodistas calvinistas de Whitefield, desaprovavam violentamente a revolução. Eles eram conservadores extremos em política, opostos não só à revolução social, como também à reforma liberal e racional que mais tarde tornou-se tão intimamente identificada com o não conformismo inglês do século dezenove, ao sindicalismo e a outras manifestações da atividade trabalhista. Daí ser um engano alegar que o trabalhismo e o sindicalismo modernos buscam sua inspiração em Wesley. Ele ficaria chocado com isso. Os wesleyanos da Cornualha sentiam orgulho por seus membros não tomarem parte em greves e agitações. Os metodistas calvinistas excomungaram os que apoiaram a emancipação Católica Romana e os membros dos sindicatos. Os wesleyanos da radical Leicester eram conservadores. Os agentes do governo notaram rapidamente que os wesleyanos eram pilares do *status quo*. Na verdade, a Seita Religiosa evitou até o movimento militante de temperança que o não conformismo radical tinha em tanta conta. Nem Wesley nem os primeiros wesleyanos podem ser sequer descritos como democratas em suas ideias de organização e propaganda da Igreja, e entre 1797 e 1849 ocorreu um certo número de cismas do corpo principal, principalmente por este motivo. Depois de 1850 o Wesleyanismo foi liberalizado, e politicamente falado tornou-se bastante mais parecido com o resto do não conformismo. Em sua juventude e "período médio" (1790 até 1849), contudo, ele certamente não era assim, e este é o período no qual estamos principalmente interessados.

Embora não houvesse nenhuma revolução na Inglaterra nos séculos dezoito e dezenove, houve, entretanto, uma boa dose de sentimento revolucionário em extensas áreas do país, particularmente durante o desolado meio século do meio da década de 1790 até o fim da década de 1840. Se os verdadeiros surtos de violência foram poucos, limitados e bastante pequenos, não foi porque em certas ocasiões — durante a pavorosa depressão de 1841-2, por exemplo — grandes massas de súditos ingleses não estivessem com raiva, desesperadas e prontas para quase qualquer ação política. A força do Cartismo*, digamos, não pode ser medida pela tibieza das tentativas reais de traduzi-lo em revolta.

Como alegou Lenine — um especialista no assunto —, uma deterioração das condições de vida das massas, e um aumento de sua atividade política, não é suficiente para causar uma revolução. Deve haver também uma crise nos negócios da ordem reinante, e um corpo de revolucionários capaz de dirigir e comandar o movimento. Ambos estavam ausentes. Com a exceção possível dos anos que precederam imediatamente a Lei da Reforma de 1832, a classe dominante inglesa nunca perdeu o controle da situação política. É concebível que algo como uma "situação revolucionária" possa ter se desenvolvido, se o Parlamento Não Reformado não tivesse a sabedoria suficiente para

---

* Movimento de reforma democrática na Inglaterra (1838-48) cujos princípios estavam consignados na chamada "People's Charter". (*N. do T.*)

ceder pacificamente à pressão dos reformadores da classe média (ou para ser exato, à pressão das massas sob a liderança dos reformadores da classe média). Mas a Câmara dos Lordes teve a sabedoria suficiente para ceder, e o partido reformista a rapidez de fazer um acordo que lhe deu talvez menos do que seus porta-vozes mais eloquentes — os partidários de Jeremy Bentham, por exemplo — haviam exigido, mas evitaram as consequências imprevisíveis de maior agitação das massas. Quanto aos revolucionários, eles foram durante todo o período inexperientes, pouco claros mentalmente, mal-organizados e divididos.

Não houve assim nenhuma revolução, e o Metodismo Wesleyano era hostil a ela; mas daí não se segue que o segundo fato foi a causa do primeiro. O Metodismo não foi responsável pela moderação e flexibilidade dos políticos parlamentares ou dos radicais Utilitários. Nem pode ser ele responsabilizado pelas franquezas do movimento revolucionário entre as classes trabalhadoras. A fim de demonstrar isto, é necessário descobrir — na medida em que isto é possível — que efeito ele teve na política das classes trabalhadoras inglesas em nosso período, e especialmente durante os dois períodos principais de inquietação dentro dele, os anos dos Ludditas até Peterloo (1811-19) e os anos de 1829 até 1849, que abrangem a agitação da Reforma, a grande reforma dos sindicatos e das fábricas e os movimentos da Lei Antipobres, ao chartismo, e a principal inquietação agrícola. Isto implica uma resposta à pergunta mais geral: que poder tinha a religião organizada, e em particular as várias seitas não conformistas, sobre as classes trabalhadoras no período do começo do industrialismo?

A primeira pergunta que devemos fazer é se os wesleyanos eram suficientemente fortes em número para isso de algum modo fazer uma diferença decisiva. Porque é bastante claro que as outras seitas não conformistas não partilhavam do seu conservantismo político (com exceção dos metodistas calvinistas, que estavam localizados ao norte e no centro do País de Gales, que não eram um centro industrial importante). Os "velhos dissidentes" — independentes (congregacionalistas), batistas de vários tipos, presbiterianos-unitários (que não devem ser confundidos com a Igreja da Escócia, que tinha alguma força entre os imigrantes do Tyneside) estavam totalmente descomprometidos de apoiar o governo, e não tinham nenhum respeito qualquer que fosse pela autoridade constituída como tal, que ainda os discriminava oficialmente de várias maneiras. Os três primeiros grupos haviam na verdade se deslocado há muito tempo para a "esquerda", e os partidários mais ativos da Revolução Francesa tinham vindo dentre eles. Inquestionavelmente eles se tornaram mais respeitáveis após a década de 1790, quando se tornaram mais numerosos. Se a influência do Metodismo, que ajudou a reanimá-los, é responsável por isto, e em caso afirmativo, até que ponto, pode ser discutido. A pergunta não pode ser respondida conclusivamente. Tudo que se pode dizer é que há muitos outros motivos possíveis para que eles tenham se tornado menos jacobinos, principalmente o fato de que a maioria dos ingleses entre 1793 e 1814 tinha, por motivos óbvios, pouca simpatia pelo Jacobinismo. Daí, aquele Puritano típico do século dezessete, Zechariah Coleman, na *Revolution in Tanner's Lane* de Mark Rutherford, se queixar amargamente do "triste desvio dos dias, mesmo em meu tempo, em que os Dissidentes constituíam a classe insurrecta." Apesar de tudo, suas simpatias permaneceram o tempo todo com a causa do Radicalismo e da Reforma, e eles apoiaram ambos ativamente.

Os vários grupos cismáticos metodistas não simpatizavam politicamente com os wesleyanos. Os kilhamitas ou New Connexion (que saíram em 1797) afirmavam orgulhosamente em 1848 que eles haviam antecipado há muito tempo o liberalismo que era então toda a moda. Um de seus pregadores em Northampton tinha até sido preso em 1816 pela propaganda radical. Os bible christians (1815) seguiram o seu próprio caminho em silêncio em Devon e outras partes do Sudoeste, e finalmente colonizaram parte do Kent. Delas, contudo, era hábito feroz do velho testamento dos eleitos caminharem a salvo das chamas da perdição; e essas opiniões não levam necessariamente à passividade social. Eles iriam ser ativos nos sindicatos de trabalhadores rurais. O mesmo é verdade, até em maior extensão, quanto aos mais sérios dos cismáticos, os metodistas primitivos (1811). Estes, a mais puramente "proletária" das seitas importantes, separou-se porque os wesleyanos eram insuficientemente democráticos na questão da pregação por leigos e mulheres, e opostos às campanhas de propaganda de massa dos grandes "ofícios religiosos ao ar livre" reanimadores que os evangelistas americanos haviam introduzido. Seus redutos iriam ser entre os mineiros do norte, os trabalhadores rurais e os operários do Staffordshire. Aqui o Metodismo Primitivo estava tão intimamente identificado com os sindicatos a ponto de se tornar, praticamente, uma religião trabalhista. Quando Lorde Londonderry expulsou os grevistas após a greve do carvão de 1844, dois terços dos metodistas primitivos do circuito de Durham ficaram sem casas. (Isto foi numa ocasião em que os wesleyanos estavam se felicitando porque seus membros não tomaram parte nas greves, exceto à força.) Quem quer que tenha oferecido a outra face, não foram os primitivos. Além do mais, embora os pregadores fossem excluídos da política, vários "provavelmente interpretaram isto como significando que eles estavam apenas proibidos de discursar a favor dos Tories".

Mesmo entre os wesleyanos, o povo era menos conservador do que seus líderes; certamente em Leicester. Pelo menos um ministro do Yorkshire chegou exatamente a tempo para impedir os Ludditas de enterrarem uma de suas baixas no cemitério wesleyano, entre discursos políticos; do que podemos concluir que os metodistas não estavam acima da destruição de máquinas. Nas áreas remotas, onde nenhuma seita análoga penetrou — como em Dorset —, os wesleyanos puderam até se tornar líderes sindicais, como fez Toupuddle Martyrs. Antes da década de 1850, contudo, isto era em grande parte a exceção.

Que força, então, tinham os wesleyanos relativamente às outras denominações, e à população total (que incluía um número muito grande de apáticos e uma pequena minoria de secularistas)?

A única informação adequada que temos sobre estas questões é que o Censo Religioso de 1851, e é também bom resumir isto, portanto, antes de voltar às apalpadelas para períodos menos bem documentados. Falando de uma maneira geral, isto nos dá o seguinte quadro das áreas industriais da Inglaterra e do País de Gales. As grandes cidades e algumas áreas atrasadas de mineração e ferro, mas de maneira alguma todas, eram relativamente pouco religiosas (isso equivale a dizer, menos de 25 por cento da população *total* compareceu a serviços religiosos no domingo do censo). Bristol, Leicester, Nottingham, Leeds e Liverpool, contudo, a última por causa dos seus muitos católicos romanos, mostraram números de frequência bastante altos. Das áreas industriais, Lancashire, a mais importante, era também a de espírito menos religioso. O Nordeste vinha em seguida na escala da apatia. O Staffordshire estava dividido na questão. No outro extremo da escala estava a Gales do Sul, onde a frequência religiosa somando 40 por cento da população total não era fora do comum — p. ex., em Pontypool, Merthyr, Bridgend — o West Riding, e certas partes de Derby, Leicester e Nottinghamshire. As áreas rurais eram, naturalmente, em média, muito mais frequentadoras de igreja do que as urbanas.*

Novamente, com exceção de Lancashire, as cidades e as áreas industriais eram mais não conformistas do que Anglicanas. A Igreja da Inglaterra era não só um grupo minoritário na maioria delas, como era muitas vezes completamente superada. Em oito sindicatos da Lei dos Pobres do West Riding e em parte dos Potteries, por exemplo, os principais corpos não conformistas (independentes, batistas, wesleyanos) eram mais de duas vezes mais numerosos do que a Igreja. Na Gales, naturalmente, a Igreja era uma força desprezível, por motivos nacionais. Entre os não conformistas, contudo, os metodistas como um todo não eram igualmente fortes em toda parte.

Falando de uma maneira geral, eles não constituíam uma força séria ao sul da linha traçada do Wash até Dudley no Black Country e dali para Oeste até a costa galesa; exceto em certas partes de Norfolk. Eles eram também extremamente fortes na Cornualha. Ao sul desta linha o não conformismo que importava era o dos "velhos dissidentes" — os independentes e batistas. Na Gales do Sul os metodistas eram até fracos. Até os metodistas calvinistas, com

---

* A população total, que inclui as crianças, os doentes etc., é obviamente muito maior do que a população potencial frequentadora de igrejas. Não há nenhum meio conveniente de estimar quantos homens ou mulheres adultos eram frequentadores potenciais.

seu apelo ao Galeísmo, eram invariavelmente sobrepujados quer pelos independentes quer pelos batistas. Os velhos dissidentes mantinham também bolsões de território Metodista, notadamente no East Midlands. Na verdade, dentro das áreas industriais do Norte e do Midland o Metodismo era realmente forte apenas em três partes: uma região com centro nos Peninos do Sul — isto é, as partes industriais do West Riding, o Derbyshire e partes do Lancashire contígua ao Yorkshire, Durham e partes do Staffordshire. Destas apenas os distritos têxteis do West Riding e, naturalmente, a Cornualha e o Lincolnshire, podem ser considerados como feudos indiscutíveis dos wesleyanos. Em Durham eles foram postos em apuros e muitas vezes superados em número pelos metodistas primitivos. (Em Norfolk, o centro principal do sindicalismo dos trabalhadores rurais mais tarde, eles foram consistentemente superados em número por eles.) No Staffordshire eles tiveram que competir — algumas vezes sem sucesso — tanto com os primitivos como com outros dissidentes. No Derbyshire eles eram geralmente superados em número.

Portanto, podia-se esperar que o Metodismo como um todo tivesse uma influência política importante sobre as agitações populares somente no Norte. Midlands, East Anglia, e no extremo Sudoeste; o Wesleyanismo como tal apenas no West Riding. Vale a pena acentuar o ponto, porque uma grande parte da inquietação radical e revolucionária do período teve lugar em áreas nas quais ambos eram fracos: em Londres, Bristol e Birmingham, na Gales do Sul e no East Midlands. Grande parte dela, naturalmente, teve lugar em áreas nas quais a região organizada como tal era fraca — no Lancashire e nas cidades, por exemplo.

Qual era a situação em ocasiões anteriores? Desde o tempo dos Ludditas, os metodistas haviam aumentado muito mais depressa do que a população como um todo, ou mesmo do que a população urbana. Reunindo todas as suas seitas, eles eram quase quatro vezes maiores em 1851 do que em 1810; considerando apenas os wesleyanos, bastante acima de duas vezes e meia. Embora não saibamos praticamente nada a respeito dos outros dissidentes, é provável que, na Inglaterra tomada à parte da Gales, os metodistas provavelmente cresceram mais depressa do que eles até 1850, com algumas exceções locais. Daí em 1811-19 ou em 1830 eles terem sido obviamente relativa e absolutamente mais fracos do que em 1851, quando possuíam talvez meio milhão de membros (300 mil wesleyanos) numa população total de 18 milhões. O principal padrão da distribuição geográfica já estava — falando grosseiramente — estabelecido em 1810; os principais redutos do Metodismo no Yorkshire e em outras partes já existiam. Mesmo dentro destes redutos eles eram em geral mais fracos, e o número de seus membros mais fluentes. Não parece provável que um corpo de, digamos, 150 mil em 10 milhões de ingleses e galeses em 1811 pudesse ter exercido uma importância decisiva.

Podemos apesar de tudo detectar alguma influência moderadora importante dos wesleyanos em qualquer dos seus redutos durante a primeira metade do século dezenove? No Yorkshire não há nenhum sinal real disso. Huddersfield, Leeds, Birstall, Wakefield eram (depois de Nottingham) os principais centros do Luddismo; eles eram os centros de alguns dos mais fortes circuitos metodistas no West Riding. (O Metodismo Dissidente era ainda desprezível.) O West Riding, novamente liderado por Leeds — que, lembramos, tinha uma frequência à Igreja anormalmente alta para uma cidade industrial —, fez demonstrações e tumultos tão entusiasticamente para a Lei da Reforma como qualquer outro lugar. Rosetas francesas, cocares e tricolores abundaram. Durante as décadas de 1830 e 40 ele foi talvez o reduto mais firme do Radicalismo e do Cartismo violento no Norte. Huddersrield tinha a segunda congregação wesleyana mais forte no West Riding em 1815; e certamente aquela que havia crescido mais rapidamente durante todo o período desde 1814. Contudo Huddersfield era o centro de uma resistência quase insurrecional à nova Lei dos Pobres, e seu Cartismo resistiu até o fim na greve revolucionária geral pela Carta em 1839. Ele foi também um centro notado do Owenismo. Bradford tinha congregação wesleyana mais forte no Riding em 1851, e fora um reduto da seita por quarenta anos. Mas Bradford era um centro do Cartismo. Quando Feargus O'Connor planejou percorrer o Norte após ser solto da cadeia, foram organizadas reuniões para ele em dezessete cidades nas quais, presumivelmente, ele esperava o maior apoio — dez delas no West Riding.* Em 1851 os metodistas nessas cidade constituíam algo entre 5 (Sheffield) a 12 e 15 por cento da população total (Todmorden, Dewsbury, Keighley). Por irônico que pareça, foi na menos metodista destas cidades — Sheffield — que o Cartismo foi, durante todo este período, menos inclinado ao extremismo.

A verdade é que o Metodismo se desenvolveu nesta área bem como o Radicalismo. Havia motivos perfeitamente convincentes para que os tecelões de lã e de fio de lã penteada do West Riding devessem estar desesperados e turbulentos. Os ganhos semanais dos tecelões de lã penteada caíram de 34s. 6d. em 1814 para 21s. em 1821; de 20s. em 1829 para 12s. em 1838. Enquanto isto acontecia, o Metodismo não tinha mais nenhuma chance de impedir grande número deles de se rebelarem do que o arcebispo de Canterbury. Na verdade, muitos operários wesleyanos devem ter tomado parte nas grandes agitações.

Na Cornualha, por outro lado, o radicalismo político e o Cartismo eram fracos entre os mineiros que eram os principais defensores dos wesleyanos. Não devemos concluir apressadamente que isto era devido à influência moderadora dos wesleyanos. A estrutura industrial e social da Cornualha era, em muitos sentidos, arcaica. Os mineiros qualificados, por exemplo, podiam continuar a se considerar não como trabalhadores assalariados mas como subempreiteiros ou sócios, segundo os assim chamados acordos "tributo". Daí a sensação de que os trabalhadores como classe, opostos aos empregadores como classe, se desenvolveram lentamente e tarde. A primeira "disputa trabalhista" ocorreu em 1831, a primeira greve real em 1857. A forma característica da agitação social na Cornualha

---

* York, Leeds, Sheffield, Keighley, Halifax, Bradford, Todmorden, HuddersField, Dewsbury e Barnsley.

— e os mineiros eram um grupo provavelmente desordeiro — era o tumulto contra os altos preços dos alimentos em ocasiões de escassez. Como na França do século dezoito, os trabalhadores consideravam não o empregador, mas o intermediário que auferia os lucros como o inimigo verdadeiro. Mas, com Metodismo ou sem Metodismo, os mineiros e outros trabalhadores da Cornualha ainda marcharam para as cidades para se apoderar dos alimentos violentamente, para impedir a exportação de milho, ou para forçar a venda de alimentos a preços justos, da maneira clássica dos arruaceiros do século dezoito; no ano difícil de 1846-7, por exemplo.

Além do mais, os mineiros — quer de carvão quer de metal — constituíam um corpo isolado de homens, muitas vezes geograficamente separados do resto do povo trabalhador e preocupado menos com política do que com suas lutas econômicas especializadas. Daí em muitas partes do país eles tomarem uma parte surpreendentemente pequena nas agitações radicais e cartistas. No Yorkshire, Lancashire e acima de tudo no Staffordshire, eles entraram em greve no ano desesperado de 1842, junto com o resto dos operários entre os quais viviam; e quando este vasto movimento de greve fundiu-se com o Cartismo eles podem ser considerados como tendo estado no mais intenso dele. (Dificilmente qualquer dos cartistas proeminentes parece ter sido mineiro de carvão.) Nos principais campos de carvão do Nordeste e na Gales do Sul, eles não fizeram greve, embora estivessem a ponto de formar um sindicato nacional que chegou a explodir cerca de um ano mais tarde. Muito provavelmente os campos de carvão que saíram em 1842 teriam esperado até então também, se não fossem puxados para dentro pelos operários das fábricas que os cercavam. Na Gales do Sul os metodistas foram desprezíveis. No Nordeste, os metodistas primitivos, com seu patrocínio dos sindicatos, predominaram. Os wesleyanos não podem ser considerados responsáveis pela passividade destas comunidades mineiras em 1842. Daí ser provavelmente mais prudente atribuir a falta de interesse e a franqueza do Cartismo da Cornualha a dois fatores não relacionados com a religião de lá.

Outra afirmação de ter impedido a revolução foi oferecida em favor dos metodistas primitivos, pelo seu historiador oficial H.B. Kendall, ao escrever em 1906. Ela se apoia principalmente no fato de que os primeiros grandes progressos desta seita ocorreram no Nottinghamshire e no Leicestershire em 1817-19; isto, vale dizer, em dois dos principais redutos do Luddismo e do Radicalismo. São citados exemplos de aldeias abandonando as doutrinas "niveladoras". Esta afirmação não pode ser tomada também muito seriamente. Em primeiro lugar, as vinte e tantas aldeias em Nottinghamshire, nas quais os primitivos se estabeleceram em 1817-18, eram avassaladoramente a parte menos industrializada do condado; elas continham apenas algo como 7 por cento dos bastidores de fazer malhas do condado. (Em Leicestershire, contudo, eles foram provavelmente mais bem-sucedidos entre os trabalhadores de malhas.) Em segundo lugar, os progressos Metodistas nesta área foram temporários, e muito do terreno foi perdido novamente na década de 1820 e não recuperado até muito mais tarde. Em terceiro lugar, o East Middlands não se tornou notavelmente menos radical após 1818. Na verdade, Leicestershire é um dos lugares onde os Metodistas mais ativos do que de hábito parecem ter sido cartistas entusiastas. Teria sido surpreendente se os tecelões de teares de mão e os fabricantes de meias, cuja renda semanal havia — segundo o cartista metodista Thomas Cooper de Leicester — caído para 4s. 6d. por semana em 1841, não tivessem sido radicais quando passaram fome.

Podemos portanto resumir as relações entre o Metodismo e a ameaça de revolução de certa forma como se segue. A liderança oficial da Seita Religiosa desbrava mantê-la inteiramente fora de quaisquer agitações radicais, quanto mais revolucionárias. Mesmo que ela tivesse conseguido isso, contudo, a força do Wesleyanismo provavelmente não era suficientemente grande, e não muito bem distribuída, para afetar a situação decisivamente. Mas, na realidade, os membros não se mantiveram fora das agitações radicais. É provável que o Wesleyanismo tenha perdido terreno para as seitas politicamente radicais, tais como os metodistas primitivos, e houve certamente uma oposição crescente nas fileiras ao conservantismo dos líderes, notavelmente nas décadas de 1830 e 1840; algumas vezes sob fundamentos políticos (como em Leicester), mais genericamente sob fundamentos ostensivamente morais, tais como a temperança (como na Cornualha e em outras partes). Muitos wesleyanos devem ter tomado parte nas agitações radicais e revolucionárias, do Luddismo ao Cartismo, com seus companheiros não wesleyanos. A eficácia do conservantismo oficial wesleyano muitas vezes tem sido exagerada.

Isto pode ser devido a um equívoco fundamental dos motivos que levaram os trabalhadores no princípio da industrialização da Inglaterra às várias seitas. Presume-se com muita facilidade que eles fizeram isso como *uma alternativa* apolítica revolucionária ou radical. Até certo ponto sim. Nas primeiras fases da transformação capitalista das cidades e do campo encontramos muitas vezes, na verdade, seitas — místicas, apocalíticas, quietistas — que pregam a resignação e o completo não envolvimento nos assuntos de um mundo mau. O drama magnífico de Gerhartmann, *The Weavers,* que se baseia num relato-documentário da revolta dos tecelões silesianos de 1844, contém um relato maravilhoso de um velho sectário deste tipo. Cultos místicos da Virgem semelhante espalharam-se pelas áreas industriais da Bélgica na mesma ocasião, enquanto um corpo denominado nazarenos abria caminho entre os trabalhadores rurais húngaros sem terras mais tarde no século. Mas há outra espécie de religião que pode se apoderar da massa miserável do povo nessas ocasiões. Pregadores, profetas e sectários podem invocar o que os trabalhadores poderiam considerar mais como pedidos de ação do que de resignação. Essas seitas são igualmente bem-documentadas. No cinturão do cobre da Rodésia do Norte, por exemplo, em nossa geração, as Testemunhas de Jeová desempenharam por algum tempo um papel semelhante ao dos metodistas primitivos nos poços de mina de Durham.

Sabemos muito pouco sobre a vida das pessoas comuns na Inglaterra durante a Revolução Industrial para dizer com alguma confiança como elas consideravam o seu não conformismo. Tudo que sabemos é que o Metodismo progrediu quando o Radicalismo progredia, e não quando ele se tornava mais fraco, e também que o grande "renascimento religioso" normalmente não ocorria quando as condições econômicas estavam chegando ao seu pior estado, por exemplo, no fundo das depressões do comércio. Os períodos em que o Wesleyanismo recrutou mais rapidamente — a uma média anual de 9 mil — 14 mil membros, foram também, com a única exceção dos anos de surto econômico de 1820-4, períodos de crescente agitação popular: 1793-4 (a época da agitação Jacobina), 1813-16 (à medida que a inquietação aumentava nos últimos anos das guerras napoleônicas), 1831-4 (durante as agitações Owenitas e da grande Reforma, quando foi alcançada a taxa mais rápida de aumento), 1837-41 (Cartismo) e 1848-50 (a última onda do Cartismo). Inversamente, quando o Cartismo declinou, o mesmo aconteceu com as seitas. A primeira metade da década de 1850 viu a maioria dos corpos não conformistas, metodistas ou de outro modo, perdendo membros firmemente no que foi, na verdade, a única recessão importante em sua história no século dezenove. O ano de 1850 marca o fim de uma fase no desenvolvimento do não conformismo, como na do movimento trabalhista. Quando ambos renasceram, foi sob condições diferentes. Este paralelismo peculiar pode ser explicado quer dizendo que as agitações radicais levaram outros trabalhadores para o Metodismo como uma reação contra elas, quer que eles se tornaram metodistas e radicais pelos mesmos motivos. Ambas são provavelmente verdadeiras. Em geral, a segunda interpretação é talvez a mais provável, já que, como vimos, a insatisfação entre as fileiras wesleyanas contra o antirradicalismo de seus líderes cresceu marcantemente durante as décadas de 1830 e 1840.

A verdade é que o tempo estava trabalhando contra o Wesley político, embora favorecesse o Wesley evangelista, e isto inevitavelmente enfraqueceu a eficiência política da sua Seita Religiosa fortemente organizada e autoritária. Mas mesmo que ele tenha sido totalmente eficaz, é pouco provável que o Wesleyanismo pudesse ter impedido uma revolução se outras condições a houvessem favorecido na primeira metade do século dezenove. O mundo do nosso próprio século está cheio de revoluções feitas pelas massas de homens e mulheres profundamente piedosos, que aderem a corpos religiosos — quer hindus, cristãos ou budistas — cujos líderes não favorecem a resistência à autoridade constituída; e de movimentos revolucionários compostos desses homens e mulheres. Não há nenhum motivo para acreditar que as condições do começo do século dezenove tornaram a religião como tal uma forte salvaguarda contra a revolução na Europa como ela é na Ásia hoje.

(1957)

NOTA

A afirmação clássica da opinião de que o Metodismo impediu a revolução na Inglaterra está na *History of the English People in lhe Nineteenth Century*, de E. Halévy, vol. I, mas ela é consideravelmente abrandada no último volume desta grande obra ao aparecer o vol. IV (I 841-52). Desde que este documento foi publicado (1957) apareceu a primeira discussão geral realmente adequada do Metodismo e dos movimentos populares, ou seja, *The Making of the English Working Class*, de E.P. Thompson (Londres 1963). O Sr. Thompson, cujo objetivo é muito mais amplo do que o meu, partilha do meu ceticismo de Halévy, embora por motivos ligeiramente diferentes. Ele dá numerosos exemplos de metodistas radicais e mesmo revolucionários. Estou inclinado a aceitar sua opinião de que o renascentismo algumas vezes ou muitas "assumiu o comando exatamente no ponto em que as aspirações 'políticas' ou temporais encontraram o fracasso" (op. cit., p.389), mas já que ele concorda que o fenômeno oposto também teve lugar, e já que o meu documento não pretende discutir o renascentismo em qualquer detalhe, não desejo modificar o texto atual. O pregador local metodista que teve um papel proeminente na "insurreição" de Pentridge (que ocorreu entre dois períodos renascentistas) confirma o meu argumento — e o do Sr. Thompson. De maneira geral, contudo, eu consideraria este último tratamento do assunto como mais satisfatório do que o meu nos pontos em que os dois estão em desacordo.

4
O ARTESÃO AMBULANTE

I

A HISTÓRIA DO TRABALHO NO SÉCULO DEZENOVE é de movimento e migração. Este artigo trata de uma parte dela, o assim chamado "sistema ambulante" entre os trabalhadores organizados e geralmente aprendizes. O sistema é agora uma coisa tão do passado que poucos vestígios dele restam nas regras e constituições dos sindicatos, geralmente tão apegados às tradições. Contudo, houve tempo em que qualquer associação profissional que proporcionava benefícios aos seus membros deixavam de adotá-las; exceto em ocupações localizadas em áreas isoladas.

O funcionamento geral do sistema é bastante familiar — há boas descrições dele na autobiografia de Henry Broadhurst, na *The Old Trade Unions,* de Kiddiers, e em outros lugares.[1] O homem que desejava deixar a cidade para procurar trabalho em outra parte recebia um "impresso", "licença" ou "documento", identificando-o como membro regular da associação. Ele apresentava-o ao secretário local ou funcionário auxiliar do "alojamento", "clube" ou "sede" da cidade estranha — geralmente um botequim — recebendo em troca jantar, alojamento, talvez cerveja e uma licença de ambulante. Se houvesse trabalho a fazer, ele o pegava; o "livro de visitas" (se houvesse) era naturalmente conservado na sede, uma bolsa local não oficial de trabalho. Se não houvesse nenhum, ele seguia em frente. Se não conseguisse trabalho permanente suficiente para se transferir para uma nova filial do sindicato o viajante devia no devido tempo voltar à sua cidade de origem, tendo feito o circuito de todas as filiais: entre os tipógrafos este grande circuito tinha cerca de 4.500km de extensão na década de 1850,[2] entre os fabricantes de escovas mais de 1.930km na década de 1820.[3] Os métodos de pagamento da ajuda ao ambulante variavam. Ele podia ser pago por dia ou distância, caso em que as matrizes cuidadosas cuidavam de se certificar de que o ambulante foi de filial para filial pelo caminho mais curto, fornecendo algumas vezes cartões de itinerários. A ajuda para o fim de semana era geralmente mais alta do que para os dias úteis.

Os pagamentos ficavam quer (nas fases iniciais do sistema) inteiramente nas mãos das filiais que, de tempo em tempo, compensavam suas despesas umas com as outras diretamente, ou através da matriz[4]; mais tarde isso se tornou cada vez mais centralizado. Mais tarde também foi usado algumas vezes um sistema de cheques. O ambulante, ao partir, recebia um talão de cheques válido por tantos dias — noventa e oito entre os pedreiros, menos entre os padeiros[5] — e descontava os cheques de ajuda em cada filial. Essa centralização ajudou a prevenir a ruína do sistema, seu abuso por ambulantes sem direito absolutamente a qualquer ajuda, ou por homens que haviam esgotado seu máximo anual de dinheiro como ambulantes. As estatísticas excepcionalmente completas, nas quais grande parte deste artigo é baseado, tinha o mesmo objetivo. O secretário local tinha que estar em condições de verificar a legitimidade dos pretendentes — porque até a falsificação dos bilhetes de ambulantes não era desconhecida, especialmente entre os tipógrafos, alguns dos quais viajavam com "documentos" emitidos por filiais inteiramente míticas até serem apreendidos por colegas vigilantes. As circulares mensais, portanto, continham listas dos homens em viagem e informações semelhantes. Não que a ajuda aos ambulantes fosse numa escala abundante; entre os pedreiros era de 6d. por dia até o fim do século.* Daí a ajuda ser razoavelmente suplementada passando o chapéu em volta com regularidade entre os colegas e seus ajudantes em qualquer serviço que o ambulante encontrava em suas viagens. Apesar disso, o sistema funcionava. Na verdade, entre muitos sindicatos ele foi por muito tempo o único método de auxílio-desemprego; em alguns dos ofícios de construção até o século vinte.

II

Conhecemos extremamente pouco a respeito da história inicial do sistema — ele era assim chamado pelo menos por um sindicato —, embora sua similaridade com o costume continental dos artífices de viajar tenha muitas vezes sido notada.[6] Na verdade, a pesquisa não alterou fundamentalmente o quadro esboçado pelos Webbs em 1894, um tributo a esses extraordinários estudiosos. Entre os cortadores de lã do Devon, a itinerância organizada existia desde 1700, espalhando-se para os ofícios apresentados entre 1700 e 1726.[7] Os tecelões de Taunton parecem ter tido um acordo rudimentar de itinerância em 1707,[8] embora a tecelagem, como ofício distinto da cardação, continuasse organizada numa base puramente local.[9] Os surradores de couro tinham uma federação de itinerância no meio do século, os chapeleiros na década de 1770[10]. Os acordos de itinerância entre os estampadores de chita, fabricantes de papel e tipógrafos eram tão adiantados na virada do século que eles devem ter florescido por bastante tempo antes dela. No começo do século dezenove certamente a evidência se acumula. Estão registrados os "impressos" entre os sapateiros em 1803 e a ajuda aos ambulantes entre os carpinteiros de Preston em 1808.[11] Os estampadores de chita relatam viagens titânicas em busca de trabalho de 1.600 e 2.130

---

* O sistema de pagar a ajuda por quilômetro viajado diminuía a dificuldade dessas taxas uniformes.

quilômetros.[12] Por ocasião da Comissão Escolhida sobre os Combiration Acts, os ofícios de Dublin tinham acordos de itinerância com os ingleses;[13] Francis Place encontrou em Londres sedes dos chapeleiros, ferreiros, carpinteiros, fabricantes de botas e sapatos, metalúrgicos, padeiros, alfaiates, bombeiros, pintores e vidraceiros, encadernadores e outros,[14] e podia ser presumido o sistema de itinerância entre muitos ofícios há muito estabelecidos.[15]

Embora W. J. Ashley não pensasse assim, o problema da origem do sistema é importante. Manifestamente, a itinerância era uma instituição central de vários sindicatos antigos, e é difícil ver como algumas das federações ou clubes profissionais que tanto assustaram as autoridades após 1792 puderam ter surgido sem ela. Seria ela a expressão da mobilidade recém-descoberta do artesão, como foi sugerido,[16] ou ela surgiu de uma velha tradição viva de trabalhador ambulante? Como ela se generalizou?

À primeira vista a evidência "moderna" parece a mais forte. Até onde sabemos, aqui não há nenhum registro dos costumes e instituições como o *tour de France* continental ou o *Wanderpflicht*. O sistema ambulante inglês parece, desde o início, não fazer parte do acabamento final da educação do artesão, mas artifício para enfrentar o desemprego sazonal ou irregular; este foi o caso entre os cardadores de lã, tecelões e chapeleiros do West Country. (Sem dúvida eles foram usados também bastante cedo como um meio de conceder ajuda à greve, garantindo, contra a vitamização etc., importantes funções posteriores.) Além do mais, a itinerância organizada no século dezoito parece ter sido limitada a poucos ofícios.[17] Os alfaiates tinham sedes elaboradas em Londres e Dublin desde a década de 1720, em Birmingham pelo menos, antes da década de 1770,[18] mas eles não adotaram a itinerância até pouco antes da década de 1860, talvez durante ou após o colapso das profissões estritamente fechadas nas cidades nas décadas de 1820 e 1830.[19] Não há nenhuma dúvida de que após, digamos, 1790, o sistema foi adotado por ofícios previamente não itinerantes e aperfeiçoado por estes. Embora os pedreiros devam ter viajado, não temos nenhum registro da prática entre outros construtores antes do século dezenove. Os chapeleiros não adotaram o "impresso" até 1798,[20] embora tivessem sedes na década de 1730[21] e um certo tipo de federação itinerante na década de 1770. Talvez eles usassem uma forma intermediária do sistema, tal como encontramos entre os estampadores de chita, na qual os ambulantes eram oficialmente autorizados a fazer coletas entre seus colegas.[22]

Nem é totalmente impossível que o sistema possa ter sido inventado em um lugar — o West Country parece mais provável — e fosse então disseminado pelos trabalhadores ambulantes de lã, ou talvez por pedreiros ambulantes das pedreiras ocidentais. As instituições e rituais dos sindicatos do último ofício são geralmente consideradas como devendo muito às dos trabalhadores de lã, e os "impressos" podem fazer parte do débito.[23]

Por outro lado, há arcaísmos nos velhos sistemas itinerantes que indicam à lembrança, de qualquer maneira, costumes mais antigos. Assim eles eram, e permaneceram, inteiramente adaptados ao homem isolado. Não encontrei nenhum caso no qual fosse feita provisão para a mulher e a família do trabalhador; na verdade, uma das primeiras queixas contra os tecelões era que eles deixavam suas famílias em dificuldades enquanto viajavam.[24] Se eles tivessem sido originalmente destinados a enfrentar o desemprego, dificilmente poderiam ter deixado de ter em mente o trabalhador casado. Então, novamente, eles eram, estrito senso da palavra, sistemas de itinerância. Os caldeireiros, que ajudavam em viagens por terra "ou navegadas à vela ou a vapor" desde o começo da década de 1830[25] são, acho eu, únicos. Os fabricantes de máquinas a vapor não davam auxílio-viagem em navios costeiros até a década de 1840,[26] e os tipógrafos apenas emendaram "itinerante" por "viajada" em 1872.[27] Certamente, mesmo nas décadas de 1850 e 1860 havia um forte preconceito entre os pedreiros contra qualquer modo de viajar a não ser por pôneis de Shank, o único "prudente". Não está claro se isto era um velho costume, ou simplesmente uma racionalização, à luz da moralidade vitoriana, de um outro mais velho ainda.[28] Um sistema destinado a enviar homens de áreas inativas para outras ativas pode ter considerado meios de viagem mais expeditos, por exemplo, o navio costeiro, muito usado.[29] Que peso podemos atribuir à evidência do século dezenove de uma crença de que "nenhum homem conhece sua própria capacidade ou o que vale até ter trabalhado em mais cidades do que uma",[30] é incerto. Nossa ignorância dos costumes e das tradições dos primeiros assalariados é profunda, já que eles quase não têm registros. Assim, a prevalência de tais crenças é bastante possível.[31]

Certamente, em alguns casos, a itinerância organizada simplesmente sistematizou velhos hábitos. "Será necessário que os ambulantes vindos por esta estrada tragam suas licenças consigo. Você exigirá da mesma forma licenças de qualquer um que possa sair daqui (sic)" — diz o sapateiro de Portsmouth e igualmente o de Bath, anunciando a fundação de um sindicato local em 1803.[32] Os carpinteiros de Birmingham fundaram uma sociedade em 1808 principalmente para indicar uma casa para "a recepção de trabalhadores viajando com o fim de conseguir emprego e que são comumente chamados de VAGABUNDOS".[33] Os fundidores de ferro de Bolton, em 1809, assumiram a existência de uma rede não oficial dessas estações, porque eles estão confiantes, ao fundarem seu sindicato local, de que as despesas dos vagabundos estrangeiros serão "reembolsadas a esta Sociedade pela outra da qual o membro assim ajudado (com "jantar, um quartilho de cerveja, alojamento por uma noite e dois shillings em dinheiro para levá-lo até a próxima cidade") possa pertencer".[34] Evidentemente a prática da itinerância não era por si mesma nova. Na verdade, a opinião de que os sistemas de itinerância eram destinados a garantir a mobilidade pede a pergunta. O que os primeiros sindicatos queriam não era a mobilidade como tal, mas a mobilidade financeiramente segura, ou seu controle no interesse de um ofício localmente fechado. "Nenhum dos seus membros", alegaram os sapateiros sobre os chapeleiros e surradores de couro, "suportaram vagar como vagabundos desempregados."[35] Que eles deviam vagar afinal de contas era presumido.

Não havia nenhum motivo por que não devessem. As Leis do Estabelecimento dificilmente incomodavam o artesão. Os Webbs afirmam categoricamente que eles não encontraram nenhum caso isolado de um sindicalista do século dezoito removido por força delas;[36] e uma grande coleção de certificados de estabelecimento de Newark não registra nenhum pedreiro, tipógrafo ou fabricante de escovas isolado (embora mais tarde os últimos tivessem uma estação de viajantes na cidade no começo do século dezoito),[37] e apenas um chapeleiro e surrador de couro durante mais de um século.[38] O maior obstáculo às viagens não era a lei, mas a exclusividade do ofício das cidades (embora isto tenha enfraquecido no século dezoito, e de qualquer maneira difícil de fazer cumprir em tempos de expansão).[39] Contudo os ofícios estritamente organizados de Dublin, que excluíam até sindicalistas estrangeiros, enviavam e recebiam ambulantes.[40]

A verdadeira pergunta é como o artesão chegava a vagar por todo o país para começar. A questão é que uma rede nacional de "estações" de Exeter até York tal como vemos entre, digamos, os primeiros fabricantes de escovas, é muito diferente do padrão produzido pelas migrações normais da mão de obra, que é principalmente regional.[41] Nem a viagem sistemática é adotada automaticamente pelos ofícios com fortes flutuações sazonais: se os chapeleiros viajavam no século dezoito, os alfaiates não.[42] Nem as operações normais do sindicalismo criaram redes nacionais nesta fase inicial. Na França, onde a itinerância era completamente independente dos sindicatos e na mão dos antigos, e bastante inadaptáveis *compagnonnages,* os sindicatos não criaram organizações nacionais até a década de 1880 — ou como os chapeleiros no próprio fim do Segundo Império.[43] Onde as unidades industriais locais eram em certo sentido independentes, e reconhecidas como integrando um todo nacional, como na indústria da lã, a itinerância é mais facilmente explicada; e isto pode explicar o seu pronto aparecimento entre os trabalhadores da lã. Mas por que os sapateiros, chapeleiros e surradores de couro, todos os quais trabalhavam em mercados localmente autossuficientes e tinham pouco motivo para conhecer muito sobre outras cidades,[44] dedicaram-se a isso antes da década de 1790?[45] Provavelmente a atração do grande ímã, Londres, explique em parte.[46] Entretanto, parece difícil explicar a itinerância como um todo sem presumir alguma espécie de tradição de viajar (de qualquer maneira em alguns ofícios) análoga aos hábitos continentais dos quais se desenvolveram as instituições do *Compagnonnage*.* Entre os pedreiros havia certamente essa tradição; talvez entre os tipógrafos; talvez entre um ou dois dos outros.

É sempre insatisfatório deixar um caso devido a evidências negativas; e aqui podemos, na melhor hipótese, deixar o veredito aberto. Uma coisa é clara: tanto fatores "antigos" como "modernos" contribuem para modelar o sistema, mesmo concedendo que os velhos costumes, que deviam ser adaptados às necessidades do novo sindicalismo, tenham sido transmitidos apenas a um ou dois ofícios. Um sistema tão peculiar e altamente organizado só podia ser erigido sobre uma fundação bem-construída de costumes. Por outro lado, sua adoção geral pelos ofícios refletem sem dúvida a necessidade de defender os monopólios locais e aprendizes de artesãos contra os novos desafios econômicos.

III

Entre os clubes de ofícios mais velhos, o sistema itinerante tornou-se a própria espinha dorsal do sindicato. Os chapeleiros e os fundidores de ferro construíram até seus emblemas em torno dela, os últimos mostrando um modelador ambulante com sua mochila dizendo "Irmão de ofício, pode me dar um emprego" e recebendo a resposta "Se não pudermos, ajudaremos você". Os sapateiros

---

* Não precisamos presumir qualquer ligação entre as sociedades de viajantes, ingleses e continentais em suas formas desenvolvidas; embora o paralelismo entre suas instituições — rituais e hábitos de beber, o *Herberge* e a sede do clube, o *Geschenk* e o donativo ao ambulante, o *schmaehen* e a colocação na lista negra de homens ou patrões — seja surpreendente.

de Nantwich tiveram o cuidado de incluir em sua procissão do ofício em 1833 "um colega totalmente preparado para viajar, com seu equipamento acondicionado nas costas e a bengala na mão".[47] Pelo meio do século dezenove o sistema era muito disseminado. Em 1860 ele estava em uso entre os tipógrafos, litógrafos, alfaiates, fabricantes de carruagens, encadernadores de livros, ferreiros, maquinistas, fabricantes de máquinas a vapor, pedreiros, carpinteiros, fundidores de ferro, tanoeiros, sapateiros, fabricantes de caldeiras, bombeiros, assentadores de tijolos e vários outros ofícios.[48]

Os motivos por que ele se espalhou são claros. Em primeiro lugar (embora este possa não ter sido seu propósito original) ele ajudava os fundos de greve e proporcionava um meio de opor-se à vitimização. Mesmo no fim do século conhecemos o caso de pedreiros que habilmente iam para a estrada assim que começava uma disputa, para não sobrecarregar os fundos;[49] naturalmente, o homem que conseguia um trabalho temporário enquanto a luta estava em curso era uma grande vantagem. A luta pelo reconhecimento e um pagamento-padrão levava quase invariavelmente a vitimizações, mesmo que fosse bem-sucedida. Se os homens tinham que ser "sacrificados" — a frase é dos tipógrafos —, eles devem ter certeza de um meio de vida, e o sistema itinerante normalmente lhes dava tratamento especialmente favorável, distinguindo-os algumas vezes dos viajantes comuns. Os pedreiros davam aos ambulantes em greve um cartão verde, aos comuns, um branco. A itinerância assim reforçou grandemente o poder de barganha dos homens, um ponto já bem estabelecido entre os cardadores de lã no meio do século dezoito.[50] Disto para um cálculo mais sofisticado de economia política era apenas um passo. Removendo o desempregado de lugares com pouco serviço, e mantendo-os em circulação, a itinerância mantinha limitada a oferta no mercado de trabalho. "Se não pudéssemos", escreveu o Sindicato Geral dos Carpinteiros em 1846, "manter nosso transporte ambulante... uma redução geral de salários teria tido lugar."[51] Os tipógrafos formularam isto mais claramente. A itinerância, notou a *Typographic Protection Circular* em maio de 1849, tornou-se agora um método de ajuda em vez de encontrar trabalho, "de forma que o ofício está mantendo virtualmente uma lei de pobres local... pela qual a ajuda aos pobres é dispensada aos seus pobres casuais, sendo o pagante da tarifa o empregado, e os guardiões disso os funcionários da Sociedade".

Esta pequena frase cruel reflete a mudança radical do sistema quando este encontrava o desemprego maciço do começo do século dezenove — quer o desemprego tecnológico que destruiu os estampadores de chita, cardadores de lã etc., quer o desemprego cíclico menos permanente de 1820-50, mas igualmente cataclísmico. Mais uma vez observamos que o sistema não tinha sido projetado para enfrentar as contingências do capitalismo industrial. Ele se adaptava admiravelmente aos velhos cardadores de lã: um grupo um tanto pequeno de artesãos móveis, num ofício flutuante, funcionando sob condições razoavelmente estáveis longo o prazo. Em casos extremos deste tipo, como os Webbs mostraram, ele podia substituir virtualmente toda a negociação coletiva ostensiva.[52] Como única forma propriamente desenvolvida de ajuda aos desempregados, ela foi geralmente adotada pela maioria dos oficiais que tinham necessidade desses pagamentos; mas enfrentou as tensões gigantescas do capitalismo moderno, e acima de tudo com o ciclo comercial, ela entrou em colapso.

Poderia parecer que o sistema não foi solicitado além de suas forças até as décadas de 1830 e 1840, embora os tipógrafos de Londres já estivessem fazendo campanha contra ele na década de 1830.[53] Depois disso, ele enfrentou mau tempo. Podemos acompanhar o processo bastante bem nos registros do pequeno Journeymen Steam-Makers (fundado em 1826; desde 1921 parte da Amalgamated Engineering Union), como é mostrado na Tabela I.

Tabela I. Itinerância entre os Fabricantes Ambulantes de Máquinas a vapor, 1836-41*

Ano	Membros	Filiais	Número total de viajantes ajudados
1836-7	525	13	44
1837-8	695	15	224
1838-9	794	18	289
1839-40	876	18	893
1840-1	981	22	673
1841-2	994	24	2.226

Os Fabricantes de Máquinas a vapor não eram nem especialmente migratórios nem especialmente pouco prósperos. Muito mais surpreendentes são os números de outros sindicatos contemporâneos. Os Fundidores de ferro em 1840 pagaram a maior parte de £ 11.500 a ambulantes — para um quadro social total, de empregados e desempregados, de menos de 3.500. Sete anos antes, eles tinham gasto apenas £ 800.[54] Os quatro sindicatos principais de editores, com 3.400 membros em 1841-2, ajudaram não menos de 7.200 viajantes entre si, naquele ano.[55] Naturalmente, grande parte destes eram ambulantes a longa distância, movendo-se desesperadamente através de muitas filiais em busca de trabalho, e registrados em cada uma; mas isso não diminui a carga financeira. Como disse o Sindicato Geral de Carpinteiros, vívida e pouco gramaticalmente:

> Por toda a extensão e largura da nossa terra natal não há um recanto ou aldeia por que alguns dos nossos membros não tenham perambulado em busca de emprego; nossas estradas têm parecido as de uma oficina mecânica, ou uma poderosa massa de seres humanos em movimento; temos vários casos em que vinte ou trinta homens num só grupo, de diferentes ofícios mecânicos, encaminhando-se de cidade para cidade, pedindo licença para trabalhar...[56]

---

*Relatórios Anuais. O número de viajantes ajudados é dado separadamente para cada filial.

A experiência da década de 1840 levou a uma mudança maior: a generalização do auxílio-desemprego. Os motivos para isto não eram evidentemente financeiros, porque o custo de perambular não era alto por pessoa,[57] e era mais facilmente suplementado por coletas locais e hospitalidade privada do que o pagamento estático aos sem trabalho. Parece mais que o desemprego maciço daqueles anos impressionou pela primeira vez os sindicatos comuns não migratórios com a inconveniência de um método de ajuda totalmente nômade. Mais uma vez os Fabricantes de Máquinas a Vapor ilustram o argumento. Em 1836 a filial de Londres introduziu pagamento estático aos sem trabalho por conta própria, para grande desgosto da matriz. Por volta de 1847, nove outras filiais, desde Leeds até Portsmouth, haviam seguido a liderança de Londres. Na revisão das Regras em 1848 as filiais receberam formalmente o direito de instituir tais pagamentos; em 1851 ele foi introduzido nacionalmente como uma alternativa à itinerância.[58] Mais ou menos na mesma ocasião, os Fundidores de Ferro introduziram um pagamento "donativo" semelhante.[59] A nova Amalgamated Society of Engineers começou a vida com ele, mas depois sua ancestral, a "Old Mechanics", nunca se fiou puramente na itinerância — talvez um dos motivos pelos quais tenha reorganizado os Fabricantes de Máquinas a Vapor um tanto mais velha.[60] A ambiciosa Associação Tipográfica Nacional havia abolido a itinerância totalmente na década de 1840, mas a queda repentina de preços levou-a à falência, e sua sucessora, a Associação Tipográfica Provincial (1849), retornou a ela, embora desconfiada.[61] Não foi senão em 1872 que a ajuda estática foi introduzida definitivamente, embora grandes unidades locais — de Manchester, Leeds, Londres, Liverpool e Sheffield — já a tivessem adotado.[62] Mesmo o antiquado Sindicato Geral dos Carpinteiros introduziu-a em 1863, sem dúvida em consequência da fundação da mais moderna Amalgamated Carpenters em 1860. Dos grandes ofícios itinerantes, poucos continuaram a confiar exclusivamente na itinerância, como os pedreiros, que a conservaram até o século atual, enchendo as cinco páginas do seu livro de regras com "leis dos Ambulantes".

Desta ocasião em diante, a itinerância declinou rapidamente.

IV

Antes de estudarmos esse declínio e as suas causas, vamos recordar a mobilidade muito surpreendente de vários artesãos médio-vitorianos, tal como indicado pelas estatísticas de itinerância de seus sindicatos. (Já que estes sindicatos eram muito mais representativos do que muitas vezes tem sido presumido,[63] é razoável supor que eles lançaram luz sobre os habitantes dos trabalhadores desorganizados nos ofícios por eles abrangidos, embora estes possam não ter sido tão móveis.) Assim, em 1872, quando a itinerância já estava em declínio e o desemprego era baixo, 6 por cento dos Fundidores de Ferro pegaram cartões de viagem, e a porcentagem dos homens que faziam isso não caiu regularmente abaixo de 10 por cento até depois de 1888. A Amalgamated Tailors em 1877 tinha 5-6 por cento de seus membros viajando, dos quais cerca de um sexto voltou às suas sedes no próprio ano; isto é, 4-5 por cento do quadro social do sindicato transferiram seus locais de trabalho durante este ano através da itinerância. A porcentagem de cartões de viagem pedidos entre 1869 e 1877 foi mais ou menos a mesma. Entre os tipógrafos provinciais os números são ainda mais surpreendentes. Entre fevereiro de 1873 e dezembro de 1876 o sindicato emitiu documentos de viagem numa média anual de exatamente menos de 25 por cento do seu quadro social total (embora um quarto de todos estes viessem de quatro filiais grandes e muito fluidas em Manchester, Liverpool, Birmingham e Belfast). Já que a viagem média incluía várias estações, o número total de ajudas era naturalmente muito maior — cerca de 100 por cento do quadro social do sindicato num ano próspero.[64]

Não é fácil analisar estes números. Alguns homens viajavam constantemente, como os trabalhadores itinerantes americanos — especialmente entre os pedreiros, tipógrafos e fundidores de ferro. Entre os últimos, os nômades permanentes raramente montavam a mais de 10 por cento dos que estavam viajando, e depois de 1870, nunca montaram a mais de 1-2 por cento do quadro social total, exceto no ano do colapso de 1878-9. Entre os tipógrafos, cujo ofício era assolado pelo casualismo, a proporção era provavelmente mais alta, embora não possamos dizer de quanto, já que só os Fundidores de Ferro tentaram realmente calcular o grau de nomadismo permanente. Um número muito maior de homens trabalharam durante as depressões do ofício. Na década de 1860 a porcentagem de mecânicos desempregados que iam para a estrada era de cerca de 35, e a dos bombeiros mais ou menos a mesma.[65] Um número desconhecido — principalmente de jovens — vagou por alguns anos. Não há nenhuma estatística, mas o costume era forte. George Odger, o sapateiro da Cornualha, veio para Londres após esse Wanderjahre.[66] O jovem Robert Knight, subsequentemente chefe dos Fabricantes de Caldeiras, foi "ver o mundo" antes de voltar para casa em Devon; nem foi ele o único em seu ofício a fazer isso.[67] O engenheiro John Burns foi para a África Ocidental e viajou pelo continente, antes de voltar para Battersea e alcançar fama política.[68] Mesmo entre os trabalhadores rurais, Joseph Arch vagou pelo sul do Midlands e pela Gales, antes de se estabelecer, e o jovem George Edwards passou um ano em terras estrangeiras — a cerca de 48km do seu sindicato nativo da Lei dos Pobres.[69] F. W. Galton, ele próprio membro de um antigo ofício, relata a vivacidade da tradição mesmo na década de 1890.[70] Outros homens, novamente, nesse período de rápido crescimento industrial, eram seminômades, deixando um lar permanente por períodos variáveis, ou mudando suas famílias de tempos em tempos, especialmente entre os construtores, artesãos especializados e trabalhadores supervisores.[71] Estes movimentos, novamente, não podem ser medidos com precisão. Nos pequenos ofícios ambulantes tradicionais provavelmente quase todos contavam em viajar em alguma ocasião em suas vidas, além das viagens decorrentes da depressão. Em todos os ofícios, contudo, parece ter havido uma linha razoavelmente nítida entre a maioria, que não esperava mais viajar — a não ser em circunstâncias muito fora do comum —, uma vez terem se estabelecido, e uma minoria que tinha muito mais formiga no pés.

Tabela II. Viagens entre os Fundidores de Ferro, 1850-1908*

(1) Períodos	(2) Número médio anual de viajantes ajudados no último sábado do ano	(3) Número médio dos membros por década, dividido pelos números da col. (2)
1850-9**	73	71
1860-9	75	126
1870-9	60	190
1880-9	52	232
1890-9	44	361
1900-8	63***	295

Quaisquer que fossem os tipos exatos de movimento — e estas são apenas algumas das espécies que a análise inadequada amontoa sob o nome geral de "mobilidade da mão de obra" —, não há nenhuma dúvida que a maioria deles declinou. Por volta da década de 1870, George Howell pôde descrever o sistema como obsoleto.[72]

---

* Relatórios dos Fundidores de Ferro. Mas antes de 1868 a distribuição de cartões de viagem estava inteiramente nas mãos das filiais.

** Números não disponíveis para 1850 e 1852.

*** O aumento pode refletir o crescimento do desemprego tecnológico entre alguns artesãos fundidores, devido ao desenvolvimento da moldagem à máquina — que o sindicato não organizou —, bem como às depressões de 1903-4 e 1908.

Como de hábito, os números dos Fundidores de Ferro são os mais completos (Tabela II).

O número de viajantes caiu, absoluta e relativamente, durante a segunda metade do século, e se tomarmos outro índice, a porcentagem dos membros que pedem anualmente cartões de viagem, o declínio continuou mesmo entre 1900 e 1908. Nem mesmo a grande catástrofe da Grande Depressão fez mais do que retardar sua queda. Na verdade, nada é mais revelador do que uma comparação da itinerância nos "anos negros" de, digamos, 1841-2 e 1879. Nos primeiros, o Sindicato Tipográfico do Norte ajudou cerca de cinco vezes mais viajantes do que tinha de membros; no último, a Associação Tipográfica Provincial ajudou apenas cerca do dobro dos seus membros em viagens.*

O declínio é especialmente palpável nas viagens durante a depressão. Na década de 1860, 35 por cento dos mecânicos desempregados viajaram; na década de 1890, 10 por cento; na década de 1900, 4 por cento; de 1910 até 1914, 1 por cento.[73] Entre os Fabricantes de Máquinas a vapor, a proporção de viagens em relação à ajuda de desempregados estáticos variou entre 1:2 e 1:6 na década de 1850; entre 1:4 e 1:11 na década de 1860; entre 1:10 e 1:60 na década de 1870; 1:15 e 1:70 na década de 1880. Mais surpreendente ainda é o declínio entre os tipógrafos tradicionalmente itinerantes. Entre 1880 e 1889, a ajuda a viajantes montou entre 20 por cento e 40 por cento da ajuda a desempregados; entre 1890 e 1899 entre 6 por cento e 20 por cento; entre 1900 e 1906 nunca subiu a mais do que 9 por cento e caiu até 5 por cento. O tipógrafo itinerante estava se extinguindo rapidamente.[73a] Embora a ajuda a itinerantes fosse a única forma de donativo, esta tendência era até certo ponto disfarçada. A velocidade com que o pagamento ao desempregado estático revisse o seu velho rival, torna isto bastante claro. Entre os bombeiros

---

* 1841-2: 1.226 membros, 6.036 ajudas a viajantes; 1879: 5.200 membros, 11.900 ajudas a viajantes (inclusive pagamento por fins de semana, quando os homens não viajavam).

que reintroduziram o pagamento estático em 1901, evidentemente porque estavam começando a sentir a necessidade de algum tipo de auxílio-desemprego,[74] ele era vinte vezes mais importante do que a ajuda itinerante desde o começo.

Essa diminuição da itinerância não significa necessariamente um declínio na mobilidade. Da década de 1880 em diante, por exemplo, o crescimento dos transportes urbanos tornaram possível — de qualquer maneira para os trabalhadores mais abonados — procurarem trabalho num mercado mais amplo sem mudarem automaticamente de moradia cada vez que procuravam, ou conseguiam, um emprego além da distância a pé de suas casas. Londres é um exemplo disto.[75] O bonde substituiu o ambulante.* Isso nem precisa significar um declínio na mobilidade a longa distância. Os sindicatos do "novo modelo" que introduziram o auxílio-desemprego introduziram também métodos de transferir os trabalhadores dos lugares sem trabalho para os com, mais eficientes do que os sistemas itinerantes que confiam na sorte. Os Mecânicos, Fabricantes de Máquinas à Vapor, Fabricantes de Caldeiras, Fundidores de Ferro, Carpinteiros Amalgamados e outros aperfeiçoaram planos para pagar ou adiantar passagens de trem aos seus membros para empregos distantes;[76] os carpinteiros tentaram até transformar-se numa câmara nacional de compensação de mão de obra para o seu ofício,[77] Estes artifícios não eram, de maneira geral, muito bem-sucedidos — na verdade, como o benefício da emigração, que tornou-se popular no mesmo período, eles são interessantes principalmente como sinais da adoção crescente de ideias econômicas ortodoxas —, mas eles não eram desprezíveis.

Além do mais, os fatores que causaram o declínio foram, em parte pelo menos, compensados por outros. Isto provavelmente é menos verdadeiro quanto à forma mais importante de itinerância, a viagem devido à depressão, que tendia a diminuir com muita cons-

---

* Aqui há um trocadilho intraduzível: tram = bonde e tram = ambulante. (*N. do T.*)

tância, exceto nos anos catastroficamente maus*. A itinerância dos jovens, por outro lado, era mais do que mantida viva. Em primeiro lugar a corrente de aprendizes das áreas de baixos salários para as de alto salário continuou imperturbável, ainda mais já que certos ofícios — construção por exemplo — nas cidades vieram a confiar para seu recrutamento de artesãos principalmente nessa imigração.[78] A investigação de Lawrence em 1897[79] mostra que vários ofícios mal pagos em Bristol, o grande portão do West Country, eram compostos principalmente desses viajantes, a maioria deles considerando a cidade como seu primeiro ponto de parada. Muitos desses jovens, naturalmente, viajavam direto de sua pequena cidade natal para a cidade, especialmente porque devia haver um núcleo de conterrâneos ou parentes trabalhando lá, que podiam encontrar trabalho para eles.[80] Assim, a transferência de alguns trabalhadores de juta de Dundee para Barrow in Furness fez logo com que essa cidade se tornasse "uma espécie de vestíbulo, através do qual os jovens dundonianos passavam para o mundo exterior".[81] Por outro lado, o jovem tinha grande probabilidade de abrir caminho para o seu lugar final de permanência por fases, porque uma vez com a responsabilidade de mulher e família, a vida errante não mais era fácil, e o impresso, o alojamento e a ajuda lhe haviam dado um contato com o país. Não há nenhuma dúvida de que nas últimas fases da itinerância, o sistema foi muito usado como um meio de fazer o equivalente do *grand tour* do artesão; exatamente como fez frequentemente o benefício da emigração.

Além do mais, com a mecanização de certos ofícios, apareceu um novo incentivo às viagens, e causou amargas queixas durante a

---

* Mas a itinerância, a curto prazo dentro das grandes conurbações (*N. do T.*: fusão física de cidades próximas) pode ter substituído muitas viagens a longa distância, mesmo aqui. Assim as seis sedes do Tyneside dos Bombeiros em 1892 tiveram uma média de talvez 70 dos seus 600 membros circulando entre elas — cada um visitando duas ou três cidades (United Opcrative Plombers, 1892, relatórios trimestrais). Já que muitos sindicatos proibiam a concessão de ajuda dentro de um pequeno raio da matriz, tais viagens muitas vezes não eram registradas.

Grande Depressão.[82] Em vez de ser totalmente treinado como um artesão completo, o jovem era posto a fazer o trabalho de um homem como "aprendiz" — ganhando menos que o salário completo. Se ele quisesse ganhar o salário de um homem, tinha que arranjar emprego em outra oficina ou outra cidade, onde apenas sua habilidade de realizar o trabalho contava mais do que a sua falta de status como trabalhador completo; embora naturalmente este tipo de movimento se refletisse apenas muito fracamente nas estatísticas da itinerância.

V

Apesar de tudo, apesar desses fatores compensadores, há pouca dúvida de que a itinerância, no velho sentido, tenha crescido menos. Por quê?

Vamos considerar primeiro o declínio das viagens devido à depressão. Em alguma ocasião entre as décadas de 1840 e de 1870 teve lugar uma profunda mudança na atitude dos tipógrafos em relação ao desemprego. A Conferência Delegada Tipográfica em 1849 ouviu o argumento de que a itinerância era essencial, já que um homem com família grande não podia nem se mudar com facilidade nem emigrar; alegação essa que presumia que a migração era a resposta necessária à falta de serviço.[83] Trinta e oito anos mais tarde, os tipógrafos de Manchester, pelo contrário, defenderam a ideia do auxílio-desemprego recém-introduzido com o argumento de que ele "permitiria aos membros permanecerem em várias cidades esperando serem chamados para o trabalho, mantendo-os juntos de suas famílias e impedindo os membros de vagabundarem mascateando o seu trabalho pelo país;" na verdade na presunção oposta.[84] Dito cruamente, temos aqui a diferença entre homens que aceitaram o ciclo do ofício como a forma típica de depressão, tanto nacional como transitória, e homens que não aceitaram. Mas este era um novo ponto de vista. Como mostrou Labrousse, as crises cíclicas não eram, no que dizia respeito ao grosso dos trabalhadores, a crise típica até entrar bem no século dezenove.[85] De qualquer maneira, até a década de 1850 seus efeitos pareceram sufocados por aqueles de outros tipos de crises, gerando desemprego que não podia ser resolvido ficando no lugar: p. ex., as mudanças tecnológicas que suspenderam as atividades das formas mais antigas de artesanato industrial. Além do mais, o que podemos chamar de setor não capitalista da economia continuou bastante grande, e o setor capitalista bastante localizado e diversificado, para fazer a migração temporária parecer uma fuga exequível dos colapsos. O pedreiro, atingido pela depressão em Norwich, podia esperar razoavelmente encontrar emprego temporário nas pequenas cidades da East Anglia;[86] o mecânico podia sentir que a cidade seguinte em sua rota itinerante podia não sofrer de falta de serviço.[87] Só nas depressões importantes o caráter nacional do colapso se afirmava por si mesmo, como o próprio viajante descobria lançado nos caminhos de partir o coração que as estatísticas registram.* Daí a importância capital da fome da década de 1840 na suspensão das atividades do sistema; embora sobrevivessem, as condições que fizeram a itinerância parecer exequível numa escala menor, por muito tempo depois. Novamente, uma era cujo porta-voz era Cobbett dificilmente iria ainda considerar as depressões como interrupções temporárias da expansão econômica triunfante, que passaria bastando ficar-se firmemente sentado por alguns meses. Podemos debater como e quando teve lugar a transição, mas dificilmente podemos esperar que a opinião otimista fosse grandemente popular entre os trabalhadores antes da década de 1850.

---

*Um caso extremo da década de 1840: um tipógrafo pegou um cartão em Londres a 1º de março de 1848, voltando pouco menos de um ano mais tarde. Ele havia viajado para Brighton e contornando a costa sul até Bristol, daí via Birmingham, Liverpool e Carlisle até Edinburgh, Stranraer, Belfast, Dublin e dezenove cidades irlandesas, voltando a Londres via Liverpool, Yorkshire e Cambridge. Ajudado em setenta cidades, ele havia trabalhado em três.

O pêndulo mais tarde devia oscilar demais. Tanto na Grande Depressão como na depressão interguerras encontramos os sindicatos quase exaurindo seus fundos na crença de que estes eram os colapsos habituais, que poderiam passar rapidamente. A obstinada relutância em migrar entre as guerras dos trabalhadores nas áreas deprimidas pode bem refletir as últimas sobrevivências desta fé na capacidade do sistema econômico de consertar-se por si mesmo em todas as circunstâncias. Seria errado, contudo, deter-se exclusivamente nesta fé na expansão inglesa. Na medida em que as inovações do começo da década de 1850 — pagamento por desemprego estático etc. — significam um reconhecimento do ciclo comercial, elas marcaram uma fase importante na educação do movimento trabalhista; o reconhecimento de que a economia capitalista não era algo a ser evitado, mas tinha que ser enfrentado pela compreensão de suas leis específicas de movimento.

Esta atitude nova e mais madura em relação ao sistema econômico explica grande parte do declínio da itinerância dos desempregados. Ele não explica completamente o declínio de outras formas de mobilidade. Talvez valha a pena mencionar três causas possíveis disto.

A natureza da expansão industrial — o tamanho crescente do mercado de trabalho por um lado, a mudança no ritmo por outro — desencorajou a itinerância. O efeito do primeiro é acentuado nitidamente pelos números dos pedreiros. Em 1849 seu sindicato considerava apenas quatro cidades como merecedoras de mais de um dia de estada em busca de trabalho — Londres, Manchester, Liverpool e Birmingham. Em 1887 havia 48 dessas cidades. A Tabela III resume o processo, tal como refletido em várias edições das leis de itinerância do sindicato.[88]

Evidentemente pode-se esperar que os pedreiros se estabeleçam localmente, por algum tempo pelo menos; que façam viagens mais curtas, ou mais diretamente de um centro importante para o seguinte; e que os pedreiros locais se sintam menos vezes obrigados a pôr o pé na estrada. O efeito análogo de um ritmo decrescente de expressão, sob certas circunstâncias, é igualmente acentuado na pesquisa de Lawrence em 1897.[89] Nesse ano estimou-se que dos onze ofícios em Leeds, nove tinham uma maioria de membros recrutados localmente; de sete em Bradford, seis tinham. Mas em Sheffield e Birmingham, que ainda estavam numa fase mais efervescente da expansão industrial, só três ofícios em doze e três em dez, respectivamente, eram constituídos principalmente de nativos da cidade. Quanto mais indolente a corrente da expansão, menor o número de artesãos ambulantes varridos para ela.

Tabela III. Cidades nas quais os pedreiros ambulantes têm licença para ficar mais de um dia

Ano	Número	Comentários
1849	4	2 dias
1853	4	3 dias em Londres
1855	6	
1862	7	
1868	11	2, 3 ou 4 dias
1871	20	
1875	29	
1887	48	

A segunda força responsável pela maior imobilidade foi o declínio do casualismo, o concomitante inevitável da indústria competitiva em pequena escala no mercado do laissez-faire.[90] Até que ponto o casualismo (ou, o que é mais ou menos a mesma coisa, o desemprego persistente para uma seção da força de trabalho) diminuiu, não sabemos ainda; mas uma tendência para diminuir desde a última parte do século é observável, embora o assunto ainda espere investigação.

O terceiro fator é a especialização crescente do aprendiz de artesão. O ideal do antigo artesão, com o seu treinamento completo, capaz, como o velho construtor de moinhos, de poder realizar qualquer tarefa do ofício em qualquer parte do país, pôde ser mantido apenas para uma proporção dos profissionais que diminuía constantemente. Talvez houvesse interesse próprio nas queixas de que os assentadores de tijolos de Bradford não podiam ser admitidos no sindicato, porque eram apenas meio-treinados e, se fossem transferidos para outras cidades, não se podia esperar que ganhassem o salário completo;[91] ou sobre o treinamento inferior dos mecânicos do West Country ou das cidades têxteis do Yorkshire. Contudo, havia alguma verdade nisso. Mesmo os homens cuja especialização não indicava um declínio na habilidade eram afetados. No meio do século dezoito, os trabalhadores da lã capacitados do Yorkshire e do West Country tinham sido organizados numa federação; no fim do dezenove, o Sindicato Geral dos Trabalhadores Têxteis do Yorkshire recusou-se a organizar o Vale do Stroud, embora convidado a fazê-lo; tão pouco as duas áreas parecem agora ter em comum. Na década de 1850, os empregados dos estaleiros e os fabricantes de caldeiras pertenciam ao mesmo sindicato; mas tinham a maior dificuldade em compreender os problemas uns dos outros.[92] Se essa especialização era de treinamento ou de estrutura comercial, ela provavelmente fez o sistema de itinerância, em comparação, parecer menos importante até para muitos dos seus defensores.

Mas à medida que os velhos motivos para a itinerância perderam sua força, a oposição a ela falou cada vez mais alto. A seção itinerante de um determinado ofício incluía, além de bons homens com hábitos migratórios, trabalhadores ocasionais que esperavam se aproveitar do pico das demandas nos vários lugares, e também um número muito grande de trabalhadores marginais e abaixo do padrão; os primeiros a serem despedidos, os últimos a serem admitidos. Uma geração de artesãos imbuídos de prudência e autoajuda cresceu firmemente menos entusiasmada quanto a subsidiar o que ela sentia como sendo suas ovelhas negras. Já nas décadas de 1840 e 1850 a tensão entre os tipógrafos ambulantes e não ambulantes era marcante.[93] Se o sistema sobreviveu por tanto tempo, foi em grande parte porque o número de trabalhadores eventuais era suficientemente grande para estabelecer um importante interesse adquirido nele; a Sociedade Tipográfica de Manchester estava assolada por uma crise importante quando tentou aboli-lo em 1851.[94] Como o orador na reunião delegada de 1856 disse, "ele conhecia homens que estavam viajando desde que ele era aprendiz. Era impossível terminar a itinerância devido ao vasto número de sujeitos incorrigíveis na profissão."[95] "Todos admitiam", disse outro orador, "que as viagens transformavam homens bons em maus."[96] Era igualmente óbvio, como os estucadores notaram em 1879, que o auxílio-viagem beneficiava os membros da profissão que tinham formiga nos pés (que provavelmente, *ceteris paribus,* não eram os melhores trabalhadores nem os mais desejáveis) proporcionalmente muito mais do que a maioria.[97] Assim a hostilidade às viagens que os observadores notaram nas décadas de 1890 e 1900 é fácil de compreender.[98] Poucos sindicatos o aboliram na realidade — embora os tipógrafos de Londres e escoceses fizessem isso antes do século terminar; mas já que ele se tornava cada vez menos importante, isto foi desnecessário. Poucos, contudo, lamentaram seu desaparecimento final na década da Primeira Guerra Mundial.

VI

Resta fazer ainda uma pergunta. Que efeito teve um sistema de uma tal mobilidade organizada sobre as variações nas condições de trabalho locais? Certos dos velhos ofícios ambulantes devem, em seu apogeu, ter chegado perto do ideal clássico de uma força de trabalho perfeitamente móvel. Não devia portanto a itinerância ter levado a um nivelamento das condições na área abrangida por ela? Infelizmente não há nenhuma maneira de provar isto. Em primeiro lugar, as "condições de trabalho" que podem ser responsáveis pela determinação da escolha de um trabalhador entre empregos incluem muitas variáveis, das quais somente uma ou duas — tempo-padrão, pagamento por peça ou jornada de trabalho — são realmente comparáveis. Estas, consideradas por si mesmo, podem ser mais ilusórias do que reveladoras.* Em segundo lugar, esse salário e a estatística das horas tal como possuímos antes do último quarto de século — mesmo para ofícios bem documentados como a tipografia — raramente proporcionam séries de tempo completas suficientemente comparáveis para resistir a muita análise. Finalmente, os pequenos efeitos niveladores da itinerância (se é que há algum) são totalmente absorvidos por outros fatores; alguns contribuindo para a padronização, como o novo hábito da negociação coletiva entre as associações de empregadores e os sindicatos abrangendo grandes áreas;[99] outros não necessariamente, como o ritmo da expansão industrial.**

Pode ser que uma análise mais apurada revele alguns efeitos mais mensuráveis da itinerância; assim encontramos uma uniformidade ligeiramente maior entre os pedreiros marcadamente migratórios no norte da Inglaterra do que entre os assentadores de tijolos, embora isto seja provavelmente pequeno demais para ser importante. Pode ser também que números mais completos sobre as antigas profissões fechadas que requeiram habilidade, que tinham uma tradição de itinerância mais longa no meio do século dezenove, revelem uma tendência mais surpreendente para nivelar as condições.[100] Mas a dificuldade em medir a influência dos arte-

---

* Mesmo os números dos ganhos reais semanais, virtualmente não existentes antes do fim do século, não nos permitem julgar o elemento muito importante da regularidade do trabalho, do controle sobre as condições de trabalho e o status geral que o acompanha, das perspectivas de promoção e dos fatores tradicionais, todos os quais ajudam ao trabalhador escolher entre empregos alternativos, onde ele tem liberdade de fazer isso.

** Assim, entre 1850 e 1870, os salários semanais dos tipógrafos biscateiros no nordeste subiram com muita rapidez; os do sudoeste rural, muito pouco. Comparados com estes movimentos importantes, os pequenos efeitos da mobilidade ambulante são quase impossíveis de determinar.

OS TRABALHADORES | 77

sãos ambulantes não deve nos levar a subestimá-los. Sabemos que eles disseminaram o sindicalismo, fundando filiais locais em suas viagens;[101] algumas vezes, na verdade, as matrizes tentavam deliberadamente transpor etapas excepcionalmente longas fundando estações ou filiais de ajuda. Sabemos também que o viajante agia como um elo entre as diferentes áreas, transmitindo informações sobre os níveis de salário locais, aconselhando sobre as melhores ocasiões de iniciar um movimento salarial, uma enciclopédia ambulante de conhecimento sindical comparativo.[102] Até que ponto as formas de demanda "estereótipos sindicais" padronizados, cuja essência era preenchida pelas negociações locais — se deslocavam ao longo dos itinerários de viagem estabelecidos?

Não sabemos, já que as regras de trabalho ou os regulamentos dos sindicatos locais não foram muito estudados;[103] contudo, o que sabemos é sugestivo. Os dos assentadores de tijolos de Sheffield, por exemplo, fixavam uma semana de trabalho-padrão de 49,5 horas no começo do século vinte. A maioria das cidades do West Riding tinha a mesma semana-padrão; mas ela vigorava também do outro lado dos Peninos, no vale do Ribble, ao longo da costa do Lancashire ao norte e ao sul do estuário do Ribble, de Merseyside até Blackpool e Fleetwood; e num cinturão de cidades desde Ribble via Darwen até Bolton. O resto dos assentadores de tijolos do Lancashire tinham jornadas bastante diferentes — de 53 ou 54 horas por semana.[104] Ou tomemos outra regra de Sheffield, fixando pagamento extra para os trabalhadores em galerias, obras de esgotos e chaminés. Regras deste tipo, de uma forma mais padronizada, só aparecem em acordos trabalhistas em certas partes do país — Yorkshire, Midlands oriental e o nordeste (embora tais pagamentos não estivessem limitados a essas regiões).[105] Podemos até observá-los em suas viagens; assim eles chegaram ao Tyneside em alguma ocasião por volta de 1890.*

---

* Em Newcastle eles aparecem em 1893, em Sunderland, em 1894, como mostram as edições revistas da regra.

Até que ponto o fluxo de artesãos ambulantes, deslocando-se ao longo dos itinerários habituais, determina as direções nas quais essas fórmulas viajaram? Novamente não sabemos, por que a rede desses caminhos é difícil de traçar através da ascensão e queda das filiais locais dos sindicatos. Por baixo deste fluxo, contudo, podemos algumas vezes descobrir, esmaecidamente, o plano básico habitual; talvez naquelas hospedarias cuja longa familiaridade recebeu o nome de uma profissão. Em 1849, um quinto dos alojamentos ou estações de ajuda dos pedreiros estavam, afinal de contas, situadas ainda nas "Masons' Arms", "Bricklayers' Arms" e "Carpenters' Arms". Entre esse ano e 1859 "Masons' Arms" era usada — não necessariamente continuamente — em pelo menos vinte cidades diferentes.[106] Fazemos bem em lembrar esses viajantes carregando as ferramentas, vagando pelas estradas, hospedando-se em alojamentos que haviam sido fixados pelo uso de gerações de seus predecessores.

Grande parte disto é especulação. O que é menos especulativo é o fato indiscutível de que a mobilidade não eliminou, e nem podia, as discrepâncias locais muito mercantes, mesmo dentro de pequenas regiões. Os tipógrafos são um caso em questão. Não precisamos nem considerar as variações entre níveis de salário de distritos, que eram extremamente grandes.[107] Vamos nos lembrar simplesmente da proposta feita pela filial de Birmingham, em 1891, de que devia ser estabelecido um nível uniforme para todas as filiais dentro de um raio de nove quilômetros e meio de qualquer grande centro tipográfico — dificilmente uma distância excessiva. A proposta foi recusada como impraticável, com muito pouca discussão.[108] Outro debate na mesma assembleia delegada ilustra ainda mais claramente as dificuldades da padronização através da simples mobilidade. Perguntou-se se o tipógrafo ambulante devia exigir o nível da sua cidade, se o daquela em que se encontrasse fosse inferior? Teoricamente todos concordaram que devia. Na prática, todos os tipos de dificuldades foram levantados. Como os homens de Sheffield podiam obter seu nível em Chesterfield? Como podiam os tipógrafos do vale na Gales do Sul esperar encontrar os cinco shillings extras por semana para pagar aos viajantes de Cardiff? Não seria melhor para o homem de Manchester em Preston aceitar o nível mais baixo de Preston do que o auxílio-desemprego ainda mais baixo de Manchester?

Sem dúvida um êxodo em massa dos centros de baixos salários, um afluxo maciço de homens organizados recusando-se a trabalhar abaixo do nível, pode ter nivelado as condições. Mas, segundo a natureza das coisas, isto raramente podia acontecer. Tomemos o exemplo extremo dos tipógrafos em 1841-2, quando o número de viajantes era o dobro do total combinado do número de membros do sindicato — digamos, estimativamente, duas ou três vezes o número de membros regularmente empregados. Suponhamos que esses 7 mil e tantos ambulantes tenham circulado apenas por quarenta filiais das 72 que existiam em 1850. Depois, em média, cada filial podia esperar receber cerca de três ambulantes por semana, nada com probabilidade suficiente para afetar o mercado de trabalho local em circunstâncias normais.[109] O próprio fato de que a itinerância bem-organizada espalhava os homens em excesso com pouca densidade sobre uma grande área, uma medida defensiva, tornava difícil usar o sistema para fins agressivos. Além do mais, o fluxo de ambulantes não se espalhava por igual por uma espécie de planície, mas era forçado através de um número limitado de canais estreitos — os empregadores locais. Fora da construção e das empreitadas, onde a multiplicidade de pequenas firmas e serviços flutuantes, ou um número menor ainda de empreendimentos extremamente grandes, tornava as condições mais fluidas,[110] havia assim pouca possibilidade de nivelar os salários seriamente pela simples mobilidade. A disposição dos artesãos ambulantes de se deslocarem dos centros menos atraentes para os mais, não estava em dúvida. Uma proporção suficientemente grande deles estava preparada, de qualquer maneira, em alguma fase de suas carreiras, para se comportarem como homens econômicos. Mas a capacidade deles de fazerem isso dependia da capacidade de absorção da cidade desejada. A menos que houvesse uma grande expansão súbita da tipografia em geral em Birmingham, os tipógrafos de Smethwick ou Halesowen, embora dispostos, só podiam ir para lá se e quando houvesse vagas. Esse nivelamento como teve lugar deve ter sido portanto um processo lento, gradual, a longo prazo e não muito surpreendente.

Mesmo que tivessem lugar grandes expansões, não era fácil usá-las para um nivelamento geral sistemático sob as condições do meio do século. Os tipógrafos consideraram se deviam usar a revogação dos direitos sobre o papel, que se esperava levar à fundação de numerosos jornais provinciais, para estabelecer um nível nacional de notícias. Eles se viram incapazes de fazer mais do que sugerir um aumento-padrão de porcentagem sobre o que quer que já estivesse em vigor localmente.[111] Até os fabricantes de caldeiras — em seu período de laissez-faire — tiveram que recuar. Seu plano original de estabelecer métodos uniformes de pagamento de horas extras e trabalho noturno em todo o país fracassou diante da hostilidade das filiais; e entre 1842 e o começo das negociações por distrito e nacional na década de 1870 e 1880 cada localidade era inteiramente autônoma.[112] Não foi o mecanismo do mercado livre que nivelou as condições de trabalho na Inglaterra — a não ser dentro de um mercado de trabalho local muito pequeno.

(1951)

Pós-escrito

Não houve nenhum tratamento sistemático do sistema ambulante desde a publicação deste documento, mas várias histórias dos sindicatos e outras organizações publicadas desde então proporcionam detalhes adicionais. Cf., em particular, *The Typographical Association* (Oxford 1954) de A. E. Musson, que discute o assunto completa e competentemente, como qualquer história do ofício de tipógrafo deve, e *The Friendly Societies in England 1815-75* (Manchester 1961), de P. H. J. Gosden, esp. pp. 76-7 e Apêndice A, que dão estatísticas e acordos de ambulantes para tais corpos.

Notas

1. *The Story of His Life Told by Himself (1901)* de Henry Broadhurst, pp. 21-4; *The Old Trade Unions* (Londres 1930), de W. Kiddier, cap. 1; ver também *History of Trade Uniomsm* (1ª ed), de S. e B. Webb, pp. 438-9; Unemployment (ed. 1930), de W. Beveridge, pp. 241 ss.
2. "Typographical Reminiscences" de um velho "Typo", *Typographical Circular, junho* 1891, p. 8.
3. W. Kiddier, *op. cit.*, pp. 16-17.
4. P. ex., Bye *Laws of Operative Carpenters and Joiners Society of Birmingham* (est. maio 1833), IV; provavelmente parte da Operative Builders Union (Biblioteca Pública de Birmingham 239882).
5. Operários Pedreiros, Regras, 1871 e depois; Operários Padeiros, Regras, 1873.
6. S. e B. Webb, *op. cit.*, p. 24; *Surveys, Historie and Economic*, de W. J. Ashley, pp. 249-62.
7. *Industry, Me and People in Exeter, 1688-1800*, de Hoskins (Exeter 1935), pp. 58-61.
8. *Economic History of England*, III, de Lipson, p. 393.
9. *A Short Essay Upon Trade in General by a Lover of his Country and the Constitution* (1741), pp. 40-1 (Museu Britânico).
10. S. e B. Webb, *op. cit.*, pp. 32, 48.
11. *The Early English Trade Unions* (Londres 1949), de Aspinall, pp. 76 ss.; *The Builders'History,* (Londres 1923), de Postgate, p. 25.
12. *The Memorial of the Journeymen Calico Printers and others connected with their Trade* (Londres 1804), pp. 12-13 (Biblioteca Goldsmith).
13. *Select Committee on Artisans and Machinery* (1824), pp. 295-6.
14. *Life of Francis Place* (Londres 1898), de Graham Wallas, p. 211.
15. S. e B. Webb, *op. cit.*, pp. 68-9; *Drinking Usages of the United Kingdom* (1844 ed. pp. 128,132,168) também registra-os entre os alfaiates e esfoladores, e insinua-o entre os fabricantes de vidro, joalheiros, torneiras de madeira e 28 ofícios em metal do tipo Birmingham.

16. *Industrial Organization in the Sixteenth and Seventeenth Centuries,* de Unwin, p, 227; Concise Economic History ofBritain, de Clapham, p. 261.
17. *The Book of English Trades* (1808) menciona-o entre os chapeleiros e os cardadores de lã; mas isto obviamente não merece confiança (1823 ed. 441).
18. *Select Documents... The Tailoring Trade* (Londres 1896), de F. Galton, p. 3, para Londres; *A Satyrical Poem on the Society of Journeymen Tailors* (B. M, 1890 e 5 (169) para Dublin, sem data, mas provavelmente 1726; para Edinburgh, *Life of Mansie Wauch,* Tailor in Dalkeith (Edingurgh 1828), de D. M. Maoir, p. 44.
19. F. Galton, *op. cit.,* LXXXI e disperso.
20. Place Papers (B. M. Add. MSS. 27799, 77). Os Place Papers por estranho que pareça contêm muito poucas informações sobre a itinerância.
21. *London Life in the Eighteenth Century,* de M. D. George, p. 293.
22. S. e B. Webb, *op. cit.,* p. 24, n.
23. *Ibid.,* p. 111, n. certamente o único sinal verdadeiro de antiguidade está entre os cardadores de lã, que tinham sempre "um banco vago sempre reservado na oficina sobre o qual as pessoas que *viajavam* podiam descansar *(Book of English Trades,* loc. cit.).
24. Lipson, *op. cit.,* p. 393.
25. *History of the United Society of Boilermakers and Iron and Steel Shipbuilders* (Newcastle 1905), de D. C. Cummings, p. 31.
26. Fabricantes de Máquinas a Vapor, 1846, Regras revistas.
27. *Report of the Proceedings of the Meeting of Delegates from the Provincial Typographical Association* (Manchester 1873), p. 15. O Sindicato Geral dos Carpinteiros proibiu especificamente as viagens por diligência ou água, exceto para atravessar o canal, para a qual era concedido 3s. 6d. (Regras de 1836).
28. Henry Broadhurst, *op. cit.,* p. 13.
29. Cf. *Autobiography* (1876), *Life of Sir William Fairbarn* (ed. Pole, 1877), de William Lovett, e *Autobiography of an Artisan* (Londres 1847), de C. Thomson.
30. F. Galton, em S. e B. Webb, *op. cit.,* p. 438.
31. *The London Mason in the Seventeenth Century,* Knoop e Jones, pp. 58-9, 62, para a insignificância do nosso conhecimento mesmo num ofício

bem estudado. Daí também a dificuldade de usar registros em grande parte sobre mestres-artesãos para lançar luz sobre os assalariados viajantes — p. ex., os registros de lojas de operários pedreiros livres, tais como as de Alnwick c Swalwell, descritas no *Vorgeschichte* u. *Anfaenge d. Freimaurerei in England* (Berlim 1907), de W. Begemann, *The Scottish Mason and the Mason Word* (1939), Knoop e Jones etc.

32. Aspinall, *op. cit.*, pp. 75, 79.

33. Regras e Ordens a serem Observadas por uma Sociedade de Socorros Mútuos de Carpinteiros e Marceneiros Viajantes... Est. 12 de julho de 1808 (Biblioteca Pública de Birmingham), Regras I, XIII, XV. Sou grato ao Sr. Jack Corbett de Birmingham por me fornecer esta referência.

34. *Centenary Souvenir of the Friendly Society of Ironfounders* (Manchester 1909), p. 20.

35. Aspinall, op. cit., p. 83. Um exemplo de itinerância desorganizada entre os sapateiros pode ser encontrada no divertido *Sixty Years Gleaningsfrom Life's Harvest*, de John Brown (Cambridge e Londres 1858), pp. 23-4,44, para o qual o Sr. John Saltmarsh do King's College, Cambridge, chamou minha atenção. Brown finalmente abriu um salão de bilhar em Cambridge, após uma carreira acidentada e, a acreditar nele, uniformemente brilhante.

36. *English Poor Law History*, I, de S. e B. Webb, p. 336.

37. W. Kiddier, *op. cit.*, pp. 16-17.

38. Cerca de 900 certificados de Newark estão publicados na Record Series da Thoroton Society, IX, pt. in *A Miscellany* (1943). Eles cobrem o período de 1697/1822.

39. Knoop e Jones, *op. cit.*, pp. 9-18.

40. *Industrial Democracy* de S. e B. Webb, p. 75, para a exclusividade de Dublin.

41. P. ex., dos 105 certificados de Newark para artesãos e homens solteiros, apenas uma dúzia vem de fora do Nottinghamshire e dos condados vizinhos. Ver também em geral *Labour Migration in England 1800-50*, de A. Redford.

42. F. Galton, *op. cit.*, LXXVII.

43. *Histoire du Mouvement Syndical en France 1789-1910*, de Paul Louis, pp. 151-55. Mas Coutume Chapelière (Paris 1941) de Vial sugere que, entre os chapeleiros, acordos itinerantes rudimentares estavam em vigor na

Restauração. Sobre a relação entre *compagnonnages* e sindicatos, veja *Le Mouvement Ouvrier et les Idées Sociales en France*, fase. II, de E. Labrousse, pp. 71-82 (Paris, Centro de Documentação Universitária, 1948).

44. Cf. *The Trial of Journeymen Hatters of Macclesfield* (Macclesfield e Londres 1806), no qual a maioria dos argumentos girava em torno de se os patrões e homens locais: (a) sabiam quais eram os níveis de salários em Stockport, ou (b) deviam ser afetados por esse conhecimento (Biblioteca Goldsmith).

45. *The Cotton Trade and Industrial Lancashire*, de Wadsworth — Mann, p. 377, sugere a itinerância entre os sapateiros na década de 1750 *(History of Trade Unionism* de S. e B. Webb, pp. 46, 51, 80).

46. *Surrey Apprenticeships 1711-31* (Surrey Record Soe. vol. XXX), XV, onde se estima que cerca de 40 por cento dos aprendizes vinham de fora da cidade dos patrões. As cidades menos importantes também atraíam naturalmente forasteiros, mas o magnetismo de Londres era excepcional. Muitos voltaram para as províncias após cumprir o seu tempo, ou nos maus tempos *(The London Bookbinders 1780-1806* de C. E. Howe [1950], p. 29).

47. "Thomas Dunning's Reminiscenses" (ed. Chaloner) em *Tras. Lanes. Chec. Antiq. Soc.* (1947), LIX, p. 98.

48. *Report on Trade Societies* (Associação de Ciência Social, 1860), pp. 141-6, dá uma lista incompleta.

49. *Rolling Stone mason* (1936), de Fred Bower, pp. 45-6, uma descrição admirável do artesão permanentemente itinerante; Aspinall, *op. cit.*, p. 78, para os sapateiros de Bath em 1803: "Sir, tenho ordens de informá-lo de que esses homens... que podem deixar a cidade estão se preparando o mais depressa possível, e alguns já partiram"; "Reminiscenses" de Dunning, op. cit., pp. 101 ss., para o bom uso feito desta técnica pelos sapateiros de Nantwich.

50. *Industrial Democracy* de S. e B. Webb, p. 162.

51. *Our Society's History* (Manchester, 1939), de Higenbottam, p. 18.

52. *Industrial Democracy,* de S. e B. Webb, pt. II, cap. I, disperso.

53. *The London Compositor* (1947), de Ellic Howe, p. 226. A hostilidade mesmo na década de 1820 é registrada em *A Workingman's Way in the World, being the Autobiography of a Journeyman Printer* (Londres 1853), de C. M. Smith, pp. 13-14.

54. *Centenary Souvenir.*

55. *Typographical Circular* (fevereiro 1891), p. 10, citado da Assembleia Delegada de 1842 do Sindicato Tipográfico do Norte. Se os tipógrafos de Londres são omitidos, a carga de itinerantes era proporcionalmente ainda mais pesada.

56. Higenbottam, *loc. cit.*

57. *Typographical Circular* (junho 1891), p. 8. Os pedreiros pagavam uma ajuda diária de 6d. até a década de 1880, e estimavam o custo de hospedar por uma noite em outros 6d.

58. Relatórios anuais, e várias edições das Regras revistas.

59. *Centenary Souvenir,* p. 36. Exige imediatamente auxílio-doença, que tendo sido inflacionado em consequência da falta de auxílio-desemprego estático, caiu abruptamente.

60. *The Story of the Engineers (1945)* de J. B. Jeffrerys, pp. 19-21.

61. Os documentos do sindicato provincial de tipógrafos do período estão disponíveis nos extratos completos MSS dos Webbs e seus secretários, Coll. EA, XXX, na Biblioteca da Escola de Economia de Londres; cf. lá as Regras de 1844 da Associação Tipográfica Nacional e o debate sobre itinerância na Assembleia Delegada de 1849 da Associação Tipográfica Nacional.

62. Assembleia Delegada de 1856 da Associação Tipográfica Nacional; relatórios mensais das filiais.

63. Cf. o cálculo de M. e J. Jeffery: "The Wages, Hours and Trade Customs of the Skilled Engineer in 1861", *Econ. Hist. Rev.* (1947), XVII, pp. 29-30. Os sindicatos menos bem-organizados foram apesar de tudo altamente representativos do corpo geral de trabalhadores em seu ofício, nessas cidades que eles abrangiam; cf. os cálculos de Archibald Neill (Associação Inglesa, 1875) sobre o grau de sindicalização da profissão de construtor em Bradford. Para o começo da década de 1890, possuímos as pesquisas locais inestimáveis feitas pelos Webb para sua History, Coll. EA, IV (Biblioteca da E.E.L.).

64. Relatórios da Sociedade de Socorros Mútuos dos Fundidores de Ferro, Sociedade Amalgamada dos Alfaiates, Associação Tipográfica Provincial, esp. a Circular P.T. de maio de 1877. Os números dos Alfaiates para 1869-77 vêm do *Daily Chmnicle* de 6 de fevereiro de 1879 — obviamente comunicados pelo sindicato, por que eles não são prontamente calculáveis nos seus relatórios. Grande parte destas fontes estão na Howell Collection, Instituto Bishopsgate,

Londres. Deve-se notar que a qualidade de membro da Associação Tipográfica não é exatamente a mesma que a da Associação de Ajuda por Quilometragem estabelecida para cuidar da sua itinerância em 1861. Algumas sociedades locais filiavam-se a uma, mas não a outra. Isto não afeta substancialmente a natureza dos números.

65. B. Jeffery, *op. cit.*, p. 61. Estou em débito com os funcionários do Sindicato das Profissões de Bombeiro pela permissão de consultar seus relatórios da década de 1860, quando o sindicato teve por algum tempo auxílio-desemprego estático.

66. *The Life and Labours of George Odger* (Londres 1877).

67. D. C. Cummings, *op. cit.*, pp. 62,156.

68. *John Burns* (1908), de W. C. Grubb.

69. *The Story of His Life, Told by Himself* (1898), de Joseph Arch, p. 40; *From Crowscaring to Westminster* (1922), de G. Edwards, p. 27.

70. *Na History of Trade Unionism*, de S. e B. Webb, p. 438.

71. R.C. *on the Housing ofthe Working Classes* (I 884-5), XXX, 3707, 3754, para esses construtores em Londres, ou *My Life*, de George Lansbury (1928), cap. I, para essa família siminômade.

72. *Conflicts of Capital and Labour* (1878, 29 ed.), p. 141.

73. J. B. Jefferys, *op. cit.*, p. 128.

73a. Relatórios semestrais da Associação Tipográfica Provincial: relatórios anuais dos Fabricantes de Máquinas a Vapor.

74. Operários Bombeiros Unidos, 2º Relatório Trimestral. 1900; "Anteriormente quando os homens estavam empregados, havia um desejo geral de conservar seus serviços por uma extensão razoável de tempo. Agora não mostram nenhuma consideração, em alguns casos os homens são admitidos num dia e despedidos no dia seguinte." Ibid., 2º Relatório Trimestral, 1902.

75. R. C. *on the Housing of the Working Classes* discute alguns destes problemas; mas com a exceção dos trens dos trabalhadores, sabemos pouco sobre as mudanças na viagem para o trabalho antes do século vinte.

76. Os carpinteiros estavam preparados para adiantar passagens até 483 quilômetros; embora tivessem reduzido isto à metade durante a Grande Depressão (Regras da Sociedade Amalgamada dos Carpinteiros e Marceneiros, 1874, 1886).

77. *The Amalgamated Society of Carpenters and Joiners* (Londres 1867), de E. Beesly, pp. 5-6.

78. "Influx of Population into East London", de H. Llewellyn, em *Life and Labour*, de C. Booth, III, pp. 74,96; *Problems of Unemployement in the London Building Trade* (1907), de N.B. Dearle.
79. *Local Variations in Wages*(1899), de F.W. Lawrence. Os resultados da sua pesquisa entre os sindicatos são dados muito completamente, pp. 56-80. Eles abrangem: assentadores de tijolos, pedreiros, carpinteiros, estucadores, bombeiros, pintores, tipógrafos, fabricantes de caldeiras, maquinistas, encadernadores de livros, fotógrafos e fundidores de ferro.
80. H. Llewellyn-Smith, op. cit., pp. 129 ss., esp. p. 134. A *R.C. on Poor Laws*, Apêndice IX, p. 729, afirma positivamente que muitos homens do campo que migravam para Londres vinham para ofícios conhecidos. Mas isto não exclui um elemento de incerteza, como mostra a experiência de Will Thorne *(My Life Battles,* sem data, pp. 49-53).
81. *From Workshop to War Cabinet* (1923), de G. Barnes, p. 20.
82. *R.C. on Depression of Trade (Parl. Papers XXII, 1886)*, p. S (Maquinistas de Dorkenfield), p. 9 (Glasgow, Maquinistas de St. Rollos), p. 12 (Maquinistas de Neath), p. 18 (Fundidores de Ferro Bury) etc.
83. Associação Tipográfica Provincial, 1849, Assembleia Delegada.
84. Associação Tipográfica Provincial, 1872, Assembleia Delegada, p. 18.
85. Cf. sua *Crise de l'Ancien Régime:* também o valioso capítulo do curso da Sorbonne já citado.
86. Broadhurst, *op. cit.*, cap. II.
87. Cf. as grandes variações na prosperidade local indicadas mesmo na década de ISSO nas respostas do sindicato à *R. C. on Depression of Trade;* também as grandes variações de salários entre localidades vizinhas, p. ex., Wakefield e Barnsley (Coll. EA, IV: Conselho de Ofícios de Barnsley, Biblioteca E. E. L.).
87a. Regras dos Operários Pedreiros destas datas.
88. *Op. cit.*, pp. 56-79.
89. *Unemployement. A Problem of lndustry* (1909), de W. Beveridge, cap. V, para uma discussão geral disso.
90. Coll. EA, X, 255 (Biblioteca E.E.L.).
91. Cumniings, *op. cit.*, p. 61.
92. Associação Tipográfica Provincial, 1856, Assembleia Delegada, disperso; cf. também: "Você conhece qual é a condição do ambulante.

A aparência do homem é um descrédito para a profissão cuja arte ele passou sete anos para adquirir... Como classe os que perambulam são quase criaturas perdidas" (1849), Assembleia Delegada). *Memoirs of a Social Atom*, de W. E. Adams (Londres 1903), vol. I, cap, XXXI, esboça alguns destes tipos.

93. Minutas da Sociedade Tipográfica de Manchester, extraída na Coll. EA, XXX, pp. 58-9 (Biblioteca E.E.L.); também a *Manchester Typographical Society Centenary Souvenir* (Manchester 1898).

94. *Loc. cit.*,p. 7.

95. *Ibid.* p. 6.

96. *Annual Reportfor 1879* (Birmingham 1880) da Associação Nacional de Operários Estucadores. O auxílio-desemprego "seria mais benéfico para um maior número de nossos membros que não podem viajar do que o auxílio-viagem para os que viajam".

97. Beveridge, *op. cit.* (1930 ed.), pp. 241-5; Howell. op. cit., pp. 141-2, para a opinião oficial típica do sindicato.

98. Isto ainda aguarda estudo. *A Industrial Democracy* não contém muito à respeito; *Wages in Practice and Theory* (1928), de J. W. F. Rowe, dificilmente remonta além de 1906. Mas nas indústrias importantes como construção naval tiveram lugar desenvolvimentos importantes na década de 1870 e 1880.

99. P. ex., W. Kiddier, *op. cit.*, p. 124. Mas estes eram preços por peça, que são somente mais facilmente padronizados do que os preços por tempo, já que têm relação menos direta com os ganhos semanais.

100. P. ex., dos tipógrafos nas Potteries, uma fase importante entre Lancashire e Birmingham (Cull. EA, XXX, 77, Biblioteca E.E.L.).

101. F. Bower, *op, cit.*, pp. 45-6.

101a. A coleção mais acessível destas, em forma impressa, é a dos assentadores de tijolos na Biblioteca da E. E. L., que pode ser suplantada pela Circular do Ofício da Sociedade dos Operários Assentadores de Tijolos (Ordem de Londres).

102. Detalhes na "Standard Time Rates", 1909. Em algumas cidades só se trabalhava 45 horas.

102a. Regras de Trabalho da Sociedade dos Operários Assentadores de Tijolos (Ordem de Londres) em Jarrow, Hull, Loughborough, Newcastle e Gateshead, Sheffield, Bridlington, Leicester, Lincoln, Nottingham e

Sunderland. Regras semelhantes, mas aplicando-se principalmente a formas de trabalho local especializado, poços de mina, quebra-mares, trabalhos ligados à agulha e do comércio de anzóis, e não tão uniforme no fraseado como os outros, ocorrem em Plymouth, Portsmouth, Redditch e Rotherham. Deve-se notar que a coleção de cerca de cinquenta regras que analisei é pobre para o sudeste do Lancashire, mas bastante representativa das outras partes do país.

103. Regras da Sociedade dos Operários Pedreiros, 1849, 1852, 1859. As cidades são: Bristol, Leeds, Penrhyn, Princetown, Aberdare, Avon, Grantham, Liverpool, Retford, Warrington, Neath, Southport, Old Swan (Birmingham?), Leamington, Fishponds (provavelmente o mesmo que o Bristol "Arms"). Outras "Builders Arms" usadas eram em Brighton, Birmingham, Chester-le-Street e Londres.

104. "The Diseade and the Remedy", de E. Edwards (Ensaio Premiado da Sociedade de Tipógrafos de Londres, Londres, 1850), citado em Howe, op. cit., pp. 305-7, dá números muito completos de salários. Ele estima os níveis escoceses em 12-19s. por semana, do norte da Inglaterra em 18-22s., do sudeste 18-24s., sudoeste 18s. e Londres 25s.

105. Associação Tipográfica, *Proceedings of Delegate Meeting* (Manchester 1891), pp. 67-8, 75-6. O problema de Birmingham, muito tipicamente surgiu de uma decisão arbitrada tornando a elevação condicional a uma semelhante nas cidades circunvizinhas e de pagamentos mais baixos. Birmingham começou imediatamente uma campanha de sindicalização local (Coll. EA, XXX, pp. 73-5; Coll. EA, IV, p. 118 [Dedley], pp. 294-8 (West Bromwich, Oldbury, Smethwick).

106. Mas a tensão podia ser muito pior. Um informante de J. Dunlop, *Drinking Usages of the United Kingdom* (7ª ed., Londres, 1844), p. 132, denuncia uma filial dos Esfoladores, com 25 homens, que recebia até trinta ambulantes por mês; sem dúvida em 1841-2.

107. Rowe, *op. cit.*, pp. 65-7.

108. *The Typographical Association, A Fifty Years Record* (1899), Slatter e Hackett, p. 39. Não muito maior foi o progresso na padronização dos preços por peça realizado em 1891 (Assembleia Delegada, pp. S, 52-3). Só foi recomendada uma correlação local com os ganhos por tempo.

109. Cummings, *op. cit.*, p. 33. Compare as Regras dos Portos altamente padronizadas para consertos e obras de manutenção de navios na década de 1890.

5

O PADRÃO DE VIDA INGLÊS DE 1790 A 1850*

O DEBATE SOBRE o padrão de vida no começo do industrialismo tem continuado agora por cerca de trinta anos. Entre os historiadores acadêmicos, na Inglaterra de qualquer maneira, o pêndulo oscilou para longe da opinião clássica, mantida pelos pesquisadores e historiadores de todas as opiniões políticas[1] até o aparecimento da *Economic History of Modern Britain,* de Clapham. Hoje é heterodoxo acreditar que o começo da industrialização foi uma catástrofe para os trabalhadores pobres deste ou de outros países, quanto mais que seu padrão de vida declinou. Este artigo se propõe a mostrar que a opinião correntemente aceita é baseada em evidências insuficientes, e que há alguma evidência importante a favor da antiga opinião. Até onde for possível, proponho-me a evitar usar o tipo de evidência (Comissões Reais, relatos de observadores) que tem sido criticado como tendencioso e não representativo. Não creio, na verdade, que ele seja indigno de confiança. É perigoso rejeitar o consenso de contemporâneos informados e inteligentes, uma maioria dos quais, como até os críticos admitem,[2] adotam a opinião pessimista. E ilegítimo presumir que mesmo os reformadores que mobilizam o apoio público chamando a atenção para os exemplos dramáticos de um mal geral, não estejam de fato atacando um mal geral. Mas o caso clássico pode

---

* Estou grato à equipe das bibliotecas da Customs House, Goldsmith e da Escola de Higiene e Medicina Tropical pela ajuda, e ao Prof. T.S. Ashton e ao Sr. John Savile pelos comentários e críticas.

ser baseado, até certo ponto, em evidência quantitativa e, a fim de evitar argumentos irrelevantes, confiarei principalmente neles. No interesse da conveniência, a opinião clássica (Ricardo-Malthus-Marx-Toynbee-Hammond) será chamada de escola pessimista, a opinião moderna (Clapham, Ashton-Hayek), de escola otimista.

I

Talvez valha a pena fazer uma observação inicial. Não há nenhum motivo *a priori* para que o padrão de vida devesse subir marcadamente no começo do industrialismo. Uma subida inicial deve certamente ter tido lugar, sob fundamentos demográficos,[3] mas ele pode ser na verdade muito ligeiro e não precisa ser duradouro, uma vez que o novo ritmo do aumento da população foi estabelecido. Devemos nos lembrar que a diminuição da mortalidade, que é provavelmente a responsável principal pelo nítido aumento da população, precisa ser devido não a um aumento do consumo *per capita* por ano, mas a uma regularidade maior da oferta; isto é, à abolição das carências e fomes periódicas que flagelaram as economias pré-industriais e dizimaram suas populações. É bastante possível o cidadão industrial ser pior alimentado num ano normal do que o seu predecessor, desde que seja alimentado com mais regularidade.

Isto não significa negar que o aumento da produção, que excedeu grandemente o da população, causasse a longo prazo uma melhora absoluta nos padrões de vida materiais. O que quer que possamos pensar da posição relativa dos trabalhadores comparados com outras classes, e qualquer que seja a nossa teoria, nenhum estudioso sério nega que o grosso das pessoas no nordeste da Europa estavam materialmente em melhores condições em 1900 do que em 1800. Mas não há nenhum motivo para que os padrões de vida devam melhorar em todas as ocasiões. Se melhorarem, depende da distribuição dos recursos adicionais produzidos pela população. Mas nós sabemos que no começo do industrialismo (a) não havia nenhum mecanismo eficaz para tornar a distribuição da renda nacional mais equitativa e havia vários para torná-la menos, e (b) que a industrialização sob as condições então prevalentes exigia quase certamente uma diversão mais fatigante dos recursos do consumo do que é teoricamente necessário, porque o mecanismo dos investimentos era ineficiente. Uma grande proporção das economias acumuladas não foram diretamente investidas absolutamente na industrialização, lançando assim uma carga muito maior de economias sobre o resto da comunidade. Nos países com uma carência aguda de capital, uma depressão dos padrões de vida populares era quase inevitável. Nos países tais como a Inglaterra, onde a fartura de capital estava teoricamente disponível, era provável, simplesmente porque grande parte do que estava disponível não foi realmente colocada no investimento mais útil. Na melhor hipótese, portanto, devemos esperar que as melhoras no padrão de vida sejam muito mais lentas do que podiam ser; na pior, não devemos ficar surpresos de encontrar deterioração.

Não há nenhum motivo para supor que nos países com uma população rapidamente crescente e uma grande reserva de mão de obra rural imigrante, a carência como tal tenha probabilidade de impelir para cima os salários reais para mais do que grupos limitados de trabalhadores. Pode-se alegar que a industrialização e a urbanização melhorem automaticamente os padrões de vida em qualquer caso, porque os salários industriais normalmente tendem a ser mais altos do que os não industriais ou os rurais. Mas (a) não estamos simplesmente preocupados com os rendimentos de uma seção dos trabalhadores pobres, mas de todos. Não devemos isolar qualquer grupo de trabalhadores pobres, quer melhores quer piores financeiramente, a menos que ele constitua a maioria da população. Além do mais (b) o argumento nem sempre é correto. Assim, enquanto em muitos países continentais os índices sociais, como os de mortalidade e de alfabetização, aumentam mais depressa nas cidades do que no campo, na Inglaterra isto nem sempre é assim. Ultimamente (c) devemos tomar cuidado ao interpretar as diferenças qualitativas entre a vida urbana e rural, industrial e pré-industrial automaticamente como diferenças entre "melhor" e "pior". A menos que tragamos imponderáveis para a discussão, os homens das cidades não estão necessariamente em melhores condições do que os homens do campo; e como os Hammond mostraram, os imponderáveis podem também ser lançados do lado pessimista da balança.

Um argumento final deve ser dado. Os otimistas muitas vezes tendem a exonerar o capitalismo da culpa por essas más condições quando admitem terem elas existido. Eles alegam que estas são devido à iniciativa privada insuficiente, a dores de cabeça do passado pré-industrial ou a fatores semelhantes. Eu não me proponho a entrar nessas discussões metafísicas. Esse capítulo diz respeito principalmente ao fato, e não à acusação, absolvição ou justificação. O que teria acontecido se todos os cidadãos da Europa em 1800 tivessem se comportado como os manuais de economia mandavam, e se não tivesse havido obstáculos ou atritos, não é uma questão para historiadores. Eles estão, no primeiro caso, preocupados com o que aconteceu. Se isso pode ter acontecido de maneira diferente, é uma questão que pertence a outra discussão.

II

Podemos agora considerar as opiniões da escola "otimista". Seu fundador, Clapham, confirmou principalmente nos cálculos dos salários reais que mostrou terem subido no período de 1790 a 1850 em ocasiões em que os contemporâneos, e os historiadores que os seguiam, supunham que os pobres estavam ficando mais pobres. Do lado do dinheiro, estes cálculos dependiam principalmente das coleções bem conhecidas de dados sobre salário de Bowley e Wood. Do lado do custo de vida, eles dependiam quase inteiramente do índice de Silberling.[4] Não é exagero dizer que a versão de Clapham da opinião otimista se mantinha ou caía por Silberling.*

Percebe-se agora geralmente que a base estatística das conclusões de Clapham é fraca demais para suportar o seu peso; especialmente quando o argumento para o período 1815-40 e tanto gira em grande parte em torno da questão de se a curva do custo de vida inclinava-se para baixo mais ingremente do que a dos salários em dinheiro, sendo admitido que ambas tendiam a cair. Nos casos extremos, claramente, p. ex., quando os preços caem e os salários sobem ou vice-versa, até um índice rarefeito pode ser confiável. Neste caso, contudo, as possibilidades de erro são muito maiores.

Agora os nossos números para os salários em dinheiro são principalmente taxas por tempo para artesãos habilitados (Tucker, Bowley). Quanto aos trabalhadores por peça sabemos muito pouco. Já que conhecemos pouco sobre a incidência do desemprego, tempo curto etc., os nossos números não podem ser considerados como um reflexo confiável dos ganhos reais. (Clapham, a propósito, não fez nenhuma tentativa de descobrir a extensão do desemprego, embora mencionando a falta de dados a respeito. Seu índice do vol. I nem contém a palavra.) Para grandes seções dos "trabalhadores pobres" — os poucos habilitados, aqueles cuja renda não pode ser claramente expressa em termos de salários regulares em dinheiro —, estamos quase completamente no escuro. Portanto, não possuímos nada que possa ser considerado como um índice adequado dos salários em dinheiro hoje. A fraqueza

---

* Até certo ponto ele dependia também ligeiramente da escolha do período. Hoje, quando a maioria dos historiadores econômicos coloca o ponto crítico entre o período pós-napoleônico de dificuldades e a "idade do ouro" dos vitorianos bastante mais cedo do que certa vez estava em moda — em 1842-3 em vez de em 1848 ou por volta disso —, poucos negariam que as coisas melhoraram rapidamente na Inglaterra (embora não na Irlanda) do começo da década de quarenta em diante, com a crise de 1847 interrompendo um período de progresso em vez de iniciá-lo. Mas a admissão de que o meio e o fim da década de quarenta foi uma época de melhoria não significa que todo o período de 1790-1842 ou 1815-42 também foi, embora isto seja algumas vezes presumido em discussões descuidadas, como por Chaloner e Henderson em *History Today*, de julho de 1956.

dos números do custo de vida é igualmente grande. Silberling foi criticado por Cole, por Judges, e mais recentemente por Ashton, o mais eminente dos "otimistas".[5] Para fins práticos, não é mais seguro generalizar sobre o custo de vida da classe trabalhadora nesta base. Na verdade, para fins práticos, ao contrário de metodológicos, têm sido lançadas dúvidas nessas tentativas de construir índices de salários reais para a primeira metade do século dezenove. Assim, os números de Ashton para os preços a varejo em algumas cidades do Lancashire, em 1790-1830, não mostram nada como a queda de pós-guerra que Silberling levaria alguém a esperar.[6] O índice de Tucker dos salários reais do artesão de Londres mostra que a melhoria importante de sua posição no período de 1810-43 ocorreu em 1813-22.[7] Mas, como veremos, estes foram anos de consumo de carne *per capita* estagnado ou em queda em Londres, e de açúcar e fumo nacionalmente; fatos esses que dificilmente apoiam a presunção do aumento dos salários reais.

Em defesa de Clapham deve ser dito que ele foi mais cuidadoso em sua conclusão do que alguns dos vulgarizadores otimistas têm sido. Assim, o índice de Silberling por si mesmo mostra os custos de vida como tendo permanecido razoavelmente constantes por cerca de vinte anos após 1822, subindo e descendo em torno de uma tendência nivelada. Não foi senão após 1843 que eles caíram abaixo do nível de 1822. Um índice posterior de Tucker mostra que entre 1822 e 1842 os salários reais dos artesãos de Londres subiram acima do nível de 1822 em apenas quatro anos, o aumento médio para todo o período, mesmo para eles, sendo só de cerca de 5 ou 6 por cento. As duas décadas de, na melhor hipótese, relativa estagnação dos salários reais — que R.C.O. Matthews confirma para a década de 1830[8] — são importantes, embora muitas vezes omitidas do argumento. Na verdade, somos levados a concluir que Clapham tem tido uma passagem surpreendentemente fácil, graças em grande parte à extrema fraqueza da resposta do seu principal opositor, J. L. Hammond,[9] que aceitou virtualmente as estatísticas de Clapham e mudou o argumento inteiramente para territórios morais e outros não morais.

Contudo, atualmente, as deficiências do argumento de Clapham têm sido admitidas e o mais sério dos otimistas, o Professor Ashton, na verdade abandonou-as, embora este fato nem sempre tenha sido percebido.[10] Em vez disso, ele se apoia em argumentos ou presunções de três tipos. Primeiro, em vários argumentos teóricos destinados a provar que um aumento dos salários reais deve ter tido lugar. Segundo, em evidências factuais de aumento da prosperidade material — tal como melhorias em habitação, alimentos, vestuário etc. Terceiro, na até onde se possa julgar — presunção sem apoio de que a parte da população trabalhadora cujos salários reais melhoraram deve ter sido maior do que a parte cujos salários reais não aumentaram. Admite-se que as condições para parte da população trabalhadora não melhoraram. Não me proponho a discutir o primeiro lote de argumentos, já que, se há evidência de que o padrão de vida não melhorou significativamente ou em todos os períodos importantes, eles automaticamente caem por terra.

Talvez valha a pena observar como é escassa a evidência constituinte para a opinião otimista hoje, quando ela não pode mais confiar no tipo de apoio de Clapham. Ela se apoia essencialmente no tipo de evidência apresentado por McCulloch, um antigo otimista, embora hoje ela seja muitas vezes menos detalhada.[11] Agora o caso de McCulloch[12] apoia-se sobre os seguintes fundamentos. A substituição do pão branco pelo escuro é mostrada pelo conhecido, mas não medido, declínio no consumo de cereais escuros desde 1760, na Cornualha, que comia cevada desde 1800. Mas a estimativa de McCulloch de que restavam apenas 20 mil comedores de centeio em 1839 é praticamente ingênua. (Incidentalmente, sua fonte para a Cornualha[13] parece falar apenas da área de St. Austell, não de toda a região.) O aumento do consumo de carne apoia-se no aumento presumido do peso do gado vendido em Smithfield, tendo o número verdadeiro dos animais apenas mantido o ritmo com o crescimento da população de Londres desde 1740-50. Mas (a), como veremos, o número de animais vendidos em Smithfield não havia mantido o ritmo com o crescimento da população de Londres, como McCulloch deve ter sabido perfeitamente bem, e pelo menos um contemporâneo sabia.[14] Além do mais, (b) a opinião de que o peso aumentado dramaticamente tenha sido virtualmente confundido no pátio por Fussel.[15] Finalmente, (c) a estimativa de McCulloch de 363 quilos como peso contemporâneo da carcaça de carne de vaca era grosseiramente inflacionada. Outras estimativas dão-lhe 303 quilos (1821), 285,7 quilos (1836), 290,3 (Smithfield 1842),[16] enquanto tanto Braithwaite Poole (1852) como os açougueiros de Smithfield consultados quanto à estimativa de McCulloch em 1856 foram também menos confiantes.[17] Para o vestuário, McCulloch confiou na queda de preços dos artigos de algodão e não na evidência direta. Para a Escócia, ele deu uma comparação confiante, mas estatisticamente não documentada, entre o passado e o presente. Ele não mencionou as batatas, laticínios, secos e molhados etc.

Sua base estatística era assim frágil, e sua prevenção estava à beira da velhacaria. (Os críticos do industrialismo não foram os únicos a escolher a evidência que lhes conviesse.) Os estudiosos otimistas subsequentes não investigaram a evidência com muita profundidade. Assim, os dados sobre o consumo de carne parecem ter sido quase totalmente negligenciados. Até o documento do Professor Ashton sobre o padrão de vida, 1790-1830, talvez a discussão recente mais completa, e vastamente mais erudito do que McCulloch, se apoia em dados escassos e disperses.[18]

A evidência é certamente vaga demais para apoiar a presunção, que parece hoje fundamental para a opinião otimista, de que a proporção da população trabalhadora cujas condições melhoraram deve ter sido maior do que o resto. Não há, como vimos, nenhum motivo teórico para fazer esta presunção sobre o período de 1790 a 1840 e tantos. Isso, naturalmente, é impossível verificar devido à falta de dados adequados sobre a estrutura da renda inglesa na época, mas o que sabemos sobre esta estrutura em períodos posteriores (e quanto a isso em períodos admitidamente mais folgados financeiramente) não a apoia. Como tenho tentado mostrar exaustivamente em outra parte,[19] cerca de 40 por cento da classe trabalhadora industrial em períodos posteriores viveram na linha da pobreza ou abaixo dela, isto é, no nível de subsistência ou abaixo quanto às definições prevalentes deste conceito. Talvez 15 por cento pertencessem a um *stratum* favorecido que estava em condições evidentes de melhorar seus salários reais em quase todas as ocasiões. Isto é, o primeiro grupo vivia no que equivalia a um mercado de trabalho permanentemente farto, o segundo em um de escassez relativa de trabalho permanente, exceto durante colapsos sérios. O resto da população trabalhadora estava distribuído entre dois grupos. Só se admitirmos que em 1790-1850 o *stratum* favorecido fosse marcadamente maior, o *stratum* pobre marcadamente menor do que mais tarde ou que pelo menos cinco sétimos do *stratum* intermediário era mais parecido do que diferente da aristocracia trabalhadora, a opinião otimista, até onde se basear em presunções sobre a estrutura da renda, se mantém. Isto não é muito plausível, e até que haja mais evidências para a presunção otimista, não há nenhum motivo para fazê-la. No interesse da brevidade, não pretendo me aprofundar mais na discussão complexa da estratificação social entre os "trabalhadores pobres" aqui.

Assim, parece claro que a opinião otimista não se baseia numa evidência tão forte como se pensa muitas vezes. Nem há motivos teóricos avassaladores a seu favor. Ela pode, naturalmente, acabar sendo correta, mas até que tenha sido muito mais adequadamente apoiada ou discutida, parece não haver nenhum motivo importante para abandonar a opinião tradicional. Em virtude do fato de que há também evidência estatística tendendo a apoiar essa opinião, o caso para a sua retenção se torna mais forte.

III

Podemos considerar três tipos de evidências a favor da opinião pessimista: aquelas relacionando-se com (a) a mortalidade e a saúde, (b) o desemprego e (c) o consumo. Em vista da fraqueza dos dados sobre salários e preços, que discutimos acima, é melhor não considerá-los aqui; de qualquer maneira os números do consumo real lançam uma luz mais confiável sobre os salários reais. Contudo, sabemos muito pouco sobre a estrutura real da população para isolar os movimentos dos índices da classe trabalhadora do resto dos "trabalhadores pobres" e das outras classes. Mas isto só seria incômodo se os índices mostrassem um aumento razoavelmente marcante, o que não é o caso. Já que os "trabalhadores pobres" formam evidentemente a maioria da população, um índice geral mostrando estabilidade ou deterioração dificilmente é compatível com uma melhoria significativa da sua situação, embora isso não exclua melhorias entre uma minoria deles.

A. Índices sociais

Nossos melhores índices são as taxas de mortalidade (expectativa média de vida, mortalidade infantil, TB etc.), taxas de morbidez e dados antropométricos. Infelizmente, na Inglaterra, não temos quaisquer dados antropométricos confiáveis tal como os franceses, e qualquer índice de saúde tal como a porcentagem dos recrutas rejeitados.* Nem temos quaisquer números úteis de morbidez. As Sociedades de Socorros Mútuos, cujos conselheiros atuariais fizeram alguns cálculos úteis sobre as taxas de doença,[20] não podem ser consideradas como amostras representativas, já que concorda-se que elas incluam principalmente os trabalhadores mais prósperos ou es-

---

* Não podemos presumir que os militares ingleses deste período, ou prisioneiros, sejam uma amostra representativa da população.

tavelmente empregados; e de qualquer maneira, como demonstra Farr (1839),[21] há muito pouca evidência decorrente deles antes dessa data. É possível que o trabalho com registros de hospitais possa nos permitir encontrar algo mais sobre as tendências das doenças, mas há muito pouca coisa disponível atualmente para julgamento.[22]

Devemos, portanto, confiar nas taxas de mortalidade. Estas têm suas limitações,* embora tenha sido alegado plausivelmente que mesmo as mais cruas delas — mortalidade geral abaixo da idade de 50 anos[23] — seja um indicador sensível dos padrões de vida. Apesar disso, uma taxa de mortalidade alta ou crescente, uma baixa expectativa de vida, não devem ser negligenciadas. Não precisamos de qualquer modo ficar muito perturbados pelas imperfeições conhecidas dos números, onde emergem tendências durante períodos de tempo. De qualquer maneira, a pior imperfeição, o fato de os nascimentos serem menos completamente registrados do que as mortes, ajuda a corrigir uma tendência pessimista. Porque à medida que o registro melhora, as taxas de mortalidade registradas também caem automaticamente no papel, embora realmente elas possam mudar muito menos na realidade.

O movimento geral das taxas de mortalidade é razoavelmente bem conhecido. Sob fundamentos teóricos, tais como os discutidos por Mckeown e Brown[24], é quase inconcebível que não haja uma queda real das taxas de mortalidade devido às melhorias nos padrões de vida no começo da industrialização, pelo menos por algum tempo. As taxas de mortalidade geral caíram marcadamente da década de 1780 até de 1810, e daí em diante subiram até a de 1840.

---

* Desde 1957 a opinião tradicional da mudança de população neste período tem sido criticada muito seriamente, especialmente por J.T. Krause em "Changes in English Fertility and Mortality 1781-1850" (*Econ. Hist. Rev.* XI, 1858). Contudo, pode-se ainda concordar, por enquanto, com P. Deane e W.A. Cole (*British Economic Growth* 1688-1959, p. 125), que "atualmente a evidência não parece tão avassaladora de estarmos justificados em inverter completamente o quadro sugerido pelas estatísticas cruas, por mais defeituosas como estas sem dúvida são".

Isto "coincidiu com uma mudança na distribuição etária favorável a uma taxa de mortalidade baixa, ou seja, um aumento na proporção daqueles saudáveis ao meio da vida".[25] Os números, portanto, reduzem o aumento real das taxas de mortalidade, presumindo a mesma composição etária durante todo o período. Diz-se que o aumento tem sido devido principalmente à mortalidade infantil e jovem mais alta, especialmente nas cidades, mas os números de Glasgow de 1821-35 sugerem que lá isso foi devido principalmente a um aumento marcante da mortalidade dos homens em idade de trabalhar — a maior nos grupos etários de 30 até 60 anos.[26] As condições sociais são a explicação aceita para isto. Edmonds, que discute os números de Glasgow, observou (1835) que "isto é exatamente o que pode ser esperado que ocorra, na suposição da população adulta crescente possuindo um grau mais baixo de vitalidade do que seus predecessores imediatos".[27] Por outro lado, não podemos nos esquecer que as taxas de mortalidade não melhoram drasticamente até muito mais tarde — digamos, até as décadas de 1870 a 1880 — e podem portanto ser menos importantes para o movimento dos padrões de vida do que algumas vezes se supõe. (Alternativamente, de que os padrões de vida melhoram muito mais vagarosamente após a década de 1840 do que muitas vezes se supõe.) Apesar de tudo, o crescimento das taxas de mortalidade no período de 1811 a 1841 é evidentemente de algum peso para o caso pessimista, ainda mais à medida que o trabalhador moderno, especialmente os estudos da Holanda durante e depois da Segunda Guerra Mundial, tende a ligar tais taxas muito mais diretamente ao total da renda e consumo de alimentos do que outras condições sociais.*

---

* O Prof. McKeown de Birmingham chamou minha atenção para estes. O aumento das taxas holandesas de morte e doença durante, e sua queda após a guerra, deve ter sido devida exclusivamente às variações do consumo de alimentos, já que as outras condições sociais — p. ex., a habitação — não melhoraram seriamente durante o período em que as taxas declinaram.

B. Desemprego

Há espaço para muito mais trabalho sobre este assunto, cuja negligência é totalmente inexplicável. Aqui desejo simplesmente chamar a atenção para algumas informações dispersas que apoiam mais uma opinião pessimista do que rósea.

Por pouco que saibamos a respeito do período anterior ao meio da década de 1840, muitos estudantes concordariam que o sentido real da melhoria entre as classes trabalhadoras foi devido, portanto, menos a um aumento nos níveis de salários, que muitas vezes permaneceu supreendentemente estável durante anos, mas à ascensão dos trabalhadores de empregos muito malpagos para outros menos malpagos, e acima de tudo a um declínio no desemprego ou a uma regularidade maior de emprego. Na verdade, o desemprego no período anterior tinha sido severo. Vamos considerar certos componentes e aspectos dele.

Podemos considerar primeiro o pauperismo, o coração permanente da pobreza, flutuando relativamente pouco com as mudanças cíclicas — mesmo em 1840-2.[28] As tendências de pauperismo são difíceis de determinar, devidamente às mudanças fundamentais causadas pela Nova Lei dos Pobres, mas seu alcance é suficientemente indicado pelo fato de que no começo da década de 1840 algo como 10 por cento da população total era provavelmente de pobres. Para fins de comparação, entre 1850 e 1880 a proporção de pobres em relação à população total nunca foi mais alta do que 5 a 7 por cento (1850). Sua média era de 4 a 9 por cento na década de 1850 e de 4 a 6 por cento na de 1880. Os pobres do período que nos diz respeito não estavam necessariamente em piores condições do que o resto, porque Tufnell, no Segundo Relatório Anual dos Comissários da Lei dos Pobres, estimou que os trabalhadores rurais comem talvez 30 por cento menos em peso de produtos alimentícios do que os pobres. Este era também o caso das cidades em depressão como Bradford-on-Avon, onde em 1842 o consumo médio de carne da classe trabalhadora não chegava a dois terços do mínimo dos asilos de pobres.[29]

O impacto do desemprego estrutural não pode ser medido. Os que foram mais afetados por ele foram muitas vezes precisamente aqueles pequenos artesãos independentes, trabalhadores de fora ou trabalhadores em meio expediente cujos sofrimentos, à baixa da catástrofe absoluta, se refletiam na queda dos preços por peça, no subemprego, em vez de na cessação do trabalho. Os sofrimentos dos maiores grupos entre eles, aqueles que operavam o meio milhão ou coisa parecida de teares à mão[30] (que podem ter representado talvez 1 milhão e um quarto ou mais de cidadãos[31]) têm sido amplamente documentados. Se, tomando os números mais modestos de Gayer, Rostow e Schwartz, tivermos em mente que no curso da década de 1830 bem mais da metade destes tecelões abandonaram seus teares, temos alguma medida do possível impacto do desemprego estrutural nesta ocupação, embora naturalmente isto não seja nenhum guia para qualquer outro.

Quanto ao impacto dos colapsos cíclicos ou outros períodos de depressão aguda, temos uma boa quantidade de evidências para dois destes (1826 e 1841-2) e evidências dispersas para outras datas.[32] Os números que possuímos tendem naturalmente, até certo ponto, a exagerar o sofrimento, porque as áreas particularmente más tinham mais probabilidade de atrair a atenção do que as atingidas menos duramente; especialmente em 1826, quando a nossa fonte é uma comissão de ajuda. Apesar de tudo, os números são tão surpreendentes que podem suportar uma boa dose de deflação. Eles sugerem que nas áreas duramente atingidas do Lancashire entre 30 a 75 por cento da população total pode ter ficado sem recursos durante este colapso; nas áreas lanígeras do Yorkshire, entre 25 a 100 por cento; nas áreas têxteis da Escócia, entre 25 a 75 por cento. Em Salford, por exemplo, metade da população ficou total ou parcialmente desempregada, em Bolton cerca de um terço, em Burney pelo menos 40 por cento.[33]

Quanto ao colapso de 1841-2, que foi quase certamente o pior do século, nossos números são mais representativos, porque uma grande quantidade de informações foi colhida nesta ocasião, não só para fins de ajuda, como para fins de discussão política (notadamente pela Liga da Lei Antimilho). Além do mais, várias destas pesquisas impõem confiança, sendo evidentemente baseadas em pesquisas sérias e detalhadas feitas por comerciantes locais insensíveis e com mentalidade estatística.

A pesquisa de Bolton por Ashworth pode ser resumida na Tabela I seguinte:

Tabela I. Desemprego em Bolton em 1842*

Ofício	Total empregado em 1836	Total empregado em tempo integral ou parcial em 1842	Percentagem desempregada
Fábricas	8.124	3.063 (tempo integral)	60
Fundidores de Ferro	2.110	1.325 (meio exped.)	36
Carpinteiros	150	24	84
Assentadores de Tijolos	120	16	87
Pedreiros	150	50	66
Alfaiates	500	250	50
Sapateiros	80	40	50

Fonte: "Estatísticas da depressão atual do comércio em Balton" de H. Ashworth, Journ. Stat. Soc. V (1842), p. 74.

Pode-se ver que o desemprego dos fundidores de ferro neste centro industrial era mais alto do que a média nacional do Sindicato dos Fundidores de Ferro, que era então de cerca de 15 por cento.

Novamente, na Sala de Vauxhall de Liverpool,[34] pouco mais de 25 por cento de ferreiros e maquinistas estavam desempregados; em Dundee,[35] pouco mais de 50 por cento dos mecânicos e dos operá-

---

* As percentagens não levam em conta os aumentos possíveis da força trabalhadora desde 1836, e assim exagera o desemprego. Mas elas podem servir como uma ordem de grandeza.

rios navais. Ligeiramente abaixo de 50 por cento dos sapateiros de Liverpool, mais da metade dos alfaiates de Liverpool, dois terços dos alfaiates de Londres[36] estavam desempregados, apenas 5 dos 160 alfaiates de Dundee trabalhavam em tempo integral. Três quartos dos estucadores, bem mais da metade dos assentadores de tijolos de Liverpool, quase cinco sextos dos pedreiros, três quartos dos carpinteiros, construtores de telhados de ardósia, bombeiros etc., em Dundee, estavam sem nenhum trabalho. Nem tampouco metade dos "trabalhadores" e quase três quartos das mulheres trabalhadoras da sala de Liverpool. A Tabela II seguinte resume várias pesquisas contemporâneas:

Tabela II. Desemprego em algumas cidades de 1841 a 1842

Cidade	Habilitados p/ o trabalho	Empregados		Desempregados
		Totalmente	Parcialmente	
Liverpool, Vauxhall	4.814	1.841	595	2.378
Stockport	8.215	1.204	2.866	4.145
Colne	4.923	964	1.604	2.355
Bury	3.982	1.107	–	–
Oldham	19.500	9.500	5.000 (meio exped.)	5.000
Accrington (têxteis)	3.738	1.389	1.622	727
Wigan	4.109	981	2.572	1.563

A lista pode ser prolongada. (Para alguns índices de desemprego de operários habilitados neste período veja o ensaio precedente, *O Artesão Ambulante,* pp. 41-9.)[37]

Esses números significam pouco, a menos que nos lembremos do que eles implicam para o padrão de vida. Clitheros (população normal, 6.700, emprego normal nas cinco fábricas principais, 2.500) tinha 2.300 pobres em 1842; a Haworth das Brontes (população

2.400), 308.[38] 20 por cento da população de Nottingham estavam na Lei dos Pobres, 33 por cento da de Paisley viviam de caridade.[39] Quinze a vinte por cento da população de Leeds tinha uma renda de menos de 1 shilling por cabeça por semana;[40] mais de um terço das famílias da Sala de Vauxhall de Liverpool tinham uma renda de menos de 5 shillings por semana; na verdade, a maioria delas não tinha absolutamente nenhuma renda visível.[41] Três mil cento e noventa e seis dos 25 mil habitantes de Huddersifield tinham uma renda média de 8d por pessoa por semana. Em Bradford, mesmo em janeiro de 1843, "muitos dos mais respeitáveis tinham há muito tempo empenhado os seus relógios e outros valores, e foram incapazes de resgatá-los; e as roupas empenhadas agora raramente são resgatadas".[42] Em Stockport (onde, como vimos, o desemprego montava a 50 por cento), a renda média semanal dos totalmente empregados era de 7s. 6 e 1/4d., a média dos parcialmente empregados, de 4s. 7 e I/2d.[43]

O efeito dessas depressões sobre o consumo felizmente pode ser medido. Ele foi profundo. Na sala Vauxhall de Liverpool, os ganhos totais tinham sido reduzidos à metade desde 1835, o consumo de carne tinha sido reduzido à metade, o consumo de pão havia continuado estável, o consumo de farinha de aveia havia dobrado, o consumo de batata havia subido mais de um terço.[44] Em Manchester, o declínio pode ser medido ainda mais precisamente. Entre 1839 (não um ano notável de qualquer maneira) e 1841, as receitas dos cinquenta lojistas de Salford desceram como se segue:[45]

	1839	1841 (em £ s)
13 comerciantes de gêneros	70.700	47.300
14 açougueiros	27.800	17.200
10 merceeiros	63.800	43.300
13 comerciantes de fazendas etc.	35.400	22.300

Contudo, um caso particularmente horrível, embora admitidamente excepcional, pode ser citado, combinando os efeitos do declínio secular e a depressão cíclica: Bradfordon-Avon, na moribunda área lanígera do oeste da Inglaterra (cujo apoio aos extremos da força física do Cartismo é assim explicado apenas muito persuasivamente). Nesta cidade trágica, nas 13 semanas de 1º de outubro a 19 de dezembro de 1841, os 8.309 habitantes consumiram 4.308 quilos de carne e 9.437 pães de 1,8 quilo. Mas deste total, 2.721 quilos foram comidos por 2.400 dos cidadãos mais prósperos e os 400 internos do asilo para velhos, deixando 1.401 quilos de carne (ou 237 gramas por semana) para os outros 5.909. O consumo de pão e carne desde 1820 caiu de 75 por cento.[46]

Já que todos, exceto uma minoria dos trabalhadores, não possuíam quaisquer reservas que fossem para atender tais contingências, o desemprego provavelmente os mergulharia na miséria. Eles podiam empenhar, e empenharam, seus bens. Mas isto pode ser desprezível. Assim, em Ancoats e Newtown (Manchester), 2 mil famílias (8.866 pessoas) em 1842 possuíam entre si 22.417 cautelas de penhor; mas o valor médio destas por família montava a mero £1 8s. Uma amostra maior, de 10 mil famílias, que é menos tendenciosa em relação aos mais pobres, tinham uma média estimada de £2 16s. em cautelas de penhor cada (12 mil famílias na miséria representavam então um terço da população). O que isto representava em equipamento doméstico pode ser imaginado: aos níveis correntes, um colchão, colcha, lençóis e duas fronhas podiam ser empenhadas por um total de 11s., 11l,5d.[47] Contudo, se presumirmos a renda de uma família em 10s., £3, mesmo em bens empenháveis, dificilmente manteriam uma família desempregada por mais do que seis semanas.

Mas quanto tempo durou o desemprego? Em 1841-2 ele podia durar por mais de um ano, como é mostrado pelas várias contagens feitas em 1843.[48] Mas mesmo se supusermos que um homem tenha ficado desempregado por seis meses, e de ser capaz de sobreviver à custa dos seus bens domésticos por seis semanas, ele terá que viver de ajuda ou endividar-se, ou ambos. E supondo que o seu crédito com os comerciantes locais seja bom por dois meses, ele ainda terá que pagar, digamos, £8 de dívidas quando estiver de volta ao trabalho em tempo integral, o que (a uma taxa semanal de pagamento ou resgate de 2s.) prolongaria os efeitos do desemprego sobre o seu padrão de vida por outros 18 meses. Esses cálculos são, naturalmente, especulativos, mas podem servir para sugerir o efeito dos cataclismos periódicos que tinham probabilidade de atingir o trabalhador do começo do século dezenove.

Exceto nos anos de 1839-42, naturalmente é provável que os efeitos do desemprego ou expediente incompleto fossem distribuídos desigualmente, sendo sempre pior entre os não habilitados e os trabalhadores de ofícios em declínio, menos entre os habilitados em ocupações não cíclicas. Assim, em Burney, 83 por cento dos miseráveis vivendo de caridade em 1843-3 eram compostos de famílias de tecelões e trabalhadores.[49] Enquanto em Londres (outubro de 1841) dizia-se que quase dois terços dos 26 mil alfaiates da capital estavam sem trabalho, normalmente, raramente mais de um terço ficava desempregado, mesmo na má estação, embora este número seja bastante alto para um ofício que havia sido cem por cento sindicalizado em 1830 e fora capaz de resistir a todas as reduções de salários desde 1815.[50] Entre os desempregados que trabalhavam nas estradas de Manchester em 1826, 356 eram trabalhadores, principalmente irlandeses, e apenas 89 no ramo dos têxteis, embora isto sem dúvida indique a maior relutância dos homens "respeitáveis" em se desclassificarem. Por outro lado, numa amostra dos "operários da classe mais pobre" analisada por trabalhadores na ajuda em Glasgow, durante o colapso de 1837 havia bem mais de um "sindicalista" para cada dois "tecelões".[51]

Infelizmente as estatísticas dispersas dos sindicatos (entre os quais os números do desemprego dos Fundidores de Ferro remontam ao nosso período; algum material pode ser retirado das contas dos "ambulantes") não nos ajudam, em parte porque os sindicatos com as melhores estatísticas eram muito pequenos para serem representativos, em parte porque esses sindicatos continham normalmente um setor anormalmente próspero de seus ofícios. Assim, a média de desemprego para os Fundidores de Ferro de 1837 até 1842 inclusive era de pouco mais de 13 por cento (1841:18,5 por cento). Por mau que isto seja para um ofício que requer habilitação numa ocupação que normalmente era extremamente próspera, e durante um período de não menos do que seis anos, isso com toda a certeza minimiza a severidade do desemprego em 1841-2; e talvez também o mínimo de desemprego permanente nesse ofício no pico de um surto de prosperidade (como em 1836), que ficou em 5 por cento. Além do mais, mesmo assim como são, estes números são ilusórios, porque não levam em conta a duração média do desemprego por membro. Felizmente os gastos do sindicato com a ajuda a ambulantes (que reflete esta duração, porque os pagamentos representam os dias de desemprego e não simplesmente os homens desempregados) indica o grau desse horror. Assim, enquanto a relação entre o desemprego em 1835 e 1842 está grosseiramente entre 1 e 2, a relação entre a ajuda a ambulantes em 1835 e 1842 está entre 1 e 14. Nenhuma discussão que feche os olhos às ondas maciças de miséria que submergiram grandes seções dos trabalhadores pobres em cada depressão pode afirmar ser realista.

O nomadismo proporciona outro índice pouco usado de desemprego, já que os trabalhadores sem trabalho tendiam a viajar à procura de emprego. O total verdadeiro de nomadismo foi bastante grande para apavorar os administradores Tudor que ficavam perturbados com mendigos robustos. O único "censo" completo dos ambulantes, o realizado em 1847-51 pela polícia da divisão Derwent do Cumberland, registrou 42.386 em 1847 (excluindo os ambulantes da Lei dos Pobres), 42.000 em 1848 (incluindo estes) e — como prova da natureza cíclica deste aspecto do desemprego — números rapidamente decrescentes nos anos subsequentes: 33.500, 24.000, 18.000.[52] Compensando aqueles que não usavam nem os alojamentos comuns nem a Lei dos Pobres, mas provavelmente não compensando os "artesãos ambulantes" que eram atendidos por seus sindicatos, podemos bem ter algo como mil ambulantes por semana passando nos dois sentidos desta estrada durante um colapso. Se a estimativa de que 13 mil ambulantes passaram por Preston em 1832[53] indica informação incompleta ou aumento do desemprego entre 1832 e 1847-51, é uma questão aberta.

Está claro, contudo, que a itinerância tendeu a aumentar das guerras napolêonicas até o começo da década de 1830, em grande parte devido à flutuação comercial,[54] em parte devido ao aumento dos ambulantes irlandeses — quer dizer, desempregados nascidos na Irlanda em vez de colhedores sazonais.[55] A Tabela III seguinte ilustra esta tendência:

Tabela III. Tendências da itinerância de 1803-34

	Grande Estrada do Norte Ambulantes com passes			Ambulantes irlandeses saídos de Middlesex* Berks** Wilts***			
	Todos*	Irlandeses***					
1803	569	(Royston)					
1807-28	540						
1811-12	1.014	1.811	7	1.811	1.464	301	80
1815-16	2.894	1.816	58	1.816	1.974	690	121
1820	7.000			1.821	4.583	1.850	1.148
		1.826	331	1.826	3.307	2.044	1.811
		1.831	1.751	1.831	9.281	5.428	4.510

---

* V. C. H. Cambridgeshire, II, 103-4.

** *Report of R. C. on Poor Low*, App. E. *Parl. P Papers 1834*, XXXVIII, pp. 249-50

*** Mesma fonte. Inclui os pobres escoceses.

Índices de desemprego tais como estes podem pesar diretamente sobre o argumento entre otimistas e pessimistas, como no caso do ofício de construção, em que a opinião otimista (Clapham), baseada nos "salários reais", se choca com particular agudeza com a opinião pessimista (Postgate), baseada também em evidência literária.[56] Não há nenhum debate sobre os salários relativamente bons dos artesãos construtores. Contudo, o índice de tijolos de Shannon[57] mostra que a produção, e daí também o emprego, na indústria flutuou da seguinte maneira: os períodos de rápida expansão (p. ex., 1800-4) são seguidos por períodos de expansão mais lenta (p. ex., 1805-14) e estes por sua vez por colapsos (p. ex., 1815-19). Tanto as últimas fases criam desemprego, porque numa indústria ligada à expansão — e que recrutava casualmente sob a iniciativa privada, tende de qualquer maneira a produzir um excesso de força de trabalho — mesmo um retardamento da expansão lançará os trabalhadores marginais no desemprego. Numa era de industrialização pioneira sob a iniciativa privada, este efeito será muito maior, porque os trabalhadores ainda não estão acostumados a uma economia flutuante e cega. Assim, os construtores nos lugares pré-industriais estão acostumados a uma força de trabalho cujo tamanho é razoavelmente bem-ajustado ao total "normal" de consertos e substituições, e talvez a uma expansão gradual da demanda pelos consumidores conhecidos.*

Agora sabemos de fato que os construtores, inclusive os artesãos, tenderam a se tornar excepcionalmente militantes no começo da década de 1830. Há também alguma evidência literária sobre pobreza e miséria entre eles. O argumento de Clapham não pode explicar o primeiro ou admitir o segundo, mas o índice de Shannon explica ambos, porque ele sugere um surto de prosperidade curto e vivo na construção em 1820-4, seguido por uma expansão que retardava em 1825-9 e um colapso marcante em 1830-4.

Novamente a nossa informação da Escócia confirma a existência de forte desemprego. Em Edinburgh, o surto de progresso na cons-

---

* O caso de grandes cidades importantes e das obras públicas é um tanto diferente.

trução do começo "da década de vinte foi seguido de desastre — o número de pedreiros que trabalhava na cidade caiu de cerca de 3 mil no fim de 1825 para pouco mais de 100 no fim de 1827 — e os anos de 1826-32 foram os piores jamais experimentados por este ofício em Edinburgh. A média semanal dos ganhos de um homem nestes sete anos são dadas como de 11s. 3d. Outros ofícios de construção registram igualmente dificuldades então, embora o renascimento do sindicalismo no começo da década de 1830 pareça marcar o seu fim.[58] Nada é mais plausível do que, no começo da década de 1830, devia haver tanto pobreza como descontentamento. Este exemplo mostra com muita clareza como é perigoso confiar no que pretende ser evidência estatística, negligenciando ao mesmo tempo fatores quantitativos igualmente importantes, que nem sempre surgem tão facilmente registrados como no ofício da construção.

Tampouco a força desses argumentos é limitada aos construtores. Elas se aplicam a todos os tipos de outros ofícios (inclusive aos trabalhadores e seus dependentes ligados a eles) que fizeram a transição do ritmo do movimento econômico pré-industrial para o industrial. Os fabricantes de móveis de Londres cujas más condições Mayhew descreve, e cujo declínio é mostrado pelo colapso de seus sindicatos e acordos coletivos em nosso período, constituem um caso em questão.[59] Estudos locais revelariam sem dúvida casos semelhantes em outros lugares, talvez entre os metalúrgicos de Sheffield, após o colapso da sua "idade do ouro" nas décadas de 1810 e 1820. Muitas vezes se esquece que alguma coisa como o desemprego "tecnológico" não se limitou puramente àqueles trabalhadores que foram realmente substituídos pelas novas máquinas. Ele pode afetar quase todas as indústrias e ofícios pré-industriais que sobreviveram na era industrial; isto é, muitos, como mostrou Clapham. Sem dúvida a expansão geral do começo do período industrial (digamos, de 1780-1811) tendeu a diminuir o desemprego, exceto durante as crises; sem dúvida as décadas de dificuldades e ajustamento após as guerras tendeu a tornar o problema mais agudo. Desde o fim da

Os trabalhadores | 113

década de 1840, como tentei mostrar em outra parte,[60] as classes trabalhadoras começaram a se ajustar à vida sob o novo conjunto de regras econômicas, reconheceram e — até onde a "política econômica" e a política do sindicato puderam fazer isso — se opuseram. Mas é altamente provável que o período de 1811-42 presenciou problemas anormais e desemprego anormal, tais como não são revelados pelos índices gerais de "salários reais".

Se outros estudos puderem nos dar números mais adequados sobre o desemprego na primeira metade do século é uma questão a discutir. Eles certamente serão incapazes de medir adequadamente o desemprego ocasional, sazonal ou intermitente e o grosso permanente de subemprego, embora nenhuma estimativa de salários reais que negligencie isto valha muito. Uma estimativa para Leeds é dada na Tabela IV, na página seguinte.

Ela quase certamente subestima o caso, porque as estimativas anteriores mostram que os construtores de Londres trabalharam durante uma estação de 6 a 7 meses,[61] e as estimativas contemporâneas mostram, p. ex., que dois terços dos pintores de Edinburgh ficam parados quatro meses por ano.[62] No entanto, ela indica o tipo de deduções que têm que ser feitas nos níveis de salários teóricos para compensar os ganhos médios reais mesmo em épocas de relativa prosperidade. A massa de ofícios que não requerem habilitação e, por definição, casuais, não está compreendida nesta lista ou em qualquer outra praticável. Contudo, talvez valha a pena citar a estimativa geral de um observador contemporâneo de argúcia comprovada e um bom senso de informação estatística.

Henry Mayhew não é um informante desprezível. E se, como E.P. Thompson nos lembrou ultimamente outra vez em sua valiosa discussão do problema do padrão de vida, a "controvérsia depende realmente de uma 'estimativa' quanto a que grupo estão aumentando mais aqueles 'que puderam partilhar dos benefícios do progresso econômico' e 'aqueles que foram impedidos' — então a estimativa de Mayew Merece nossa atenção":[63]

Estimando as classes trabalhadoras como estando entre 4 e 5 milhões em número, acho que podemos afirmar seguramente (...) que (...) mal há trabalho suficiente para o emprego regular de metade dos nossos trabalhadores, de forma que apenas 1.500.000 estão completa e constantemente empregados, enquanto 1.500.000 mais estão empregados apenas metade do tempo, e os 1.500.000 restantes completamente desempregados, conseguindo um dia de trabalho ocasionalmente pelo afastamento de alguns dos outros.[64]

Eu não atribuiria muito peso a isto ou a qualquer outra estimativa, até ela pode ser verificada por números dignos de confiança. Infelizmente isto ainda não é possível — e pode não ser nunca — porque os nossos dados são muito dispersos para nos permitir deflacionar qualquer índice de salário real que escolhermos para elaborar. Tudo que podemos dizer é que o desemprego cíclico era evidentemente muito mais alto antes do meio da década de 1840 do que depois, porque os números dos sindicatos que se tornam disponíveis após 1850 (e que são razoavelmente representativos para pelo menos parte dos trabalhadores habilitados em mecânica, metais e construção naval) não podem mostrar nada parecido com as catástrofes registradas acima. Entre 1850 e 1914, o pior ano para qualquer grupo de sindicatos foi 1879, quando 53 por cento do grupo de mecânicos ficaram sem trabalho; o pior período de forte desemprego consecutivo foi 1884-7, quando 11,9 por cento do mesmo grupo ficou sem trabalho. O desemprego médio anual para os seis anos mais prósperos entre 1850 e 1873 foi 1,3 por cento para os mesmos ofícios, o que é muito melhor até do que os números dos Fundidores de Ferro para o período pré-1850, e incomparavelmente melhor do que 1841-2. Podemos afirmar certamente que os números do desemprego lançam dúvidas em quaisquer cálculos otimistas que os negligenciem. Mas por si mesmos os nossos dados são insuficientes para estabelecer uma opinião alternativa.

OS TRABALHADORES | 115

Tabela IV. Desemprego médio por ano, e salários semanais corrigidos para este, Leeds, 1838[65]

Ofícios que trabalham 12 meses	Salários semanais	Salários semanais corrigidos	Ofícios que trabalham 11 meses	Salários semanais	Salários semanais corrigidos
Figurinistas	24/6	24/6	Alfaiates	16/-	14/8
Ferreiros	19/-	19/-	Marceneiros	19/6	17/11
Moageiros	26/-	26/-	Seleiros	21/-	19/3
Fabricantes de plainas	21/-	21/-	Surradores de couro	20/-	19/1
Armeiros	25/-	25/-	Fundidores de bronze	25/-	24/1
Mecânicos	24/-	24/-	Tanoeiros	20/-	19/1
Moldadores de ferro	25/-	25/-	Tipógrafos	21/-	19/3
Torneiros	22/-	22/-			
Consertadores de Fios	4/6	4/6			
Preparadores	6/6	6/6			
Ofícios que trabalham 10 meses	**Salários semanais**	**Salários semanais corrigidos**	**Ofícios que trabalham 9 meses**	**Salários semanais**	**Salários semanais corrigidos**
Sapateiros	14/-	11/8	Pintores	20/-	15/-
Bombeiros	23/-	19/2	Passadores de roupa	20/-	15/-
Classificadores de lã	21/-	17/6	Torcedores de lã	24/-	18/-
Torneiros de madeira	17/-	14/2	Estucadores	18/-	13/6
Pedreiros	22/-	18/4	Assentadores de tijolos	23/-	17/3
Tecelões	13/-	10/10	Consertadores de lã	5/-	3/9
Chapeleiros	24/-	20/-	Enchedores de lã	6/-	4/6
Cardadores de lã	14/-	11/8	Tintureiros	22/-	16/6
Construtor de carros	18/-	15/-	Serradores de madeira	20/-	15/-

IV

C. Números do Consumo

A discussão dessas fontes negligenciadas é necessariamente bastante longa, e os seus aspectos técnicos foram relegados para um Apêndice especial. Como a Inglaterra não era um estado burocrático, não temos dados nacionais oficiais, exceto para artigos totalmente importados. Apesar de tudo, podemos obter muito mais informações do que tem sido trazidas até agora para a discussão. Isto mostra que, do fim da década de 1790 até o começo da de 1840, não há nenhuma evidência de qualquer aumento importante no consumo *per capita* de vários gêneros alimentícios, e em alguns casos a evidência de uma queda temporária que ainda não tinha sido completamente compensada no meio da década de 1840. Se o caso para a deterioração neste período pode ser estabelecido com firmeza, sugiro que isso seja feito com base nos dados do consumo.

O chá, o açúcar e o fumo, sendo totalmente importados, proporcionam números nacionais de consumo que podem ser divididos pela população estimada para dar um índice grosseiro do consumo *per capita*.[66] Contudo, notamos que Clapham, embora otimista e consciente dos números, habilmente recusou-se a usá-los como um argumento a seu favor, já que o consumo absoluto *per capita* neste período foi baixo, e aumentos tais como ocorreram foram desapontadoramente pequenos. Na verdade, o contraste entre a curva antes e depois do meio da década de 1840, quando ela começa a subir vivamente, é um dos argumentos mais fortes do lado pessimista.[67] Todas as três séries mostram uma ligeira tendência de subida e após a década de 1840 uma subida muito mais viva, embora o consumo de fumo tenha caído (provavelmente devido ao aumento de direitos alfandegários) na década de 1810. A série do fumo inclui o consumo irlandês após o meio da década de 1820 e é assim difícil de usar. A série do chá também é difícil de interpretar, uma vez que ela reflete não só a capacidade de comprar, como também a tendência secular de abandonar as velhas bebidas por uma nova. A importância de tomar chá foi muito debatida pelos contemporâneos, que estavam longe de considerá-lo um sinal automático de melhora nos padrões de vida. Em todo caso ela só mostra quatro períodos de declínio — 1815-16,1818-19, uma queda dramaticamente viva em 1836-7 após uma subida viva, e uma queda mais lenta em 1839-40. O chá parece ter sido imune aos colapsos de 1826 e, mais surpreendente ainda, de 1841-2, o que o torna suspeito como índice de padrões de vida. O fumo não reflete o colapso de 1836-7, mas reflete os outros, embora não muito. De qualquer maneira, este artigo mostra um consumo virtualmente estável. O açúcar é o indicador mais sensível, embora — devido aos vários fatores externos — ele nem sempre reflita os movimentos do ciclo comercial. Ele mostra bem os colapsos de 1839-40 e 1841-2. Falando de maneira geral, não há nenhuma tendência para o aumento do consumo de açúcar acima do pico napoleônico até bem dentro da década de 1840. Há um forte declínio pós-guerra, uma forte elevação para níveis bastante mais baixos após 1818, uma ligeira elevação — quase um platô — até 1831, e depois um declínio igualmente lento ou estagnação até 1843 ou 1844. O chá, o açúcar e o fumo não indicam nenhuma elevação marcante nos padrões de vida, mas além disto pouco pode ser deduzido das séries grosseiras.

O caso da carne é diferente. Aqui possuímos pelo menos dois índices, os números de Smithfield para Londres durante todo o período, e o rendimento do imposto de consumo sobre couros e peles para o período até 1825. Os números de Smithfield[68] mostram que, enquanto o índice da população de Londres subiu de 100, em 1801, para 202, em 1841, o número de animais de corte mortos subiu apenas até 146, de carneiros até 176 no mesmo período. A Tabela V seguinte dá os números por décadas:

Tabela V. Aumento da porcentagem decenal da população de Londres, Carne de Vaca e Carneiro em Smithfield, 1801-51

Data do Censo	Média de animais	Números índice			População	Aumento decenal	
		População	Vaca	Carneiro		Vaca	Carneiro
1801	1800-4	100	100	100			
1811	1810-12	119	105	119	+19	+5	+19
1821	1819-22	144	113	135	+25	+8	+16
1831	1830-4	173	127	152	+29	+14	+17
1841	1840-3	202	146	176	+30	+19	+24
1851	1850-2*	246	198	193	+43	+42	+17**

Pode-se ver que o aumento da carne de vaca ficou atrás do da população em todas as décadas até a de 1840. A carne de carneiro também ficou atrás — embora menos —, exceto na primeira década. De maneira geral, é assim quase certo um declínio *per capita* do consumo de carne em Londres até a década de 1840.

O imposto de consumo sobre peles e couro fornece números um tanto mais grosseiros. (As fontes são discutidas no Apêndice.) A Tabela VI seguinte resume o pouco que pudemos obter deles:

---

* A escolha de datas-base para os animais não pode ser rígida. Portanto 1800-4 foi escolhida, pois, digamos, 1800-2 daria números altíssimos, subestimando o aumento na década seguinte. Para carneiros, foi usada a data-base de 1840-2, pois o número excessivamente alto de 1843 exaltaria o crescimento da década. A escolha de datas distintas não mudaria os resultados substancialmente.

** A possível razão para este número baixo se encontra no Apêndice.

Tabela VI. Renda do Imposto de Consumo sobre Couros e Peles em Londres e no Resto do País em 1801
(1800-1 para Imposto de Consumo) = 100

Data	População	Renda do Campo	Renda de Londres
1801	100	100	100
1811	114,5	122	107
1821	136	106*	113*
1825	150	135	150

Sem nos aprofundarmos mais na discussão um tanto complexa das fontes, parece claro que os números não indicam um aumento importante no consumo *per capita* de carne.

Quanto aos cereais e à batata, o forte da dieta do pobre, podemos também descobrir algumas coisas. O fato fundamental é que, como os contemporâneos já sabiam,[69] a produção e as importações de trigo não mantiveram o ritmo do crescimento da população, de forma que o total de trigo disponível *per capita* parece ter caído constantemente do fim do século dezoito até as décadas de 1840 ou 1850, o total de batatas disponíveis crescendo mais ou menos na mesma taxa.[70] Os melhores números para o aumento da produtividade de trigo[71] mostram produções razoavelmente estáveis até 1830, um aumento modesto de cerca de 10 por cento na década de 1830 e um surpreendentemente grande de 40 por cento após 1840, o que está de acordo com o quadro do aumento muito rápido nos padrões de vida após os efeitos da depressão de 1842 terem passado. Segue-se que, qualquer que seja a evidência literária, algumas pessoas devem ter trocado o trigo, presumivelmente, pelas batatas. A opinião mais simples seria a que uma mudança importante de pão preto para branco já teria tido lugar, digamos, por volta de 1790, e que a tendência para se afastar do trigo teve lugar depois disso; mas isto não

---

* Por motivos discutidos abaixo isto está provavelmente minimizado.

explicaria a tendência quase certa de se afastar do pão preto para o branco no Norte e no Oeste. Mas isto pode ter sido "pago" por um declínio do consumo *per capita* em outras partes. Isto é tecnicamente possível. O consumo insignificante de produtos de pão entre os trabalhadores rurais em 1862 foi de cerca de 6,58 quilos por semana. Doze condados[72] consumiram menos do que isto — de 4,65 a 5,32 quilos, seis mais de 5,89 quilos, 14 mais ou menos a média.[73] Onde o consumo principal variou tão largamente — entre 4,65 e 6,91 para não mencionar os 8,53 de Anglesey —, há campo tanto para um declínio mais cedo no consumo *per capita* de alguns lugares como para uma "compensação" considerável entre condados. Contudo, não é meu propósito sugerir explicações. Tudo que podemos dizer é que um aumento do consumo *per capita* de pão branco neste período à custa de ninguém está fora de questão. O consumo de trigo pode ter caído com ou sem o consumo adicional da batata, ou algumas áreas podem tê-lo visto aumentar à custa de outras (com ou sem um aumento das batatas).

Não temos nenhuma estatística geral sobre o consumo de outros gêneros alimentícios comuns. É difícil ver qualquer coisa exceto um declínio do leite, porque a posse de vacas deve ter diminuído com a urbanização (embora provavelmente continuasse nas cidades em maior escala do que é algumas vezes admitido) e devido ao declínio da dieta rural tradicional que se apoiava fortemente nas "carnes brancas". As estimativas da posse de vacas em Londres não merecem confiança. Em face de uma das 20 mil vacas metropolitanas e suburbanas em 1854, temos outra das 10 mil em 1837; uma ou ambas têm probabilidade de estarem erradas.[74] Contudo, mesmo em 1862, alguns grupos afortunados de trabalhadores pobres ficaram com a velha dieta; os tecelões de seda de Macclesfield consumiram 1,17 litro por cabeça, por semana, em face dos 0,312 litro dos tecelões de Coventry, dos 0,215 litro dos tecelões de Spitaffields e dos 0,039 de Bethnal Green.[75] Mas toda a evidência indica um declínio no consumo de leite. O mesmo não se deu com a manteiga, que era evidentemente — e naturalmente, já que o pão tinha uma parte tão grande na dieta do trabalhador — considerada uma necessidade maior do que a carne.[76] Em Dukinfield e Manchester (1836), os gastos com ela eram comparáveis aos da carne, e a comparação com 1841 mostra que eles eram bastante inelásticos.[77] Os poucos orçamentos comparáveis de Eden[78] mostram um padrão semelhante de despesas, embora talvez um gasto bastante menor com manteiga do que com carne. O pobre, assim, comia manteiga; apenas o miserável podia ser incapaz de fazê-lo. Não é impossível que o consumo de manteiga aumentasse durante a urbanização, porque as outras coisas para passar no pão — p. ex., banha ou gordura de carne — devem ter sido mais difíceis de obter quando as pessoas tinham menos porcos e o consumo de carne era baixo e errático. O consumo de queijo parece ter diminuído, porque muitos trabalhadores urbanos parecem não ter tido ou ter desenvolvido o estilo de substituí-lo pela carne. Em Dukinfileld e Manchester, eles gastavam muito menos com queijo do que com manteiga, e em 1862 os trabalhadores rurais comiam-na muito, mesmo compensando a sua posição ligeiramente melhor do que o "pobre urbano". O ovo parece ter sido de pequena importância. O consumo *per capita* dificilmente pode ter subido. A opinião de que o consumo de artigos perecíveis diminuiu, ou dificilmente pode ter subido muito antes da era das estradas de ferro, foi também adotada por outros estudiosos, embora tenha sido contestada sob fundamentos não muito óbvios.[79]

Um aumento notável de consumo é, contudo, registrado para os peixes.[80] O consumo *per capita* em Birmingham — desprezível em 1829 — mais do que dobrou em 1835, e continuou a crescer numa rápida proporção até 1840.[81] Indubitavelmente, isto melhorou o valor nutritivo da dieta do pobre, embora não possa indicar que ele sentisse estar comendo melhor; porque o pobre sempre teve um preconceito marcante contra este alimento barato e abundante, e "a classe mais baixa de pessoas alimenta a ideia de que o peixe não é alimento bastante substancial para elas, e preferem a carne".[82] Eles bem podiam ter passado para o peixe porque não tinham recursos suficientes para a carne.

A evidência não é assim absolutamente favorável à opinião "otimista". Embora ele não estabeleça necessária ou firmemente a opinião pessimista, o estudo do consumo pelo contrário a indica. O crescimento da adulteração reforça ligeiramente o caso pessimista. O aumento da *adulteração* tem sido posto em dúvida, mas sob fundamentos completamente inadequados. Ela cresceu rapidamente.[83] A pesquisa do *Lancet* na década de 1850[84] acentua muito claramente os seguintes pontos: (i) *todos* os pães testados em duas amostras separadas estavam adulterados; (ii) mais da metade da farinha de aveia estava adulterada; (iii) *todos* os chás, exceto os de alta qualidade, estavam invariavelmente adulterados; (iv) um pouco menos da metade do leite e (v) toda manteiga estavam aguados. Mais da metade dos doces de frutas e conservas incluíam matérias nocivas, mas isto pode ter sido devido simplesmente à má produção. O único artigo de uso comum que não era grandemente adulterado era o açúcar, quase 90 por cento do qual parece ter sido puro, embora muitas vezes sujo.

A discussão do consumo de alimentos lança, assim, dúvida considerável sobre a opinião otimista. Contudo, deve ser acentuado que isto não significa que os ingleses do começo do século dezenove tinham um padrão de vida "asiático". Isto não faz sentido, e tais afirmações levianas causaram muita confusão. A Inglaterra era quase certamente melhor alimentada do que todas, exceto as áreas rurais mais prósperas, ou as classes mais abonadas, dos países continentais; mas então tinha sido assim, como indicaram Drummond e Wilbraham[85] muito antes da Revolução Industrial. O ponto em questão não é se caímos tão baixo como os outros países, mas se, pelos nossos próprios padrões, melhoramos ou deterioramos, e em qualquer dos casos, quanto.

V

Não há assim nenhuma base forte para a opinião otimista, de qualquer maneira, para o período desde c. de 1790 ou 1800 em diante até o meio da década de 1840. A plausibilidade da deterioração e a sua evidência não devem ser desprezadas com ligeireza. Este capítulo não tem o propósito de discutir a evolução dos padrões de vida no século dezoito, já que a discussão principal sobre os padrões de vida foi sobre o período entre o fim das guerras napoleônicas e "alguma data não especificada entre o fim do Cartismo e a Grande Exibição". É inteiramente provável que os padrões de vida tenham melhorado durante a maior parte do século dezoito. Não é improvável que, em algum momento logo após o começo da Revolução Industrial — que é talvez melhor situada na década de 1780 do que na de 1760[86] —, eles deixaram de melhorar e declinaram. Talvez o meio da década de 1790, o período da Speenhamland e da carência, marque o ponto crítico. Na outra extremidade, o meio da década de 1840 certamente marca um ponto crítico.

Podemos, portanto, resumir como se segue. A opinião clássica foi expressa nas palavras de Sidney Webb: "Se os Cartistas em 1837 tivessem pedido uma comparação do seu tempo com 1787, e tivessem obtido um relato justo da verdadeira vida social do trabalhador nos dois períodos, é quase certo que teriam registrado um declínio positivo do padrão de vida de grandes classes da população".[87] Esta opinião não tem sido até agora tornada insustentável. Pode ser que outras evidências a desacreditem; mas terão que ser evidências muito mais fortes do que até agora têm sido apresentadas.

(1957-63)

Notas

1. Cf. lista de J. L. Hammond na "The Industrial Revolution and Discontent", *Econ. Hist. Rev.* II (1930), pp. 215-29.
2. "The standard of life of the workers in England, 1790-1850", de T. S. Ashton, *J. Econ. Hist.* Suplemento IX (1949), pp. 19-38.
3. "Medical Evidence relating to English population changes", de T. McKcown e R. G. Brown, *Population Studies,* IX (1955), p. 119. Acho difícil fugir da conclusão da p. 141.
4. *Economic History of Modern Britain* I, p. 601, de Clapham. Pode-se notar que o valor das coleções Bowley-Wood de dados de salários em dinheiro não está em discussão. O que é legítimo duvidar, mesmo à luz da recente tentativa de reabilitar o enfoque de Clapham (*British Economic Growth 1688-1959* de Deane e Cole, Cambridge 1962), é até que ponto ele representa os movimentos dos ganhos reais como diferente das taxas, e até que ponto um índice realista de salário real pode ser elaborado com base nisto, se pelo uso de Silberling ou Gayer-SchwartzRostow. Deane e Cole, naturalmente, admitem que o desemprego afetaria tal índice.
5. *The Common People,* Cole & Postgate; *Short History of the British Working Class Movement,* da G.D.H. Cole (ed. 1947); A. V. Hudges na *Riv. Stor. Italiana,* 1951, pp. 162-79; T. S. Ashton, *loc. cit.*
6. T.S. Ashton, *loc. cit.*
7. "Real Wages of Artisans in London, 1729-1935" de R. S. Tucker (*J. Amer. Stat. Assn.* XXXI (1936, n° 193).
8. *A Study in Trade Cycle History: Economic Fluctuations in Great Britain,* 1833-42 (Cambridge 1954).
9. J. L. Hammond, *loc. cit.,* e J.H. Clapham, I, ix-x.
10. T. S. Ashton, *loc. cit.,* e *Economic History of England: The Eighteenth Century* (1955), pp. 233-5.
11. T. S. Ashton em *J. Econ. Hist.,* e *The Industrial Revolution* (1948).
12. *Statistical Account of the British Empire* (1839), II, pp. 494 ss.
13. *Select Committee on Agriculture, Parl. Papers,* 1833, V. p. 3431 ss.
14. *London,* ed. C. Knight (1842), II, p. 318 (capítulo: "Smithfield") estima o aumento da população de 1740-50 até 1831 em 218 por cento, da carne de vaca em 110, de carneiro em 117 por cento. Como o

autor também tem consciência de que a estimativa de Davenant de 167,8 quilos para o peso da carcaça de carne de vaca no começo do século dezoito é provavelmente baixa demais, é difícil compreender como ele chega às suas conclusões otimistas sobre o aumento do consumo *per capita* de carne em Londres.

15. "The size of English cattle in the eighteenth century", de G. E. Fussell, *Agricultural History,* III (1929) pp. 160 ss.; também *Agric. Hist.* IV (1930). Mc Culloch aceita a estimativa de Sinclair dos pesos de Smithfield em 1785 sem criticá-los.

16. *Select Committes on the Depressed State of Agriculture. Parl. Papers,* 1821, IX, p. 267; *General Statistics of the British Empire* (1836); Knight, *op. cit.,* II, p. 325.

17. *Statistics of British Commerce* (1852), de Braithwaite Poole; *The Food of London* (1856), de G. Dodd, p. 213.

18. Além das fontes usuais de salários (Bowley e Wood, Gilboy, Tucker), este documento contém, de fato, apenas material factual sobre os preços do Lancashire tirados de Rowbottom, o *Manchester Mercury* e *Manchester Merchants and Foreign Trade 1794-1858* (1934), de A. Redford, e uma opinião de Thomas Holmes. Este último é a única fonte nova que apoia a opinião otimista. Naturalmente, o objetivo do Professor Ashton no documento foi mais de proporcionar novos argumentos do que nova evidência.

19. Veja capítulo 15.

20. P. ex., "Contributions to Vital Statistics", de F. G. P. Neison, *J. Stat. Soc.* VIII (1845), pp. 290 ss.; IX (1846), pp. 50 ss.

21. Na *Statistical Account,* II de J. McCullouch.

22. No entanto, duas longas séries para Doncaster e Carlisle (1850) no *Reports to the General Board of Health* apontam na mesma direção.

23. "An attempt to evolve a comprehensive indicator to quantify the component 'health, including demographic conditions'", de S. Swaroop, *World Paper N° 8,* WHO/PHA/25 (22 nov. 1955), reproduzido. Devo esta referência aos Srs. Jeffery, Escola de Higiene e Medicina Tropical, Londres.

24. *Loc. cit.*

25. "The Population Problem during the Industrial Revolution" de T.H. Marshall, *Economic History* (1929), p. 453.

26. "On the Mortality of Glasgow and on the increasing Mortality in England", de T.R. Edmonds, *Lancet*, II (1835-5), p. 353. Resumido por Farrem McCulloch, *op. cit.*

27. "On the law of mortality", de T. R. Edmonds, *Lancet*, I (1835-6), p. 416.

28. Assim, em 581 sindicatos o número de pobres fisicamente capazes só aumentou de um oitavo desde o trimestre do Dia da Anunciação de 1941 até o de 1842: *J. Stat. Soc.* VI (1843), p. 256.

29. *Devizes and Wiltshire Gazette*, de 13 de jan. de 1842.

30. *Economic History of Modern Britain*, de Clapham, I, p. 179, Gayer, Rostow e Schwartz, citados por Neil Smelser, *Social Change in the Industrial Revolution* (1959) dão um número menor de 240 mil em 1830, mas como acentua Clapham, jamais foi feito algum censo deles.

31. Concordando com Smelser, *op. cit.*, p. 139, presumo que entre 30 a 50 por cento dos teares eram operados por outros membros da família do tecelão; também — como estimativa grosseira —, três filhos por família.

32. Como C. Chisholm, "On the statistical pathology of Bristol and of Clifton" (*Edinburgh Medical and Surgical Journal*, de 19 de julho de 1817, p. 274), que cita um censo (ou estimativa) feito pelo prefeito em janeiro de 1817, uma época de comércio crescente após um grave colapso, mas de altos preços. Então 3.045 pessoas ficaram total ou parcialmente desempregadas numa população total de talvez 78.500. Isto podia, naturalmente, representar 15 por cento ou mais da população, se o tamanho médio da família for considerado como de quatro pessoas.

33. *A fonte principal é o Report of the Committee appointed at a meeting on the second of May 1826 for... relief of the* "WORKING MANUFACTURERS" (Londres 1829). Os *Home Office Pappers* (p. ex., HO 40/19 para 1826, carta de J.W. Paget, Preston on Darwan) contêm também material importante.

34. *Statistics ofthe Vauxhall Ward, Liverpool*, de J. Finch (Liverpool 1842); um trabalho de primeira ordem, que dá os números do desemprego para cada camada da classe trabalhadora, e números de tempo parcial divididos em trabalho durante 5, 4, 2 e 1 dia. Os dois últimos grupos ele classifica como desempregados, os dois primeiros como empregados.

35. *Report of the Statistical Committee appointed by the Anti-Corn Law Conference held in London 8-12th March 1842* (Londres, sem data). Todos os dados deste parágrafo, exceto quando declarado de outra forma, são deste compêndio valioso.

36. *Facts and Figures. A periodical record of statistics applied to current questions* (Londres out. 1841), p. 29.

37. Ver capítulo 4.

38. *Report to the General Board of Health: Clitheroe* (1850), *ibid.*, Haworth (1853).

39. *Statistical Committes of Anti-corn-Law League*, p. 45.

40. *Facts and Figures, loc. cit.*

41. Finch, *op. cit.*, p. 34.

42. *Report of the Committee ... for the relief of the Distressed Manufacturers* (Londres 1844), pp. 19, 41.

43. Citado em *Notes on a Tour in the Manufacturing Districts of Lancashire* de W. Cooke-Taylor (Londres 1842), pp. 216-17.

44. Finch, *op. cit.* p. 34.

45. *Distress in Manchester, Evidence... of the stats of the Labouring Classes* em 1840-2 (Londres 1942), p. 55.

46. *Devizes and Wiltshire Gazette* de 13 de jan. de 1842.

47. J. Adshead, *op. cit.*, pp. 18-24.

48. *Parl. Papers* 1843, XXVII, Inspetores de Fábrica, pp. 313-15. *Report of Committee... for the relief ofthe Distressed Manufacturers*, pp. 27-8,41, 62...

49. *Report of Committee...* p. 62.

50. *Facts and Figures*, pp. 29 ss. *Sel. Ctee. on Manufacturers' Employment* (Parl Papers 1830, X, p. 226).

51. *Observations upon the poorest class of operatives* in Glasgow in 1837, de C. R. Baird, *Journ. Stat. Soc.* I, p. 167.

52. *Report to the General Board of Health; Keswick* (1852), p. 45. Parte da diminuição foi devida à regra da Lei dos Pobres impedindo os ambulantes a longa distância.

53. *Report of Royal Commission on the Poor Law*, Apêndice E, Parl. Papers, 1834, XXXVIII, p. 318.

54. R. C. *on Poor Law, loc. cit.*, pp. 305-6: "Não se pode negar que os nossos relatórios anuais tendem a provar que o grosso do número dos nossos ambulantes pobres dobrou entre os anos que terminaram em 19 de ja-

neiro de 1822 e 19 de janeiro de 1833. Esse foi um período de grande flutuação comercial e muita excitação política." (S. S. Duncan de Bristol).

55. *O Select Committee on Irish Vagrants, Parl. Papers*, XVI (1833), p. 362 (40) acentua especificamente que eles não eram colhedores sazonais.

56. *Economic History of Modern Britain*, I, p. 548, de Clapham, esp. a nota de rodapé retumbante; *The Builders' History*, de R. W. Postgate (1923), p. 33.

57. "Bricks, a trade index" de H.A. Shannon, *Economica*, 1934.

58. Pasta de recortes de jornais sobre as condições das classes trabalhadoras em Edinburgh e Leith durante e antes de 1853, na Goldsmiths' Collection B. 853 (Biblioteca da Universidade de Londres).

59. *London Labour and the London Poor*, III, pp. 232 ss., de H. Mayhew. Para uma crise semelhante entre os alfaiates 1825-34, *The Red Republican*, 1,23 (1850), pp. 177-9.

60. "The Tramping Artisan", *loc. cit.*

61. *The London Tradesman* (1747), de R. Campbell.

62. Goldsmith Collection, B 853.

63. *The Making of the English Working Class* (1963), p. 250, de E. P. Thompson, com quem estou em débito por uma lembrança da citação de Mayhew.

64. *London Labour and the London Poor* II, pp. 364-5.

65. "Condition of the Town of Leeds and Its Inhabitants", *J. Stat. Soc.* II (1839), p. 422.

66. As fontes mais acessíveis para elas são *Growth and Fluctuations of the British Economy 1790-1850* de Gayer, Rostow e Schwartz.

67. Henderson e Chaloner, *loc. cit.*, confundem a distinção usando os números do consumo de açúcar para 1844-7 para indicar uma melhora que, p. ex., os números do consumo para 1837-43 não mostram.

68. Há numerosas fontes impressas para estes: Para o século dezoito, *Economic History of England, The Eighteenth Century* de Ashton. Depois, *H. of Lords Sessional Papers 56 of 1822*: Carne de gado e carneiro vendida em Smithfield 1790-1821; Parl. Papers, 1837-8, XLVII, p. 164; Statistical Ilustrations of the British Empire (1827), p. 105: "Statistical Account of the markets of London" de J. Fletcher, *J. Sist. Soc.* X (1847), p. 345; Dodd, *op. cit.* p. 241. As fontes dão números semanais. Para os números da população ver "The Population of London 1801-81" de R. Price-Williams, *J. R. Stat. S.* XLVIII (1885), p. 340.

69. W. Jacob em *Select Committee on the State of Agriculture,* Parl. Papers. 1836, VIII, i, Q. 26-32.
70. Acompanhei os cálculos da *History and Social Influence of the Potato* (Cambridge 1949) de R. N. Salaman, Apêndice IV, que discute as fontes. Outras estimativas, tais como as de Drescher ("The Development of Agricultural Production in Great Britain and Ireland from the early Nineteenth Century", *Manchester School,* maio 1955) concordam que a produção de trigo simplesmente deixou de manter o ritmo com a população. A opinião de que o grosso da transferência do pão preto para o branco já havia tido lugar em 1790, é reforçada pela discussão em *British Economic Growth* 1688-1959, pp. 62-7, de P. Deane e W.A. Cole.
71. "What Yields in England 1815-59", de M. J. R. Hcaly e E. L. Jones, J. R. Stat. S. Serie A. vol. 125, pt. 4, 1962.
72. O primeiro, citado em "The Rising Standard of Living in England 1800-50", de R.M. Hartwell, *Ec. Hist. Rev.* XIII, 1961, p. 412; o segundo, de *London as it is...* de John Hogg (Londres 1837), p. 226.
73. Seis no Sudeste e no Sul, o resto condados industriais. Nenhum número é dado para seis outros condados do sul e do sudoeste.
74. *6th Report of the Medical Officer to the Privy Council* (1863), pp. 216-330: O Alimento das Classes Pobres Trabalhadoras. Uma investigação pioneira.
75. *Ibid.*
76. A pesquisa (não quantitativa) da dieta dos trabalhadores urbanos na *Royal Commission on the Poor Laws,* Ap. B., *Parl. Papers,* 1834, XXXVI, p. 40 dos questionários, parece mencionar a manteiga principalmente como parte das dietas bastante pobres.
77. "Expenditure of the Working Classes in Dukinfield and Manchester in 1836 e 1841 de W. Neild, *J. Stat. Soc.* IV (1841), p. 320.
78. *The State ofthe Poor.* 6 casos. Em três são dadas as quantidades: 72,3 gramas, 129,6 gramas, 226,8 gramas (cardador de lã).
79. "Progress and Poverty in Britain 1780-1850", de A.J. Taylor (*History* XLV, 1960), p. 22, para críticas, R. M. Hartwell, 1961, loc. cit., pp. 409, 412.
80. Negligenciei isto na versão original, mas está rapidamente discutido em R.M. Hartwell. *op. cit.*
81. *Facts and Figures principally relating to Railways and Commerce,* de Samuel Salt (Londres e Manchester 1848), p. 3.

82. Harwell, *op. cit.*, p. 411.
83. Cf. *The History of Food Adulteration in Great Britain in the Nineteenth Century* de John Burnett (Londres ph.D. 1958).
84. *Food and its adulteration*, de A H Hassal (1855).
85. *The Englishman's Food*, de J. Drummond e A. Wilbraham (1939).
86. "The Industrial Revolution Reconsidered", de J U. Nef., *J. Econ. Hist.*, III (1943).
87. *Labour in the Longest Reign*, de S. Webb, Fabian Tract 75 (1897), p. 2.

APÊNDICE
PROBLEMAS DO CONSUMO DE ALIMENTOS

Quatro problemas devem ser considerados: (i) o problema teórico da mudança dos velhos para os novos tipos de dieta, (ii) o problema técnico da medida e o uso das fontes, (iii) o problema das tendências e (iv) o problema das verdadeiras quantidades consumidas. Os três serão discutidos em termos de consumo de carne.

(i) A adoção de um novo tipo de dieta não marca *a priori* nem uma melhora nem uma deterioração dos padrões de vida. A primeira opinião parece ser sustentada por alguns otimistas quanto ao pão branco, chá etc., a segunda por pessimistas como J. Kuczynski (*History of Labour Conditions*). Um novo alimento só pode ser considerado como evidência de um padrão de vida em elevação se for adotado por ser considerado superior (nutritiva ou socialmente) ao velho, e se for comprado sem sacrificar o que as pessoas consideram como necessidades. Assim, o simples fato de uma nova dieta ser nutritivamente inferior a uma velha é irrelevante, exceto para o nutricionista. Se o pão branco é adotado por ser considerado um sinal de padrão mais alto, então sua adoção deve ser considerada como um sinal de melhoria. Inversamente, se — como era geralmente sustentado no começo do século dezenove (*Village Labourer* de Hammond, pp. 124 e 125 para opiniões) — os trabalhadores se voltarem para o chá a fim de tornar tolerável uma dieta cada vez mais sombria, o aumento do hábito de tomar chá não pode provar um padrão de vida crescente. Ninguém afirmaria que os trabalhadores de Sunbury, que em 1834 viviam de "pão, batatas, um pouco de chá e açúcar" *(R. C. on Poor Laws, Parl. Papers, 1834,*

XXXVI), estavam em melhor situação só porque seis anos antes — estou presumindo que eles comiam com pão — provavelmente haviam consumido menos de todos estes alimentos novos.

O problema geral foi bem-formulado há muito tempo por Grotjahn em *Ueber Wandhungen in der Volksernaehrung* (Leipzig 1902). A industrialização leva a uma mudança — exceto durante as fomes — na dieta tradicional e nutritivamente adequada, embora monótona. Se for gasto o suficiente na nova dieta, ela pode ser igualmente boa e mais variada. Contudo, muitas vezes, somente o trabalhador bem-pago pode gastar bastante com ela, e poucos trabalhadores conhecem o suficiente inicialmente para escolher uma dieta nova adequada. (Veja as reclamações da má administração doméstica na *R. C. on Poor Laws, 1834, XXX VI, disperso.*) Daí, para rendas iguais, a velha dieta é em geral nutritivamente melhor do que a nova. Até que os trabalhadores ganhem bastante, ou que os governos tomem medidas adequadas, a industrialização tende a produzir uma população mais mal-alimentada por algum tempo. Contudo, se culparmos a dieta do começo do século dezenove, não é só porque o dietista prefere a magnífica dieta prescrita do velho North Country (ver p. ex., Review of the *Reports to the Board of Agriculture for the Northern Department* de Marshall [York 1808]), ao pão branco, batatas, chá e açúcar, mas porque a nova dieta continha menos alimentos que os ingleses consideravam como desejáveis, do que os anteriores.

(ii) É razoável, especialmente na Inglaterra, com a sua mística de comer carne, tomar o consumo de carne como critério do padrão de vida. Contudo, todas as nossas fontes têm fraquezas consideráveis.

Há as estimativas gerais nas quais Gregory King (citado na *English Social History* de Trevelyan [ed 1946, p. 276] é o primeiro a nos interessar. Elas afirmam que metade das famílias pobres no fim do século dezessete comia carne diariamente, a maior parte do restante comia-a duas vezes por semana, e só os pobres uma vez por semana. O quanto confiamos nisto depende de nossa estimativa da precisão e julgamento desse homem competente. Estimativas gerais posteriores, tais como as de Mulhall (*Dictionary of Statistics)* de 36,3 quilos por ano em 1811-30, 39,5 em 1831-50, não são baseadas em nenhum fato conhecido, uma vez que não havia censos de gado durante este período. Como veremos, elas são quase certamente altas demais.

Nosso maior corpo isolado de informações sobre o consumo de carne vem de descrições, orçamentos e algumas investigações que mal podem talvez merecer o nome de pesquisas sociais. Para o século dezoito, a evidência mais impressionante vem das setenta e tantas dietas prescritas dos asilos de velhos no *State of the Poor* de, Eden, já que a dieta dos pobres é obviamente elaborada para o tipo menos próspero e exigente de trabalhador. Sessenta destas dietas prescritas serviam carne três vezes por semana ou mais, quinze, de cinco a sete vezes por semana. Quando são dadas as quantidades, elas são algumas vezes surpreendentemente altas — 226,8 gramas por refeição por pessoa. O que os homens consideravam desejável para os trabalhadores adultos que trabalhavam duro pode ser visto das dietas da colheita (*Agriculture of Bedfordshire* (1813), p. 584, *Agriculture of Hertfordshire* (1813), p. 219, de Batchelor): carne três vezes por dia inclusive um quarto ou um terço de carne de açougue, de vaca ou carneiro diariamente. Não sabemos onde fica o consumo médio entre estes dois extremos convencionais. Não é pouco razoável presumir que ele tenha aumentado durante o século dezoito, e era bastante alto na década de 1790, quando a situação alimentar tornou-se pior: "Agora eles jantam carne de açougue, batatas e pudim" (Westmoreland, 1793, em *Review of the Reports to the Board of Agriculture for the Northern Department* de Marshall (York 1808), p. 214). É razoável também presumir que na Inglaterra, ao contrário do continente, o trabalhador que comia "comida de John Buli — pão, carne de vaca e cerveja" (*R. C. on Poor Law*, 1834, XXXVI, respostas de Warsop) não se consideraria como extremamente rico, mas como decentemente pago, ao passo que um que não pudesse comer carne regularmente se consideraria como quase miserável. (Faz-se lembrar a frase de "A Lady" — *Domestic Cookery* [1819], p. 290, aconselhando a cozinhar para os pobres: "Corte uma casca superior muito grossa de pão, e ponha-a dentro da panela onde a carne de vaca salgada está fervendo e quase pronta; a casca atrairá um pouco da gordura, e quando estiver inchada, não será um prato intragável para aqueles que raramente comem carne".)

Parece claro que após a década de 1790 o consumo de carne dos trabalhadores rurais diminuiu, como diminuiu provavelmente a criação de porcos no campo. Para o Shropshire, ambas as diminuições parecem estabelecidas ("The State of Agriculture in Shropshire, 1775-1825" de J. P. Dodd, *Trans. Shropshire Archaeological Society*, LV (1954), p. 2; *Review of Reports ...for the Western District* (1810) de Marshall, p. 242). Na década de 1830, os pastores locais e pessoas semelhantes acreditavam que, das 899 paróquias, os trabalhadores de 491 podiam viver comendo carne com os níveis de salários existentes; mas os rendimentos detalhados mostram (a) que a carne raramente significava carne de açougue e (b) que ela não era comida normalmente com regularidade ou sem quantidade. (Estes rendimentos são discutidos em "Further Notes on the Progress of the Working Classes", de R. Giffen, *J. R. Stat. Soc.* XLIX (1886), pp. 55-61, 81-9.) Na verdade, o quadro dos trabalhadores do Hampshire em 1813 comendo bacon e carne de porco no vinagre apenas, os de Berkshire bacon, parece ser razoavelmente típico (*Agriculture of Hampshire,* de Vancouver, p. 338; *Agriculture of Berkshire,* de Mavor, p. 419; *R.C. on Poor Laws,* XXXI, pergunta 14, *disperso*). A primeira estimativa de quantidades, feita em 1862, mostra que os trabalhadores rurais comeram em média 453,6 gramas por semana por adulto (6th *Report of Medical Officer to Privy Council,* 1863). É difícil acreditar que esta dieta, embora provavelmente uma melhoria sobre a do começo do século dezenove, fosse mais farta em carne do que a do fim do século dezoito, ou que os homens alimentados com ela tivessem desenvolvido o mito do rude John Buli, alimentado a carne de vaca.

Quanto às cidades, devemos esquecer as estimativas otimistas dos observadores da classe média que viam os trabalhadores comendo 2,7 quilos de carne ou por volta disso por semana (*Lectures on the Economy of Food,* 1857; *The Family Oracle of Health,* 1824 de W. Lethaby). Até o cuteleiro de Sheffield, em 1855, de Le Play, parece ter tido um consumo adulto anual de apenas 36,7 quilos, o que é consideravelmente menos (*Les Ouvriers Européens* (1855), de Le Play, p. 197). Uma estimativa para uma família de artesão em Londres, em 1841, ganhando o bom salário de 30 shillings, permite um consumo semanal *per capita* de 1,3 quilo, digamos uma ração adulta de 1,8 quilo. Ao nível de 20 shillings, este diminui para 630 gramas, ao de 15 shillings, para 450 gramas, estimativas que incidentalmente mostram a elasticidade da demanda da renda alta e o grande alcance do consumo (*The Rights of the Poor* (1841) de S.R. Bosanquet, pp. 97-8). Os dois questionários de 1834 (*Parl. Papers,* 1834, XXXVI) dão resultados não diferentes dos rurais. De algo como 57 cidades sobre as quais são dados detalhes adequados das dietas da classe trabalhadora, a carne não é mencionada em 10, o consumo é descrito como "amplo", "decente" ou "quatro ou mais vezes por semana" em seis, em algumas, termos tais como "ocasionalmente", "um pouco", "uma vez por mês" em 24, e nenhuma quantidade é mencionada para o resto, exceto para sete casos em que o consumo é descrito como "justo" ou "um ou dois dias por semana". A carne comida era normalmente mais de porco do que de açougue (isto é, bacon, porco no vinagre), embora o porco em épocas comuns e a carne de açougue nos domingos e feriados sejam algumas vezes mencionada. A resposta de Limehouse (Londres) pode fornecer uma ligação com o custo de vida: "Uma família pode sobreviver com £ 100 com carne duas vezes por semana; consistindo o passadio geral de sopa, mingau, pão, batatas, arenques e outros peixes quando baratos." Mas uma renda de quase £ 2 por semana era alta.

Os números de Neild para Manchester e Dukinfield, 1836 e 1841 (*J. Stat. Soc.* IV, p. 320) são os mais detalhados para as áreas industriais. Em 1836, a despesa média *per capita* lá ia de 2,5d. a 11,5d. por semana, estando a moda mais perto de 3d. do que de 4d. Aos preços correntes, isto dificilmente teria comprado 450 gramas. Algumas outras estimativas: os melhores da classe deprimida dos criadores de lã de Keighley (1855) comiam 567 gramas (uma família), duas famílias comiam cerca de 226 gramas por cabeça, 15, não mais do que 425 gramas, mas geralmente muito menos, ao passo que metade não comprava carne ou absolutamente não calculava o seu consumo por semana *(Report to the General Board of Health: Keighley,* 1855). Dos pobres urbanos investigados pelo Conselho Privado em 1862 (loc.cit.), 96 por cento comiam carne, sendo o consumo médio de 92 gramas por adulto, indo de 517 gramas das costureiras de luvas até 92 gramas dos tecelões de seda de Macclesfield.

Para comparação, podemos notar que em 1936-7 a classe mais pobre, aqueles que ganhavam menos de £ 2, 10s0d. por semana, comiam em média 862 gramas de carne por semana (*The People's Food* de W. Crawford e H. Broadley, pp. 177-88), ao passo que as dietas prescritas da Lei dos Pobres, recomendadas por Chadwick na década de 1830, iam de 227 a 454 gramas ("Sufficient and insufficient dietaries" de W. Guy, *J. R. Stat. Soc.* XXVI (1863, p. 253). Assim, não é pouco razoável presumir que o consumo médio urbano de carne por cabeça na primeira parte do século dezenove foi pelo menos um terço abaixo do da classe mais pobre em 1936-7, e provavelmente não muito mais do que 453 gramas, se tanto. O da carne de açougue foi obviamente muito menos.

Restam as fontes estatísticas. Estas consistem principalmente das séries de Smithfield e do Imposto de Consumo, mas também de alguns outros dados dispersos. Outras pesquisas sem dúvida virão se acrescentar a elas.

A principal fraqueza da série de Smithfield é que ela não inclui toda a carne vendida em Londres, já que negligencia a de porco, e tanto a carne de animais mortos em casa como no campo, que era vendida principalmente em Newgate. A respeito do porco, pouco sabemos, exceto que a criação urbana de porcos era quase desprezível: na área urbana de Birmingham, em 1843, só eram criados 3.375 porcos (Apêndice ao *Second Report of the Inquiry into the Stare of Large Towns. Parl. Papers* 1845, XVIII, p. 134). Os outros tipos de carne de animais mortos em casa quase certamente diminuíram. Na verdade, algum consumo de carne indicado pelos números do mercado pode ser devido a uma transferência da carne de animais mortos em casa para o açougue, como, me diz o Dr. Pollard, teve lugar em Sheffield. Nossa ignorância sobre a morte em casa dá, assim, aos nossos números, como que uma tendência para cima.

Não temos nenhuma estimativa quantitativa para carne de animais mortos no campo antes do fim da década de 1840 (*Report of the Commissioners... relating to Smithfield Market, Parl. Papers* 1850, XXXI: *The Food of London* (1856) de G. Dodd, p. 273). Mas, pelos motivos que se seguem, não acredito que isso invalide os números de Smithfield, que foram certamente considerados como representativos do meio da década de 1830. (*On the condition of the agricultural classes of Great Britain and Ireland.* Com extratos dos documentos parlamentares e evidências de 1833 a 1840, e comentários pelo editor francês, publicado em Viena. Com um prefácio de Henry Drummond, Esq.1842, vol. II, p. 259.)

Fornecimentos de carne de animais mortos na Escócia por vapor para Londres já são notados no meio da década de 1830, sendo o tempo do transporte de cerca de dois dias (*London as it is,* de John Hogg, Londres, 1837, p. 273; *The Englishman's Food,* de Drummond e Wilbraham, 1939, pp. 262-3). Talvez possamos tomar o meio da década de 1820 como a data em que esta forma de transporte tornou-se economicamente importante. Mas embora esta fonte de suprimento claramente não fosse mais desprezível, exceto no verão, não conheço nenhuma sugestão das fontes contemporâneas de que ele fosse de forma alguma suficientemente grande para preencher a lacuna entre a população e a carne que existia nesta década. As estradas de ferro, naturalmente, fizeram uma diferença ainda maior tanto para o suprimento de carne de animais mortos no campo como de carne viva, especialmente dos Condados Metropolitanos, que haviam enviado previamente carcaças de carne para a cidade, sendo que o principal aumento de carne morta vinha agora de mais longe (*Smithfield Commission*, p. 795, 892-3). Mas em 1842 isso claramente ainda não havia afetado muito os suprimentos (*London*, ed. C. Knight (1842) II, p. 322; ver também a evidência de R. Moseley para a Estrada de Ferro dos Condados Orientais na *Smithfield Commission*, p. 1871). O aumento realmente drástico de carne ou transporte de gado por estrada de ferro parece ter aparecido no meio da década de 1840, como ilustra a tabela seguinte para o tráfego do gado em pé na Grand Junction Railway de Liverpool (um porto importante para o tráfego irlandês). (Fonte: *Facts and Figures, principally relating to railways and commerce*, de Samuel Salt, Londres e Manchester 1848, p. 57):

Ano	Gado	Número de Porcos (aproxim. milhares)	Carneiro
1839	43	57.000	–
1840	–	66.000	–
1841	322	66.000	–
1842	4.086	98.000	–
1843	7.197	142.000	–
1844	6.789	132.000	–
1845	23.682	234.000	55.000
1846	53.586	327.000	104.162

Podemos portanto admitir que as estradas de ferro não perturbaram seriamente o quadro até depois da depressão de 1842. Esta opinião é reforçada pelo movimento dos preços do mercado da carne em Londres para a década de 1840 (*Parl. Papers* 1850, III, pp. 310 ss.). Estes mostram os animais mais baratos vendidos (por Stone*) a 3s. 1d. a 3s. 4,5d. em 1840-2, e que depois disso caíram marcadamente, mantendo uma média de cerca de 2s. 8d. pelo resto da década de 1840, exceto durante os anos maus de 1847-8. (O preço do carneiro, contudo, não mostra tal queda, embora o preço da vitela mostre, inclusive a partir de 1842.)

Por outro lado, em períodos anteriores houve uma diminuição marcada da carne morta. Ela quase caiu para a metade, de 1818 a 1830 (*Smithfield*

---

* Peso equivalente a 14 libras ou 6,35 quilos. (*N. do T.*)

Commission, p. 892). Podemos admitir que isto compensasse os novos suprimentos possíveis de carne morta por vapor neste período, mesmo que isso não inclua estes suprimentos.

Há dúvidas se mesmo em 1850 Smithfield tenha perdido muito terreno para os outros mercados. Em todo caso, apesar da considerável pressão, as testemunhas diante da Comissão Smithfield não estavam dispostas a dizer que tinha (p. 250 ss., 1.105). No máximo podemos, portanto, sustentar que os números de Smithfield minimizam cada vez mais o número de carneiros disponíveis em Londres, já que a venda de carneiro morto passou para Newgate (*Report,* p. 17), opinião essa que é apoiada pela tendência das vendas de carneiro de Smithfield ficarem para trás nos três meses em que as vendas de carne morta foram mais animadas — dezembro a fevereiro (p. 1866). Por motivos óbvios, a carne morta dificilmente podia ser trazida para o mercado no verão.

Podemos assim concluir — no estado atual do nosso conhecimento — (a) que a série de carneiros pode ser um tanto afetada; (b) que a série de carne de vaca não é realmente afetada; (c) que inversamente a negligência da carne morta introduz uma tendência otimista entre 1818 e 1830; e (d) que o efeito distorcivo dos novos métodos de transporte ou fontes de suprimento não tem probabilidade de ser muito grande até o começo da década de 1840, quando o consumo *per capita* de qualquer maneira estava começando a aumentar. De maneira geral, portanto, a série de Smithfield pode ser usada para Londres sem hesitação demasiada. Desde a publicação original deste documento ela tem sido assim usada cada vez mais (*Abstract of British Historical Statistics* (1962) de B.R. Mitchell e Phyllis Deane, p. 341).

Tem sido alegado que estes números são afetados por um suposto aumento do tamanho médio dos animais vendidos em Smithfield. Não há nenhuma evidência disto. A estimativa para o peso da carcaça contemporânea de carne de vaca que temos são de 303 quilos para 1821, 286 para 1836 (outra estimativa para esta data é de 297 quilos) e de 290 quilos para 1842. Isto é, grosseiramente, da ordem de 272 — 317 quilos que a Marinha fixou como o tamanho dos animais a serem comprados para salga no fim do século dezoito (*Select Commitee on the Depressed State of Agriculture, Parl. Papers* 1821, IX, p. 267; *General Statistics of the British Empire* (1836); *On the condition of the agricultural classes...* (1842) de H. Drummond, II, p. 261, citando Youatt; C. Knight, *op. cit.,* II, p. 325; *British Economic Growth* 1688-1959 (1962) de Phyllis Deane e W.A. Cole, pp. 69-70, citando Beveridge). O quadro geral portanto poderia parecer de algum aumento do tamanho dos animais no século dezoito, que Deane e Cole estimam em cerca de 25 por cento, mas nenhum aumento importante em nosso período. Do começo da década de 1840 em diante pode bem ser que o aumento seja mais importante.

Resta-nos a grande e irrespondível pergunta: até que ponto a série de Smithfield é representativa das tendências gerais? Não podemos presumir que seja, mas infelizmente, após 1825, não temos nenhum número que possa ser usado nacionalmente, e nenhuma série que possa sequer ser usada regionalmente. Nossa fonte nacional mais importante é o Imposto de Consumo sobre couros e peles, que foi aceito como indicador potencial dos suprimentos de carne por Deane e Cole, seguindo o seu uso para este fim na versão original deste capítulo.

A questão principal quanto à série do Imposto de Consumo — que para em 1825 — é até que ponto afinal ela pode ser usada como índice do consumo de carne? Tudo que se pode dizer é que ela foi usada como tal desde 1821 (*S. C. on the Depressed State of Agriculture, Parl. Papers*, 1821, IX). Infelizmente, só as séries nacionais estão disponíveis para períodos mais longos, exceto para um único que distinguia entre a produção de Londres e das Country Collections (*Biblioteca da Customs House*). Algumas das séries nacionais estão também à disposição na *S. C. on Agriculture, Parl. Papers*, 1833, V, p. 628; *Parl. Papers*, 1830, XXV, p. 61; 1851-2, XXXIV, p. 503, e nas *Statistical Illustrations of the British Empire* (1825), pp. 68-9. Para os problemas destas séries, ver *Growth and Fluctuations of the British Economy*, de Gayer, Rostow e Schwartz, II, p. 720. Os números para as Country Collections individuais devem ter existido em certa ocasião, porque eles são usados na *S. C. on the Depressed State of Agriculture*, 1821, mas o único que parece sobreviver na Biblioteca Customs é um Sumário das Contas dos Coletores Rurais para Direitos Consolidados no Imposto de Consumo de 5 jan. 1826 até 5 jan. 1827, que dá apenas uma comparação estática das ordens de grandeza. Estes impostos de consumo têm a vantagem de que a taxa para todas, exceto velino e pergaminho e algumas peles raras (alce, gamo, veado), permaneceu completamente inalterada para todo o período, exceto para o período de 1812-22, quando foram dobradas. Elas eram normalmente taxadas pelo peso em libras, de forma que — pelo menos até certo ponto — compensam as mudanças de tamanho dos animais. Daí as receitas reais poderem ser usadas como índice da produção, embora se dividirmos a receita em 1812-22 por dois, o resultado ser bastante mais baixo do que o resto da curva justifica, presumivelmente devido a uma quantidade maior de evasão. A fim de evitar as complicações que surgem quando se procura reunir séries representando, digamos, carneiros ou gado bovino dentre as peles surradas, curtidas ou preparadas em óleo, em suas várias subvariedades, tenho confiado na produção bruta das coleções, embora isto também inclua peles de outros animais, e sendo assim bastante mais grosseiras do que é desejável.*

Os números da produção bruta anual para Londres e o Campo estão impressos no verso da Tabela A como porcentagens de 1801, indo o ano fiscal de 5 de julho até 5 de julho.

Veremos que a receita de Londres não mostrou nenhum sinal de aumento absoluto até 1810. Parece pouco provável que o consumo de carne medida nesta base tenha se recuperado até qualquer coisa parecida com o nível de 1800 em 1820, mesmo compensando pela minimização das séries, mas o surto econômico do começo da década de 1820 foi marcante. As séries não são incompatíveis com os números de Smithfleld. As províncias estavam claramente em melhores condições — ou pelo menos ficavam menos para trás —, exceto nos anos bastante maus de 1815-21.

Os números locais verdadeiros, tal como dados na Comissão de 1821, demonstram, acima de tudo, a notável elasticidade da renda da demanda para a carne. Assim, entre 1818 e 1820, as matanças de Birmingham caíram de 29 por cento. As de Walsall de 38 por cento, as de Dudley de 29 por cento, as de Leeds de 19 por cento, as de Liverpool de 18 por cento, mas as de Manchester só de 13 por cento e de Sheffield de 12 por cento. Inversamente, a matança de vitelas em Liverpool subiu cerca de 25 por cento em 1803-5, a de carne de vaca de 37 por cento (1814-17), de 26 por cento em Manchester no mesmo período. A depressão de 1842 mostra igualmente quedas abruptas. No comércio de lã de Yorkshire estimou-se que o consumo de carne e gêneros reduziu-se à metade desde 1835-6, em Kendall, que ele tenha caído de um terço, em Rochdale que tenha ficado na metade de 1837 (*Report of Statistical Committee of the Anti-Corn Law League*, pp. 18, 28, 33).

Esta última estimativa parece modesta, já que C. Knight (op. cit., II, p. 325) dá os números das matanças de Rochdate como 180 bois por semana em 1836, 65-70 em 1841. O movimento total de 14 magarefes de Manchester caiu de £ 27.800 em 1839 para £ 17.200 em 1841 (*Distress in Manchester...* de J. Adshead, Londres 1842, p. 55).

---

* Produção bruta é o que os coletores cobravam. As contas são elaboradas da maneira antiga, o "Débito" diante do "Crédito".

Tabela A. Receita bruta do Imposto de Consumo sobre Peles e Couros 1796-1826 como porcentagens de 1801

Ano	Londres	Campo	Ano	Londres	Campo
1796-7	87	96	1811-2	126	128
1797-8	89	96	1812-3*	97	117
1798-9	94	92	1813-4	106	119
1799-1800	103	96	1814-5	110	120
1800-1	100	100	1815-6	100	106
1801-2	94	100	1816-7	97	106
1802-3	89	99	1817-8	108	111
1803-4	87	100	1818-9	116	111
1804-5	90	106	1819-20	110	106
1805-6	87	111	1820-1	113	106
1806-7	84	113	1821-2	108	101
1807-8	84	114	1822-3**	142	123
1808-9	94	119	1823-4	142	129
1809-10	90	122	1824-5	150	135
1810-11	107	122	1825-6***	137	133

As comparações por década só são possíveis para Liverpool e Manchester no período de 1801-20, e mostram um declínio do consumo *per capita* em Liverpool e um aumento provável em Manchester. Veja a Tabela B:

Todos os dados fornecidos na *S. C. on the Depressed State of Agriculture* (1828, pp. 243-4, 265-7) estão tabulados no verso da Tabela C.

Para Birmingham, os números para 1818 são 127,91 e 582; para 1819, 104, 93 e 470; para 1820, 91, 90 e 388. Pode-se observar que a depressão de 1815-16 parece não afetar a matança de vacas em qualquer das quatro cidades, e a carne de vitela apenas em uma. Só a carne de carneiro é consistentemente afetada. Isto é surpreendente, já que devíamos normalmente esperar que a carne mais barata fosse menos sensível a essas flutuações.

---

* Novos direitos: os números representam a metade da sua produção. Compensam a evasão maior!

** Volta aos velhos direitos.

*** Os números anuais representam a produção de meio ano multiplicado por dois.

Tabela B

	Liverpool	Manchester
Aumento percentual da população de 1811-20 sobre a de 1801-11	22	25
Aumento percentual da matança média anual de *carne de vaca,* mesmos períodos	18	29
Aumento percentual de *carne de vitela*	0	20
Aumento percentual de *carne de carneiro*	12	25

Algumas estimativas individuais estão também à disposição para Dundee e Glasgow, 1833 (na M'Queen, op. cit.), Wolverhampton, Liverpool, Manchester, Glasgow, Newcastle para 1848-50 (em Braithwaite Poole, op. cit.). Para Glasgow, estas mostram um aumento de 25 por cento na carne de vaca, uma diminuição de 60 por cento na de vitela e de 10 por cento na carne de carneiro. Há também números para matanças semanais comparativas em Leeds; 1835-6, 2.450 animais, e em 1841, 1.800 animais; e em Rochdale, 180 bois por semana em 1836, 65-70, em 1841 (C. Knight. op. cit., p. 325). Não sei quais são as fontes para estes números.

A questão da mudança do tamanho dos animais ainda não foi discutida. Tudo que se pode dizer é que em Londres o consumo de carne de vaca deve ter diminuído, a menos que o peso médio da carcaça de gado bovino tenha aumentado pelo menos 40 por cento entre 1801 e 1841, o dos carneiros, pelo menos 15 por cento. Mesmo que o peso médio de ambas tenha subido 25 por cento ou coisa parecida, uma diminuição ainda é provável.

Todos estes números são globais; isto é, eles não distinguem o consumo da classe trabalhadora do resto, ou o consumo das diferentes camadas dos pobres que trabalham. Isto significa que estão sujeitos a erros de interpretação do lado otimista, porque as mudanças do consumo de carne pela seção relativamente pequena da população que comia muita carne têm um peso desproporcionadamente forte. As possibilidades de erro inerentes a esses números podem ser avaliadas pelo seguinte exemplo. O *Report of the Statistical Committee appointed by the Anti-Corn Law Conference,* realizada em Londres de 8 a 12 de março de 1842 (Londres, sem data), p. 18, estima que em Leeds o consumo diminuiu 25 por cento desde 1835-6; mas já que o consumo das classes mais favorecidas não havia diminuído, ela estimou a redução do consumo da classe trabalhadora em 50 por cento.

Tabela C. Número de couros inspecionados (em centenas) em vários centros, 1801-20

	Liverpool			Manchester			Sheffield			Leeds		
Data	Gado	Vitela	Carneiro	Gado	Vitela	Carneiro	Gado	Vitela	Carneiro	Gado	Vitela	Carneiro
1801	105	133	681	105	124	569						
1802	95	158	670	114	145	571						
1803	85	128	593	100	132	481						
1804	86	150	584	93	127	589						
1805	94	169	606	124	98	576						
1806	95	170	670	109	120	696						
1807	96	188	582	102	130	770						
1808	103	187	598	116	107	503						
1809	112	192	687	117	109	512						
1810	109	180	679	121	132	602						
1811	100	180	633	111	130	604						
1812	100	168	588	106	122	414	35	45	310			
1813	104	168	614	126	128	717	35	40	390			
1814	105	147	698	132	124	760	39	40	300			
1815	118	170	788	151	143	827	45	50	324	39	56	526
1816	120	148	736	163	164	730	53	58	320	45	68	521
1817	144	179	817	166	167	822	50	51	311	45	62	550
1818	133	171	766	165	162	845	54	39	301	50	54	560
1819	122	170	706	161	160	837	55	43	318	50	50	530
1820	110	166	700	145	170	835	44	43	274	44	56	490

6

A História e "As Satânicas Fábricas Escuras"

DURANTE A MAIOR PARTE dos últimos cento e cinquenta anos, o debate sobre como eram as condições sociais no começo do capitalismo industrial foi bastante parcial. A maioria do povo inglês na primeira metade do século dezenove estava convencida de que a chegada do capitalismo industrial havia trazido para ela privações pavorosas, que ela havia entrado numa era desoladora e cruel. Da mesma forma a maioria dos observadores habilitados e instruídos. Os economistas presumiram que as condições dos trabalhadores pobres deviam ser bastante miseráveis: grande parte da teoria deles tinha por fim mostrar por que isto era inevitável. (Afinal de contas, considere a notória teoria da população de Robert Malthus, no sentido de que a população devia crescer mais depressa do que os meios de subsistência, de forma que os pobres deviam estar praticamente à beira da subsistência ou da fome. Ninguém aplica esta teoria à Inglaterra hoje, pelo simples motivo de que a classe trabalhadora inglesa não está obviamente à beira da fome. Por outro lado essas teorias *são* aplicadas, mesmo hoje, a países como a Índia, onde o grosso da população é desesperadamente pobre. As teorias que explicam, certa ou erradamente, por que a semi-inanição é inevitável só parecem plausíveis, mesmo para aqueles que as elaboram, quando há semi-inanição a ser explicada.) Os estatísticos e os investigadores sociais não tiveram nenhuma dificuldade em mostrar que o poder produtivo e o comércio da Inglaterra estavam aumentando aos saltos; mas embora alguns dos mais loucamente entusiasmados deles tentassem provar que as condições do povo haviam também melhorado, eles acharam isso muito mais difícil, de qualquer modo, até o meio da década de 1840. Na verdade, a opinião da maioria estava contra eles. Um carregamento completo de livros azuis, panfletos, jornais e outras literaturas foi publicado sobre os problemas sociais. Poucos que tenham lido muito desses escritos saem com alguma impressão a não ser de considerável depressão. Tão poucos argumentos havia sobre o horror geral da situação entre as massas trabalhadoras nesse período, que historiadores subsequentes de todos os matizes de opinião política estavam geralmente de acordo sobre ela. Conservadores, liberais e fabianos rejeitaram Marx e Engels em outros sentidos, mas o relato de Engels da Inglaterra em 1844 e as descrições de Marx das condições sociais do século dezenove eram substancialmente aceitas como padrão. Muitas pessoas aceitaram as evidências de Marx e Engels, embora discordassem de suas análises e conclusões. Até o fim da Primeira Guerra Mundial não houve realmente nenhuma discussão sobre o assunto, a não ser a respeito de detalhes secundários. Como pode ser visto no capítulo 13 deste livro, poucos estudiosos sérios puderam fazer mais do que descobrir alguns revestimentos de prata numa nuvem muito grande e muito preta.

Os historiadores que quiseram adotar uma posição diferente — e nos últimos trinta ou quarenta anos eles foram muito influentes — tiveram uma tarefa muito difícil em mãos. Este capítulo se propõe a discutir algumas das maneiras pelas quais eles tentaram enfrentá-la. Acontece que um exemplo particularmente flagrante dessa atribuição de falsa aparência do começo da Inglaterra industrial tinha acabado de ser publicado: a nova edição da *Condition of the Working Class in England* de Engels, por dois pesquisadores da Universidade de Manchester, W. H. Chaloner e W. O. Henderson. Contudo, eles não estão sós em seus métodos, embora felizmente os historiadores que partilham suas opiniões estejam agora perdendo influência. Além do mais, os leitores que não são historiadores podem também achar útil estudar algumas das maneiras pelas quais as pessoas tentam argumentar que o preto é branco, ou pelo menos que ele não é preto, ou provavelmente se o for, a culpa não é de ninguém.

A escola jovial de historiadores sobre o começo da Inglaterra industrial tem que explicar uma massa de fatos muito inconvenientes: a opinião majoritária dos observadores e estudantes contemporâneos, o enorme peso da documentação sobre as horríveis condições sociais e econômicas da população trabalhadora na primeira metade do século dezenove e, naturalmente, o maciço descontentamento dos trabalhadores pobres, que irrompiam, repetidas vezes, em vastos movimentos de radicalismo, sindicalismo revolucionário, Cartismo, em tumultos e tentativas de levantes armados.

A maneira mais simples de fazer isso é alegar que todos os contemporâneos estavam enganados, porque as estatísticas mostram que as coisas estavam melhores do que antes, e melhorando o tempo todo, ou quase o tempo todo. "Eu estava tendo num trabalho o outro dia", disse um personagem do romance melancólico de Disraeli *Sybil* (1845), "que as estatísticas provaram que as condições gerais do povo eram muito melhores neste momento do que em qualquer período conhecido da história": o argumento estatístico tem sido há muito tempo a âncora-mestra dos otimistas neste campo de estudos. Contudo, não foi senão há cerca de trinta e cinco anos que um estudioso americano, o Professor Silberling, achou que havia descoberto uma base estatística firme para a opinião de que o padrão de vida estava subindo neste período, e durante uma geração a escola jovial atrelou sua fé principalmente a ele. Ele elaborou um índice de salários em dinheiro e do custo de vida para a primeira metade do século dezenove e, combinando ambos, chegou à conclusão de que os salários reais da classe trabalhadora haviam subido. Obviamente, se ele estiver certo, todas as outras evidências eram pelo menos parcialmente irrelevantes. Se elas diziam que as coisas eram pretas, ou estavam até ficando mais pretas, *deviam* ser pouco representativas ou estar enganadas. Tudo que restava era explicar por que uma ilusão tão generalizada foi adiante. Infelizmente, durante os últimos dez anos o índice de Silberling foi desacreditado. Em primeiro lugar mostrou-se que simplesmente não sabemos o suficiente para elaborar essas séries realisticamente. Conhecemos os níveis de salários em dinheiro de muitos trabalhadores (geralmente capacitados) em níveis por tempo, e uma porção de níveis por peça, que não são, naturalmente, muito úteis por si mesmos. Não conhecemos quase nada do que as pessoas ganhavam realmente. Quantas horas extras ou inferiores à jornada diária elas trabalhavam? Quantas vezes elas ficavam desempregadas e por quanto tempo? Quem sabe? Quanto ao índice do custo de vida, ele é igualmente vacilante, baseando-se em grande parte em palpites. De qualquer maneira, sabemos pela experiência moderna como os índices de custo de vida podem ser cheios de armadilhas em nossa própria época, quando são feitos esforços consideráveis para recolher estatísticas especificamente para sua compilação. O que é mais, podemos realmente pegar os estatísticos em descuido. Por exemplo, eles alegam que o custo de vida caiu fortemente após as guerras napoleônicas, de forma que as pessoas ficaram em melhores condições. Mas por acaso os verdadeiros preços no varejo pagos nas lojas de algumas cidades do Lancashire em 1830 foram descobertos, e estes mostram que os comerciantes do Lancashire pagavam mais ou menos a mesma coisa que em 1790. Novamente, as séries estatísticas alegam que os artesãos de Londres melhoraram sua posição muito rapidamente entre 1810 e 1820. Pode ser que sim, mas acontece que sabemos, por outras fontes, que o consumo de carne por cabeça da população de Londres caiu notavelmente neste período, isto é, os londrinos em geral não puderam comprar mais carne. Um terceiro exemplo é ainda mais revelador. O falecido Sir John Clapham, fundador da escola "jovial", censurou R. W. Postgate em termos muito profissionais, por que este alegou, com base em outras evidências, que os construtores na década de 1830 estavam sofrendo muito. As estatísticas não mostravam que seus salários em dinheiro estavam subindo, e que eles eram (como é absolutamente verdadeiro) bastante bem-pagos?

Mostravam. Mas acontece que para o ofício de construção temos também realmente alguma ideia do desemprego; e as estatísticas (indiretas) para ela mostram que o começo da década de 1830 foi um período de profunda depressão para o ofício de construtor. Evidentemente, havia uma massa de construtores desempregada. (Não havia, naturalmente, nenhum auxílio-desemprego então.) Nada é mais natural do que muitos deles estarem em farrapos e esfomeados, e que, como sabemos, esta profissão normalmente capacitada e bem-paga se tornar extremamente descontente e radical.

A tentativa de provar estatisticamente que o começo do capitalismo deixou o povo em melhores condições financeiras falhara, por enquanto. O Professor Silberling foi calmamente descartado. Os historiadores joviais são deixados com a massa de evidências, que permanece sombria. O que podem eles fazer? Podem tentar desacreditá-la, e a nova edição de Engels é um exemplo particularmente bom de como eles fizeram isso. Agora há uma técnica acadêmica bem conhecida e venerável para provar que, digamos, o deserto não é seco e estéril. O crítico acentua que ele não é verdadeiramente sem água e sem vida. Há poços nele e torrentes ocasionais temporárias, e algumas vezes chove. Camelos e beduínos, e vários animais, descendo até moscas e mosquitos, vivem em muitas partes dele, bem como as plantas, algumas vezes em profusão. Nem é ele tampouco composto todo de areia. Portanto, constitui um exagero louco e pouco erudito dizer que o deserto é seco e estéril, e embora o verdadeiro estudioso não questione os motivos das outras pessoas ("Está longe de ser fácil provar o motivo que inspira os atos praticados por qualquer homem", como dizem os Drs. Chaloner e Henderson quando atacam Engels por lançar dúvidas nos motivos dos capitalistas), está bastante claro que aqueles que dizem isso são pouco eruditos ou provavelmente movidos por um preconceito contra os desertos. Admitidamente há uma porção de evidências de que muitas pessoas consideram os desertos a esta luz, mas elas deviam ser mais espertas. Este método é extraordinariamente útil:

foi útil, por exemplo, para provar que nunca houve coisas tais como revoluções (inclusive a Revolução Industrial). Um historiador realista disse certa vez que é possível definir assim a agricultura de subsistência como para provar que ela nunca existiu em parte alguma, e o mesmo vale para os desertos, as revoluções, a pobreza — capitalismo crescente ou decrescente, ou o que quer que escolhamos. O único problema é que, se o estudioso se encontrasse realmente num deserto, não seria ajudado pela prova de que este, estritamente falando, não existisse, ou se existisse, não seria tão seco e estéril como muitas vezes se dizia. Felizmente, para eles próprios, os historiadores do começo da era industrial inglesa, tendo provado por estes meios, p. ex., que a "Década Esfomeada de Quarenta" está maldenominada (como o Dr. Chaloner tentou fazer um panfleto da Associação Histórica), não se verão eles próprios, na situação de um trabalhador inglês ou irlandês desse período.

Os historiadores joviais tentaram sistematicamente desacreditar desta maneira a evidência contemporânea. O fato de os Drs. Charloner e Henderson terem se concentrado em Engels é devido ao fato de que o seu livro sobre as condições da classe trabalhadora era a *única* obra contemporânea importante que tentava tratar da classe trabalhadora como um todo, de que foi impressa consistentemente, e é geralmente considerada (e com razão) pelos historiadores não marxistas como "um relato digno de confiança que eles podem recomendar com segurança aos seus alunos" (p. xix). Mas vale a pena lembrar que tentativas semelhantes têm sido feitas para desacreditar outros observadores contemporâneos e os Relatórios Parlamentares, por exemplo, o do Professor W. Hutt no volume *Capitalism and the Historians (1954)* editado pelo Professor F. A. Hayes, autor de *Road to Serfdom*, livro esse que francamente parte em defesa do bom nome do capitalismo contra os historiadores.

A primeira e mais simples maneira de fazer isso é acentuar os deslizes e erros secundários de Engels, que são muito numerosos. É surpreendente como se pode fazer um livro parecer suspeito arrolando sistematicamente todos os erros de transcrição e semelhantes: até examinarmos a natureza destes erros. Ser mostrado página após página que Engels não citou textualmente seus livros-azuis, que ele escreveu "16 anos" quando a fonte diz "17", que ele disse que uma amostra de crianças foi tirada de uma Escola Dominical, embora fossem duas, e assim por diante, naturalmente mina a confiança do leitor. Mas isso prova apenas que quem quer que deseje citar livros-azuis textualmente deve ir às fontes originais e não tirar as citações de Engels; *não* que o relato de Engels seja indigno de confiança. Na verdade, os casos concretos em que Engels resvala ou alegam que o preconceito o levou a dar uma impressão errada ou enganadora dos fatos, podem ser contados nos dedos das duas mãos, e algumas das acusações estão erradas. Este não é o local para examiná-las em detalhe, mas vale a pena mencionar as duas que um crítico do *Sunday Times* recolheu como exemplos particularmente maus do seu "embuste". O primeiro é "um relato sensacional da taxa de natalidade ilegítima entre as operárias numa fábrica em particular (a qual) verificou-se referir-se não a 1840 mas a 1801"; o segundo, "um relato sombrio das condições sanitárias de Edinburgh (que se apoia) num artigo escrito em 1818".

Quanto ao primeiro caso, Engels não diz que ela teve lugar em 1840. No decorrer da análise dos efeitos sociais do excesso de trabalho e do trabalho noturno, ele cita o caso (relatado na Comissão de Pesquisa de Fábricas de 1833) de uma fábrica que no passado introduzira turnos noturnos de doze horas, que desmoralizaram tanto os trabalhadores — a taxa de ilegitimidade dobrou durante os dois anos em que o sistema funcionou — que tiveram que ser abandonados. Acontece, como os Drs. Chaloner e Henderson acentuam, que este caso ocorreu em 1801; também que a testemunha que o comunicou afirmou que o trabalho noturno só havia sido introduzido porque uma fábrica havia se incendiado e os donos dobraram os turnos em outra para manter os trabalhadores empregados. (Sem dúvida eles não pensaram absolutamente em seus próprios lucros.)

Mas isto não é nem aqui nem lá. Se um homem diz: "quando os soldados são mantidos em parada por muito tempo, alguns deles podem desmaiar; posso dar-lhe um exemplo concreto onde isto certa vez aconteceu", a validade da afirmação não é afetada afirmando que isso aconteceu há muito mais tempo do que se podia pensar, ou de que eles foram mantidos na parada pelo melhor dos motivos. Engels podia ser atacado se dissesse "A imoralidade está aumentando aos saltos ultimamente; como testemunha este caso" que então verificou-se referir-se há quarenta anos. Mas ele não diz isto.

O segundo exemplo é ainda mais esclarecedor, porque Engels não baseia-o absolutamente seu relato justificadamente sombrio das condições de moradia em Edinburgh num artigo publicado em 1818. Baseia-o em relatos datados respectivamente de 1836, sem data (1818), 1842 e 1843, o que é bastante contemporâneo para 1844. (Por que não devia ele usar um artigo de 1818 se este confirma, como afirma Engels, a evidência de 1836, 1842 e 1843? Os Drs. Chaloner e Henderson não pretendem que o artigo de 1818 dê uma impressão errada das condições posteriores de moradia.) Há, realmente, como os editores indicam, um engano neste relato. Duas frases, presumivelmente tiradas do relatório de 1842, se referem não a Edinburgh mas a Tranent, embora este relatório contenha também uma descrição das favelas de Edinburgh. Os Drs. Chaloner e Henderson não sugerem que os pequenos trechos sobre Edinburgh que Engels não cita — supostamente por um deslize — deem uma impressão melhor dessa cidade do que as fontes que ele cita. Em outras palavras: não há nenhuma evidência aqui de que Engels tenha "topado", e nenhuma evidência de que o seu relato dê uma impressão errada do que dizem suas fontes, ou da realidade.

A segunda maneira de desacreditar Engels é alegar que as fontes que ele usa são pouco representativas ou seletivas. Este é um método bem conhecido de lançar dúvida sobre a evidência contemporânea das más condições sociais. Ele se dá grosseiramente como se segue: "Estes livros-azuis (ou livros, panfletos ou artigos) não eram pesquisas desinteressadas da verdade. Eles foram compilados por reformadores, apaixonadamente ansiosos em desacreditar o capitalismo.) Portanto, escolheram os piores casos, porque estes causariam maior indignação pública. Não se segue que as coisas eram em geral absolutamente tão más." Um bom exemplo disto é o tratamento dos Drs. Chaloner e Henderson das famosas (ou melhor infames*) mulheres nas minas: "O relato de Engels da mineração de carvão na Inglaterra na década de 1840 pode dar aos leitores a impressão de que as mulheres e as crianças trabalhavam sob a terra em todos os distritos carvoeiros. Na realidade, nesta ocasião, o emprego das mulheres estava virtualmente limitado às minas do West Riding, Lancashire, Cheshire, Escócia e Gales do Sul", e eles acrescentam: "o número de trabalhadoras envolvidas era bastante pequeno. Em 1841 cerca de 6 mil mulheres e meninas empregadas sob a terra e na boca do poço em *todos os tipos* de minas da Inglaterra. Nas *minas de carvão*, 1.185 mulheres acima de 20 anos, e 1.165 mulheres abaixo dessa idade estavam empregadas sob a terra e na boca dos poços" (p. xxv). Eles acrescentam também que Engels disse que a Lei de 1842 proibindo o emprego de mulheres e crianças sob a terra era virtualmente letra morta, já que nenhum inspetor havia sido nomeado em virtude dela: mas ele estava errado. Havia sido nomeado um instrutor.

A natureza deste procedimento pode ser ilustrada aplicando-o a algum outro tópico. O argumento seria então como se segue: "(a) as pessoas disseram que há um problema de vício de drogas, mas na realidade há apenas 6.000 viciados dos quais não mais de 2.400 tomam realmente morfina; (b) sugeriu-se que este é um problema geral, mas ele realmente só ocorre em todas as cidades importantes, exceto Newcastle e Birmingham. Afinal de contas, não vamos perder nossas cabeças e começar a fazer acusações malucas contra os traficantes de drogas". Quanto a se o único inspetor pela Lei de

---

* Aqui há um trocadilho intraduzível: *famous* = famosas e *infamous* = infames. (*N. do T.*)

1842 tinha probabilidade de ter feito muita diferença em 1844, precisamos apenas citar um inspetor posterior para apenas um distrito mineiro, no sentido de que levaria de 4 a 5 anos para inspecionar uma vez todas as minas do seu distrito. Resta simplesmente acrescentar que Engels, tão longe de sugerir que o número de mulheres nas minas era maior do que era, realmente reimprimiu a tabela detalhada contendo as estatísticas citadas acima (p. 274).

Numa palavra, este método de tentar desacreditar a evidência contemporânea baseia-se em dois tipos de cegueira. Constitui cegueira não ver que homens bons podem ficar legitimamente ultrajados mesmo por 6 mil desgraçadas miseráveis (como Blake escreveu: "Um cão esfomeado no portão do seu dono, faz prever a ruína do Estado.") Constitui cegueira ainda maior não ver o abuso geral por trás dos exemplos excepcionais que os reformadores e os revolucionários muitas vezes (mas de maneira alguma sempre) usam para levantar a opinião pública contra ele. O historiador do século vinte e um que lance dúvidas sobre as privações dos velhos aposentados, porque descobre que uma porção deles não são tão miseráveis como alguns dos casos citados pelos que fazem campanhas por melhores pensões, será um tolo. O historiador que faça o mesmo pelos sofrimentos que provocaram uma classe dominante não notável por seu coração mole em relação aos pobres a produzir uma montanha de evidências sobre suas privações e a reconhecer a necessidade de reformá-las, não é mais sábio. Se, além disso, ele usa os mesmos métodos para defender os capitalistas cujos críticos ele acusa de usar contra eles, é triplamente cego.

Mas isto é exatamente o que os Drs. Chaloner e Henderson, e outros autores da mesma escola, fazem. Eles culpam Engels, por exemplo, que fornece um relato bem conhecido dos sofrimentos das costureiras, por não mencionar que "as condições desesperadas destas moças infelizes receberam muita publicidade dos jornais, e a situação delas havia atraído a simpatia pública", e por deixar de citar o caso (contado no *Northern Star*) em que uma magistrada havia tido piedade de uma destas moças (p. xxiv). "Isto dificilmente parece", dizem eles, "como se as classes médias fossem totalmente indiferentes aos sofrimentos das costureiras." O fato é que isso não parece absolutamente nada, a não ser um magistrado isolado que teve pena de uma moça. Embora típico, o que os Drs. Chaloner e Henderson não sugerem que fosse, ele não discute que nada efetivo foi feito pelas moças. Resta apenas acrescentar (a) que os editores não contestam absolutamente a descrição de Engels dessa situação, e (b) que Engels *não* deixa de mencionar o clamor público, já que observa que no começo de 1844 "a imprensa estava cheia de histórias das dificuldades entre as costureiras", e dedica uma longa nota de rodapé à "Canção da Camisa", de Thomas Hood, a qual, como ele nota, apareceu no *Punch* (pp. 239-40). Acho que não precisamos perder muito tempo com outras ilustrações das tentativas do editor para aplicar uma falsa aparência.

O terceiro método de desacreditar a evidência contemporânea consiste em alegar que ela é parcial contra os capitalistas, e portanto (presumivelmente) reflete mais a tendência do autor do que a dos fatos. A edição atual de Engels é um bom exemplo disto, porque os autores alegam essencialmente que "Engels em 1842 era um jovem enraivecido com uma apara de madeira muito grande sobre o ombro" que cobrou-se de uma dívida a seu pai, um comerciante piedoso da Renânia, atacando a burguesia inglesa. Não precisamos perder o nosso tempo psicoanalisando o jovem Engels, porque os motivos que podem ou não tê-lo impelido a tornar-se comunista são totalmente irrelevantes. Os ultrajes do Congo que Roger Casement e E.D. Morei denunciaram há cinquenta e tantos anos não são menos reais porque pelo menos um dos investigadores tinha peculiaridades psicológicas muito marcadas. (Não há, a propósito, nenhuma evidência, qualquer que seja, de que Engels não sentisse uma fúria perfeitamente genuína e compreensível contra a burguesia inglesa simplesmente devido ao que ele via à sua volta em Manchester.) A pergunta pode ser respondida muito simplesmente citando os editores. "É compreensível", dizem eles (por entre sugestões de que não seja), "que Engels deve ter tido uma opinião sombria da cena inglesa quando chegou no fim de 1842... Não é de admirar que Engels achasse que havia vindo para um país onde de uma maneira geral se trabalhava demais, comia-se de menos e ganhava-se pouco" (xxviii-ix). Podemos acrescentar (embora os editores evitem dizer isso diretamente) que isso é compreensível, porque ele havia de fato vindo para um país onde de uma maneira geral se trabalhava demais, comia-se de menos e ganhava-se pouco. Se seguirmos Engels enquanto ele caminha através das fábricas de algodão e favelas de Manchester neste livro, não teremos nenhuma dificuldade em produzir horror e fúria mesmo há 114 anos de distância. Por que então evocar as brigas de família de Engels? Há uma história contada a respeito do falecido imperador Francisco José que visitou uma cidade da Boêmia onde, por mais chocante que pareça, a salva real não foi disparada. O imperador chamou o prefeito para pedir uma explicação. "Majestade", disse o prefeito tremendo, "há três motivos pelos quais não disparamos a salva. O primeiro é que não tínhamos pólvora..." "Obrigado", disse o monarca (revelando uma perspicácia fora do comum para um imperador), e liberou-o. Os Drs. Chaloner e Henderson devem refletir a respeito disto.

O quarto método de desacreditar a evidência contemporânea é alegar que ela não é suficientemente boa. Isto naturalmente é mais fácil quando os abusos em questão são de forma a não se prestarem a estatísticas precisas. Um exemplo útil é o da moral dos donos das fábricas. "Uma acusação que ele fez repetidamente era que uma fábrica inglesa era pouco melhor do que um harém e que os fabricantes tinham relações imorais com suas empregadas." Mas "pouco há (no Relatório da Comissão de Pesquisa de Fábricas) em apoio da afirmação de Engels" (p. xxvi, 168 n.). Mas Engels *não* diz que as fábricas eram pouco melhores do que haréns. Ele diz (p. 168) que as moças estavam à mercê de seus patrões; que alguns patrões não seduziam suas moças enquanto outros o faziam, e em casos extremos não havia nada que os impedisse de fazer isso por atacado. Tais casos eram conhecidos. Nem devemos esperar um padrão muito alto no passado, considerando o tipo de pessoas que se tornavam patrões nos primeiros dias do sistema fabril*. Tudo isto parece bastante razoável, pelo menos para uma era apresentada nas caricaturas de chefes perseguindo suas datilógrafas em volta das mesas, desde que não esperemos provar isso por estatísticas precisas, ou mesmo aproximadas, do número de patrões que seduziam realmente as moças das fábricas. Pela natureza das coisas, embora bem conhecida a prática, essas estatísticas não têm probabilidade de ser confiáveis ou estar disponíveis. Eu realmente não sei quão generalizada era essa sedução, e nem, naturalmente, os Drs. Chaloner e Henderson. Contudo, sei que se pedíssemos ao romancista do século dezenove que nos conta, repetidas vezes, sobre os filhos das famílias burguesas que tinham sua primeira experiência sexual com as empregadas de seus pais, a prova estatística da frequência relativa desses episódios, eles não poderiam fornecê-la. Estou preparado para acreditar nos romancistas sem estatísticas, em parte porque eles são bons observadores, em parte porque a coisa está longe de ser improvável. Por que não devemos acreditar em Engels em terreno semelhante, até haver uma forte evidência em contrário? Resta acrescentar que os editores contra-atacam Engels sugerindo que ele é o último a atirar pedras porque "sua própria amante (Mary Burns) fora operária numa fábrica de algodão" (p. xxvi). É evidente que algumas pessoas acham difícil distinguir entre um chefe que seduz sua equipe ameaçando despedi-la, e um homem que vive maritalmente com uma antiga moça de fábrica durante 18 anos até a morte dela, sendo a moça reconhecida como sua mulher efetiva mesmo entre

---

* De passagem noto um dos frequentes deslizes e erros da nova tradução. O tradutor, cujo respeito pelas moças das fábricas é evidentemente menor do que o de Engels, diz "inclinação para a castidade" em vez de "ocasião" ou "incentivo" (confundindo sem dúvida o alemão *Veranlassung* com *Veranlagung*). A velha tradução, p. ex, em *Marx and Engels on Britain*, embora mais tosca como de hábito, é também como de hábito mais precisa.

Os trabalhadores | 157

"meus conhecidos filisteus". (A recusa de se casar oficialmente era comum há muito tempo entre os socialistas continentais por motivo de princípios.) Como se sabe perfeitamente, Engels teve sua única briga importante com Marx, quando este deixou de demonstrar suficiente simpatia pela perda daquele com a morte de Mary Burns. Não precisamos mais prosseguir nesta acusação contra Engels.

O último método e sem dúvida o mais eficiente de desacreditar a evidência sombria de Engels e de outros contemporâneos seria produzir uma quantidade igual de evidências do outro lado. Contudo, a escola jovial já fez isto, limitando a maior parte de suas energias às críticas negativas e à especulação.

Segue-se por tudo isto que consideráveis esforços têm sido feitos para sacudir a opinião sombria (e tradicional) das condições do povo trabalhador inglês na primeira metade do século dezenove, mas até agora com pouco resultado. No caso do livro de Engels estes esforços têm sido bastante heroicos. Os dois editores trabalharam evidentemente durante anos conferindo cada referência de Engels, descobrindo cada deslize e erro, para não mencionar alguns que não estão lá. Raramente um livro tem sido sujeito a tal exame sistemático e dolorosamente hostil. Pode-se dizer bastante categoricamente que este sai dele com a bandeira tremulando; muito melhor, na verdade, do que se podia esperar. (Gostaria que o mesmo pudesse ser dito de todas as tentativas subsequentes dos marxistas de fazerem relatos das condições das classes trabalhadoras sob o capitalismo.)

Tendo deixado de abalar a evidência contemporânea seriamente, aos historiadores joviais restam três recursos. O primeiro, sobre o qual não precisamos perder tempo algum, é admitir que as coisas eram horríveis, mas afirmar que isto não era culpa do capitalismo: a taça quebrou-se mas ela "partiu-se em minhas mãos". Por exemplo, foi por culpa dos próprios trabalhadores: "na década de 1840 muitas privações entre os trabalhadores eram devidas à pobreza 'secundária' ou 'autoinduzida' — resultado da despesa excessiva e inútil em bebidas, jogo e fumo" (Chaloner e Henderson, *History Today,* 1956, p. 855). O segundo, que não precisa nos deter também, é que os horrores deste período não eram devidos à crueldade ou a má vontade: muitas pessoas, inclusive capitalistas, eram boas e cheias das melhores intenções. Sem dúvida, mas como sabemos, o caminho para o inferno está calçado de boas intenções. A acusação contra o capitalismo do começo do século dezenove não fica menos preta se presumirmos que cada capitalista era como os Irmãos Cheeryble de Dickens, e que não havia absolutamente nenhum Gradgrind. Isso tornaria a acusação ainda mais preta, porque mostraria que os horrores do período não eram devido aos "abusos" de homens maus, mas a alguma coisa na natureza da sociedade.

O terceiro recurso é afirmar que, por piores que as coisas fossem, ainda assim constituíam uma melhora em relação ao período anterior.

Esta linha é também bastante vulnerável, e consiste em pichar o século dezoito para fazer o dezenove parecer menos preto. Até certo ponto isto é fácil, porque se conhece tão menos sobre os padrões de vida do século dezoito, que ninguém pode dizer com certeza que o preto seja a cor errada. Por acaso, a opinião de que as condições do século dezoito eram superiores em algum sentido às do começo do século dezenove não é tão extravagante como os Drs. Chaloner e Henderson sugerem: o pouco que se conhece sobre os movimentos do padrão de vida popular sugere alguma melhoria na parte inicial do século dezoito, e nenhuma melhoria ou deterioração da década de 1790 em diante. No estado atual dos conhecimentos eu nem gostaria de imaginar o que aconteceu entre ambas. Contudo, o argumento antisséculo dezoito é interessante não tanto como um exemplo de confiança mal colocada, mas como uma ilustração de manual da falta de imaginação histórica e humana e de realismo que aflige tantos dos estudiosos "joviais". Isto pode ser mostrado pelo exemplo bem conhecido dos "empregados domésticos" *v.* "trabalhadores de fábricas".

O argumento quase universal dos otimistas é que os empregados domésticos e os que trabalhavam fora antes da Revolução Industrial eram explorados tão cruelmente como o proletariado das fábricas, enquanto seu pagamento e condições materiais eram piores. Mas este é um contraste artificial. O começo do período industrial não foi de *substituição* dos empregados domésticos por operários de fábricas, exceto em muito poucos ofícios (têxteis externos e especialmente algodão, dificilmente até 1850 se tanto). Pelo contrário: ele os multiplicou. Que isso mais tarde os tenha levado à morte pela fome, como os tecelões de teares manuais, ou levado a outra parte, é outra questão, por si mesma relevante quanto ao problema das condições sociais no começo do capitalismo; mas a questão é que os tecelões de teares manuais e outros que foram levados à fome não eram simplesmente "sobreviventes da idade média", mas uma classe multiplicada, e em grande parte criada *como parte da industrialização capitalista em suas fases iniciais* exatamente como os operários das fábricas. Os exércitos de costureiras cosendo camisas de algodão em seus sótãos por 2s. 6d. ou 3s. 6d. por semana pertencem tanto à história do crescimento da indústria do algodão como as fiandeiras à máquina nas fábricas ou, quanto a isso, os escravos negros que aumentavam aos saltos a produção de algodão virgem nos estados do sul da América em resposta à insaciável demanda do Lancashire. É tão pouco realista deixar fora do quadro os trabalhadores que não fossem das fábricas no começo do período industrial, como seria limitar a discussão dos efeitos sociais da introdução da máquina de escrever nos salários e classificação dos trabalhadores das fábricas que as produzem e projetam em massa, e deixar de fora os datilógrafos.

Agora, quaisquer que tenham sido as condições sociais da indústria doméstica e do trabalho fora antes da industrialização, elas estavam quase destinadas a ficar piores durante ela. (É por isso que a prática de documentar as más condições dos trabalhadores domésticos do século dezoito pelos relatórios da década de 1840 — como fazem os Drs. Chaloner e Henderson (p. xiv) — é tão ridícula. Incidentalmente, eles acusam Engels amargamente por não usar a evidência contemporânea.) Como G.D.H. Cole disse certa vez: "Doze casas em más condições sanitárias na encosta de uma colina podem constituir uma aldeia pitoresca, mas mil e duzentas constituem um sério incômodo, e doze mil uma praga e um horror."

Mas é precisamente isto o que estava acontecendo neste período: as aldeias estavam se transformando em cidades, enquanto as melhorias das condições sanitárias e de habitação, se ultrapassavam de alguma forma o nível da aldeia, não mantinham o ritmo com o seu crescimento. Daí, a propósito, o advento de novas doenças epidêmicas após 1830, tal como o cólera. O mesmo é verdadeiro em relação às condições de trabalho. A doença do "amolador" (grosseiramente, a *silicose)* foi pior em Sheffield no começo do século dezenove do que no dezoito, porque mais amoladores estavam se acumulando nas pequenas oficinas numa cidade maior, mais suja e mais enfumaçada, onde a melhoria das condições de trabalho e habitação simplesmente não tinha mantido o ritmo com o aumento da demanda de cutelaria.

Até este ponto o argumento sobre as más condições (corretamente observadas) dos trabalhadores domésticos é um argumento *contra a* opinião jovial da primeira metade do século dezenove; e não, como acham seus proponentes, a favor dela. O fato de, em meio a toda esta depressão, as fábricas serem geralmente bastante menos horríveis do que as casas, sótãos ou oficinas de porão é verdadeiro, mas tão despropositado como o conselho do magistrado de coração mole à costureira que estava diante dele (que os Drs. Chaloner e Henderson citam contra Engels). Ele disse à moça para arranjar um emprego numa oficina, em vez de trabalhar para intermediários exploradores. Mas (deixando de lado o fato de que um atelier de costura na década de 1840 estava, como mostra Engels, longe de ser um mar de rosas) a essência do ofício de costureira nessa época era de uma profissão com *poucas* fábricas. Sem dúvida, se o magistrado fosse profeta, poderia ter dito à moça que dentro de um

OS TRABALHADORES | 161

século tudo seria muito diferente, e as moças como ela ganhariam a vida como assistentes de loja, operárias de fábricas, garçonetes ou nos escritórios. Mas isso a teria animado, ou a nós, quando observamos a cena miserável daquela época?

Contudo, o argumento sobre a superioridade do trabalho em fábrica sobre o trabalho doméstico não está só no fato de ele ser realmente melhor, mas que ele *tinha que* ser melhor. E isto expõe de maneira extremamente viva aqueles que fizeram isso. Considere este extrato de um velho livro de história:*

Embora os sentimentalistas ficassem chocados pela dissolução da vida de família, apesar disso o comissário (investigando as condições dos tecelões de teares manuais) considerou que "a felicidade doméstica não é promovida, mas prejudicada por todos os membros da família se misturando e se acotovelando uns aos outros constantemente no mesmo quarto".** na opinião do comissário, o homem melhorava moralmente trabalhando em horários regulares, o que se dizia criar hábitos regulares.

Agora, como o próprio Engels acentua, os trabalhadores desse período sem dúvida eram muitas vezes ignorantes, brutalizados e imprevidentes, e não admira. Teria sido romântico dizer que eles deviam estar certos, porque — como sabemos — eles não gostavam de entrar nas fábricas a menos que compelidos a isso, ou que suas ideias de felicidade doméstica eram ideais. Ao mesmo tempo os observadores da classe média que diziam coisas como estas, e os historiadores que os repetiam, evidentemente não tinham nenhuma ideia do que o capitalismo industrial fez realmente com os sentimentos das pessoas, bem como com seus corpos. Ouso afirmar que o comissário acreditava honestamente que as famílias seriam mais felizes se os homens, mulheres e crianças fossem separados, cada um trabalhando numa fábrica do começo do século dezenove em

---

* *Industrial and Commercial Revolutions,* de L. Knowles, p. 86 (ed. 1933).
** A solução de dar-lhes vários quartos não ocorreu ao comissário, parece.

vez de em casa. Ouso afirmar que os reformadores da Lei dos Pobres acreditavam honestamente que os pobres melhoravam moralmente pela separação dos maridos das mulheres nos asilos de pobres; por tudo que sei eles devem ter pensado que isso melhorava também a felicidade doméstica. No que diz respeito às vítimas destas opiniões, os resultados eram tão maus como — talvez piores do que — se eles tivessem sido alcançados por crueldade deliberada: a degradação desumana, impessoal e insensível do espírito dos homens e mulheres e a destruição de sua dignidade. Talvez isto fosse historicamente inevitável e até necessário. Mas a vítima sofria — o sofrimento não é privilégio das pessoas bem-informadas. E qualquer historiador que não possa apreciar isto não merece ser lido.

Vamos resumir. No romance *Crotchet Castle* de Thomas Peacock (publicado em 1831), há um momento em que as discussões dos personagens da classe superior reunidos no Chainmail Hall são interrompidas por uma multidão na porta: "O capitão Swing" chegou, e os trabalhadores rurais miseráveis se revoltaram. O Rev. Dr. Folliot, um Tory inteligente, diz que aqui está a prova da "marcha da mente" — o progresso do qual os capitalistas estão sempre se gabando: a guerra camponesa. O Sr. MacQuedy, o economista escocês, que representa a pura ideologia do capitalismo, diz que isto é impossível. Como pode a guerra camponesa e a "marcha da mente" serem reunidas? O Sr. Chainmail, reacionário romântico, diz que a causa é a mesma tanto na Idade Média como atualmente: "pobreza no desespero". E o Dr. Folliot resume: "É o resultado natural, Sr. McQuedy, desse sistema de habilidade náutica do Estado, que a sua ciência (de economia política burguesa) defende. Racionar a alimentação da tripulação e dobrar as rações dos oficiais, é a maneira certa de provocar um motim a bordo de um navio em apuros, Sr. McQuedy." Era assim que a Inglaterra parecia aos olhos dos membros inteligentes das classes dominantes no período que está agora recebendo uma falsa aparência ineficazmente. A descrição é correta, embora possamos discordar da análise. Nada que a escola jovial tenha feito a invalidou. Mas no caso de sermos tentados por estas citações das fontes da classe dominante a ter ideias erradas sobre aqueles que as fizeram, simplesmente vale a pena citar a continuação do diálogo: "Não temos tempo de discutir causas e efeitos agora", disse o Dr. Folliot. "Vamos nos livrar do inimigo." E os membros reunidos da classe dominante largaram suas análises, ergueram os braços e saíram às pressas do Chainmail Hail para espalhar os trabalhadores miseráveis dentro da noite.

(1958)

7

O DEBATE DO PADRÃO DE VIDA: UM PÓS-ESCRITO

OS DOIS CAPÍTULOS PRECEDENTES foram, em sua forma original, um ataque àqueles que acreditaram que a Revolução Industrial havia levado a uma melhora substancial do padrão de vida do povo inglês. Durante os anos em que comparativamente pouco pensamento histórico sobre as revoluções industriais teve lugar, esta opinião se estabeleceu por si mesma generalizadamente e no meio da década de 1850 havia se transformado em algo como uma ortodoxia acadêmica. Embora o capítulo 5 não seja de maneira alguma o único a criticar os "otimistas", ele foi provavelmente a afirmação mais elaborada do caso contra eles e foi portanto não só largamente mencionado na discussão muito animada sobre o assunto que desde então se desenvolveu,[1] como também — e talvez naturalmente — considerado como uma tentativa de alegar que o padrão de vida havia se deteriorado neste período. Uma vez que a controvérsia obscurece a visão, pode valer a pena repetir o que está, espero, expresso com suficiente clareza em todos os meus trabalhos, ou seja, de que *não* é isso que me proponho a provar.

O objetivo do trabalho era demolir a opinião "otimista" de que uma melhora substancial das rendas reais da maioria dos ingleses que trabalhavam no primeiro período da industrialização pode ser estatisticamente demonstrada. Isto não significa que a opinião oposta, "de que houve uma deterioração substancial ou qualquer outra" nas rendas reais tenha sido estabelecida, ou possa ser estabelecida sobre as evidências disponíveis atualmente. Meu argumento reduzia-se "à afirmação de que nenhuma certeza neste campo é possível até agora, mas que a hipótese de um aumento marcante ou substancial do padrão de vida da maioria dos ingleses entre o começo da década de 1790 e o começo da de 1840 é, no ponto em que estão as coisas, extremamente improvável".[2] Mesmo os dados do consumo que, juntamente com a discussão do desemprego, constituem a principal contribuição do documento para a discussão, não são apresentados como conclusivos, mas simplesmente como evidências que não podem ser desprezadas levianamente, mas que até agora tinham sido desprezadas irrefletidamente.

Este caso negativo é agora geralmente bastante aceito, embora o debate continue entre aqueles que sustentam que no todo houve alguma melhora das rendas reais, aqueles que ainda acham que há um caso para alguma deterioração, e os agnósticos, que incluem aqueles que sugerem que "a natureza inconclusiva do debate atual... talvez seja uma garantia para supor que uma melhora substancial, geral e demonstrável dos salários reais dos trabalhadores industriais não ocorreu senão nas décadas de 1850 e 1860".[3] Contudo, este é um debate bastante marginal. Seus limites são agora muito estreitos, e para a maioria de nós não importa grandemente se se verificar que houve um pequeno aumento. Um pequeno declínio ou absolutamente nenhuma mudança nas rendas reais da maioria dos trabalhadores. Para muitos fins, a afirmação de que as rendas reais não mudaram muito, em média, de uma maneira ou de outra, durante o período em discussão, provavelmente bastará.

Contudo, seria melhor ser claro quanto ao tipo de evidência que *poderia* nos dar uma resposta conclusiva, se ela estivesse disponível. Se tivéssemos números para o consumo de carne para uma amostra representativa da população, e não simplesmente para Londres, eles iriam longe no sentido de resolver a questão. Se pudéssemos imaginar um índice de desemprego (ou de emprego em parte do tempo) que pudesse ser usado para deflacionar os cálculos dos salários reais, isso também ajudaria muito para resolver a questão, a menos que fosse positivamente contraditado pelos dados do consumo. E se pudéssemos descobrir algum modo de estabelecer a estrutura social e da renda da população trabalhadora inglesa com algum grau de precisão, isso ajudaria um bocado. Inversamente, a questão não pode ser resolvida simplesmente com base em cálculos globais dos movimentos da renda nacional, em estatísticas pouco representativas (p. ex., aquelas que dão as rendas ou o consumo das classes ricas sem problemas financeiros, ou de localidades ou ocupações individuais), e menos ainda em fundamentos *a priori* da teoria. É por isto que a hipótese deve ceder ao fato, se os dois estiverem em conflito e o fato estiver certo, e também porque não há nenhuma hipótese *a priori* que nos permita alegar com qualquer grau de convicção que nas fases iniciais da industrialização o padrão de vida dos trabalhadores pobres deva subir ou cair a uma certa taxa, ou de qualquer maneira se alterar. Sob fundamentos teóricos, um aumento *substancial* do padrão de vida neste período histórico é provavelmente a hipótese menos provável, mas nem um aumento modesto nem um declínio modesto estão excluídos.

As discussões até agora não têm sido, portanto, inconclusivas. Elas têm eliminado, por enquanto, a hipótese de um aumento substancial das rendas reais médias, embora deixando em aberto a escolha entre outras. Elas eliminaram assim, pelo menos em suas versões mais simples, o argumento por meio do qual os estudiosos otimistas tentaram evitar a interpretação tradicional e predominantemente sombria dos efeitos sociais da Revolução Industrial e as evidências e argumentos sobre os quais ela se baseou. Elas mais uma vez atribuíram a responsabilidade de invalidar esta opinião tradicional aos otimistas. No entanto, isto foi alcançado a custa de limitar o debate em grande parte ao terreno escolhido originalmente pelos "otimistas", ou seja, aos cálculos quantitativos de coisas tais como as rendas reais. E ao fazerem isso correram o risco de nos desviar do problema histórico real que os observadores originais da Revolução Industrial e os historiadores clássicos viram, mas os "otimistas" deixaram de ver.

Os efeitos da Revolução Industrial sobre os trabalhadores pobres são tanto econômicos (no sentido estreitamente quantitativo e material) como sociais. Os dois não podem ser isolados uns dos outros. E agora que a tentativa de provar que os benefícios econômicos foram tão grandes que não havia realmente nenhum motivo de descontentamento foi rejeitada, é tempo de voltarmos à perspectiva mais ampla e mais sensível dos historiadores pré-claphamistas.

O caso deles foi reformulado em termos modernos como se segue: A Revolução Industrial foi uma coisa má para os trabalhadores pobres — pelo menos durante várias décadas — porque produziu "pressão sobre o consumo e os padrões de vida materiais da massa da população numa ocasião em que esta foi forçada a se adaptar a mudanças sociais importantes".[4] (Vale a pena repetir que isto *não* implica uma tendência absoluta dos padrões se deteriorarem, embora muitos tradicionalistas provavelmente acreditassem que isso aconteceu até a década de 1840.)

O debate até agora se concentrou quase inteiramente na primeira metade desta afirmação, e obviamente tinha que se concentrar. Se os otimistas estavam certos, e os pobres, embora subjetivamente perturbados e infelizes, simplesmente chorassem durante todo o caminho para seus jantares de domingo cada vez mais fartos, então a análise dos efeitos sociais da industrialização exigiu evidentemente muita revisão. Além do mais, grande parte da história inglesa do começo do século dezenove tornou-se extremamente difícil de compreender, notadamente o descontentamento popular desesperado, generalizado e inigualavelmente profundo do período. Mas a segunda metade do caso clássico foi sempre de importância igual ou mesmo maior. O trabalho pioneiro de Engels, de 1844, por exemplo, provavelmente presta mais atenção à sociologia da industrialização do que aos padrões de vida materiais, e certamente presta mais atenção a estes do que aos movimentos reais dos salários verdadeiros.[5] J. L. e B. Hammond, os expoentes clássicos do "pessimismo", aplicaram uma tensão igual aos fatores sociológicos.[6]

Isto é realista. Mesmo se não levarmos em conta o elemento da exploração deliberada, a dureza de coração dos ricos em relação aos pobres, o fracasso do liberalismo econômico de dar quaisquer respostas às suas necessidades sociais, e outras características da industrialização capitalista no começo do século dezenove, constitui um lugar comum sociológico que "é típico, especialmente do primeiro impacto dos novos padrões econômicos, deles ameaçarem ou romperem as relações sociais prévias, enquanto não fornecem imediatamente novos artifícios de segurança em seu lugar".[7] Além do mais, é uma questão de observação o fato de que a Revolução Industrial produziu um "deslocamento catastrófico nas vidas das pessoas comuns".[8] Talvez seja significativo o fato de a opinião "otimista" tender só a maximizar os ganhos materiais dos pobres, como também minimizar o impacto da Revolução Industrial. Tanto Clapham como Ashtom acentuaram a natureza gradual e contínua da mudança econômica, e Ashtom, que suspeitava francamente da própria expressão "revolução industrial", conseguiu escrever toda uma história econômica da Inglaterra no século dezoito sem realmente mencioná-la. Felizmente, da mesma forma como a própria Revolução Industrial entrou após algumas décadas de solidão no centro da discussão histórica e econômica, assim também os aspectos sociológicos da industrialização estão mais uma vez atraindo atenção séria.[9] Doravante será impossível conduzir o debate dos seus efeitos sociais e econômicos simplesmente como um argumento sobre as rendas reais.

Uma volta à tradição deve revelar mais uma vez o peso total da opinião pessimista. Atualmente ela não pode ser estabelecida puramente em termos de salários reais, e talvez a evidência nunca nos permita qualquer certeza, embora a questão não esteja encerrada. Tudo que podemos dizer é que "o trabalhador 'médio' permaneceu muito perto do nível da subsistência numa ocasião em que estava cercado pela evidência do aumento da sua riqueza nacional, grande parte dela transparentemente produto do seu próprio trabalho e passagem, por meios igualmente transparentes, para as mãos dos seus patrões".[10] Isso provavelmente pode ser estabelecido em termos não materiais, pelo menos para qualquer um capaz de apreciar a profundidade total do transtorno nas vidas das pessoas comuns, como os pensadores do *Steam Intellect Society*, de T.L. Peacock, não foram, e seus sucessores modernos ainda não são. Quando a pressão econômica que mantinha os padrões não mais do que logo acima do nível, num período de expansão econômica impetuosa, é combinada com os efeitos do transtorno social, o caso "pessimista" se torna muito difícil de responder. O que é mais, ele está de acordo com os fatos da história inglesa. Numa interpretação sombria, o descontentamento popular do começo do século dezenove faz sentido; numa interpretação otimista ele é quase inexplicável. No entanto, a opinião de que no saldo as condições das pessoas comuns se tornaram piores entre as décadas de 1790 e 1840 não significa uma opinião igualmente pessimista dos períodos precedentes e subsequentes em sua história, e menos ainda uma opinião predeterminada sobre as tendências a longo prazo no sentido da pauperização absoluta.

Notas

1. As principais contribuições inglesas a esta discussão têm sido até agora: "O Capitalismo e os Historiadores" de D. Woodruff, (*Journ. Econ. Hist.* XVI, 1956, p. 1); *The Hungry Forties* de W. H. Chaloner (Associação Histórica, Séries de Auxílio aos Professores, I; 1957); "The British Standard of Living 1790-1850" de, E.J. Hobsbawn, (*Econ. Hist. Rev.* X; p. 1,1957); *Condition ofthe Working Class in England,* edição de F. Engels, de W. H. Chaloner e W. O. Henderson (Londres 1958); "Investment, Consumption and the Industrial Revolution" de S. Pollard (*Econ. Hist. Rev.* XI; p. 2,1958); "Interpretations of the Industrial Revolution in England" de R. M. Hartwell (*Journ. Econ. Hist.,* XIX; 1959); "Progress and Poverty in Britain 1780-1850" de A. J. Taylor (*History* XLV, fev. 1960); "The Rising Standard of Living in England 1800-50" de R. M. Harwell (*Econ. Hist. Rev.* XIII; p. 3,1961); En Anglaterre: Re-

volution industrielle et vie matérielle des classes populaires, de E.J. Hobsbawn (*Annales* XVII, p. 6, 1962); "The Standard of Living during the Industrial Revolution: A Discussion" de E.J. Hobsbawn e R.M. Hartwell (*Econ. Hist. Rev.* XVI, p. 1,1963); *The Making of the English Working-Class* de E.P. Thompson (Londres 1963); pt. II. A questão foi discutida incidentalmente num certo número de outras obras.

2. Hobsbawn e Hartwell, *op. cit.*, pp. 120,123.

   Desde a publicação original deste livro o debate continuou. Pode ser feita menção dos artigos de J.E. Williams e R.S. Neale na *Econ. Hist. Rev.* XIV, 3, 1966. Um aspecto da questão foi significativamente adiantado; o estudo da dieta (ver *Plenty and Want* de J. Burnett, 1966; *Our Changing Fare* de T.C. Barker, J.C. Mackensie e J. Yudkin ed., 1966)

3. *American and British Technology in the Nineteenth Century* de H.J. Habbakuk (Cambridge 1962); pp. 138-9.

4. Pollard, *op. cit.*

5. Despreza-se muitas vezes o fato de Engels não acreditar que a revolução proletária irrompesse na Inglaterra devido a uma tendência à pauperização absoluta, mas devido a uma tendência a longo prazo no sentido da polarização social, e aos colapsos periódicos e desastrosos. O desemprego periódico intolerável seria, se há alguma diferença, o estímulo (edição de Chaloner & Henderson, p. 334). Suas opiniões sobre salários eram marcadas pela cautela. Ele supunha que os salários "médios" deviam estar acima do "mínimo" — o que por si mesmo permitiria "a uma família em que houvesse um certo número de assalariados (ser) razoavelmente abonada;" e podia estar consideravelmente acima dele, se "o nível de cultura dos trabalhadores" tornasse impossível baixar o nível de salário; p. ex., "se os trabalhadores estivessem acostumados a comer carne várias vezes por semana" (pp. 90-2).

6. P. ex., *The Bleak Age* (Penguin), p. 15.

7. *Industrialization and Labor* de Wilbert E. Moore (Ithaca 1951), p. 21.

8. *Origins of Our Time* de Karl Polanyi (Londres 1945), p. 41.

9. Cf. *Social Change in the Industrial-Revolution* de Neil Smelser (Londres 1959 e *The Making of the English Working-Class* de E.P. Thompson (Londres 1963).

10. E.P. Thompson, *op. cit.* p. 318.

8

FLUTUAÇÕES ECONÔMICAS E ALGUNS MOVIMENTOS SOCIAIS DESDE 1800

I

ESTE CAPITULO* TRATA DAS expansões periódicas e súbitas em tamanho, força e atividade dos movimentos sociais, principalmente na Europa do século dezenove e começo do vinte.** O período é, grosseiramente falando, aquele em que as flutuações econômicas de uma economia industrial e capitalistas são de importância decisiva; a área única na qual as estruturas da sociedade em geral, e o mercado de trabalho em particular, são razoavelmente semelhantes. Por este motivo países tais como os da Australásia e os Estados Unidos foram omitidos. Este capítulo tratará principalmente das questões de por que esses movimentos são "inconstantes" e descontínuos, por que eles ocorrem quando ocorrem; e, em menor grau, dos problemas da coordenação internacional. Já que a medida contínua, embora grosseira, é quase impossível, exceto para fenômenos tais como greves e movimentos sindicais, estes serão considerados principalmente. Da mesma forma, já que o material, pobre como é, é muito melhor para a Inglaterra — de qualquer maneira antes da

---

* Baseado num documento lido na assembleia anual da Sociedade de História Econômica em abril de 1951.

** Em benefício da brevidade chamarei este fenômeno de *explosões* ou *saltos*.

década de 1890 — do que para os outros países, são usados principalmente os dados ingleses. Mesmo assim, grande parte da discussão deve permanecer especulativa.

As mais dramáticas das súbitas expansões dos movimentos sociais são as grandes revoluções sociais de 1789-1917; mas o padrão de descontinuidade é bastante geral mesmo em épocas menos perturbadas e em campos mais estreitos. O gráfico do número de membros de virtualmente todos os movimentos sindicais, por exemplo, parece uma série de degraus inclinados, ou de largos vales interrompidos por picos agudos, ou uma combinação de ambos; muito raramente ele é uma simples inclinação ascendente. Na Inglaterra os "saltos" sobre os quais estamos mais bem-informados são aqueles de 1871-3,1889-91 e 1911-13. Cada um mais ou menos dobrou a força básica do movimento sindical, embora mesmo os picos mais altos fossem temporariamente alcançados durante os períodos explosivos.[1] Sabemos muito pouco para medir o tamanho das explosões iniciais — p. ex., aquelas de 1833-5, 1838-42, e outras,[2] ou aquela da maioria dos países continentais antes da década de 1890. Depois dessas seu tamanho varia. Os sindicatos noruegueses aumentaram cerca de duas vezes e meia em 1904-6, os austríacos cerca de três vezes, os húngaros pouco menos do que dobraram; os suecos pouco mais do que dobraram em 1905-7, e assim por diante. As "explosões" mais bem conhecidas, que por acaso estão também entre as mais recentes, na França e nos EUA em 1936-7, mostram algo como uma quadruplicação e uma duplicação respectivamente dentro do ano. Algumas vezes a descontinuidade é considerada não num aumento absoluto em números, mas numa mudança súbita de direção na curva do número de membros, p. ex., na Alemanha após 1899.[3] As variações súbitas e vivas no total da atividade trabalhista, p. ex., greves — em contraposição ao número de membros das organizações são, naturalmente, tão bem conhecidas a ponto de não necessitarem de prova.

As curvas, naturalmente, não podem revelar toda a verdade. A coisa característica sobre as nossas "explosões" é que elas marcam mudanças qualitativas, bem como quantitativas. Elas são, na verdade, geralmente expansões do movimento dentro de novas indústrias, novas regiões, novas classes de população; elas coincidem com o amontoamento de novas organizações, e a adoção de novas ideias e políticas tanto pelas unidades novas como pelas existentes. Assim, a "explosão" do começo da década de 1830 na Inglaterra viu antigas sociedades de ofícios locais adotarem técnicas completamente novas de coordenação nacional, e a fusão de ideias cooperativo-socialistas e sindicalistas. A da década de 1870 presenciou a extensão do sindicalismo à agricultura, o começo da conquista trabalhista de áreas anteriormente mais fracas, como a costa nordeste de Gales do Sul, e as primeiras experiências sérias de representação trabalhista independente. A de 1889-90 presenciou não simplesmente extensões regionais e a conquista de novas indústrias e tipos de trabalho, como mudanças das técnicas das sociedades dos antigos ofícios, e o impacto das ideias socialistas nas táticas práticas do movimento. Se nos limitarmos principalmente a estudar as variações quantitativas, é simplesmente por conveniência, porque estas parecem fornecer um índice razoavelmente útil das variações qualitativas mais complexas.

Os "saltos" atraíram notavelmente pouca atenção entre os estudantes. Os estudiosos realizaram recentemente algum trabalho sobre o período antes de 1859,[4] algumas vezes, sem observar claramente que as explicações que oferecem não se aplicam aos períodos subsequentes. Há também uma literatura razoavelmente ampla sobre a correlação dos movimentos trabalhistas com o ciclo comercial, mostrando que o tamanho e a atividade dos movimentos aumentam em épocas favoráveis às negociações, e declinam em outras.[5] Estas, também, nem sempre estão conscientes de que suas conclusões não são universalmente, ou simplesmente, aplicáveis. Com raras exceções[6] deixam de se atracar com o problema, porque o tamanho dos "saltos" não tem nenhuma relação aparente com o tamanho da oscilação cíclica para cima e para baixo no qual ele ocorre, de qualquer maneira após 1850. Os anos de 1868-73 foram admitidamente desproporcionados em surtos econômicos, mas dificilmente se afirmaria que as oscilações para cima de 1887-90 ou 1909-12 na Inglaterra foram tão maiores do que as de 1880-2, 1896-1901 ou 1904-7 para explicar a ausência de "explosões" comparáveis naqueles anos. Alegou-se realmente[7] que os grandes "saltos" ocorrem após colapsos excepcionalmente severos, que marcam os trabalhos com o valor da organização. Contudo, embora isto possa ser um fator contribuinte na Inglaterra em 1889 como nos EUA em 1933-7, obviamente não se aplica à virada da década de 1860, uma época de "saltos" quase universais por toda a Europa; para muitas das expansões continentais dos movimentos sociais de 1899-1908 ou para a Inglaterra em 1911-13. Não existe, portanto, nenhuma explicação adequada do fenômeno — de qualquer maneira após 1850. Tudo que sabemos é que eles estão relacionados de alguma forma com flutuações cíclicas a curto prazo, e provavelmente também com os longos períodos de mudança econômica com os quais muitos estudantes operam agora: as expansões econômicas do período até 1815, desde a década de 1840 até o *começo* da de 1870, e do fim da década de 1890 até a Primeira Guerra Mundial, e os períodos de dificuldade e crise que alternam com eles.

II

Nossa primeira tarefa deve ser ver que luz as mudanças no meio de vida e condições de trabalho das classes trabalhadoras lança sobre o problema. Os índices mais usuais utilizados pelos estatísticos, os dos salários, custo de vida e desemprego, são extremamente defeituosos; primeiro, devido a nossa ignorância abismal da maneira pela qual várias classes da população ganham sua vida e como as flutuações econômicas as afetaram; segundo, devido aos obstáculos técnicos dos próprios índices que, de qualquer maneira, raramente foram elaborados para o nosso propósito. O fato de a maioria deles serem médias de componentes cujo movimento varia grandemente, e poderem mesmo simultaneamente irem em direções diferentes[8] não é, talvez, porque os grandes "saltos" normalmente afetam amplamente diferentes grupos ao mesmo tempo. No entanto é importante lembrar que eles muitas vezes obscurecem tais distinções vitais como as existentes entre a seção dos trabalhadores que viveram normalmente — pelo menos na Inglaterra sob condições de pleno emprego — e aqueles que viveram normalmente num mercado de trabalho abarrotado.[9] Um obstáculo mais sério é este. Se um índice de salário ou desemprego é para ser usado, deve-se presumir que ele se aplique a uma classe assalariada regular, empregada de uma forma razoavelmente permanente, e suprindo a maioria de suas necessidades por compras a dinheiro num mercado. Quanto mais remontarmos de 1880-1913, ou quanto mais nos afastarmos de países altamente proletarizados como a Inglaterra ou a Saxonia, menos representativos eles se tornam. Eles não podem ser aplicados sem o maior cuidado com os trabalhadores domésticos, subempreiteiros, ou outras formas de pequenos produtores de utilidades a caminho de se juntarem à classe trabalhadora; com o grande corpo de mão de obra casual, flutuante e irregular; ou com o trabalho semiagrícola. Assim, para o homem casual do século dezenove, uma depressão poderia significar não uma fronteira absoluta entre o trabalho e a ociosidade, mas simplesmente um aumento da extensão dos períodos sempre presentes entre trabalhos, um encurtamento dos períodos de trabalho, uma diferença mais de grau do que de espécie. Para o produtor independente ou o que trabalha fora, isso pode não significar absolutamente desemprego, mas simplesmente trabalho mais duro em horários maiores a fim de equilibrar o orçamento mais adequadamente. Além do mais, não podemos sequer presumir que o estado geral do mercado de trabalho fosse quase o mesmo entre aqueles para quem os índices dos sindicatos não se aplicassem como entre aqueles para quem eles se aplicassem. No mínimo devemos presumir um volume muito maior de desemprego constante, embora oculto, do que os índices mostram.[10] O seu uso é assim perigoso, embora se torne menos arriscado à medida que mais trabalhadores venham a se adaptar num modelo-padrão de assalariados em tempo integral, embora em níveis diferentes de renda e *status*.

Finalmente, não possuímos nenhum índice utilizável para certos fatores importantes que afetam o comportamento da classe trabalhadora — por exemplo, a intensidade e o desconforto do trabalho — e podemos, na melhor hipótese, improvisar algumas séries dispersas e parciais.

III

Armados com esses instrumentos frágeis, o que podemos descobrir sobre as nossas "explosões"? Diminuíam pouco após 1850 em relação a antes, apesar da abundância crescente do nosso material. Em algum momento na década de 1840 há um divisor de águas econômico, cuja natureza só agora está começando a atrair a atenção.[11] Antes de 1850, e em alguns países atrasados após essa data também, os movimentos sociais foram grandemente afetados por aumentos catastróficos e simultâneos da miséria para a maioria da população trabalhadora, que mesmo a evidência mais superficial revela. As expansões ocorreram na pior fase dos colapsos ou perto dela. Podemos ter tanta certeza disso que o Professor

Rostow pôde elaborar um "índice" legítimo, embora um tanto arbitrário[12], "de tensão social" para 1792-1850 na presunção de que a pior fase do colapso e um aumento do preço dos alimentos (sendo os dois normalmente combinados) indicavam inevitavelmente uma inquietação máxima. Os Professores Labrousse e Ashton mostram por que isso devia ser assim.[13] As depressões então começavam principalmente no setor agrário — muitas vezes com más colheitas — e afetavam o setor industrial através de falta de matérias-primas, mas principalmente através da contração do corpo principal da demanda interna, que era rural. Em consequência, tendia a ocorrer alto desemprego em ocasiões de preços de fome,* situação essa que compelia ao tumulto. Podemos acrescentar que na falta de sindicatos, e das políticas de emprego que eram adotadas, se é que eram, só muito mais tarde, as depressões significaram normalmente cortes de salários drásticos para os trabalhadores menos capacitados das fábricas, e quedas muito abruptas nos ganhos para a vasta penumbra de artesãos semidependentes e pessoas que trabalhavam fora.[14]

Tabela I. Sazonalidade dos tumultos na Inglaterra e na Gales, 1740-1800[15]**

Porcentagem das áreas perturbadas onde ocorreram tumultos					
Janeiro	8	Maio	33	Setembro	22
Fevereiro	5,5	Junho	35,5	Outubro	25
Março	11	Julho	25	Novembro	11
Abril	22	Agosto	14	Dezembro	3

Esta análise só pode ser aplicada à Inglaterra com alguma reserva. O primado do ciclo comercial genuíno aqui está muito em

---

* Tendendo os preços locais a flutuarem rápida e desodernadamente.
** Os tumultos são registrados em 36 anos do período.

dúvida após 1815 ou talvez mesmo desde a década de 1780, embora a natureza "Labroussiana" dos nossos mercados de exportação sem dúvida o tenham influenciado, e a política do interesse agrícola até 1846 provavelmente manteve os preços dos alimentos flutuando mais erraticamente do que precisavam ter feito. Assim não encontramos o claro padrão sazonal da inquietação "pura" do velho tipo: subindo até um pico secundário em direção ao fim do ano, após os efeitos imediatos da colheita terem se abrandado, e em direção a um pico importante nos meses que precedem imediatamente à nova colheita. (Ver Tabela I) Apesar disso, a "explosão" do colapso permanece a regra antes de 1850, mantida sem dúvida pelas políticas contemporâneas de salário, pela zona estreita que separava os trabalhadores da miséria, mesmo nos bons tempos, pela rigidez do sistema de distribuição de alimentos e fatores semelhantes.

Depois de 1850 as coisas mudaram. O ciclo comercial teve a sua vitória geral — 1857 foi talvez a primeira crise de âmbito mundial. O fundo da depressão e o pico do custo de vida não tendiam mais a coincidir. Na verdade, o contrário era o verdadeiro: a escassez de 1853-5 foi a primeira que não produziu inquietação importante na maioria dos países,[16] sendo iniciada pelo emprego excepcionalmente pleno desse surto econômico monumental.[17] De qualquer maneira, o desaparecimento das fomes e o nivelamento das flutuações do custo de vida na Europa Ocidental, nas duas gerações subsequentes, fizeram com que o velho padrão perdesse um pouco da sua característica.

Nenhum padrão igualmente distinto o substituiu. Em primeiro lugar, uma ampla variedade de países, cada um numa fase diferente de desenvolvimento econômico, entravam agora na órbita da economia capitalista, e em muitos destes o velho ritmo ainda era dominante, e permaneceu importante em outros com um nível geral de ganhos excepcionalmente baixo. Os mineiros Jacquerie belgas de 1886, as grandes greves políticas dos anos de depressão de 1893 e 1902 são pelo menos tão proeminentes na história social desse país como a expansão sindical da oscilação para cima de 1904-7.[18] (1902, na verdade, foi um grande ano para greves gerais por toda a Europa).[19] Os movimentos italianos apresentam um "padrão de depressão" quase clássico até bem dentro do século vinte; notadamente nos tumultos de âmbito nacional de janeiro a maio de 1898, que foram provocados por um salto à moda antiga do custo de vida.[20] Até a expansão do sindicato principal em 1901, pode ter coincidido com um mergulho em vez de uma elevação da curva econômica,[21] e o velho custo de vida padrão estava ainda muito vivo em 1906.[22] Na gênese da Revolução Russa de 1905 os períodos de depressão — no meio da década de 1880 e no começo da de 1900 — são mais imediatamente importantes do que as expansões do surto econômico da agitação industrial no fim da década de 1890. Tampouco, naturalmente, o padrão de depressão desapareceu inteiramente em países como a Inglaterra, após esta ter perdido o seu primado. Observou-se que as campanhas de isenção, mesmo após 1850, tenderam a reviver em épocas de colapso, quando as formas de atividade industrial eram desaconselháveis,* da mesma forma como mesmo antes de 1850 as expansões dos sindicatos haviam, algumas vezes sem atrair mais do que a atenção local, tendido a ocorrer na oscilação para cima dos surtos econômicos, p.ex., em 1792,1818,1824-5 e 1844-6.[23] Apesar de tudo, continua a ser verdade que "saltos" surpreendentes tendiam a ocorrer, menos no fundo dos colapsos, e mais nas épocas das oscilações cíclicas para cima, de emprego crescente ou, num caso especial de grande importância no século vinte, de guerra.

---

* A distinção nítida entre a ação industrial e política é, contudo, artificial, especialmente no Continente, onde sindicatos permanentemente fracos confiavam habitualmente em fazer campanha política.

Tabela II. Sazonalidade da inquietação na Inglaterra, 1800-50*

Ano	Descrição	Parte do Ano (Meses de pico sublinhados)
1802-3	Sindicatos, Luddismo dos tosquiadores etc	abril a julho
1808	Greve dos tecelães do Lancashire	junho
1811-12	Ludditas de Nottingham	março; novembro
1812	Ludditas de Nottingham	novembro-dezembro
	Ludditas do Lancashire	março-abril
	Ludditas do Yorkshire	fevereiro-junho (abril)
1816	Luddismo e trabalhadores rurais	maio-junho
1817	"Levantes" dos fabricantes de cobertores de Derby e Huddersfield	começo de junho
1818	Greves no Lancashire	julho-agosto
1819	Peterloo (agitação da Reforma)	começo do verão-agosto
1826	Luddismo	abril-maio
1830	Levante dos trabalhadores rurais	outubro-novembro
1830	**Campanhas das Dez Horas (Região Norte)	janeiro-março
1831	**Tumultos da Reforma	novembro
1832	**Tumultos da Reforma	maio
1833	**Campanha das Dez Horas	janeiro-março
1834	Sindicatos Consolidados Grand National: expansão muito rápida	janeiro-abril (março?)
1837	Campanhas da Lei Antipobres	janeiro-começo de junho novembro
1838-9	Cartismo	dezembro-junho (maio-junho)
	Cartismo: Levante de Newport	dezembro
1842	Cartismo: greve geral	agosto
1843	Gales: Tumultos de Rebecca	maio-junho
1948	Cartismo	abril-junho

---

* Esta tabela inclui apenas os episódios principais, e não é assim estritamente comparável com a Tabela I. As fontes são numerosas demais para arrolar convenientemente.
** Afetados pelo horário parlamentar.

Muito pode ser dito sobre as implicações políticas destas mudanças, que levaram a uma espécie de dispersão da inquietação, tanto entre as diferentes classes de um país, como entre diferentes países. A história de 1848, por exemplo, bem podia ter sido diferente se o leito mais profundo dos países dominados por um ritmo industrial não tivesse ocorrido alguns anos previamente — em 1839-42;[24] se o velho e o novo ritmos tivessem coincidido mais proximamente sobre todo o Continente. A história inglesa da década de 1880 foi muito afetada pelo fato de os picos do movimento irlandês — um negócio de pequenos vendedores e rendeiros — terem ocorrido nos leitos cíclicos de 1879-81 e 1886-7 e não, como aqueles do Movimento Trabalhista Inglês, na oscilação para cima de 1888-91.[25] Novamente, o observador não pode deixar de notar o ritmo estranhamente sincopado dos "saltos" dos sindicatos europeus entre 1889 e 1914, notadamente o hábito das principais tensões inglesas (1889-90 e 1911-13) de caírem em ritmos continentais comparativamente menos acentuados.* Fenômenos semelhantes podem ser observados nas expansões de âmbito mundial dos sindicatos na segunda metade da década de 1930, que foi bastante menos marcada na Inglaterra do que na maioria dos outros países, inclusive notadamente, em muitas colônias e dependências inglesas.[26] Tais mudanças estão refletidas na evolução das ideias e das táticas daqueles que acreditavam na revolução europeia ou mundial, desde as presunções tradicionais dos homens de 1848 até as complexidades da "lei do desenvolvimento desigual" de Lenine. Podemos, contudo, acrescentar que a interdependência política crescente dos países, e a força unificadora de coisas tais como as guerras têm até certo ponto neutralizado esta "dispersão".

O novo modelo de "explosão" não é assim tão fácil de analisar. Certamente a análise dos índices disponíveis das condições de

---

* O renascimento trabalhista russo de 1912 e a greve geral belga de 1913 são as principais exceções continentais.

trabalho é mais complicada, embora ajude a resolver o problema da oportunidade exata dos "saltos". O mais mensurável destes, na Inglaterra, ocorre na oscilação para cima dos ciclos comerciais, mas parecem ter sido produzidos nos períodos em que importantes grupos de trabalhadores se tornaram menos abonados.

Os números dos salários reais são muito artificiais e pouco confiáveis para medir isto. Felizmente temos algumas indicações grosseiras, porém mais realistas, de números de consumo para certos artigos de consumo geral e os rendimentos dos pobres. Esta evidência não é de maneira alguma conclusiva, embora mostre que entre 1867 e 1911, o nosso padrão se adapte às três oscilações para cima nas quais as expansões tiveram lugar, não se adapte às duas nas quais elas estiveram ausentes, e pode ou não se adaptar à de 1903-7 na qual não houve nenhuma atividade sindical importante, mas — a julgar pela eleição geral de 1906 — um "salto" político marcante. A Tabela III[27] estabelece a data para as três expansões de 1871-2, 1889-90 e 1911-12. Ela mostra que a proporção do pauperismo de adultos fisicamente capazes deixou de cair entre o leito do colapso e o período justamente anterior à "explosão", e pôde até mostrar uma tendência a subir. *Per contra*, nos períodos de 1880-a e 1893-8 houve um declínio razoavelmente constante, embora não em 1902-7.* Da mesma forma uma tendência mais forte de comprar menos certos artigos de consumo geral aparece antes das "explosões", do que nas oscilações para cima que não contêm nenhuma.

---

* Todo este período, contudo, presencia uma tendência geral de aumento do pauperismo dos fisicamente capazes, que pode ser devida à depressão anormal em Londres, em seu pico de 1905-6. Daí o pauperismo dos fisicamente capazes em 1903-7 não mostra um simples malogro em declinar dos níveis de depressão — na verdade, o colapso dificilmente teve qualquer impacto sobre ele —, mas um salto abrupto em 1905-6.

Tabela III. Mudanças dos Padrões da Classe Trabalhadora antes das Expansões Sindicais, 1871-2, 1889-90 e 1911-12

Ano	Mudanças de consumo (a)	Pobres por 1.000 de população (b)	"Pobres geralmente fisicamente capazes" por 1.000 de população (c)
		1.1867-72	
1867	1	45,0	6,9
1868	3	48,0	7,7
1869	4	47,7	7,8
1870	3	48,8	7,9
1871	4	48,2	7,7
1872	0	43,0	6,6
		II. 1886-9	
1886	6	29,9	3,7
1887	2	29,9	3,7
1888	4	29,0	3,7
1889	3	27,9	3,5
		III. 1908-11	
1908	5	25,7	3,2
1909	1	26,1	3,5
1910	3	25,9	3,6
1911	1	24,8 (d)	3,5

(a) Esta série expressa o número dos seis artigos seguintes cujo consumo por cabeça caiu no ano: Chá, Açúcar, Fumo, Cerveja, Passas de Groselha e de Uva, Chocolate, Café e Arroz. *Fontes,* como as usados em "Some Statistics Relating to Working Class Progress" de G.H. Wood; *J.R. Stat. Soc.* vol. 62 (1889): para 1900-11 os artigos usados em "The Course of Real Wages in London 1900-12" de F. Wood, *J. R. Stat. Soc.* vol. 77 (1913-14). Já que sua tabela inclui Carne e Farinha, mas exclui Arroz e Café, as séries não são comparáveis. A inclusão de outros artigos nas primeiras séries não muda a forma delas.

(b) C.R. sobre a Lei dos Pobres *(Parl. Papers,* 1909, XXXIX; Ap. p. 117), Relat. da Com. do Gov. Local *(Parl. Papers,* 1912-13, XXXV; p. 152): esta proporção inclui todos os pobres, e assim difere da que exclui os insanos e casuais que é dada algumas vezes *(Parl. Papers,* 1910, LIII; p. 29).

(c) Relatórios da Comissão do Governo Local.

(d) A partir de 1º de janeiro de 1911, as pessoas que haviam recebido auxílio para pobres desde 1º de janeiro de 1908 ficaram habilitadas às Pensões para a Velhice; daí decorre o declínio da proporção, em parte ou no todo *(Parl. Papers,* 1912-13, XXXV, pp. viii, 105, 117).

Assim, está razoavelmente claro que o dinheiro estava ficando escasso para a família da classe trabalhadora no fim da década de 1860. Isto é apresentado pelas estatísticas dos Oddfellows; a saída dessa Sociedade subiu constantemente de 1864 até 1869 e não começou a cair realmente até 1871.[28] O aumento do pauperismo foi bastante surpreendente para causar um aperto marcante da aplicação da Lei dos Pobres em 1869 e 1871,[29] porque ele foi atribuído, sem nenhuma evidência óbvia, à complacência. O período mais apertado parece ter sido em 1870. A evidência para 1886-9 é um pouco menos forte, embora bastante sugestiva. O declínio dos salários reais nos anos antes de 1911 é uma questão de conhecimento comum.[30] Sobre o irrompimento de 1833-5 dificilmente sabemos alguma coisa, já que nos faltam os números tanto do consumo geral como da Lei dos Pobres. Seria imprudente concluir muita coisa nos poucos números que possuímos. Embora os preços do trigo por atacado estivessem caindo, sabemos que os preços a varejo não diminuíam em proporção, se é que diminuíam. Os resultados de uma investigação sobre as suas mudanças desde 1814 pela Convenção Cartista de 1839[31] podem ser resumidos nas palavras de um dos questionários: "Enquanto os salários estavam caindo constantemente as provisões não estavam. Minha memória pode me servir para 1830. A diferença, se é que há alguma, é insignificante de qualquer dos lados."[32] O quadro geral é assim, os salários se arrastando atrás dos preços nas fases iniciais destes surtos econômicos, enquanto o declínio do desemprego e a expansão das horas extras ou outras formas elásticas de ganhar ainda não haviam dado início ao aumento.

A situação do desemprego é mais complexa. Dificilmente sabemos alguma coisa sobre o início da década de 1830, exceto que o desemprego entre os fundidores de ferro favorecidos subiu até 1833.[33] Apesar disso, de maneira geral ele deve ter declinado do pico de 1832, embora isto possa não ter afetado os homens atingidos pelas mudanças tecnológicas. Em 1871 o desemprego vinha melhorando por dois anos ou coisa parecida nas indústrias metalúrgicas, e estava apenas começando a melhorar na construção, tipografia e outras ocupações menos cíclicas e mais apáticas, o que podia, contudo, dar uma ideia melhor do que aconteceu com os trabalhadores não organizados.[34] Em 1889 o desemprego nas principais indústrias cíclicas apresentou um forte declínio do grande pico de 1886, nivelando-se um pouco em 1888-9 e subindo um pouco em 1889-90. Os números do desemprego entre os construtores, tipógrafos, marceneiros, mostravam o atraso esperado em 1887-8, diminuíram mais fortemente em 1888-9 e nivelaram em 1889-90. Algumas indústrias, contudo, que sabemos terem sido grandemente afetadas pela "explosão" subsequente, eram heterodoxas. Os fabricantes de botas e calçados tiveram seu pico de desemprego em 1888 e apenas haviam começado o seu declínio.[35] Os ferroviários e maquinistas de trem tiveram também picos de desemprego atrasados em 1887 e 1888. Em 1911 o aumento do emprego é mais uniforme. Até os construtores cujos números de desemprego tinham sido vagarosos por uma década, estavam saindo da sua depressão, embora houvesse uma dispensa estranha, e bastante atípica de 5 por cento deles em junho, que pode ser interessante.[36]

Infelizmente, é difícil comparar a experiência deste com a dos outros países. Os dados são mais escassos[37] e em virtude do estado menos industrializado das outras áreas, menos representativos das classes que participam dos movimentos trabalhistas. Da forma como são, eles se adaptam razoavelmente bem. Assim, os números do consumo e a evidência geral sugerem um aumento temporário das dificuldades trabalhistas no fim da década de 1880 e no começo da de 1870, de qualquer maneira na Prússia.[38] Para a Saxônia, temos a mesma impressão para o fim das décadas de 1880 e 1890 por alguns números de consumo de carne por cabeça;[39] para toda a Alemanha e para[40] algumas cidades bastante separadas o mesmo parece se aplicar em 1904-6.[41] Que valor devemos atribuir a estes e outros índices isolados e insidiosos é outra questão. Talvez valha a pena notar que os primeiros passos da organização do trabalho em países da Ásia são largamente atribuídos ao atraso dos salários atrás dos preços nos surtos econômicos anormais do tempo de guerra, que podem ser considerados como um exemplo extremo do que temos estado descrevendo.[42] Há espaço para muito mais pesquisas neste campo difícil.

Nem é possível sem pesquisas e cálculos laboriosos e provavelmente vãos, fazer quaisquer estimativas gerais das mudanças anuais em intensidade e desconforto do trabalho em qualquer país europeu do nosso período. Que estes têm uma ligação importante com as "explosões" é altamente provável. Há alguma evidência geral quanto a este assunto[43] e é interessante que os períodos de "explosão" estão normalmente entre os poucos nos quais as exigências de horários mais curtos que, neste período, podem geralmente ser considerados por seu valor nominal,* desempenham uma parte importante nas lutas trabalhistas: as Comissões de Horários Curtos do começo da década de 1830, a Campanha das Nove Horas de 1871-2, a Campanha das Oito Horas do fim da década de 1880 e começo

---

* Estas podem algumas vezes ser exigências de aumentos de salários disfarçadas através do pagamento de horas extras. Mas durante a Grande Depressão na Inglaterra elas eram muitas vezes exigências disfarçadas para espalhar o desemprego igualmente.

da de 1890 ocorrem à mente neste país. Podemos também medir a importância deste fator comparando o comportamento dos grupos cujo trabalho foi intensificado com aqueles em que não foi. Assim, os números excelentes de Simiand mostram cinco períodos principais de atividade trabalhista em dois campos de carvão do norte da França entre 1850 e 1920. A Tabela IV mostra que os campos nos quais a intensificação do trabalho teve lugar foram aqueles nos quais a atividade trabalhista foi maior, até 1893.

Tabela IV. Intensidade do Esforço e Greves nos Campos de Carvão do Norte e do Passo de Calais, 1850-90[44] Aumento (diminuição) líquida por cabeça*

Anos	Norte	Passo de Calais	Comentários
1864-6	+8,5	−9,5	Irrompimento no Norte 1866
1870-2	+27	+26,5	" em ambos 1872
1882-4	+3,5	−0,5	" no Norte 1884
1886-9	+0,5	+17	" no P. de C. 1889-93

(A última expansão, 1900-2, teve lugar numa época de rápida mecanização e queda de produção por cabeça, e não se adapta.) Uma correlação semelhante emerge se compararmos os efeitos da expansão sindical de 1889-91 em diferentes companhias ferroviárias inglesas. Se tomarmos a taxa de ferimentos não fatais dos ferroviários como um guia grosseiro das mudanças de intensidade do trabalho, veremos que ela sobe vivamente em três companhias importantes entre 1886 e 1891, e cai, algumas vezes abruptamente, em três outras.[45] A Tabela V compara a sorte do principal sindicato de ferroviários nas companhias interessadas:[46]

---

* O aumento ou queda das porcentagens na produção por homem-dia e em H.P. das máquinas por 100 trabalhadores foi calculado, o primeiro ano da cada série = 100. As dimensões na proporção de H.P. foram acrescentadas, os aumentos subtraídos do primeiro número para fazer uma compensação grosseira por essa parte da produção aumentada que não é atribuível ao esforço físico extra.

Tabela V. Expansão do Número de Membros e Filiais da Sociedade Amalgamada de Estradas de Ferro em Dois Grupos de Companhias, 1888-91

	Companhias cuja taxa de acidente	
	(I) Subiu*	(II) Caiu**
1. Número de filiais em 1888	91	55
2. Número de filiais com pequena mudança do número de membros, como porcentagens de 1888	14	33
3. Número de filiais novas, 1888-91, como porcentagens de 1888	61,5	29
4. Número de filiais novas e crescentes 1888-91, como porcentagens de 1888	144	96

Contudo, as dificuldades de usar dados parciais deste tipo, muitas vezes inadequados e insidiosos, são muito grandes. De qualquer maneira, mais trabalho é necessário antes de podermos dizer até que ponto essas mudanças em esforço são função de movimentos cíclicos — p. ex., nas depressões, como sugere Simiand,[47] as funções da inelasticidade dos salários, nos surtos econômicos desse da oferta de mão de obra — e até que ponto eles expressam fatores a longo prazo.[48] Tampouco sabemos exatamente a importância que eles têm nas mentes dos trabalhadores comparados com outras causas de descontentamento. Enquanto isso podemos apenas ficar inquietamente conscientes da sua possível importância para o nosso problema.

---

* Londres e NW, G. Northern e North Eastern.
** G. Western, Londres e SW e Great Eastern.

V

Tudo isto, contudo, só nos diz em que momento no curto prazo é mais provável ocorrer uma "explosão". Mas o ponto crítico da questão é se toda a situação trabalhista é suficientemente inflamável para pegar fogo. (Não é, naturalmente, necessário que todas as seções da mão de obra devam estar a ponto de combustão espontânea, porque as "explosões" têm grande poder de se propagar por si mesmas, uma vez tenham começado numa área da indústria.)[49] Nem todo ciclo comercial produz essa inflamabilidade geral. Na Inglaterra, após 1850, ela parece ocorrer grosseiramente a cada duas décadas.[50] As tendências mais duradouras de nossos índices lançam pouca luz sobre este problema. As "explosões" do começo das décadas de 1870 e 1900 aparecem em períodos seculares de surto econômico, os das décadas de 1830 e 1880-90 em fases seculares de depressão. O de 1872 ocorre no fim de um período de desemprego provavelmente decrescente, dinheiro e salários reais crescentes; o de 1889 durante um desemprego mais forte, dinheiro estável e salários reais em alta; o de 1911 enquanto o desemprego cai, os salários em dinheiro permanecem estáveis e os salários reais em queda. Os problemas da década de 1830 — se é que se quer arriscar um palpite sobre o período — podem ter coincidido com o desemprego crescente e a queda dos salários reais e em dinheiro. As "explosões" continentais ocorrem contra movimentos que dificilmente são mais uniformes.

Evidentemente o estudo de séries estatísticas isoladas não nos levará mais longe. Devemos considerar a "explosão" como um todo, em relação à estrutura da economia, e a fase particular da mudança econômica na qual ela ocorre. Talvez a presunção mais útil seja que, sob as condições dos séculos dezenove e começo do vinte, o processo normal de desenvolvimento industrial tende a produzir situações explosivas, isto é, acumulações de material inflamável que só pega fogo periodicamente, como se estivesse comprimido. Isto pareceria

Os trabalhadores | 191

ser assim em todas as três fases principais da economia, a da transição para o industrialismo, da "livre concorrência" clássica, e a das formas modernas do estado e do capitalismo das corporações,* embora cada uma tenha suas próprias formas de inelasticidade, bem como seus fatores neutralizadores específicos. Nos países que começam tarde no caminho da industrialização podemos — como na Itália — encontrar curiosas combinações de todos estes. Para a maior parte do século dezenove a análise é significativa, já que temos, falando de maneira geral, que considerar apenas as economias em ascensão, e podemos negligenciar as principais modificações introduzidas pelas fases posteriores do desenvolvimento econômico. Assim, a intervenção ativa do governo antes de 1914 é limitada principalmente a fornecer uma estrutura legal para as negociações industriais, para as ações policiais, para as relações com seus próprios empregados, que são normalmente (fora os ferroviários) uma seção importante da classe trabalhadora, para interferência ocasional nas grandes disputas, e gestos ocasionais encorajadores pelos governos de esquerda como os de Waldeck Rousseau na França, Zanardelli e Giolitti na Itália, tendendo a reforçar as expansões incipientes dos movimentos sociais. A formação de enormes combinações comerciais em nosso período não leva até agora a importantes monopólios-associados com a mão de obra** mas, inclinando o equilíbrio das negociações vivamente a favor dos empregadores, geralmente iria intensificar a atitude antiquada do governo em relação aos sindicatos. O reconhecimento sério, as negociações coletivas institucionalizadas etc., estão apenas começando a se desenvolver.[51] Isto não significa que a nossa análise não possa ser aplicada, *mutatis mutandi,* às fases posteriores. Embora devamos esperar que cada fase do desenvolvimento econômico tenha os seus próprios padrões de acu-

---

* Ou, para aqueles que preferem os termos schumpeterianos, as três "ondas de Kondratiev" que mais do que cobrem o nosso período.

** Discutir as interessantes exceções a esta afirmação nos tiraria do caminho da discussão atual.

mulação e combustão, há uma certa semelhança familiar entre todas elas.[52] É incerto se devemos considerar todo o processo quanto à necessariamente grosseira analogia do motor de combustão interna comum, cuja explosão é inflamada por uma centelha externa, ou do motor Diesel mais elegante, no qual a própria compressão produz a explosão. Podemos encontrar exemplos de ambos. De qualquer maneira, uma vela de ignição está prontamente disponível no ciclo comercial, ou nos acontecimentos políticos.

Mesmo quando todas as simplificações tenham sido feitas, o fenômeno permanece bastante complexo. Talvez a maneira mais conveniente de abordá-la seja portanto tomar uma "explosão" particular como ponto de partida: a de 1889-90 na Inglaterra. Embora esta esteja tradicionalmente associada à Greve das Docas de Londres, a organização dos não capacitados, e o "renascimento do socialismo"; na verdade tocou quase todas as partes industriais do país, e uma grande variedade de indústrias e categorias de mão de obra com filiações políticas muito variáveis.[53]

Podemos dispor os vários grupos afetados por este fenômeno numa espécie de espectro. Numa extremidade dele encontramos aqueles cuja "explosão" era dominada pelo ciclo comercial (no cenário específico mais amplo da Grande Depressão), p. ex., os mineiros de carvão e as indústrias pesadas tradicionais; na outra extremidade, grupos como os trabalhadores do gás, quase não afetados pelos movimentos cíclicos. Na verdade, a maioria dos grupos estava em algum lugar entre estes extremos, embora os fatores cíclicos que os afetavam não fossem tanto os golpes repentinos do desemprego ou os cortes de salários nos colapsos, como formas mais indiretas e graduais de pressão que se abatia sobre eles, quando os patrões tentavam escapar à tendência geral de as margens de lucro caírem. Os movimentos dominados pelo ciclo começaram bem antes do irrompimento principal — entre os mineiros, no leito do preço de venda do carvão, nos estaleiros, logo após seu ano mais desastroso, no algodão até mais cedo.[54] Eles tiveram efeito imediato surpreen-

OS TRABALHADORES | 193

dentemente pequeno sobre o resto do país, que esperou que a centelha viesse dos marinheiros, estivadores e trabalhadores do gás dois anos mais tarde.[55] Além do mais, eles continuaram semi-independentes do movimento principal, embora algumas vezes, como os mineiros do TUC, aliando-se a ele em busca de exigências comuns (1889-93). Dos sindicatos mais amplos entre os não capacitados, o que tinha o seu quartel-general nos estaleiros do nordeste era o único que não estava sob liderança socialista.[56]

Podemos notar de passagem que a "capacidade de explosão" era menor onde existiam instituições regulares consideradas capazes de salvaguardar a posição geral de negociação dos homens, e seu mínimo básico de venda. O algodão não explodiu na década de 1880, mas ajustou-se gradualmente; a lã, a que faltava qualquer dessa maquinaria como o algodão nas décadas de 1820 e 1830, e a mineração de carvão, que sofreu sob a escala móvel de preços, "explodiram".*

Podemos assim concluir que os fatores de depressão a longo prazo (tal como expressos em ciclos dentro desses períodos) ajudaram a acumular material inflamável em vez de pôr-lhe fogo. Contudo, devesse lembrar que a pressão direta da Grande Depressão sobre a mão de obra na Inglaterra foi bastante mais fraca do que no período de 1815-47, ou entre as guerras. Essa pressão se limitou, naturalmente, aos períodos seculares de depressão. Nos períodos seculares de expansão podia haver menos motivos para os empregadores atacarem as condições de trabalho diretamente, mas os efeitos indiretos das políticas comerciais podem ser igualmente sérios, p. ex., as mudanças na direção dos investimentos. Até o ponto em que esses fatores — que não precisamos analisar mais aqui — afetam as condições de trabalho e dos salários, eles já foram rapidamente considerados na seção IV acima.

---

* As principais conquistas do algodão — a formação da Card-Room Amalgamation (1886), sua admissão de fiandeiros de anel (1887), a formação da Associação Amalgamada dos Tecelões dos Condados do Norte (1884), e a negociação da lista de fiação final de Bolton (1887), todas antedatam a expansão. Há apenas sinais fracos de "capacidade de explosão" aqui em 1889-90, em comparação com a década de 1830 e 1911-12.

Podemos em seguida agrupar as nossas indústrias de maneira diferente. Numa extremidade da balança podemos colocar aquelas que aumentaram sua produção ou atividades sem qualquer mudança técnica ou organizacional importante, p. ex., a dos trabalhadores do gás; na outra aquelas que estão passando por uma rápida revolução técnica do tipo com mais probabilidade de afetar os trabalhadores, p. ex., a produção em massa na fabricação de roupas. Uma vez que a Inglaterra (ao contrário da Alemanha ou dos EUA contemporâneos) não estava, de maneira geral, passando por qualquer mudança muito surpreendente na técnica ou na organização comercial, a maior parte dos grupos neste período está reunida perto da primeira extremidade da balança, embora alguns, bastante proeminentes na explosão — trabalhadores na indústria de botas e sapatos, os homens dos bondes, eletricistas, trabalhadores das indústrias químicas, moinhos de farinha e óleo, trabalhadores em roupas etc. —, estejam mais perto da outra. Isto nos permite distinguir as duas formas principais pelas quais a mudança da técnica acumulava tensões.

A primeira destas é melhor ilustrada pelo caso classicamente puro dos trabalhadores de gás entre suas duas "explosões" de 1872 e 1889. A indústria deles expandiu a produção num ritmo uniforme, quase não afetada pelas inovações técnicas e, exceto pelo mercado de subprodutos secundários, não afetada pelo ciclo comercial.* Além do mais, ela trabalhou sem capacidade ociosa substancial para complicar o quadro.[57] Por 16 anos ela ficou virtualmente livre dos sindicatos ou dos problemas trabalhistas — até a demanda quase universal de 1889, não por aumentos de salários, mas por um turno mais curto —, isto é, por uma intensidade diminuída do trabalho. O aumento desta intensidade pode ser medido grosseiramente: de 1874 a 1888 o total de carvão carbonizado nos gasômetros de Londres subiu 76 por cento, o número de turnos trabalhados apenas 48 por

---

* Mas já que trabalhadores sazonais do gás trabalhavam em ocupações ciclicamente sensíveis — p. ex. fabricação de tijolos —, eles devem ter sido afetados por elas.

cento;[58] embora isto subestime grandemente a "sensação" em contraposição à intensificação "real" do trabalho.* Mas o mesmo processo que causou o descontentamento dos trabalhadores tornou também a administração temporariamente muito mais vulnerável à pressão deles. Isto também pode ser medido. A indústria cedeu à exigência de um turno de 8 horas em vez de 12 virtualmente sem luta (sem dúvida com um olhar de soslaio para a indústria elétrica que estava crescendo), embora se acreditasse então que isto envolvesse um aumento de 33 por cento na folha de pagamento sem quaisquer fatores de compensação.[59] Temos assim um mecanismo muito elegante, que produz suas tensões crescentes; uma vela de ignição sob a forma de um aumento temporário desproporcionalmente grande na vulnerabilidade da administração, e também um mecanismo de retardamento. Porque após cada repente de mudança técnica e organizacional tanto os patrões como os trabalhadores se adaptam a formas específicas de relações que, como todas as instituições, são razoavelmente inelásticas, represas que tanto ajudam a acumular a água que sobe como a impedem de transbordar até ela ter atingido urna certa altura.

O mecanismo explosivo é menos simples nas fases seguintes da mudança técnica. Talvez o fator mais importante que ajuda os movimentos sociais descontínuos seja a tendência das próprias inovações se reunirem; fenômeno esse que não precisamos investigar mais aqui.** Assim, por volta da virada da década de 1880 vários grupos de trabalhadores foram afetados simultaneamente por elas — tipógrafos, maquinistas de trem, trabalhadores em roupas, botas e calçados, bem como novos grupos inteiros como os eletricistas. Mas as mudanças técnicas normalmente deslocam grupos tanto dentro da indústria como fora dela, ou de qualquer maneira alte-

---

* Uma vez que quase quaisquer mudanças no trabalho pesado, que estabeleça o seu ritmo convencional, têm probabilidade de ser consideradas como causando desconforto.

** Houve alguma discussão sobre isso em relação ao sistema Schumpeteriano de desenvolvimento econômico.

ram suas posições de negociação, criando descontentamento por rebaixamento, e a possibilidade de organização rápida pela abertura de novas táticas a outros. A "explosão" de 1889 não é talvez a melhor para o estudo deste fenômeno. Não encontramos aqui — o que foi obviamente um fator importante por trás dos irrompimentos da década de 1830 — o rebaixamento dos trabalhadores domésticos e dos artesãos que trabalhavam com as mãos após sua "idade do ouro" no período revolucionário e Napoleônico; o colapso dos ganhos dos tecelões de teares manuais, das associações fechadas locais de artesãos que produziam bens de consumo — alfaiates, fabricantes de móveis, talvez construtores; a ameaça aos artesãos-chave industriais diante das máquinas — cardadores de lã e fiandeiros.[60] Encontramos, contudo, mudanças secundárias, mas não desprezíveis, para a esquerda entre vários grupos de ofícios,[61] e uma inquietação menos facilmente definível entre esse grupo sensível, os trabalhadores em casa semi-independentes e os subempreiteiros na orla das indústrias de bens de consumo.[62] De qualquer maneira uma mudança no aparelho da produção envolve uma mudança na superestrutura das instituições e políticas que se apoiam nele; já que estes são até certo ponto rígidos, o ajustamento* não tem probabilidade de ser suave ou imediato. Podemos quase certamente encontrar um período de experimentação, tanto por parte dos patrões como dos trabalhadores — e daí de inquietação latente ou aberta —, antes de um novo padrão de relações industriais suceder o velho. A história das relações industriais na indústria de botas e calçados antes do "acordo" de 1895[63] pode ilustrar o que acontece durante o período de inovações técnicas; a história das relações entre a Federação de Navegadores e os sindicatos de marinheiros e estivadores pode mostrar o que acontece durante a transição para

---

* O "ajustamento" é um termo geral e relativo. Alguns ajustamentos são feitos mais facilmente do que outros, alguns não podem absolutamente ser feitos no curso da vida de uma economia produtora de lucros.

uma estrutura oligopolista.[64] Ambas as indústrias foram muito afetadas pela "explosão" de 1889. O sindicalismo mineiro e têxtil em muitos países segue padrões semelhantes. Contudo, estes subprodutos das mudanças técnicas produzem material explosivo, em vez de explosões, embora em alguma parte da massa inquieta haja muita probabilidade de ser gerada uma centelha.

No entanto, estes são fatores inerentes ao ritmo do crescimento industrial, e à estrutura social do país, que impedem qualquer dissipação gradual dessa inquietação. Alguns destes *atrasos de tempo* são familiares aos sociólogos e historiadores. Por conveniência, vamos considerar aqui apenas uma espécie. As expansões industriais no século dezenove normalmente encontravam sua força de trabalho (com algumas exceções) fora da classe trabalhadora industrial, p. ex., nas aldeias, ou fora da mão de obra industrial regular.[65] Estes novos recrutas eram muitas vezes atraídos pela perspectiva de melhores ganhos e outros incentivos, e em consequência, por algum tempo, mais bem contentados. (Eles não podiam ser mais dóceis: os ex-camponeses têm o seu próprio ritmo de descontentamento, que é algumas vezes mais feroz do que o dos trabalhadores estabelecidos.) De qualquer maneira, eles não eram condicionados a desempenhar o jogo industrial segundo suas próprias regras. O processo de condicioná-los a isso foi estudado do ponto de vista do patrão, mas menos vezes do que isso, do líder trabalhista, a quem ele também serve. O hábito da solidariedade industrial deve ser aprendido, como o de trabalhar uma semana regular; bem como o senso comum de exigir concessões quando as condições são favoráveis, não quando a fome sugere. Há assim um atraso de tempo natural, antes que os novos trabalhadores se transformem num movimento trabalhista "eficaz". Quando as indústrias crescem em torno de um núcleo suficientemente forte de mão de obra "madura", como durante a Segunda Guerra Mundial na Inglaterra, ou quando as condições estão sob ataque direto, como nos períodos de depressão secular, este será mais curto do que quando as condições do surto econômico secular adiam a urgência das exigências organizadas, ou quando novos centros crescem no isolamento de Le Creusot, das minas da Silésia, ou do sertão de Quebec. A impotência ou a ignorância podem prolongá-lo artificialmente, porque os trabalhadores das novas indústrias (ou quanto a isso os velhos trabalhadores), dispondo apenas de técnicas antigas inadequadas, podem simplesmente não saber o que fazer em seguida. Assim, nos anos antes do irrompimento de 1834 podemos vê-los lançando olhares em volta à procura de novas técnicas de organização nacional ou industrial com que enfrentar os problemas que frustravam os métodos das sociedades de artesãos locais.[66] O começo da década de 1900 está cheio de discussões estratégicas e táticas semelhantes em vários países europeus.* Vários fatores podem precipitar essas admissões artificialmente retardadas de trabalhadores na atividade trabalhista organizada. As notícias de agitação trabalhista em outra parte, uma vez que penetrem na nova área, podem provocá-la. Da mesma forma, os acontecimentos e tensões políticas, p. ex., a eleição geral francesa de 1936 ou o estabelecimento de governos provinciais do Congresso na Índia em 1937.[67] Em muitos países da Europa pode-se suspeitar que os acontecimentos políticos e militares do meio da década de 1860, seguidos do grande surto econômico do começo da década de 1870, são em grande parte responsáveis pelas notáveis "explosões" simultâneas em tantos lugares.

O mecanismo disto pode ser ilustrado pelos ferroviários ingleses, proeminentes em todas as três expansões entre 1850 e 1914; e diferindo de muitos ferroviários estrangeiros não impedidos de se organizarem pela lei, e estando entre os últimos em vez dos primeiros grupos industriais a fazerem isso.[68] Fora da plataforma do maquinista capacitado e das categorias das oficinas, muitos deles eram atraídos das aldeias, ou outros grupos não organizados.[69] Além dos fatores já mencionados, a estrutura da indústria forçou

---

* Principalmente sobre sindicalismo industrial versus artesanal.

neles virtualmente um padrão explosivo: eles tinham que se organizar numa base de todas as categorias e numa rede completa — por si mesma uma tarefa difícil, exigindo novas técnicas — ou não se organizavam absolutamente.[70] Contudo, logo que haviam se estabelecido, tornaram-se imediatamente centros de atividade trabalhista, especialmente no campo, ajudando assim a propagar a "explosão" da qual faziam parte.[71] Eles saltaram, com uma limitação, do atraso extremo para outra das posições de liderança e mais efetivas do movimento trabalhista.

Na prática estes vários tipos de padrões estão combinados em todas as "explosões": indústrias estáticas e em expansão, indústrias tecnicamente inertes e dinâmicas, fatores cíclicos a curto e longo prazo, retardamento etc. Assim, o movimento dos mineiros foi não só uma campanha salarial cíclica ortodoxa mas, segundo os *slogans* de um Salário Mínimo e um Dia de Oito Horas, uma tentativa de enfrentar a pressão a longo prazo sobre os padrões dos mineiros de carvão. Ela se preocupou muito também com o deslocamento dos grupos estabelecidos, porque (como entre os marinheiros) o fim da década de 1880 presenciou um recrutamento anormalmente rápido de mão de obra não habilitada.[72] As estradas de ferro mostraram um padrão semelhante ao dos trabalhadores em gás,[73] embora excitado pela situação muito menos favorável da indústria, e à sua maior vulnerabilidade às flutuações. As Docas de Londres, como Beatrice Potter[74] as descreveu, apresentam um quadro quase clássico da competição por lucros decrescentes por uma indústria em expansão, mas tecnicamente estagnada — e daí de pressão aumentada sobre os trabalhadores. A indústria de construção naval, a outra grande pioneira da expansão, teve problemas semelhantes. Novamente nota-se a vulnerabilidade aumentada à pressão da Mão de Obra, que transformou a Greve das Docas de 1889 num sucesso tão portentoso: entre 1878 e 1888 a tonelagem entrada e liberada nas Docas de Londres aumentou de mais de 35 por cento[75] (o aumento médio nos outros portos afetados pela expansão foi muito maior)[76], enquanto o número de alguns homens-chaves habilitados — os homens das chatas, por exemplo — declinou realmente.[77] Pilhas de material explosivo foram amontoadas por todo o país, prontas para a centelha.

Um fator final deve ser rapidamente mencionado: a parte desempenhada pelos corpos de agitadores, propagandistas e organizadores, armados com novas ideias e novos métodos, e prontos para levá-los para áreas até então inerentes e não organizadas. Sem dúvida as "explosões" generalizadas são possíveis sem eles: os tumultos dos preços periódicos e simultâneos sobre muitas partes da Inglaterra do século dezoito são exemplos, embora lhes faltem precisamente as inovações qualitativas no movimento tão características da "explosão" mais típica. Estas normalmente têm sido associadas com novos tipos de liderança, organização ou exigências, por si mesmas sem dúvida produto do período de mudança econômica com que a "explosão" tentou chegar a um acordo: owenistas e cartistas na década de 1830, a Associação Internacional dos Trabalhadores e seus movimentos semelhantes no fim da década de 1860 e começo da de 1870, o socialismo renascido Marxismo ou de outra forma — no fim da década de 1880, 1890 e começo da de 1900, ou além desses sua ala esquerda revolucionária ou sindicalista. Se preferirmos podemos considerar este como outro exemplo dessa rigidez institucional que ajuda a tornar os movimentos descontínuos. Os líderes e organizadores estabelecidos — por exemplo para a liderança do Congresso Sindical da década de 1880 — podiam muito bem ter realizado a maior parte da organização que foi deixada aos agitadores marxistas e quase marxistas; mas foi para os últimos que os não organizados tiveram que se voltar em busca de ajuda e conselho. A nova liderança ajudou a dar às "explosões", tais como eram, uma individualidade histórica; tanta que o leigo automaticamente pensa em Owen e no Grand National, em Burns, Mann e os Estivadores, nos Sindicalistas, quando as explosões das décadas de 1830, 1880 e 1910 são mencionadas, e continua menos consciente da "explosão" ideologicamente não tão surpreendente de 1871-2. À parte o lado de relações públicas da questão, contudo, eles ajudaram a fundir uma massa de discretos movimentos locais, regionais ou seccionais num todo maior. Os grandes sindicatos nacionais que tudo abarcavam dos não organizados após 1889 foram aqueles dominados pela ala esquerda. Estivadores e Trabalhadores do Gás; aqueles que não foram, tenderam a permanecer puramente seccionais ou regionais.[78] Além disto, eles forneceram a força unificadora maior dos objetivos e palavras de ordem comuns. Sem os owenistas em 1834, ou os Seis Pontos da Carta após 1838, as forças muito heterogêneas (e muitas vezes contraditórias) dos descontentes quase certamente não teriam se tornado uma força nacional única, embora frágil. Os historiadores podem simplesmente ter notado sua coexistência. O mesmo é verdadeiro, em menor extensão, a respeito de palavras de ordem tais como aquelas do Dia de Oito Horas na década de 1880 e começo da de 1890. Em certos momentos, corpos tais como os Internacionais da classe trabalhadora conseguiram até imprimir um selo comum em "explosões" simultâneas em diferentes países, embora talvez eles atribuíssem esperanças muito ardentes a essas atividades.* Contudo quando o ímpeto ideológico é maior do que o proporcionado por resoluções da conferência e assim por diante, o seu poder de fazer as centelhas saltarem de um país para os outros não deve ser subestimado. Ele fez isso em 1830 e 1848; e a "explosão" na Europa Central em 1905-7 deveu mais do que um pouco às notícias da maior na Rússia.[79]

Podemos resumir rápida e experimentalmente. Só a análise individual pode revelar a combinação específica das tensões que compõem qualquer "explosão" determinada, e as tentativas de descobrir exatamente a mesma combinação (em contraposição a uma semelhança familiar geral dos padrões) têm probabilidade de ser mal-

---

* A Primeira Internacional simplesmente pela organização comum, a Segunda pelo artifício de demonstrações de massa simultâneas para exigências-padrão, à qual devemos o 1º de Maio.

sucedidas. Assim, na Inglaterra os fatores principais na década de 1830 foram talvez o deslocamento secular dos grupos previamente bem-estabelecidos, e a pressão direta sobre os padrões trabalhistas. Nas décadas de 1860 e 1870 os retardamentos e as descontinuidades do crescimento técnico podem ter sido os mais importantes. Em 1889 a situação parece ter sido dominada pelo padrão peculiar da estagnação técnica da Grande Depressão, a atividade comercial em expansão e a queda de lucros. Em 1911 todos os fatores principais podem ser pesquisados, embora as descontinuidades técnicas e a queda dos salários reais se destaquem.[80] Sem dúvida análises mais completas tentariam distinguir as menores "famílias" de "explosões" dentro da maior que foi considerada aqui: aquelas dos países engajados na transição da sociedade pré-industrial para o capitalismo industrial, aquelas do "mercado-livre" clássico do século dezenove e do capitalismo competitivo,* e aquelas das modernas economias capitalistas, dominadas pelo governo, a competição imperfeita e a "segunda Revolução Industrial", e as várias maneiras pelas quais o desenvolvimento desigual das economias combinam e se encaixam nestas. Não é nem possível nem desejável fazer isto aqui. Contudo, podemos sugerir que outros estudos não se preocupem muito com os fatores cíclicos (a menos, como Kondratiev, se preferirmos chamar as fases qualitativamente diferentes da evolução econômica de "ciclos"). Os fatores cíclicos puramente a curto prazo poderiam parecer explicar a oportunidade das "explosões" dentro dos ciclos individuais, mas não muito mais.

(1952)

---

* Provavelmente o único caso "puro" deste tipo, não significativamente destorcido pela transição da pré-indústria, pela fase monopolista, ou por ambas, é o da Inglaterra na segunda metade do século.

NOTAS

1. *Short History of the British Working-Class Movement* (1948), de G.D.H. Cole, é a fonte mais conveniente para os números relativos à Inglaterra disponíveis desde a década de 1860. As séries contínuas individuais para certos ofícios recuam mais no tempo, mas requerem uso cuidadoso. Para os outros países, veja a referência 3 abaixo.

   Esta é a forma de um movimento crescente. Uma vez bem-estabelecida, especialmente, uma vez tendo ganhado a maioria do povo que ele comece a organizar, ou, um alto grau de reconhecimento público, a "capacidade de saltar" é menos evidente nos membros, embora não na atividade.

2. Para o primeiro, *History of Trade Unionism*, de S. e B. Webb (1894 e cd. subseq.) caps. 3-4; *History of the Trade Union Organization in the Potteries* (1931), de W. Warburton, caps. 3-5; *The Lancashire Cotton Industry* (1904), de S. Chapman, cap. 9; Congresso Sindical, *The Martyrs of Tolpuddle* (1934); "Atempts at General Union 1829-23", de G.D.H. Cole, *Int. Rev. Social History*, IV (1939); para o último, as numerosas histórias do Cartismo.

3. As fontes mais acessíveis: *Abstract of Foreign Labour Statistics* (desde 1899); *Labour Gazette* (desde 1894); "The Growth of Trade Unions since 1913", *Int. Lab. Rev.* (1922), III, p. 78 e (1922), IV, p. 53; *Die Gewerkschaftsbewegung*, de W. Kulemann (Jena, 1900 e eds. posteriores) e o desigual *Int. Handbuch d. Gewerkschaftswesens*. Estatísticas úteis estão disponíveis em várias obras secundárias, p. ex., para a Franpa, *Hist. d. Mouv. Syndical Français* (Paris 1937), de G. Lefranc; para a Itália, *Storia del Mov. Operaio Ital.* (Milão 1947), de R. Rigola; para a Alemanha, *Gesch. d. deutschenfreien Gewerkschaften* (Jena 1922) de K. Zwing; para a Bélgica, *Le Parti Ouvrier Belge* (Bruxelas 1925) de E. Vandervele; para a Suécia, *Wages in Sweden 1860-1932* (Londres 1935) de Svenilsson, II; para a Áustria, *Gesch. d. oesterr. Gewerschaften* (Viena 1908 e eds. posteriores), de J. Deutsch; para a Rússia, *Gewerkschaftsbewegung in Russland 1905-14* (Berlim 1927), de W. Grinewitsch.

4. *Le Mouv. Ouvrier et les Idées Sociales en France* (Paris, sem data), de C.E. Labrousse; *British Economy of the Nineteenth Century* (Oxford 1948), de W.W. Rostow, pt. II.

5. P. ex., "Cycles of Strikes" de A.H. Hansen, *Amer. Econ. Rev.* XI (1921), p. 616; *British Trade Unions* (Londres 1947), de N. Barou, pp. 86-7, Ap. VI.
6. P. ex., *"The Theory of Union Growth"*, de Horace B. Davis, *Q. Journ. Econ.* LV (1940-1), pp. 621 ss., 632-3.
7. Davis, *loc. cit.*, p. 623.
8. Ver, por exemplo, "On the Rate of Wages in Manchester and Salford and the Manufacturing Districts of Lancashire 1839-59", de D. Chadwick, *J. R. Stat. Soc.*, XXIII (1860), p. I, que mostra que as proporções de 6 em 6 artesãos habilitados em metal subiram, as de 2 em 7 dos graus semi-habilitados subiram, 3 permaneceram estáveis e 2 caíram; enquanto de 3 graus não habilitados 1 permaneceu estável e 3 caíram.
9. Cf. a oposição dos artesãos habilitados em ofícios favorecidos ao radicalismo das décadas de 1830 e 1840 (S. e B. Webb, op. cit. ed. 1894), pp. 180-1.
10. É ilusório deduzir por eles uma dúzia de períodos de "pleno emprego virtual" dos padeiros entre 1800 e 1914 (Rostow, op. cit., p. 33) ou presumir que esse termo tenha a mesma conotação no século dezenove que hoje.
11. Principalmente na França, por Labrousse e outros. Ver J. Fourastié em *IXe Congrès Internationale des Sciences Historiques* (Paris 1950), I, p. 223. O Professor Ashton observou também que fenômenos tais como o "Paradoxo de Gibson", de Keynes (A Treatise on Money. II), não parecem ser válidos antes da década de 1840.
12. *Op. cit.*, pp. 124-5. A escolha dos pesos para os preços do trigo parece arbitrária à primeira vista.
13. *La Crise de l'Economie Française à ta Fin de L'Ancien Regime* (Paris 1944), de C. E. Labrousse, Introdução; *La Politique Financière et Econ. de I' Assemblée Constituante* (Paris, sem data), de C. E. Labrousse, cap. II, pp. 16-24.
14. Mas veja "The Course of Wage Rates in Five Counties", de E. Phelps Brown e S. Hopkins, *Oxford Econ. Papers*, N. S. II (junho 1950), pp. 234-5, em oposição à opinião geralmente aceita de que a estrutura salarial tendeu a se tornar menos flexível.
15. Fonte: a crônica completa, embora não exaustiva, dos tumultos em *Methodism and the Common People of the Eighteenth Century* (Londres 1945), de R. Wearmouth.

16. Para as exceções — Piedmont — ver *I Partiti Popolari* (Florença 1900) de A. Frilli, p. 22.

17. Inversamente, as depressões têm tendido a se tornarem períodos de queda de custo de vida, compensando assim parcialmente o efeito do forte desemprego. Cf. *Studies in the Development of Capitalism* (Londres 1946), de M.H. Dobb, p. 334,

18. *Le Socialisme en Belgique* (Paris, 1903), de J. Destrée e E. Vandervelde, Pt. II, caps. 1,4,10. Vandervelde, *op. cit.*

19. *Theorie u. Praxis d. Getteralstreiks* (Jena, 1908), de E. Georgi, pp. 52, 57, 89 — para a Bélgica, Suécia, Trieste e Barcelona, *De Spoorwgstakingen van 1903* (Leiden 1935) ,de A. J. C. Rueter. Ver também *The General Strike* (Chapei Hill 1931), de W. H. Crook. Para as greves gerais russas de 1902-3, *An Econ. Hist. of Rússia* (Londres, 1914), de J. Mavor, II, Lv. 7, Cap. I.

20. *L'Italia nel 1898, Tumulti e Reazione* (ed. Milão, 1951), de N. Colajanni, caps. 3, II. Para uma lista detalhada dos tumultos, *Almanacco Socialista*, de 1899.

21. Há evidência em ambos os sentidos em *L'Italie Econ. et Sociale 1861-1812* (Paris 1913), de E. Lemonon, pp. 159-78. *Sobre as "explosões" sindicais de 1901 Vent'anni di Movimento Operaio Genovese* (Milão 1932), de M. Bettinotti, pp. 54-5,63, e os números admiravelmente completos em *Origini, Vicende e Conquisti delle Organizzazione Operaie aderenti alla Camera del Lavoro in Milano* (Milão, Società Umanitaria, 1909).

22. Ver a crítica de A. Boscolo, "I Moti dei 1906 em Sardegna", *Movimento Operaio*, II (junho-julho 1950), pp. 9-10.

23. Temos apenas evidência fragmentária e indireta para aqueles antes de 182-45, p. ex., em *The Early English Trade Unions* (Londres 1948), de A. Aspinall, pp. 7, 246-313; *British Working-Class Movements 1789-1875* (Londres 1951), de Cole e Filson. pp. 149-58. Para 1824-5 ver ibid., p. 241; S. e B. Webb, *op. cit.*, pp. 98-100. Para 1844-6, *The Common People* (Londres 1946), de Cole e Postgate, pp. 316-17.

24. O outro país industrializado, a Bélgica, parece realmente ter ficado em parte intocado pela crise do começo de 1848. Ver "La Belgique en 1848", de J. Dhondt, *Actes du Congrès Historique de la Rev. de 1948* (Paris 1948), p. 120.

25. Um exemplo anterior e surpreendente disto pode ser encontrado no sul da Inglaterra. Em 1830, a inquietação dos trabalhadores rurais parou a poucos quilômetros dos centros têxteis tradicionalmente tumultuosos, que estavam progredindo economicamente. (Ver a correspondência de M.S. Cobb, Wilts Arch. and Nat. Hist. Soc. Library, Devizes.) Em 1839, quando a força física do Cartisrno dominou a última (P.R.O. *Home Office Papers,* H.O. 40/40,40/48), inquietação agrária no país, marcada pela queima de medas e delitos semelhantes, foi no seu ponto mais baixo para a década (ver o relatório parlamentar anual "Numbers of Criminal Offenders" de 1834). Entre elas as áreas de inquietação em 1830 e 1839 cobrem a maior parte do país, mas dificilmente se superpõem.

26. *Organized Labour in Four Continents* (Londres 1939), H. A. Marquand (ed); *Labor Problems in South-east Asia* (Yale 1947), de V. Thompson; *Labor in the Philippine Economy* (Stanford 1945), de K. Kurihara; *Trade Unionism in Índia* (Bombaim 1948), de S.D. Punekar, põem isso em relevo.

27. Os índices do consumo são preferíveis aos do salário real, em virtude da ausência das fraquezas conhecidas dos números do custo de vida. A Tabela dá tanto as taxas gerais dos pobres (que são sobrecarregadas pelos velhos e enfermos), como as dos adultos normais e fisicamente capacitados, que podem ser tomadas como uma verificação grosseira sobre a taxa de desemprego sindical, da qual elas divergem de maneira bastante interessante. Deve-se tomar cuidado para não usar estes números como indicadores mais do que gerais, ou fora do seu objetivo. Assim, eles não se prestam para contribuir para a discussão sobre o movimento dos ciclos de salários reais e em dinheiro (ver Dunlop. Keynes, Tarshis e Richardson em *Econ. J.* XLVIII (1938), p. 412; XLIX (1939), pp. 34, 150, 425; Ruggles, Dunlop, Tarshis em *Q. J. Econ.* LV (1940-1941), pp. 130, 683, 691, 697), e eles na verdade não apoiam claramente qualquer dos lados em controvérsia.

28 *J. R. Stat. Soc.* XL (1877), pp. 42 ss., "Some statistics of the Affiliated Orders of Friendly Societies"; também the *Manchester Unity of Oddfellows* (Londres 1869), de F.G.P. Nelson.

29. Cf. Minuta de Goschen de 1869 e a Circular da Junta de Governo Local de 2 de dezembro de 1871.

30. Alegou-se (*Labour Gazette* [1912], p. 2) que a seca do verão de 1911 acentuou o aumento do custo de vida; mas não se pode ter certeza de até que ponto isto afetaria o movimento que estava no seu auge em agosto-setembro.

31. B.M. Add. MSS 34, 245 A e B. Os relatórios representam bem apenas algumas áreas, notadamente das cidades escocesas e da Inglaterra Ocidental.

32. Loc. cit., B p. 284. Ver também "The Standard of Living of the English Working Class, 1790-1830", de T.S. Ashton, *Journ. Econ. Hist.* Supl. IX (1949).

33. *Three Sources of Unemployment* (Genebra 1935), de Woytinsky.

34. *J.R. Stat. Soc.* LXII (1899), pp. 640-2.

35. *J.R. Stat. Soc.* LXVII (1904), p. 58.

36. *Unemployment* (ed. 1930), de W.H. Beveridge, p. 429.

37. Os números do desemprego são escassos antes da década de 1890, e não muito usados antes do século vinte. O material para os números do consumo está bem-pesquisado em *Die Konsumtion d. wichtigsten Kulturlaender* (Berlim 1899), de K. Apelt. Os números dos salários e preços são mais abundantes, mas os perigos de manipular os índices de salários reais devem ser evidentes pelas discussões dos padrões da classe trabalhadora inglesa na primeira metade do século.

38. Apelt., *op. cit.*, p. 22 (pão), p. 95 (café); *Gesch. d. deutschen Sozialdemokratie (Stuttgart* 1898), de F. Mehring, II, pp. 320-1. Mas é sugerida uma melhora nas condições de vida, sem evidências, em *Die sozialdemokr. Gewerkschaften in Deutschland seit d. Erlass d. Sozialistengesetzes* de (Jena 1896), de J. Schmoele, p. 39.

39. "Fleischverbrauch im Kgr. Sachsen", de R. Martin, *Ztschr. d. Kgl. Saechs. Statist. Bureaus* (1895), pp. 119 ss., 150; "Stoerungen im deutschen Wirtschaftsleben", *Schriften d. Vereins f. Sozialpolitik,* vol. 109 (1903), pp. 5, 238.

40. "Kosten d. Lebenshaltung in deuteschen Grosstaedten", *Schriften d.V.f. Soz. Pol.* vol. 145 (1914), I, 93 (Halle), 211 (Leipzig), 145, II, 58 (Barmen), 145, IV, 49 (Chemnitz), 384 (toda a Alemanha). O acordo de mercado entre o movimento destas séries é notável.

41. Importante aumento do custo de vida em Paris no fim da década de 1880 e começo da de 1890 são sugeridos por G. Moreau, *Le Syndi-*

calisme (Paris 1925), pp. 312ss., e C.Tyszka, *Loehne u. Lebenskosten in Westeuropa im* 19.*Jh.* (Leipzig 1914), p. 21. Nenhum dado útil de consumo para os centros franceses industriais e urbanos estão, contudo, prontamente disponíveis, sendo as estatísticas Octroi para certas cidades *(Bulletin de Statistique ef Legislation Comparée,* anual) muito difíceis de usar. O estudo sério destas fontes começou recentemente: cf. *L 'Octroi de Dijon au XIX siècle* (Paris 1955), de R. Laurent.

42. *The Industrial Worker in índia* (Londres 1939), de B. Shiva Rao, p. 181, The Labor Movement in Japan (Chicago 1918), de Sen Katayama, p. 36, para o período da guerra sino-japonesa, 1896-7.

43. *L'Avènement du Regime Syndical à Verviers* (Paris 1908), de L. Dechesne, pp. 102 ss., sobre a importância da luta contra o "sistema de dois teares" na gênese do irrompimento de 1906. Esta é uma das poucas monografias da "explosão" sindical.

44. *Fonte: Le Salaire des Ouvriers des Mines de Charbon en France* (Paris 1907), de F. Simiand, Tabela B (p. 112), pp. 351-5.

45. *Parl. Papers,* 1893-4, LXXIX, "Return of Inuries to Railway Servants". Estes números excluem os ferimentos *não* causados pelo movimento dos trens, que não ficaram convenientemente disponíveis senão após 1896. Tampouco dão eles a proporção dos feridos em relação àqueles "expostos ao risco", cujo número muda a uma taxa diferente da dos ferroviários. (Ver o *Railway Aecident Reports* anuais.) Os cálculos semelhantes para períodos posteriores são mais difíceis devido à mudança dos métodos de comunicação de acidentes em 1906, a ambos os métodos de comunicação e à classificação dos trabalhadores interessados, em 1896. Para os períodos anteriores não possuímos nenhum dado útil. Cf., *The Rate of Fatal and Non-Fatal Accidents in and about Mines and on Railways* (Londres 1880), de F. G. P. Neison; disponível na Biblioteca da Real Sociedade de Estatística. Também do mesmo, "Analytical View of Railway Accidentes II", *J. R. Stat. Soc.* XVII (1854), p. 219. A taxa de acidentes fatais não é útil para o nosso objetivo.

46. Números sindicais compilados do *Annual Reports,* da Sociedade Amalgamada de Empregados Ferroviários, 1888-91.

47. *Op. cit.,* pp. 242-3.

48. Ver a discussão em "On the recent considerable increase in the numbers of reported accidents in factories", de H. Verney, *J.R. Stat Soc.*

LXXIII (1910), p. 95. Para números semelhantes alemães e austríacos mostrando um aumento secular na taxa de acidentes industriais desde as décadas de 1880 e 1890, ver art. "Unfallstatistik", nas edições iniciais da *Hwb. d. Staatswissenschaften.*

49. Os métodos exatos pelos quais eles fazem isso merecem mais estudos. A forma geral da curva assinalando sua propagação poderia, contudo, parecer a da disseminação de epidemias, pânicos e fenômenos sociais semelhantes *(The Objective Study of Crowd Behaviour,* 1952, de L.S. Penrose). Os fatores organizacionais e políticos impediriam normalmente a curva de declinar da maneira esperada.

50. As tentativas para descobrir periodicidades mais precisas — p. ex., uma de 17 anos nos EUA (Davis, op. cit., pp. 621-2) — são melhor evitadas atualmente. Nem podem ser discernidas qualquer relação regular entre as "explosões" e as fases dos períodos econômicos, embora seja tentador procurá-las na direção do fim de cada uma. Contudo, embora isto se adapte bastante bem — 1847-8 para o período de 1817-48, 1868-73 para o de 1848-73, 1889-93 para a "Grande Depressão" e as expansões do tempo de guerra para 1896-1920 —, não explica as "explosões" a meio-termo como aquelas do começo da década de 1830 na Inglaterra e de 1898-1907 no continente. O Cartismo se adaptaria, já que é discutível se na Inglaterra o ponto crítico real secular chegou mais no começo do que no fim da década de 1840. Uma vez que temos apenas seis fases em nosso período, a manipulação estatística não nos pode ajudar aqui.

51. O *Webb MSS.* (Coll EA, VI, Biblioteca da E.E.L.) contém uma lista interessante dos sindicatos ingleses no começo da década de 1890 tendo acordos nacionais, locais, de oficinas ou nenhum com patrões. Para a prevalência dos acordos locais e de oficina (quando existe algum), ver "Fortschritte d. Arbeitstarifvertrages in Deutschland, Oesterreich etc.", de H. Koeppe, *Jrb.f. Nationaloek. u. Statistik,* XLIV (1912), p. 362; *The Labor Movement in Postwar France* (N. 1.1931), de D. Saposs, pp. 190ss.

52. Pode-se alegar que muitos processos sociais seguem esse padrão, que pode ser chamado "a transformação da quantidade em qualidade" por alguns, mudança "que desloca tanto o seu ponto de equilíbrio que o novo não pode ser alcançado pelo velho por pas-

sos infinitesimais" por outros. (*Theory of Econ. Development*, de J.A. Schumpeter, p. 64 n.)

53. Não existe até agora nenhuma história adequada da explosão do "Novo Sindicato" de 1889-90. Os webbs são notavelmente fracos sobre isso, e tentativas recentes de reavaliar o problema, como o "New Unionism in Britain 1889-90", de A.E.P. Duffy (*Econ. Hist. Rev.* 2a. ser. XIV [1961], pp. 306-20) não acrescentam nada de real interesse e servem mais para disfarçar o problema da descontinuidade. Alguns aspectos desta explosão são tratados em outros capítulos do presente volume. Entre as histórias dos sindicatos de especial interesse, pode-se notar *The Miners* (Londres 1948), de R.P. Arnot; *The Story of the Engineers* (Londres 1945), de J.W. Jefferys; R.W. Postgate, op. cit.; *History of the National Union of Boot and Shoe Operatives* 1874-1957 (Oxford 1958), de A. Fox; *The Railwaymen* (Londres 1963), de P. Bagwell; *Short History of the General Union of Textile Workers* (Heckmondwike 1920), de B. Turner; *The Story of Natsopa* (Londres 192.9), de R.B. Suthers.

54. R.P. Arnot, op. cit., cap. III; "The Knights of Labour in Britain 1880-1901", de H. Pelling (*Econ. Hist. Rev.* "2a. ser. IX (1956), pp. 313-31; *Trade Unionism in Aberdeen* 1878-1900 (Aberdeen 1955), de K.D. Buckley, *Trade Union Growth, Structure and Policy* (Londres 1962), de H.R. Turner para os sindicatos de algodão; "Labour Federation", de E.R. Pease, *Today* (junho 1887). A.E.P. Duffy, loc. cit., discute estes primórdios extensivamente.

55. Para o ímpeto de Londres, *My Life's Battles* (sem data), de W. Thorne; *Memories and Reflexions* (1931), de Toni Mann e Ben Tillet; *Memoirs de Torn Mann* (1923); Smith e Nash, op. cit.; para o do norte, *The Life of Sir James Sexton, Agitator, by Himself* (1936); *My Stormy Voyage Through Life* (1925), de J. Havelock Wilson, pp. 134-6, caps. XVI, XVIII; *The Times*, 28 jan.-19 fev., 1889.

56. Ver abaixo, p. 182.

57. *Journ. Gas L.* LIV (1889), p. 683.

58. Calculado dos relatórios anuais dos balanços das Companhias Metropolitanas de Gás (Parl. Pap. 1870-1906) e a *Analysis of Metropolitan and Suburban Gas Company Accounts* anual de John Field (desde 1869). Já que os foguistas eram avassaladoramente pagos numa base direta

de tempo, as taxas não mudaram, e só existiam horas extras sob a forma de turnos extras (cf., Wage Census 1906, *Parl. Pap.*, 1910, LXX-XIV), o total de salários de carbonização pode ser usado como um índice dos turnos de homens.

59. *Journ. GasL.* LIV (1889), pp. 458, 838, 885. Na verdade, revelou-se maior até 47 e 53 por cento em Londres e nos subúrbios, 35 e 36 por cento nas províncias (*Analysis*, 1889-91 de Field). Por não considerar as economias dos turnos de oito horas antes de 1889, *Journ. Gas L.* 1.000 (1888), p. 894.

60. Sobre a "idade do ouro", Cole e Filson, op. cit., p. 20, e o consenso da opinião quanto à ineficácia das Leis de Combinação contra os "artesãos", "The Combination Laws", de M. D. George, *Econ. Hist. Rev.* VI (1936), p. 172. Sobre o colapso das fortes combinações locais de negociação, *The Tailoring Trade* (1896), de F. Galton, p. 1 xxxi *e disperso; London Labourand the London Poor* (1861-2), de H. Mayhew, III, pp. 232-41 — fabricantes de móveis. Para os cardadores de lã e fiandeiros, *Character, Objects and Effects of Trades' Unions* (1834), de E. C. Tufnell, pp. 49-62; *The Marcroft Family* (Rochdale 1889), de W. Marcroft; *An inquiry into the origin, procedure and results of the strike of the operative cotton spinners... 1836-7* (1838), de H. Ashworth.

61. Jefferys, op. cit., p. III, cap 6: "Economic and Political Origins of the Labour Party" (tese M. S.), de D. M. Good (Biblioteca E.E.L.). O pequeno grupo de ofícios que requerem habilitação que entrou para a Comissão de Representação Trabalhista dirigida pelos socialistas antes de Taff Vale consistia em grande parte daqueles afetados por essas mudanças.

62. P. ex., os trabalhadores domésticos que trabalham fora no ofício de botas e calçados em Bristol e Norwich. L. Dechesne, op. cit., pp. 131 ss. para inquietação semelhante entre os *façonniers* do ofício da lã na Bélgica na década de 1890.

63. *Industrial Democracy* (ed. 1902), de S. e B. Webb, pp. 185-92, Cap. VIII; "The Origins of Industrial Peace", de E. Brunner. *Oxf. Econ. Papers. N.S.* 1 (junho 1949), pp. 247-60; Alan Fox, op. cit.

64. *The Shipping Federation 1890-1950* (Londres 1950), de L. H. Powell, caps. 2-3.

65. Os estudos alemães são os mais sistemáticos: R. Ehrenberg, Kruppstudien III, "Fruehzeit d. Kruppschen Arbeiterschaft", *Thuenen-Archiv* III (1908), pp. 1-165, e o "Auslese und Anpassung" volumes da *Schriften d. V. f. Soz. Pol.* Vols. 133-5,1-IV (1910-12). Os habilitados tendiam a vir mais de antecedentes artesãos.

66. *Attempts at Geneal Unions*, de G. D. H. Cole, *op. cit.*

67. Estes, naturalmente, não são necessariamente independentes das raízes econômicas do descontentamento trabalhista. Grinewitsch, op. cit., p. 145, dá números que acentuam bem este efeito estimulante dos acontecimentos políticos individuais sobre a participação sindical na Rússia, 1905-6.

68. Para os maquinistas de locomotivas, *Engines and Men* (Leeds 1921), de J.R. Raynes e *The Lighted Flame* (Londres 1950), de N. McKillop; para o resto, P. Bagwell, op. cit. O corpo geral de ferroviários, embora ativo em 1871-2 e 1889-91, não esteve em ação efetiva até depois de 1907; *Trade Unionism on the Railways* de Cole e Arnot (Londres 1917). Para o início relativamente cedo dos ferroviários em outros países, Rigola, op. cit. p. 228; V. Thompson, op. cit., p. 53; W. Kulemann, op. cit., p. 333; *Histoires des Cheminots et de leur Syndicats* (Paris 1948), de G. Chaumel; *How Collective Bargaining Works* (N.I. 1942), de H. A. Millis (ed.), p. 323.

69. P. ex., "The Influx of Population into East London", de H. Llewellyn-Smith, em *Life and Labour*, de C. Booth, III, 58-166; *R.C. on Housing of the Working Classes*, 1885; P 10,615; *Life in a Railway Factory* (Londres 1916), de Alfred Williams.

70. Daí o interesse geral dos sindicatos ferroviários no sindicalismo industrial, greves gerais e outras técnicas trabalhistas novas. Ver as obras citadas na ref. 68 acima, e A. J. C. Rueter, op. cit.

71. Estou grato à Dame Florence Hancock pela informação sobre isto no Wiltshire. Ver também *A History of the English Agricultural Labourer 1870-1920* (Londres 1920), de F. E. Green, pp. 118,253.

72. Arnot, *op. cit.*, p. 112. Statistical Abstract 1875-90, *Parl. Pap.*, 1890, LXXVIII, p. 156, para os marinheiros.

73. *The Scottish Railway Strike* (Edinburgh 1891), de J. Mavor; J. Mavor no *Econ. Journ.* I (1891), p. 204.

74. *Na* Life and Labour in London *de Booth, vol. IV.*

75. *Parl. Pap.* 1902, XLIV: R.C. sobre o porto de Londres, p. 232.
76. Um cálculo baseado no *Dictionary of statistics* (cd. 1898), de Mulhal, mostra um aumento médio de tonelagem entrada e liberada em Londres, Liverpool, Cardiff, Newcastle, Shields, Bristol, Hull e Glasgow entre 45 e 50 por cento.
77. Censo de 1881, 1891. Novamente, a vulnerabilidade foi proporcionalmente maior do que assim medida, porque a complexidade aumentada de um porto que se expandiu sem racionalizar o seu *layout* e métodos colocou um prêmio aumentado sobre os trabalhadores experientes, que conheciam as cordas embaraçadas mais firmemente. Ver, por exemplo, *The Liverpool Docks Problem* (Liverpool 1912), de R. Williams, pp. 21-2 e abaixo pp. 211 -13.
78. E.J. Hobsbawn, *loc. cit.*
79. *Jrb. f Nationaloekonomie*, 1905, p. 580, sobre a greve ferroviária Tcheca; *The Austrian Revolution* (Londres 1924), de Otto Bauer, cap. IV, sobre as greves de janeiro de 1918.
80. *O relato mais completo desta "explosão" é The Growth of British Industrial Relations (Londres 1959), de E.H. Phelps Brown, VI, mas Industrial Problems and Disputes (Londres 1920), de Askwith, Watney e Little, op. cit., e outras obras contemporâneas ainda devem ser consultadas.*

9
OS TRABALHADORES INGLESES DO GÁS, 1873-1914[1]

O ESTUDANTE DA HISTÓRIA da negociação coletiva leva geralmente uma grande desvantagem, assim que para de registrar os fatores exíguos, e tenta analisá-los. Muitas vezes não é possível desembaraçar a influência, digamos, do sindicato, das muitas outras que modelam a política e a organização industrial; e mesmo que seja, poucas indústrias de qualquer maneira são suficientemente documentadas para permitir-lhe ir muito mais longe. Contudo, há pelo menos uma indústria na qual é possível um total razoável de análise quantitativa; a indústria inglesa do gás no fim do século dezenove e começo do vinte. Embora, como serviço público, e em grande parte sob propriedade municipal e monopolista, não é necessariamente típica da indústria inglesa neste período, vale bem a pena investigar, e este capítulo tenta fazer isso.

Consideremos primeiro o problema. A indústria inglesa de gás apresenta um exemplo notável e extremo da ascensão do sindicalismo. Os trabalhadores do gás eram — em comum com outros considerados convencionalmente como "não capacitados" — considerados como incapazes de um sindicalismo forte e estável; e na verdade, com exceções locais e fugazes,[2] eles nunca haviam formado organizações importantes e duradouras antes de 1889. Durante 17 anos antes dessa data, eles não possuíam absolutamente nenhum sindicato identificável. Contudo, quando em 1889 eles exigiram concessões, que se sustentava de maneira geral, elevaria a folha de pagamento da indústria de um terço,[3] suas exigências foram atendidas virtualmente, sem luta. Além do mais, os novos sindicatos se opuseram ao contra-ataque subsequente. Sobre uma grande parte do país, portanto, a indústria mudou da noite para o dia de totalmente desorganizada para excepcionalmente sindicalizada; com importantes resultados em sua estrutura e política. Por que mudou ela? Por que ela permaneceu mudada? Que resultados tiveram a ascensão do sindicato?

A questão deve interessar outros, além dos estudantes do sindicalismo. O quadro geral nas indústrias inglesas estabelecidas após o fim da Grande Depressão é de estagnação técnica, e uma tendência para a queda da produtividade por homem.[4] Entre as poucas exceções a isto está a indústria do gás; e 1889 marca um ponto crítico em sua história técnica, bem como na das relações industriais.

I

A indústria do gás, nos trinta anos após 1860, era excepcionalmente protegida. Desde 1860, a concorrência local de cortar a garganta havia sido substituída, por vários Atos do Parlamento, por um quebra-cabeça de armas de monopólios locais, em número crescente de propriedade dos municípios. Ela não tinha concorrência, porque a eletricidade ainda não estava seriamente no campo. Estava imune das flutuações cíclicas, porque o seu principal mercado comprador, a iluminação pública e particular, era muito inelástica, embora sujeita a violentas flutuações sazonais regulares. O uso do gás na indústria era pequeno, mesmo os fogões a gás estavam na sua infância,[5] e apenas o mercado dos subprodutos relativamente pouco importantes remetia às depressões. Assim, os gasômetros cresciam com o crescimento da população da cidade, sem qualquer necessidade de esforço, exceto o necessário para produzir bastante gás de qualidade regulamentar.

Não havia assim nenhum incentivo competitivo importante para a mudança técnica. Nem era a indústria incomodada pelos altos custos da mão de obra, porque ela era aquela coisa relativamente fora do comum na Inglaterra do meio do século dezenove, uma indústria de processo contínuo altamente capitalizada, impelida quase inteiramente por homens especializados semi-habilitados (os foguistas da casa de retortas, carvoeiros etc.) e por operários. Em 1889, os salários de carbonização — o único guia confiável[6] — totalizavam entre 9,2 e 14,1 por cento da despesa total em nove gasômetros de Londres e provinciais; uma média de 13,4 em Londres, e menos de 11,1 em Manchester, Birmingham, Leicester, Stafford e Warrington.[7] O custo real da mão de obra por 28,315m³ 1.000 pés cúbicos/NT de gás produzido variava entre 2,26d. e 5,29d. em 20 cidades em 1883, entre 1,84 e 4,80 em 1888 (ver Tabela I).

Daí, não ser surpreendente verificar que o progresso técnico era extremamente lento. A fabricação de gás na década de 1880 era ainda reconhecidamente o que fora no começo do século.[8] O carvão era trazido para os gasômetros em carroças ou chatas, e levado do cais ou pátio para a casa de retortas em carrinhos de mão ou pequenos caminhões. A carbonização propriamente dita — o trabalho de manter e alimentar os fogos, enchendo as retortas com carvão, espalhando o coque — era ainda essencialmente não mecanizada. A retorta, "um pequeno tubo horizontal dentro do qual algumas centenas de quilos de carvão são postos a cada quatro ou cinco horas, e bem mais do que a metade do peso em coque é retirado nos mesmos intervalos",[9] estava tendendo talvez a se tornar um tanto maior. O método primitivo de enchê-la pela pá de um homem só persistiu nos pequenos gasômetros locais. Nos grandes, eram erguidas grandes pás e impelidas dentro dela por grupos de três homens: um processo excepcionalmente laborioso no calor e clarão da casa de retortas, exigindo homens musculosos. Grupos de foguistas e carvoeiros trabalhavam em turnos de doze horas (dezoito horas na mudança de sistema no fim da semana), porque a produção era necessariamente contínua.[10]

A natureza primitiva da operação básica havia começado a tentar os inventores, e desde o começo da década de 1870 (na verdade após as primeiras greves dos carvoeiros) foram feitas sérias tentativas de mecanizar a alimentação, mas pouco conseguiram, devido à barateza da mão de obra.[11] De qualquer maneira, a ideia realmente nova de fazer as retortas inclinadas ou verticais, usando assim a força da gravidade para enchê-las, não foi geralmente adotada até depois de 1889, quando (como veremos) o incentivo para o reequipamento em larga escala foi muito maior.[12] O trabalho do foguista havia sido afetado mais seriamente com a adoção crescente do acendimento gerador e regenerador no começo da década de 1880 (após um início abortado na década de 1860). O acendimento do gerador queimava não o carvão, mas monóxido de carbono, que podia ser transportado para onde era necessário e depois aceso, com menos calor e tiragem, introduzindo mais ar dentro dele; o acendimento do regenerador acrescentou o princípio da recuperação do calor desperdiçado. O efeito geral destes melhoramentos foi tornar a manutenção do calor regular ligeiramente menos dependente da firmeza, experiência e habilidade do foguista. Nenhuma tentativa séria foi feita para racionalizar a organização dos gasômetros. Aqui e ali uma empresa introduziu três turnos de oito horas em vez de dois de 12 horas, mas tão pouco impacto tiveram estas experiências sobre a opinião técnica, antes que os homens começassem por seus próprios motivos e exigir um dia de oito horas, que o principal jornal do ramo afirmou não ter conhecimento da existência deles.[13]

Tabela I. Custo da Mão de Obra (carbonização) por 28,315m³ de gás vendido em 1883 e 1888 (Pennies)

Cidade	1883	1888	Cidade	1883	1888
Londres*	3,49	3,34	Brighton	3,53	3,13
Subúrbios**	4,03	3,53	Bristol	5,29	4,80
Birmingham	3,02	2,45	Liverpool	3,59	3,56
Bolton	3,31	3,47	Newcastle	3,01	2,92
Leeds	4,47	4,24	Plymouth	2,95	3,06
Leicester	2,59	2,52	Portsea	2,26	1,84
Manchester	2,99	2,78	Preston	4,84	3,95
Oldham	3,49	3,36	Sheffield	2,77	2,71
Salford	4,39	3,38			
Bath	2,38	2,45			

(Fonte: *Análise das Contas da Companhia de Gás, de Field, 1883, 1888*)***

No papel, portanto, a posição de negociação dos carvoeiros e foguistas, os homens-chaves de todo o processo, quando eles foram ser o núcleo do sindicato, era excepcionalmente forte. Eles podiam aplicar um estrangulamento nos gasômetros sempre que quisessem. Uma redução relativamente ligeira em seus esforços, e o poder de iluminação do gás cairia abaixo da exigência legal; ou mesmo, as luzes podiam se apagar. Quase tudo dependia de sua força e julgamento excepcionais como indivíduos e grupos. Por que, então eles não conseguiriam se organizar permanentemente antes de 1889? É verdade que eles eram bem-pagos. Cinco shillings por turno ou mais ou menos não era de maneira alguma má paga na década de 1880,[14] embora trabalhassem muito mais duramente por ela do que os homens habilitados reconhecidos em faixas salariais semelhantes, e tivessem pouca oportunidade de ganhos extras. É verdade

---

* As três companhias metropolitanas, Gas, Light and Coke, South Metropolitan e Commercial.
** Quatorze companhias suburbanas (em 1888, fundidas em 12).
*** Não há números provinciais disponíveis antes de 1883, embora os números de Londres remontem a 1869.

também que nenhum ataque importante em seus salários e condições de contrato parece ter sido feito durante a Depressão. Apesar de tudo, já que há poucos sinais de uma política deliberada de "altos salários",[15] os níveis de salários dos carvoeiros são mais um reflexo de sua força potencial de negociação, do que uma prova de sua satisfação. Eles não explicam por que permaneceram desorganizados.

Dois fatores, um real, o outro convencional, nos ajudam a explicar isso. O trabalho era extremamente casual. As flutuações sazonais eram imensas: a carga do inverno era três vezes — segundo um observador americano, cinco vezes — a carga do verão,[16] e a força da mão de obra do inverno podia ser o dobro da dos meses de verão.[17] Até a companhia cuja política trabalhista era tão avançada quanto a sua hostilidade aos sindicatos era implacável, a South Metropolitan, empregava 20-25 por cento mais no inverno do que no verão.[18] A contratação casual levou como de hábito ao subemprego persistente, de forma que mesmo no período de pico do inverno em excesso de carvoeiros desempregados podia persistir.[19] Os grevistas podiam portanto ser facilmente substituídos; especialmente quando as direções organizavam a importação de furadores de greves de todo o país: uma greve em Bristol foi furada por gente de todo o Oeste, e de Liverpool; uma greve de Halifax de Londres, Burnley e York.[20]

É verdade que na prática a contratação era muito menos casual do que teoricamente. Em primeiro lugar, os gasômetros há muito apreciavam as vantagens de uma baixa rotatividade da mão de obra, e até certo ponto do "capitalismo do bem-estar";[21] em segundo lugar, os mesmos homens sazonais voltavam ano após ano, tanto que até exigiam um "direito adquirido ao emprego" com o qual era considerado perigoso interferir.[22] Novamente, muitos carvoeiros desenvolveram uma alternação sazonal regular dos empregos — gasômetros no inverno e olaria no verão era a mais comum, embora não a única —,[23] e assim gozavam de bastante segurança. Contudo, a sazonalidade enfraqueceu a chance de negociação efetiva. Uma firma sempre tinha seis meses folgados nos quais revogar as concessões concedidas no pico do Natal, substituir e treinar novamente os seus homens. Os homens podiam sempre ser tentados com empregos realmente permanentes. Afinal de contas, os carvoeiros eram necessariamente homens adultos,[24] e portanto casados, e podiam bem pensar duas vezes antes de se tornarem migrantes sazonais.

Além do mais, os carvoeiros tinham um peso morto de tradição e convenção contra eles. Eles não tinham aprendizado, e sua habilidade podia rapidamente ser adquirida por qualquer trabalhador promissor do pátio. Eles próprios eram considerados trabalhadores temporários substitutos, que podiam e deviam ser postos a trabalhar no pátio se o serviço estivesse folgado ou se isso conviesse à firma.[25] A administração não achava que eles precisassem de incentivos especiais; eles continuavam a ser pagos num nível uniforme por turno, embora bastante mais alto do que em outros lugares.[26] É importante que quando eles se organizaram, fizeram isso num único sindicato industrial com muitas outras categorias da indústria, ainda que, de um ponto de vista de negociação, eles virtualmente carregassem o resto, e pudessem com bastante facilidade ter formado um sindicato do ofício. A indústria moderna de processo contínuo operada por homens semi-habilitados era rara. O padrão do "trabalhador-artesão" ainda era considerado como o normal na indústria; e a menos que os carvoeiros (como os cortadores de carvão) fizessem exigências que os colocassem claramente na camada superior, continuariam sendo tratados como da inferior. Foi, portanto, necessário um ímpeto considerável para superar este peso morto da tradição e do trabalho irregular.

II

Qual era a natureza deste ímpeto? Não há dúvida absolutamente de que os carvoeiros reclamaram da intensificação do trabalho. O próprio fato de que a exigência de homens em 1889, embora diferentes suas circunstâncias locais, era quase universalmente por um turno de 8 horas, confirma isto.[27] Por outro lado, o argumento dos pioneiros do sindicato, de que a mecanização foi a causa do seu problema, não pode ser aceito;[28] como vimos, não há nenhum sinal de nenhuma mecanização importante, embora grupos de homens-chaves em alguns gasômetros grandes possam ter sido afetados pela introdução experimental de alguns aparelhos.

A intensificação do trabalho é, naturalmente, o que devemos esperar encontrar numa indústria que continua a expandir a produção por 17 anos, sem fazer quaisquer mudanças importantes na técnica ou organização dos gasômetros. Assim, tomando 1874 como 100, o total de carvão carbonizado dos gasômetros de Londres que fazia relatórios havia, em 1888, subido a 176; o total de gás produzido, a 187 — enquanto o total de salários para a carbonização (permanecendo as taxas inalteradas) só tinha subido a 148.[29] Assim, em 14 anos, cada carvoeiro havia, em média, aumentado a sua produção consideravelmente — a maior parte dela, embora de maneira alguma toda, por esforço muscular extra. Contudo, o esforço que ele próprio sentia estar fazendo era muito maior do que isto.

Constitui um grande engano tornar números estatísticos gerais como medida desse esforço subjetivo. A demanda se expandiu; mas tem que haver inevitavelmente um intervalo de tempo entre esta expansão e a contratação de novos homens, durante o qual a velha equipe teve que trabalhar muito mais duramente. Se forem contratados novos homens, eles não podem começar até que novas casas tenham sido construídas e novas retortas instaladas — e no intervalo, mais uma vez, a velha equipe, operando equipamento velho inadequado, teve que trabalhar como o diabo para manter alta a pressão do gás. Porque a indústria, como sabemos pelas queixas amargas das administrações em 1889-90, funcionava sem nenhuma capacidade ou equipamento importante de reserva. Além do mais, em algumas ocasiões podia ter lugar uma "aceleração" do turno em serviço e não dos outros. As 12 horas dos carvoeiros consistiam em pacotes alternados de esforço curto e duro, e descanso completo.[30] Se este equilíbrio de trabalho e descanso fosse ligeiramente alterado — mesmo que o trabalho total não fosse aumentado, mesmo que ele fosse compreensivelmente diminuído —, o carvoeiro podia ainda achar que estava trabalhando mais duramente ou menos confortavelmente: por exemplo, se fosse introduzida uma retorta bastante maior, que precisasse de menos carga, porém mais demorada. Mas mesmo que não houvesse nenhuma mudança real no esforço, o próprio fato da mudança podia causar descontentamento legítimo. O trabalho de rotina semi-habilitado é uma coisa muito convencional, funcionando em ritmo, e em padrões, que foram testados e desenvolvidos inconscientemente durante longos períodos; o balanço da foice do camponês, a pá do carvoeiro da Marinha ou do gasômetro, ou o esfregão da dona de casa. A própria falta de mecanização forçou o carvoeiro a se transformar numa máquina especializada.

> Até agora (esta) adaptação significa que os homens que trabalham ao lado dele, cujo serviço é transportar cargas no carrinho de mão... até a porta da fornalha, podem transportar no carrinho de mão o dia inteiro, mas não podem executar as operações na fornalha; enquanto o homem da fornalha, se posto no pátio, onde tem serviços gerais a fazer, a princípio estará muito despreparado para essa labuta ...[31]

Quanto mais especializadas e cansativas as condições de trabalho, maior a necessidade de se adaptar a elas completamente por enquanto, e maior o desconforto de qualquer mudança, mesmo para melhor — de qualquer maneira, a curto prazo.

Podemos presumir portanto legitimamente que os 17 anos de expansão ininterrupta acumularam tensões e descontentamentos que eram bastante suficientes para irromperem na primeira oportunidade: o surto econômico de 1888-1890. (Devemos nos lembrar que, se as administrações das companhias de gás foram insensíveis às flutuações do ofício, os carvoeiros não foram: assim, numerosos carvoeiros sazonais trabalhavam no verão numa indústria tão sensível como fabricação de tijolos.) Na segunda metade de 1888, sinais de inquietação são fracamente discerníveis na imprensa do ramo.[32] Na primeira metade de 1889 foram formados sindicatos separados em Birmingham, Londres e Bristol (o último fundindo-se em breve com o de Londres), e houve problemas no West Riding.[33] Em agosto, os londrinos haviam ganho o Dia de Oito Horas, e a inquietação havia chegado ao Lancashire, ao Nordeste, Nottingham, Sheffield e Rotherham, Derby, Bath, Swansea, Northampton, Norwich, Glasgow e Edinburgh (que formou um sindicato separado).[34] As únicas áreas importantes em que nada parece ter acontecido foram as Potteries e Monmouth — East Glamorgan. A maior parte dos homens entrou em três sindicatos: os Trabalhadores de Gás e Fabricantes de Tijolos de Birmingham, o Sindicato Trabalhista do Tyneside e Nacional (mais tarde Sindicato Amalgamado do Trabalho), mas principalmente no "Sindicato dos Trabalhadores de Gás e Trabalhadores Gerais", de Londres, de Will Therne e Eleanor Marx; embora existissem também corpos locais independentes.[35] Esta coordenação excepcional numa indústria largamente espalhada de muitas unidades autossuficientes é devida sem dúvida à adoção universal de certas exigências-padrão: turno de oito horas com um número fixo de retortas e cargas para os carvoeiros, aumentos de salários para os trabalhadores fora dos turnos. Haviam algumas outras exigências — "divertimentos" e repouso remunerado no Nordeste, feriados pagos e a abolição da subempreitada, mas eles dificilmente alteram o quadro. Mesmo as cidades que há muito tempo estavam em turnos de oito horas[36] entraram de todo o coração na exigência por menos retortas e cargas. Outro motivo é provavelmente a influência dos socialistas, que dominavam os trabalhadores de gás de Londres, e cujos grupos locais naturalmente estavam ligados a eles — por exemplo no Lancashire, Yorkshire e Bristol. Não é assim de surpreender que os trabalhadores do gás chegassem mais perto de organizar um sindicato realmente nacional do que qualquer outro grupo de trabalhadores recém-organizados em 1889, com a fugaz exceção dos marinheiros.

III

As exigências dos homens eram ambiciosas. A Gas Light and Coke Company estimou o custo anual delas em £ 50.000,[37] a Birmingham Corporation achou que elas adicionariam cerca de £ 8.000, £ 10.000 a uma folha de pagamento de £ 35.000,[38] Bradford viu um extra de £ 5.000,[39] Glasgow de £ 20.000.[40] Ceder a tais exigências,[41] apresentadas por um corpo *ad hoc* de homens não habilitados que até então nunca haviam conseguido organizar um sindicato estável, parecia grotesco. Contudo, entre junho e dezembro de 1889 muitos dos gasômetros importantes do país cederam, sequer testando a força dos homens.[42] Este fato notável exige explicação.

O fato era que a indústria descobriu por si mesma estar temporariamente à mercê dos seus carvoeiros. A posição delas foi amargamente resumida pelo autorizado *Journal of Gas Lighting*:[43]

"Uma agradável perspectiva abre-se diante destes cavalheiros", escreveu ele a respeito dos diretores e membros conservadores da comissão, "com o progresso do inverno. Pode haver apenas retortas suficientes ou apenas espaço de armazenamento suficiente para prosseguir, se as coisas correrem confortavelmente nos gasômetros, e a turma da tarde está contente de ficar esperando por ali com as pálpebras inertes até a aplicação da pressão noturna exigir que cada retorta seja carregada a fim de manter os recipientes (de gás) fora do chão. Suponhamos, contudo, que os antigos grupos sejam dispersos, e outros improvisados tenham que ser postos no lugar deles. Então a posse de algumas retortas extras para ajudar o funcionamento menos regular e eficiente dos novos operários pode fazer toda a diferença entre manter o suprimento e mergulhar a cidade na escuridão... Quaisquer que sejam as lições que estes problemas trabalhistas deem aos administradores do gás, provam a necessidade de manter a fábrica em estado satisfatório, de forma a haver tempo para mudar de atitude no caso de uma mudança completa do pessoal operário.

A indústria havia caído numa rotina, e trabalhava sem margem. Não havia nada entre ela e o colapso, exceto os esforços pessoais de homens experientes. Quando estes ameaçaram entrar em greve, foi como se Jeeves tivesse ameaçado, de repente, deixar Bertie Woester.

Mas o colapso era uma coisa que a indústria não podia arriscar. Completamente à parte das suas repercussões eleitorais, nos gasômetros de propriedade municipal, o gás estava exatamente então observando ansiosamente os progressos de um rival potencial, a eletricidade. Em Londres, pelo menos, as estações de força tinham exatamente começado a ser construídas seriamente.[44] Qualquer sinal de que o gás não era confiável podia encorajar as autoridades públicas imprudentes a introduzir a eletricidade. Não era isso exatamente que havia acontecido em Halifax?[45] Além do mais, os monopólios são sempre impopulares, e o veto da mão de obra local tinha que ser levado em conta, após as leis de 1884-5 e 1888. Embora os fabianos estivessem errados ao presumir que a propriedade municipal garantia uma política trabalhista progressiva — em Manchester ela evidentemente não garantiu[46] —, certas autoridades (Edinburgh, Bradford, Leeds, Birmingham)[47] procederam politicamente e reconheceram o sindicato.

IV

O efeito do sindicato sobre a indústria foi surpreendente, e totalmente benéfico. Numa ocasião em que muitas indústrias inglesas estabelecidas estavam contentes em estagnar, o gás embarcou num programa de reorganização técnica importante, e reequipamento — e isto antes que seus mercados protegidos tivessem sido seriamente invadidos pelos rivais. De qualquer maneira, os números falam por si mesmos. A adoção de três turnos de oito horas nos principais gasômetros foi geral, e duradouro (ver Tabela II).[48]

Tabela II. Categorias da Casa de Retortas em turnos de 8 horas em 1906 em cidades de 100.000 habitantes e mais.

Região	Carvoeiros		porcentagem	Todas as Categorias das Retortas		Porcentagem
	8h	12 h		8h	12 h	
Londres	2.127	481*	82	4.862	1.612	75
Condados do Norte	243	0	100	539	0	100
Yorks., Lancas., Cheshire	1.623	82	95	3.809	153	96
N. & W. Midlands	742	0	100	1.702	5	100
Resto Ingl. e Gales	168	46	79	355	175	67
Total Reino Unido**	5.505	609	90	13.457	2.097	86

Fonte: *Pesquisa de Ganhos e Horas, Pari Papers. LXXXIV de 1910.*

Nos cinco anos de 1880-4, as companhias metropolitanas de gás gastaram uma média anual de mais ou menos £ 127 mil na "expansão de prédios e maquinaria" (excluída a compra de terrenos). Nos três anos imediatamente seguintes ao advento do sindicato, 1890-2, elas gastaram uma média anual de £ 320 mil — e os preços haviam caído consideravelmente desde 1884.[49] A adoção de nova maquinaria progrediu mais rapidamente na Inglaterra do que em qualquer outra parte.[50]

O aumento consequente em eficiência e produtividade pode ser indicado muito grosseiramente por alguns números. Assim, entre 1874 e 1888 os salários da carbonização (por 28,315m³ de gás ven-

---

* Uma companhia, ao derrotar o sindicato em 1890, reintroduziu o dia de 12 horas e o manteve, principalmente por *amour propre*.

** Nas pequenas cidades e gasômetros, o dia de 12 horas manteve-se por si mesmo com algum sucesso.

dido) caiu a uma taxa média anual de cerca de 1,8 por cento. Entre 1893 e 1911 (quando o declínio terminou incólume) eles caíram a uma taxa média anual de 3,2 por cento; entre 1900 e 1911, na verdade, a uma média de 4,5 por cento por ano.[51] Esta queda não foi devida a um declínio dos níveis de salários. Estes, na verdade, aumentaram em muitos gasômetros importantes entre 2 e 10 por cento nos anos de surto econômico de 1897-1901.[52] Como a diminuição absoluta das folhas de pagamento da carbonização demonstram (ver Tabela III), isso foi em grande parte devido à economia de mão de obra nas casas de retortas. Um estudante em 1914 podia observar que

> o número de homens de casa de retortas empregados por milhão de pés cúbicos de gás fabricados por semana foi reduzido sucessivamente de pouco acima de 12 para algo entre 2 e 3.[53]

Tabela III. Salários de Carbonização nos principais gasômetros da Inglaterra.*

Ano	Total	Ano	Total
1891**	1.020	1905	905
1892-9***	957	1906	798
1900****	1.049	1907	893*****
1901	1.044	1908	867
1902	966	1909	817
1903	939	1910	787
1904	942		

Fonte: *Análise de Field em £ 000.*

---

* Municipalidades de Londres, suburbanas e provinciais, companhias provinciais como na Nota 40. Com as seguintes modificações: *Leeds* saiu entre 1893 e 1907; *Bradford* entra desde 1900; *Preston* sai desde 1894; *Livepool*, desde 1898; *Derby*, entre 1898 e 1906; *Rochester* e *Chatham* entram desde 1895.
** Pico da folha de pagamento depois dos aumentos de 1889-90.
*** Média anual.
**** Inclui os aumentos de salários de 1897-1900.
***** O aumento é devido à reentrada de *Leeds* na tabela.

Além do mais, o carvão era usado mais eficientemente. Desde o meio da década de 1890, a quantidade carbonizada, que havia até então aumentado a uma taxa ligeiramente menor do que a produção de gás nos gasômetros de Londres, tendeu a permanecer estável, e até a cair ligeiramente. A produção de gás continuou a se expandir mais ou menos à mesma taxa que antes de 1888, embora um pouco menos uniformemente.

Não há nenhuma dúvida de que o desejo de eliminar a mão de obra habilitada foi o melhor incentivo nas fases iniciais deste reequipamento, quando as economias dos novos métodos eram ainda uma questão de discussão, e a folha de pagamento havia subido suficientemente alto, para acabar, por enquanto, com os lucros declarados. A mecanização não começou seriamente a se pagar até o novo século,[54] e mesmo então os técnicos de gás — especialmente nos gasômetros médios e pequenos — puderam discutir o assunto sem chegar a quaisquer conclusões reais.[55] (Apesar disso, em 1901 foram os méritos dos diferentes métodos mecânicos que foram discutidos, tantas vezes quanto os dos manuais contra os processos mecanizados.) Tampouco se pode afirmar com justiça que o modo de sindicalismo permaneceu como o único, ou mesmo o principal incentivo. O progresso da eletricidade, e as formas rivais de produção de gás, a importância crescente do aquecimento, cozinha e consumo industrial de gás (que tornaram a indústria mais sensível às flutuações industriais, enquanto tendia a igualar a carga de gás entre as diferentes estações e diferentes horas do dia), o crescimento do mercado de subprodutos, as flutuações e a elevação dos preços da matéria-prima: todos estes preocupavam mais o administrador do gás ou engenheiro do começo do século vinte do que o problema do trabalhador habilitado.

Contudo, não pode haver dúvida de que o ímpeto inicial foi devido ao sindicato.[56] Pela primeira vez, depois de 1889, as discussões dos especialistas não têm uma nota de urgência, os inventores acentuam que seus aparelhos são projetados deliberadamente com a intenção de ser operados pelo homem médio, e não o excepcionalmente grande ou pequeno, forte ou rápido, que ainda podia ser escolhido no mercado de trabalho, mas que não mais abriria mão, alas, da vantagem para a negociação da sua relativa indispensabilidade.[57] Pela primeira vez descobriu-se que o que a indústria precisava era "alguma coisa que faça pela fabricação de gás o que a ceifadeira autoenfardadora faz no campo da colheita".[58]

Contudo, apesar destes esforços, o sindicato permaneceu com o controle parcial da situação, enquanto a toda a sua volta os "novos sindicatos" de 1889 caíam como paus de boliche. De qualquer maneira ele manteve o seu controle em cerca de 30 a 50 cidades, muitas delas importantes,[59] o mesmo em 1908, o pior período para os "novos sindicatos", sua organização pode ser descrita como "considerável".[60] Novamente devemos perguntar, por quê? As grandes concessões de 1889 tinham sido seguidas por contra-ataques determinados da administração. Até certo ponto estes tinham tido sucesso, porque uma vez as firmas estivessem, como a South Metropolitan em 1889-90, preparadas para lutar até o fim a qualquer custo — e a própria firma estimava este em £ 100 mil durante três meses[61] —, elas podiam obviamente superar o sindicato. Além do mais, as administrações tiveram o verão de 1890 para porem suas casas em ordem, tentarem forçar os seus homens a contratos a longo prazo, despedir os criadores de casos etc.[62] O ataque foi, é verdade, detido naquele verão pela vitória dos homens numa greve amargamente travada em Leeds, que por motivos de política municipal não estava inclinado a uma guerra total. Essa vitória, chegando na pior estação do ano, animou as filiais do sindicato por toda a parte.[63] Mas mesmo sem ela, havia dúvidas do sindicato poder ter sido varrido imediatamente.

"Eles têm bastante espaço para armazenar o gás?" perguntava o *Journal,* lastimando-se após Leeds.[64] "As casas retortas são amplas, facilmente operadas e suficientemente estocadas com maquinaria e aparelhos para economizar mão de obra dos tipos mais aprovados?"

Elas não eram. E se fossem? "O carvoeiro de gás", admitiu o presidente da Sociedade Inglesa do Norte de Administradores do Gás, "é um operário habilitado — pode ser um tipo de habilidade muito elementar, mas que não pode ser adquirida a qualquer momento, como alguns imaginam"[65] e "carvoeiros descontentes têm infelizmente amplos meios de fazer os gasômetros sofrerem (...) desperdiçando carvão ou continuando a fazer seu trabalho de uma maneira insubordinada". Era uma admissão importante: a indústria teve que tratar sua mão de obra como "artesãos", que exigissem incentivos, e não como simples "operários", que "não possuíam nada a não ser o simples valor do trabalho".[66]

Por que, no entanto, a mecanização dos 15 anos subsequentes não conseguiu o que o contra-ataque imediato não pôde? Evidentemente, a posição de negociação absoluta do carvoeiro estava um tanto enfraquecida. A fabricação de gás não dependia mais tanto da habilidade manual, força e confiabilidade, e as flutuações sazonais com o seu casualismo consequente não diminuiu tão rapidamente como o uso do abastecimento manual de carvão, porque elas dependiam menos da maneira como o trabalho era organizado, do que da natureza da demanda de gás. O pico do inverno era ainda o dobro da demanda do verão, e embora a diferença entre o número de trabalhadores de inverno e verão tivesse sido reduzida à metade entre 1885 e 1906, havia ainda cerca de 10 mil trabalhadores sazonais num total de 72 mil.[67] Além do mais, a mecanização, a sazonalidade decrescente da fabricação de tijolos, e a depressão do ramo de construção após 1900 não pode ter deixado de produzir efeito nos carvoeiros, porque eles haviam providenciado as ocupações regulares de verão para muitos.[68] Nos empregos de verão novos e mais casuais o trabalhador de gás sazonal podia esperar salário mais baixo e menos regular do que nos dias cansativos, embora bem-pagos da fabricação de tijolos à mão. Ele iria se sentir em consequência com o espírito menos independente no inverno. Admitidamente, tudo isto foi até certo ponto iniciado por outros fatores. A expansão contínua da indústria mais do que absorveu os homens afastados pelas máquinas; entre 1885 e 1906 o número médio de trabalhadores nas empresas de gás que faziam relatórios para o governo mais do que dobrou.[69] Daí não surgiu nenhum "exército de mão de obra de reserva" excepcionalmente grande. Além do mais, a proporção menor de homens das casas de retorta ainda mantinha o controle do gargalo vital da produção, e a porcentagem decrescente dos seus salários em relação às despesas totais da firma tornava os empregadores mais prontos a negociar com eles.[70] Apesar de tudo, em comparação os carvoeiros estavam certamente mais fracos e as firmas menos vulneráveis em 1910 do que em 1888.

Os aparelhos para economizar mão de obra e simplificá-la, contudo, não desalojam automaticamente os grupos-chave de trabalhadores dos seus redutos. Eles só fazem isso quando esses grupos são incapazes de manter sua indispensabilidade relativa (isto é, sua força de negociação) durante o período decisivo de transição, e não podem portanto "capturar" os novos aparelhos para o sindicalismo reconhecido, a taxa-padrão e as condições-padrão de trabalho. Assim, nas últimas décadas do século dezenove os tipógrafos em quase toda parte, e os maquinistas habilitados em menor extensão na Inglaterra "captaram" a composição mecanizada de tipos e as máquinas-ferramentas automáticas, assimilando o novo trabalho semi-habilitado para o *status* do velho artesão; os maquinistas americanos não conseguiram fazer isso, e permaneceram virtualmente sem sindicatos por cerca de 30 anos. Se um grupo-chave pode conseguir fazer isto vai depender, naturalmente, de uma combinação de muitos fatores variáveis, mas os carvoeiros de gás estavam favoravelmente colocados. O sonho da máquina perfeita operada por qualquer homem escolhido na rua foi perseguido, mas não com muito sucesso imediato.[71] Assim a força de trabalho para as novas máquinas não podia ser recrutada, como na mineração de carvão a céu aberto num corpo de homens completamente diferente, mas vir dos velhos carvoeiros.[72] Além do mais, se, havia progresso técnico, não havia nenhuma revolução técnica. A indústria inglesa de gás do século dezenove tinha sido estropiada há muito tempo pela relutância, natural mas perigosa, de jogar fora o forte investimento de capital representado pelos gasômetros velhos e ineficientes. Já que eles eram em grande parte um monopólio, podiam repassar os seus altos custos facilmente para os consumidores.[73] Desde que, contudo, a indústria confiasse até certo ponto em sua fábrica mais velha (na qual, como vimos, a posição de negociação dos carvoeiros tendia a ser muito forte), ela proporcionava um certo grau de proteção não só para os seus carvoeiros, mas também para os dos gasômetros mais modernos. Finalmente, o ritmo da sua expansão foi comparativamente descansado;[74] muito mais lento, por exemplo, do que a grande invasão de trabalhadores em múltiplos ramos ou certos tipos de produção em massa entre as guerras, o que criou grandes reservas de mão de obra desorganizada mesmo em indústria muito fortemente organizada como a de engenharia. Em adição a tudo isto os trabalhadores continuaram a gozar a dupla proteção da lei, que impunha certos padrões de serviço, e do público, ambos como usuários e — cada vez mais importante — como eleitores municipais; ou, dizendo de maneira diferente, da incapacidade técnica da indústria de manter estoques realmente bastante grandes com os quais manter os serviços durante as principais interrupções. A indústria teve portanto que se resignar aos sindicatos, e se isso foi demais, que cobrir o lance dos sindicatos — porque era a isto que se resumiam realmente os crescentes esquemas populares de cossociedade.[75] Os sindicatos, nesse ínterim, conseguiram, mesmo num período de depressão, salvaguadar seus *status* contra as máquinas.[76]

V

A história da sindicalização dos trabalhadores ingleses de gás é portanto instrutiva em três sentidos:

Primeiro, ela fornece um modelo claro e elegante de uma explosão sindical. Um corpo de trabalhadores tecnicamente bastante capazes de forte negociação coletiva tem, por motivos de costume ou convenção, deixado de desenvolver sindicatos. Durante um período de tempo há uma discrepância crescente entre a estrutura técnica e organizacional razoavelmente estática da indústria e a expansão da sua produção. Isto produz, por um lado, uma acumulação gradual de descontentamento, e por outro uma sensibilidade e vulnerabilidade crescentes da administração à pressão dos trabalhadores. Um estímulo externo relativamente ligeiro basta então para produzir a explosão. Os sindicatos, anteriormente quase desconhecidos, tornaram-se universais da noite para o dia. Contudo, embora elegante, este modelo não é universal. Ele pode servir para explicar as explosões dos sindicatos em certas indústrias, ou certos aspectos das explosões gerais, mas provavelmente não mais.

Segundo, o gás fornece um exemplo surpreendente de uma indústria que entra num período de modernização quase inteiramente devido à pressão da mão de obra, e portanto dos efeitos tecnológicos benéficos da militância trabalhista. Sem dúvida este exemplo é também um tanto atípico, mas ele tem considerável interesse geral. O conservantismo tecnológico é generalizado, especialmente nos países de industrialismo arcaico como a Inglaterra, e o folclore dos comerciantes, que se reflete em grande parte até da opinião pública informada, tem consistentemente tendido a apresentar exigências trabalhistas militares como um mero obstáculo à mudança. Elas não são. Quando o comércio é suficientemente lento, elas podem constituir um estímulo essencial.

Terceiro, o gás ilustra a força considerável dos grupos de trabalhadores habilitados ou de outra forma indispensáveis numa situação de inovação tecnológica, especialmente quando esta tem lugar dentro de uma indústria já velha, bem-estabelecida e fortemente capitalizada.[77] Ao contrário de tantos outros sindicatos da safra de 1889, os trabalhadores do gás nunca foram efetivamente desalojados das posições que haviam ocupado então. Naturalmente é possível imaginar situações nas quais eles poderiam ter sido, e nas quais teria valido mais a pena aos patrões desalojá-los. Mas o fato de eles não entrarem em colapso sob o contra-ataque dos patrões da década de 1890 como tantos outros sindicatos efetivamente entraram, permanece.

Uma quarta reflexão é sugerida pela experiência dos trabalhadores do gás. De todas as indústrias do fim do século dezenove, a do gás, sendo um serviço público, era a mais intimamente envolvida com a propriedade pública, o controle público e a opinião pública.[78] Sua força de barganha sem dúvida decorria em grande parte disto, e talvez também do seu gosto pelas filiações políticas. Por ocasião da sua fundação, a combinação do controle público com a força de mão de obra de negociadores potencialmente fortes era excepcional. Desde então ela se tornou muito menos forte. Provavelmente a natureza excepcional desta indústria explica por que os historiadores do sindicalismo prestaram tão pouca atenção ao episódio extraordinário da emergência súbita, e do triunfo dos trabalhadores do gás e à transformação da indústria que eles conseguiram.

Notas

1. As principais fontes para este artigo são: (1) os relatórios anuais da matéria das companhias de gás privadas e municipais (*Parliamentary Papers,* 1881-2 em diante); (2) os relatórios anuais dos balanços das Companhias Metropolitanas de Gás *(Parliamentary Papers,* 1870-1906); (3) *Análise das Contas das Companhias de Gás* de Field (1869 até hoje) que cobre Londres desde 1869, os subúrbios de Londres desde 1880 e

uma seleção de companhias provinciais desde 1883; (4) o inestimável e volumoso *Journal of GasLighting* (semanal), que contém informações completas e discussões de todos os aspectos da indústria. Ele é aqui citado como *G.J.* (5) as *Transactions* de várias associações de administradores de gás, técnicos e outros ligados à indústria. As fontes sindicais — embora bastante copiosas desde 1890 — são menos úteis.

2. Para as agitações anteriores ver: *History of the Gaslight and Coke Company* (Londres 1948), de S. Everard, pp. 122-3 (1825), p. 201 (1859), p. 244 (1867-72). Também *The London Gas Stokers. A Report by the Committee of their Trial etc.* (Londres 1873), e os arquivos contemporâneos da *Behive*.

3. Ver abaixo sec. 111.

4. *Economic History of Modern Britain III* de Clapham; Increasing Returns, *de G. T. Jornes; The Economic History of Steel-Making 1867-1930* de D. L. Burn.

5. "The Gas Industry", de F. Populewell em *Seasonal Trades*, de S. Webb e A. Freeman (Londres 1912), pp. 181-3.

6. Já que (a) a casa de retortas era a chave para o sindicalismo do gás e (b) os salários de carbonização são a melhor aproximação para o custo da mão de obra da produção real de gás.

7. *Report to the Board of Trade on the Relation of Wages in certain Industries to the Cost of Production* (BPP 1890-1: LXXVIII). Estes dados não são estritamente comparáveis. Em alguns casos eles se referem claramente apenas aos salários de carbonização, em outros incluem o de purificação — uma questão de somenos; ou mesmo "a todos os ordenados e salários dos gasômetros". Eles assim exageram ligeiramente a porcentagem da carbonização.

8. Muitos dos detalhes técnicos do *G. J.*, esp. vol. 49 (1887), p. 299: Discurso presidencial aos administradores da Associação de Gás de Midland. Para uma biblioteca geral, ver: *Bibliography of Coal Gas* (1892), de W. R. Chester. Ver também: *Gasworks* (ed. 1904), de S. Hughes e O'Connor, p. 81.

9. *G. J.* vol. 54 (1889), p. 54.

10. *My Life Battles* (Londres, sem data), de W. Thorne, pp. 36-9, descreve uma mudança de turno de 24 horas.

11. "The Problem of the Day" (*G. J.*, vol. 54 (1889), p. 594). Também *ibid.* vol. 55 (1890) p. 1. 182.

12. Mas dificuldades de patentes detiveram sua introdução entre 1889 e 1899 (ver a "Early History of Inclined Retorts" em *G.J.* vol. 79 (1902), esp. p. 541.

13. *G. J.*, vol. 53 (1889), p. 894.

14. *Royal Commission on Labour* 1891-3, Grupo C. Evidência, de W.A. Valon, para o Instituto do Gás sobre salários, horas e mudanças desde 1887 (pp. 25, 696 ss.); também as séries de níveis de salários 1838-91 na evidência de Livesey, pp. 26,709.

15. Contudo, parece ter sido uma prática pagar ligeiramente mais do que o nível corrente no distrito para mão de obra não habilitada. ("The Management of Workmen", *G. J.*, vol. 52 (1888), p. 286. Também discussão de um documento sobre o mesmo assunto de R. Fish na reunião do Instituto do Gás, Glasgow, julho 1887 (ibid. vol. 49 (1887), p. 109).

16. Popplewell, *op. cit.*, pp. 161-2; *G.J.*, vol. 55 (1890), p. 1.182.

17. *R. C. en Labour,* Grupo C, pp. 26-022-26.430.

18. *Ibid.*, p. 26.695.

19. Assim *G.J.*, vol. 54 (1889), p. 65, lamenta que a introdução dos turnos de oito horas deixe o trabalho de inverno aberto "apenas para uma população trabalhadora migrante", já que os melhores homens estarão todos regularmente empregados.

20. *G.J.*, vol. 54 (1889), pp. 538, 712, 739, 862. Os diretores de Liverpool escreveram para 26 cidades pedindo furadores de greves.

21. "The Management of Workmen" — três artigos, loc. cit. — recomendou fundos de acidente a doenças, pagos pelos homens, e aposentadoria, porque "uma vez que um homem tenha permanecido por alguns anos empregado na companhia, há a perspectiva de 'perder sua pensão' por mau comportamento ou negligência" ... (p. 331).

22. *Ibid.*, p. 244.

23. *R. C. on Labour,* Grupo C, pp. 24.919, 25.748. Tanto os sindicatos de Londres como de Birmingham organizaram automaticamente os fabricantes de tijolos bem como os trabalhadores de gás. Para outras alternativas sazonais ver *G.J.*, vol. 52 (1888), p. 286 (Colheita); *J. R. Stat. Sec.* (1911), pp. 693 ss. (estiva, carregamento de carvão); Therne, op. cit. (marinharia); *Gas-workers and General Labourers Union:* Lembrança da Conferência de 1904 (trabalho de fábrica miscl.); *Trans. Inc. Gas Institute* (1890) (Tripulações de iates em Southampton.)

24. Os jovens raramente eram suficientemente fortes. Ver também *Econ. Journ.*, junho 1911: "Underemployement and the Mobility of Labour", de Heath.

25. Popplewell, *op. cit.*, p. 165. O treinamento de grupos de homens que tinham que trabalhar juntos, leva muito mais tempo, contudo, do que a falta de habilitação dos homens isolados poderia indicar. Daí grande parte da vulnerabilidade da indústria às greves *(R.C. on Labour,* Grupo C, p. 26,702).

26. Até a *Earnings and Hours Enquiry (Parl. Papers* 1910, LXXXIV) de 1906 dá apenas 144 carvoeiros em trabalhos por tarefa, num total de 11.655. Contudo, no estrangeiro, o pagamento pelos resultados era muito mais generalizado (cf. "Nouvelles Methodes de Salaires", de M. Henry Laming, em *Societé Technique de l'Industrie du Gaz., Compte-Rendue du 32° Congrès 1905).*

27. Há pouco para confirmar a opinião do G. J., vol. 55 (1890), p. 583, de que isto era simplesmente um movimento salarial disfarçado; embora, naturalmente, uma mudança de doze para oito horas significasse o aumento dos níveis semanais, se os ganhos não devessem cair.

28. Thorne, op. cit., p. 64. Mas ele menciona também o acendimento regenerador e a aceleração simples (pp. 65-6), o que é mais provável.

29. Estes números são calculados dos relatórios anuais dos balanços das Companhias Metropolitanas.

30. G. J., vol. 50 (1887), pp. 109-10. Para ama análise completa de trabalho muito semelhante, ver R. C. on Labour, Grupo C (Indústria Química) *Parl. Pap.* 1893Y, XXIV, pp. 656 ss. Também Thorne, op. cit. pp. 39, 65-6.

31. *Dangerous Trades* (Londres 1902), T. Oliver (ed.), p. 572.

32. Em Leith, Salford, Bolton e Birmingham.

33. G. J. vol. 53 (1889), pp. 32,170, 355, 778, 915 ss.

34. *Ibid.* vol. 54 *disperso.* As agitações são registradas nas seguintes áreas:

Lancashire & Chesshire	27	Sul e Sudoeste da Inglaterra	3
Yorkshire	15	Midlands Oriental	2
Costa Nordeste	5	Escócia	2
Midlands Ocidental	4	Anglia Oriental	1
Londres	4	Gales do Sul	1

35. P. ex., Leith, Bolton.
36. P. ex., Dundee, Liverpool, Nottingham, Southampton, Darligton, Bolton, Birkenhead, Burnley e Bristol.
37. *R.C. on Labour,* Grupo C, pp. 29.470-82.
38. *G. J.,* vol. 54 (1889), p. 458.
39. *Ibid.,* p. 838.
40. *Ibid.,* p. 885.
41. Na verdade, o aumento da folha de pagamento da indústria acabou sendo até maior:

> *Total de Salários de Carbonização em* vários *Gasômetros Ingleses 1888 e 1890-1 Em £S.* (Fonte: Análise de Field)

Cidade	1888	Média 1890-1	Percentagem do aumento
Londres	343.846	506.965	47
Subúrbios	54.746	84.062	53
8 Municipalidades*	159.682	216.188	35
10 Companhias**	139.091	189.398	36

42. *G. J.* vol. 54 (1889), p. 781, onde um editorial sustenta que a derrota isolada da Companhia de Gás de Bristol após uma curta greve deve selar a sorte de todas as companhias. Também seus relatórios, *dispersos.*
43. *Ibid.* p. 683 (8 de outubro 1889).
44. O lento progresso da iluminação elétrica na Inglaterra durante a década de 1880 não é nenhum guia para ansiedade causada pelo progresso mundial nesta ocasião.
45. *G. J.* vol. 53 (1889), p. 707; também *disperso* para estas preocupações.
46. *Cf. History of Local Government in Manchester,* III, de Redford, cap. 23.
47. *G. J.* vol. 54 (1889), pp. 798, 1.072; vol. 56 (1890), p. 39.
48. Os relatórios anuais sobre *Changes in Wages and Hours (Parl. Papers,* Comércio), disponíveis desde 1893, mostram que com poucas exceções (Biackburn, 100 carvoeiros em 1897, West Hatlepool, 60 carvoeiros em 1899) nenhum gasômetro importante mudou do turno de doze horas para o de oito entre 1893 e 1906.

---

* Birmingham, Bolton, Leeds, Leicester, Manchester Nottingham, Oldham e Salford.
** Bath, Brighton, Bristol, Derby, Liverpool, Newcastle, Plymouth, Portsea, Preston e Sheffield.

49. Dos relatórios anuais dos Balanços (Conta de Capital).

50. Para tomar o caso das retortas inclinadas: "sem dúvida o método mais importante de economizar mão de obra nos gasômetros". Em 1900 a Inglaterra havia instalado 20 por cento mais delas do que todos os outros países da Europa e os EUA juntos, e tinha bem mais do dobro da capacidade do que a sua rival mais próxima, a Alemanha. *(Modern Methods of Saving Labour in Gas Works*, de C. E. Brackenbury (Londres 1901), p. 16), *G. J.*, vol. 79, p. 542, dá uma capacidade total inglesa de mais de 1.076.000m³ por ano. Londres possuía uma capacidade de retortas inclinadas igual a cerca de 20 por cento da sua produção, a amostra de Field da capacidade das municipalidades provinciais igual a 25 por cento.

 Quanto à maquinaria para abastecer de carvão, Brackenbury afirma ter sido isto virtualmente um monopólio inglês (op. cit:, p. 25; *Gasworks Plant & Machinery* (1905), pp. 13-14).

51. Análise de Field para os gasômetros de Londres.

52. Relatórios Anuais sobre *Changes in Wages* etc. O ciclo seguinte de aumentos ocorreu em 1911-13. Os aumentos de Londres em 1897 totalizaram cerca de 7,5 por cento sobre a taxa média.

53. Popplewell, *op. cit.*, p. 178.

54. Ver Tabela III.

55. P. ex., *Reports of Proceedings of Associations of Gas Engineers and Gas Managers* (1902), pp. 24 ss.; 213 ss.; (1903), p. 87.

56. Cf. *G. J.*, vols. 55-7 *disperso;* esp. vol. 54, p. 589, "The Problem of the Day".

57. *G. J.*, vol. 57 (1891), p. 943: "Mas o desejo do autor era ter todo o trabalho organizado para que qualquer trabalhador comum pudesse realizá-lo." (Uma pá e transporte para as retortas inclinadas.)

58. *Ibid.*, vol. 54 (1889), p. 594.

59. Esta é uma estimativa muito grosseira, retirada dos relatórios do Sindicato dos Trabalhadores do Gás, a N. Amal. Union of Labour, e os relatórios de assuntos trabalhistas no *G.J.* Eles incluíam muitas cidades grandes do norte, Birmingham, Bristol; várias cidades galesas, etc.

60. Popplewell, *op. cit.*, p. 159.

61. *R.C. on Labour,* grupo C, p. 26.913. Manchester também lançou um contra-ataque inicial com sucesso.

62. *G.J.*, vol. 55 (1890), *disperso:* p. 925 insinua que esta foi uma campanha coordenada. Ver também ibid., vol. 56 (1890), editorial de 19 de julho. Contudo, a tentativa de impor contratos a longo prazo é por si mesma uma admissão de derrota, numa indústria infestada de mão de obra casual no passado.

63. *Fifty Years of the Natiotial Union of General and Municipal Workers* (1939), p. 71. Para um relato desta greve, que desempenhou uma parte importante na formação do sentimento trabalhista independente em Leeds., cf., "Homage to Tom Maguir", de E.P. Thompson, em *Essays in Labour History*, de A. Briggs e J. Saville (Londres 1960), pp. 299 ss.

64. Vol. 56 (1890), p. 72.

65. Ibid., p. 288. Isto pode explicar o declínio aparente na preocupação da administração com os problemas trabalhistas mais tarde: doravante presumia-se que os carvoeiros etc., tinham que ser "acomodados" num grau muito maior, como coisa natural.

66. Para uma breve discussão deste problema, ver meu "General Labour nions in Britain, 1889-1913" *(Econ. Hist. Rev. Sec. Series, vol.* I, pp. 2 & 3 (1949) pp. 123 ss., esp. pp. 125-9.

67. Popplewell, *op. cit.*, p. 208.

68. *Ibid.* pp. 168-71, e refs. como na nota 23.

69. *Ibid.* p. 208.

70. Assim, em 1889 os salários de carbonização constituíam cerca de 38 por cento da folha total de pagamento nos gasômetros de Londres; em 1906 só cerca de 25 por cento (calculado dos *Parl. Papers* 1890-1, LXXVIII, pp. 61 ss. e *Parl. Papers 1910*, LXXXIV: Trabalhadores do gás). A queda foi, naturalmente, em grande parte devida à grande expansão nos custos distributivos da indústria.

71. *G.J.*, vol. 58 (1891), p. 658.

72. Fato esse refletido nas taxas das novas operações, que eram claramente fixadas em relação aos salários dos trabalhadores habilitados, e não (como por exemplo no ofício de construção) acrescentando alguns pennies à taxa do não habilitado. Ver o *Standard Time Rates of Wages in the United Kingdom* anual.

73. *History of the Gas Light and Coke Company* 1812-1949, de S. Everard, p. 254.

74. Cf., por exemplo, o documento de E.W. Smith sobre "Improvements in Carbonization in Recent Years" *(Rep. of Proc. of Assocs. of*

Gas Engineers and Gas Managers (1901), pp. 291 ss.) Também vale a pena notar que, embora, como vimos (n. 50), as retortas inclinadas tenham progredido em alguns lugares, outros foram lentos em adotá-las. Das oito companhias provinciais da amostra de Field, com uma fabricação total de 352.890m³ em 1902, só uma tinha então introduzido Retortas inclinadas, com uma capacidade anual de 1.186.985m³ (Isto não significa que elas não tivessem progredido tecnicamente, naturalmente.)

75. Popplewell, *op. cit.*, pp. 194-6, dá particulares das vinte companhias (oito delas, inclusive as Três Grandes, na área de Londres) que possuíam esquemas de cossociedade. Duas destas foram adotadas entre 1890e 1899, três entre 1900 e 1905, quatorze em 1908-9. Os pagamentos totalizaram um bônus médio sobre os salários de 4,85 por cento. *Estes pagamentos não estão incluídos nos números de salários usados neste artigo.*

76. Cf., Relatórios do Sindicato dos Trabalhadores do Gás, p. ex., *Quarterly Report*, jul-set. 1903, pp. 74-5, para detalhes completos dos termos negociados para operar as retortas inclinadas em S. Shields.

77. *Cf. American and British Technology in the nineteenth century* (Cambridge 1962), de H. J. Habbakuk, para uma discussão completa destes problemas.

78. As estradas de ferro, o caso comparável mais próximo, não tinham nenhum setor de propriedade pública nesta ocasião. O transporte municipal baseado em tecnologia avançada ainda estava na sua infância.

10

OS SINDICATOS TRABALHISTAS GERAIS NA INGLATERRA, 1889-1914*

I

OS "SINDICATOS TRABALHISTAS GERAIS" que incluem todas as classes de mão de obra, independentemente de habilitação ou ocupação, existiram, em uma ou outra ocasião, em muitos países industriais. Na Inglaterra, onde eles desempenham uma parte maior no sindicalismo moderno do que em outras partes,** eles foram permanentemente estabelecidos em força desde o fim da década de 1880. Embora os "sindicatos gerais" tenham usado muitas das técnicas de negociação do sindicalismo dos "ofícios" do passado, e tenham tendido cada vez mais a adotarem as do "sindicalismo industrial",[1] eles não podem ser totalmente analisados em termos de qualquer das duas destas divisões clássicas da organização sindical. Eles têm, na verdade, desempenhado três funções bastante distintas — muitas vezes simultaneamente. Como sindicatos de *"classe"* eles têm tentado unir todos os trabalhadores contra todos os patrões, geralmente sob inspiração socialista ou revolucionária. Como sindicatos de "trabalhadores", eles têm tentado fornecer organização

---

* Meus agradecimentos são devidos aos funcionários do Sindicato Nacional dos Trabalhadores Gerais e Municipais por me darem acesso às fontes à sua disposição.

** Embora existam poderosos exemplos estrangeiros; p.ex., o Sindicato Australiano de Trabalhadores.

efetiva aos trabalhadores incapazes ou excluídos do sindicalismo de classe ortodoxo. Como sindicatos "residuais", finalmente, eles organizaram qualquer corpo de trabalhadores não efetivamente abrangidos por outros sindicatos (e alguns que eram): nem a primeira nem a terceira funções exigem qualquer forma especial de organização. Na verdade, os modernos sindicatos de "classe" — os Trabalhadores Industriais do Mundo nos EUA e em outras partes, o Único Sindicato Grande no Canadá, os vários sindicatos comunistas entre as guerras — têm estado entre os principais propagandistas do sindicalismo "industrial" rigoroso. Mas o problema de organizar os "não habilitados" e os "trabalhadores", quando os "habilitados" e os "artesãos" já estavam em sindicatos próprios fortes e exclusivos, exigiu táticas e políticas peculiares dos sindicatos "gerais": É com estas, e com suas mudanças, que este capítulo se preocupará principalmente, embora uma pesquisa delas, envolva também algumas análise da composição real destes sindicatos. O assunto é, geral, negligenciado.

Os sindicatos formados na expansão do fim da década de 1880 recrutaram trabalhadores de todos os graus de habilitação, e adotaram numerosas formas de organização. Contudo, não é nenhum acidente que o "Novo Sindicalismo" seja normalmente associado às grandes sociedades "gerais", os maiores e mais proeminentes corpos produzidos pelo movimento — Estivadores, Trabalhadores do Gás, Sindicato Trabalhista do Tyneside e um certo número de outros.* Muitos destes desde então têm-se fundido para formar os dois sindicatos gigantes dos Trabalhadores Gerais em Transportes

---

* Os principais são: Trabalhadores do Gás e Trabalhadores Gerais (1889); mais tarde: S.N. dos Trabalhadores do Gás e Trabalhadores Gerais; S.N. dos Trab. Gerais; aqui chamados de: Trabalhadores do Gás de Londres, S. dos Trab. em Docas, Cais, Margem do Rio e Gerais (1889), aqui chamados de: *Estivadores de Londres ou Estivadores); S.T. das Margens do Tyhe e Gerais (1889), mais tarde: Sindicato Nacional Unidos dos Trabalhadores, aqui chamada de *Trabalhadores do Gás de Birmingham;* Sindicato Nac. Un. dos Trabalhadores (1889), Sindicato dos Trabalhadores (1898), Federação Nacional das Mulheres Trabalhadoras (1906).

e Trabalhadores Gerais e Municipais que hoje incluem algo como um quarto do total dos membros dos sindicatos ingleses. Contudo, a história deles não tem sido de maneira alguma de sucessos ininterruptos. A falta de estatísticas confiáveis torna impossível medir a força relativa e absoluta dos sindicatos "gerais" do "Novo Sindicalismo" de 1889-92; mas sua força proporcional era sem dúvida muito grande.[2] Como muitos sindicatos "novos", eles entraram gravemente em colapso na depressão do começo da década de 1890; mas ao contrário de algumas outras, as sociedades "gerais" não se recuperaram completamente até depois da expansão renovada de 1911-14. Entre as duas expansões, elas pareceram ter disparado suas mechas, e muito definitivamente perderam terreno. A Tabela I dá um breve quadro comparativo da sorte de vários tipos de sindicatos "novos" (todos compostos de homens "convencionalmente" não habilitados) entre 1892 e 1912.

É claro que temos aqui três padrões: as sociedades de "ofícios" com os seus membros estáveis (e restritos); os Sindicatos Gerais, flutuando, mas sem qualquer tendência marcada para cima, contudo, subindo quase verticalmente após 1911; e os sindicatos "industriais" ou compostos, crescendo firmemente desde 1900, embora bastante depressa após 1911. Em, digamos, 1910 podia ter parecido que o segundo grupo estava destinado, se não a substituir, então a eclipsar cada vez mais o terceiro. Mas, na verdade, aconteceu o oposto. Ambos os grupos *(a)* e *(b)* se fundiram para formar os dois vastos sindicatos gerais atuais. Podemos assim distinguir três fases no desenvolvimento dos sindicatos gerais: as expansões de 1889-92, o declínio relativo de sua importância entre 1892 e 1910, e sua expansão renovada, e como se verificou, permanente, após 1911. Cada uma destas fases desenvolveu suas formas peculiares de organização e política.

Tabela I.* Número de membros de certos sindicatos 1892-1912 (em milhares); número anual médio de membros acima do período de 3 a 2 anos

	1892-4	1895-7	1898-1900	1901-3	1904-6	1907-9	1911-12
Todos os sindicatos	1.555	1.614	1.895	2.010	2.058	2.492	3.277
"Gerais" *(a)*	76	69	88	81	67	74	186
"Todos os graus" *(b)*	19	22	29	34	45	60	109
"Ofícios Locais" (c)	12	12	12	12	11	12	24

(a) Estivadores de Londres, Trabalhadores de Gás de Londres, Trabalhadores de Gás de Birmingham, SNUT, Sindicato Nacional Unido dos Trabalhadores.
(b) Homens de Carros de Londres, Carroceiros Unidos, Trabalhadores Unidos em Bondes e Veículos, Empregados Municipais, Estivadores de Liverpool.
(c) Estivadores de Londres, Barqueiros de Tâmisa, Arrumadores de Cardiff, Carroceiros do Cais do Mersey e de Carris, Salineiros de Winsford.

II

A teoria em mente dos fundadores dos sindicatos gerais de 1889 (e de seus predecessores) era razoavelmente simples. O "trabalhador", móvel, indefeso, mudando de um ofício para outro, era incapaz de usar as táticas ortodoxas do sindicalismo dos ofícios. Possuindo "simplesmente o valor geral do trabalho",[3] ele não podia, como o "homem habilitado", reforçar um certo valor de carência por vários métodos restritivos, assim "mantendo alto o seu preço".[4] Sua única chance portanto era recrutar para um sindicato gigantesco todos aqueles que possivelmente podiam furar suas greves — em última análise todo homem, mulher ou adolescente "não habilitado" do país, e assim criar uma vasta profissão fechada.

---

* Fonte: Relatórios sobre os Sindicatos.

"Se nos limitarmos," disse Will Thorne, "a uma indústria particular, tal como a dos gasômetros, apenas, e se essas outras pessoas em várias partes do país forem deixadas desorganizadas, então, se tivermos uma disputa com qualquer das companhias de gás, estes homens seriam trazidos para serem postos em nosso lugar."[5] Teoricamente, portanto, não havia nenhum limite para o sindicato e os seus líderes reconheceram isso. O Sindicato Trabalhista das Margens do Type logo transformou-se no Sindicato Trabalhista Nacional Unido. Um corpo puramente regional na Gales do Sul chamava-se a si mesmo de Sindicato Nacional Unido dos Trabalhadores da Grã-Bretanha e Irlanda, a União Trabalhista do Lancashire transformou-se na União Trabalhista Inglesa, mesmo que o seu raio efetivo fosse contraído para cerca de 32 quilômetros de Piccadilly, em Manchester. Isto não era grandiloquência, mas — pensava-se — o simples reconhecimento dos fatos.

Da mesma forma, a reconhecida fraqueza dos "trabalhadores" levou-os a se apoiar muito mais do que os "artesãos" na pressão política e na ação legislativa.[6] Assim, surgiu uma aliança natural entre homens politicamente bastante imaturos procurando organizar certos grupos "fracos" de trabalhadores — estivadores, trabalhadores do gás, da lã etc. — e os socialistas revolucionários da década de 1880, que forneceram, ou converteram, os líderes da maioria, mas não de todos, dos sindicatos gerais.[7] Seria artificial traçar uma fronteira exata entre aqueles que começaram como "sindicatos trabalhistas" comuns (como os Operários do Chá de Tillet, o ancestral do Sindicato dos Estivadores), caindo sob a liderança socialista mais tarde, e aqueles organizados, como os sindicatos Owenistas (e talvez a Federação Nacional do Trabalho da Margem do Tyhe, 1886-93),[8] tanto com ideias sindicais quanto com alguma transformação social ou moral mais ampla em mente. Ambos os sindicatos de trabalhadores "fracos", e corpos políticos-industriais tenderam a crescer mais ou menos nas mesmas ocasiões de tensão e inquietação social; e no fim da década de 1880 um corpo de organizadores e propagandistas socialistas estava mais uma vez disponível na Inglaterra. Pode-se, contudo, imaginar que os grandes sindicatos "gerais" nacionais e regionais de 1889 foram a prole de um casamento entre o sindicalismo classista dos socialistas e os planos mais modestos dos próprios não habilitados.* A expansão do começo da década de 1870, em outros sentidos uma precursora importante — e negligenciada — do "Novo Sindicalismo", produziu sindicatos de um tipo muito mais seccional.[9]

Esta, então, era a teoria. Não se pode compreender completamente suas fraquezas sem se lembrar das crenças contemporâneas sobre a estruturada classe trabalhadora, acima de tudo sobre aquela fronteira nítida que separava o "habilitado" do "não habilitado", o "artesão" do "trabalhador". À primeira vista a nitidez desta separação é surpreendente; para ambos, classe média e artesão, os economistas acreditavam que as recompensas do trabalho (com ou sem assistência) fossem geralmente proporcionais ao mérito e à superioridade física, intelectual e moral.[10] Uma escala gradualmente ascendente, tal como aquela sugerida pela nossa divisão em "não habilitado", "semi-habilitado",** pode ter parecido mais adequada para essas opiniões. Mas, na verdade, o trabalho estava dividido em dois grupos: um "diferenciado pelo treinamento e experiência, a tal ponto que a sua transferência para outras ocupações envolveria, *ceterís paribus,* uma apreciável perda industrial"; o outro, "a massa geral de mão de obra rude ou não habilitada",[11] não diferenciados, e não ligados a qualquer ocupação especial.

Na mente de muitos, esta distinção camuflava uma outra muito mais antiquada — a linha pré-industrial entre o "artesão" habilitado completo, o verdadeiro fabricante das coisas, e o "trabalhador"

---

* O único sindicato geral com uma rede realmente nacional, os Trabalhadores do Gás, conseguiu isto em grande parte através da ajuda de grupos socialistas locais.

** Mas esta classificação não se tornou familiar até o século atual.

que simplesmente lhe servia de criado.[12] Tampouco era esta distinção puramente tradicional. Temos lembrado cada vez mais o quanto a organização industrial inglesa do século dezenove, de qualquer maneira antes da era da produção em massa e da "diluição", estava realmente disposta num molde pré-industrial. Construtores e maquinistas, fabricantes de caldeiras e alfaiates podiam ainda imaginar razoavelmente que eram capazes de fazer casas, máquinas, navios e roupas sem a ajuda conveniente, mas não indispensável, do trabalhador; como o cozinheiro de um hotel podia, em caso de emergência, produzir um jantar sem a ajuda do descascador de batatas e do lavador de garrafas. Alternativamente, a posição deles como subempreiteiros ou copatrões dos trabalhadores[13] os levaria também a considerar a diferença entre "artesão" e "trabalhador" como de espécie, não simplesmente como aquela entre artesão praticante e aprendiz, de grau.[14] Os salários mais altos, o respeito maior, os outros pré-requisitos ponderáveis e imponderáveis do "aristocrata do trabalho" seriam assim interpretados como um tributo à sua excelência peculiar; e aqueles grupos de semi-habilitados que, por um motivo ou por outro, conseguiram obtê-los — fiandeiros de algodão, maquinistas de locomotivas, alguns cortadores de carvão — assimilariam prontamente sua posição de "artesãos".

Mas esses grupos constituíam uma minoria dos ofícios organizados, e antes da introdução do voto em bloco no Congresso Sindical na década de 1890, seu peso numérico total de qualquer maneira não era apreciado.[15]

O padrão "trabalhador-artesão" era assim convencional tanto quanto real; e cada mudança industrial e técnica tendia, de forma geral, a aumentar seu irrealismo. Os "artesãos" eram todos membros de grupos que exerciam força efetiva de negociação (embora não necessariamente por ser habilitados ou treinados num ofício). Mas os "trabalhadores", definidos por exclusão, não possuíam necessariamente apenas homens sem essa força, embora fosse fácil concluir que isto assim era.[16] Pelo contrário. A Grande Depressão viu a mão de obra na defensiva, e os líderes do movimento mais inclinados a reforçarem as barreiras restritivas contra os furadores de greves do que a disseminarem o sindicalismo. Daí, apesar de certos progressos dos grupos semi-habilitados em direção ao *status* de "artesão",* no fim da década de 1880 as fileiras dos "trabalhadores" conterem um número crescente de homens imediatamente capazes de sindicalismo ortodoxo, e muitas vezes de grande força de negociação. Tudo que eles precisavam era o ímpeto de se organizarem, e esta explosão de 1889 lhes deu.[17] Mas mesmo o "trabalhador geral" ideal da convenção Vitoriana — fluído, mudando de ofício para ofício, dando a sua ajuda não diferenciada tão bem ou tão mal onde quer que fosse posto — era provavelmente muito menos comum do que se supunha. Além do mais, à medida que a mecanização e os métodos fabris modernos se generalizaram, os patrões começaram a duvidar até se lhes saltava todo o "valor especial":[18] Os sindicatos gerais assim se viram recrutando homens demais que, por um motivo ou por outro, tinham o poder de se fazer escassos, de causar perda apreciável na transferência, ou de valer incentivos por maior eficiência, que era a base da força ortodoxa de negociações, uma força bem armada inesperada.

Isto foi favorável para eles, porque o trabalhador genuinamente flutuante ou móvel, embora habilitado, era diabolicamente difícil de organizar sob condições de *laissez-faire*. Os sindicatos compostos desses homens — os Dragadores na Inglaterra, os IWW na América[19] — ficavam contentes se pudessem manter algumas centenas de membros regulares, e alguns escritórios ou centros regulares, de onde pudessem recrutar uma massa de membros temporários e exercer

---

* Os Estivadores de Londres. Barqueiros do Tyne Tâmisa, Arrumadores do Norte, todos emergiram como sindicatos oficiais entre 1870 e 1873. Os Operários em Botas e Calçados, Tecelões de Algodão, Operários da Sala de Cardar e Ventilar, Maquinistas de Locomotivas estão entre aqueles que cresceram durante a Depressão.

controle temporário do emprego quando e onde a luta se acendesse. As vastas profissões fechadas nacionais, regionais ou mesmo locais nas quais o velho Sindicato Geral via a sua salvação, geralmente eram difíceis de manter, além do primeiro fluxo de expansão. Não é assim de surpreender que os líderes dos sindicatos gerais devessem ter modificado a sua política. O que parece surpreendente é que eles devessem estar inconscientes das suas inadequações desde o começo, e se apegassem a elas por tanto tempo.

III

O fundamento oficial dos sindicatos foi a "filial local" compreendendo todos os tipos de trabalhadores.[20] Uma divisão mais realista era baseada nos ofícios, lugares de emprego e coisas semelhantes. Os trabalhadores do gás,[21] pioneiros e o maior dos sindicatos gerais, proporcionam exemplos de ambos. A organização na área flutuante de Londres era geral, 44 dias das 61 filiais em 1897, 37 das 55 em 1906 sendo assim descritas ou não especificadas. Parece claro que estas filiais nasceram dos núcleos originais de carvoeiros organizados em torno de seus gasômetros locais; mas o líder do sindicato resistiu fortemente às tentativas de dividir estas aglomerações, algumas vezes da força de milhares, em ramos de ofícios do padrão provincial.[22] Isto tinha a vantagem de lhes permitir mudar a natureza em vez de dissolver-se, como aconteceu gradualmente, os carvoeiros originais desapareceram. Apesar de tudo, isso deve ter sido extremamente inepto, porque o encontramos constantemente suplementado pela organização do "lugar de emprego" de um tipo ou de outro. Isolados do dos secretários de distrito, o homem de Londres gastava muito do seu tempo circulando por empregos de construção, cais de carvão e fábricas, verificando cartões e coisas parecidas. Um pouco da inépcia é indicada pelo fato de que os membros que reclamavam compensação contra uma grande firma contratante vinham de não menos do que sete filiais tão distantes como West Ham e Battersea.[23] Os gerentes de instituições, tais como o Sindicato Unido do Trabalho do norte, permitia às suas filiais, existiam, mas as tentativas que eram feitas de tempos em tempos — pelos delegados do norte e construtores de Londres — para dar-lhes funções oficiais além da de simples cobrança de contribuições, encontraram resistência.[24]

Fora de Londres, contudo, o número de filiais ocupacionais ou de emprego superava — fora os portos e pequenas cidades grandemente superadas em número — as filiais gerais, como a Tabela II, a seguir, mostra.

Fica assim claro que, desde o início, os membros dos sindicatos gerais não se encaixavam facilmente numa organização destinada aos móveis e fluidos, e àqueles não ligados a indústrias individuais.

Até que ponto na verdade eram as organizações sindicais destinadas ao trabalhador "geral"? Já que o termo é vago, e o seu sentido varia com a região e a indústria, não podemos dizer. Além do mais, muitos dos nossos números se referem a filiais, e uma filial "geral" pode ter consistido não de trabalhadores gerais, mas simplesmente de uma coleção variada de ofícios, cada um pequeno demais para uma filial separada. De maneira geral, é claro que a proporção de trabalhadores gerais subia em tempo de expansão, ou durante grandes greves, quando eles afluíam para os sindicatos. Em tempos normais ela podia ser pequena. Os melhores números disponíveis, de uma lista ocupacional do SNUT em 1895,[25] dá 1.088 em 11 mil membros como "mão de obra geral"; dois anos antes uma proporção semelhante havia pertencido às filiais gerais do mesmo sindicato: 2.700 em 22 mil em 13 filiais das 103 na costa nordeste, três em 13 em Sheffield.[26] Não se pode realmente concluir muito desses números ocupacionais.

Tabela II. *Sindicato dos Trabalhadores em Gás. Número de filiais "Gerais" nos distritos em vários períodos, 1890-1911**

Distrito	Ano	Número total de filiais	"Gerais"	
			Totalmente	Parcialmente ou não especificado
Birmingham	189 6 (*a*)	25	0	0
	1899 (*a*)	33	0	0
	1909	30	1	1
Bristol	1891 (*b*)	10	0	0
	1893	11	0	0
	1896	11	1	0
	1904	8	0	0
Lancashire	1903	41	10	10 (*b*)
Leeds	1890-1	28	2	0
	1891-2	23	9 (*c*)	0
	1896	30	7 (*c*)	0
Mersey	1891	21	9	2
	1896	14	4	0
Costa Leste	1909	33	8-9	0
Nordeste	1896	16	1	0
	1899	36	4	0
	1904	37	1-2	0

(*a*) *"Confederações de Ofícios Metalúrgicos de Birmingham" em força.*
(*b*) *As "Gerais" aqui incluem um certo número de filiais municipais; também talvez alguma mão de obra de maquinistas. O Lanchashire descreve-se a si mesmo como "ocupacionalmente organizado" até 1911 (NUGMW (1929), Lembrança, p. 26).*
(*c*) *Ilusório. P. ex., em 1896 as "gerais" incluem até seis filiais municipais e uma de trabalhadores siderúrgicos.*

---

* Os números de Leeds e Mersey de 1890-2 de balanços publicados localmente (Bibl. Ingl. Ciênc. Pol.; Co. E, B. CVI), os outros de Declarações Trimestrais. Já que as filiais não são descritas uniformemente de distrito para distrito, ou de ano para ano, estes dados só podem ser apresentados de maneira fragmentária.

Uma coisa, contudo, é clara. Os Sindicatos Gerais, de qualquer maneira, entre 1892 e 1911, dependiam muito mais de sua presença em certas indústrias e grandes fábricas do que de sua capacidade de recrutar indiscriminadamente, daí (pode-se supor), de maneira geral, de um tipo de trabalhador mais estável e regular do que eles tinham pensado originalmente.[27] O reconhecimento local pelos patrões, naturalmente, reforçou esta tendência. Assim, no distrito de Leeds os trabalhadores do gás de dois grupos "reconhecidos" de tintureiros e trabalhadores do gás constituíam 12 das 28 filiais em 1891, 10 das 23 em 1891-2, 16 das trinta em 1896. Na costa nordeste a força do SNUT nos estaleiros — onde ele era reconhecido — está bem acentuada na Tabela III. Assim, embora algo como metade da força de filiais em 1893 em mão de obra geral se dissolveu, 15/16 avos da força dos estaleiros permaneceram estáveis. Embora não tenhamos números comparáveis para outros sindicatos, é claro que as coisas eram mais ou menos as mesmas neles. A Liga de Proteção ao Trabalho apoiava-se em grande parte na sua presença no Arsenal de Woolwich (além do seu controle sobre os carregadores especializadas de grãos e madeira das docas), os trabalhadores de gás de Birmingham em seus laços com a Corporação, até o pequeno Trabalhadores Gerais e de Máquinas de Bolton notou que "ganhamos um apoio substancial com alguns patrões".[28]

E estes eram, é claro, principalmente os grandes. Assim, sabemos que, numa ocasião em que todas as trezentas e tantas filiais dos trabalhadores de gás tinham apenas cerca de 29 mil membros, cinco filiais apenas de trabalhadores em máquinas, borracha, pontes, algodão e ferro, cada um dos homens numa única firma, constituíam cerca de 3 mil do total;[29] e os relatórios do distrito deixam claro como todo o sindicato podia ser "carregado", especialmente durante uma depressão, por algumas filiais grandes das fábricas.[30] É duvidoso se podemos estimar até que ponto as filiais do sindicato geral eram constituídas de empregados de grandes fábricas, ou de fábricas isoladas. Contudo, a tentativa seguinte pode dar apenas uma ordem de grandeza, embora os efeitos posteriores do colapso de 1902-4 possam exagerar um tanto a importância das grandes fábricas. Supondo um grau igual de "concentração" em Barnsley (para o qual não temos nenhum detalhe) como em Nottingham, vemos que cerca de metade das filiais dos sindicatos fora de Londres estava nas "firmas grandes". Os membros, é claro, provavelmente estavam muito mais concentrados. A estimativa abaixo, na Tabela IV, está provavelmente do lado conservador.

Tabela III. Sindicato Nacional Unido do Trabalho.
Filiais fechadas 1896-1900, através da perda de membros*

Ocupação	Total fechado	Total de filiais em ocupação, 1893	
	1896-1900	Totalmente	Parcialmente
Trabalhadores de estaleiros	3	43	5
Ferro e aço	2	8	3
Rio, margens	5	13	2
Produtos químicos, chumbo, cobre	4	14	0
Mão de obra de maquinaria	5	10	6
Dragagens, construtores	3	8	1
Geral	10	17	4
Outros	4	18	4

Tendo estabelecido esses apoios, possivelmente — embora não possamos medir a extensão — no J. R. Clynes chamava de "classes de trabalho nas quais os maus efeitos da concorrência não podiam ser sentidos",[31] o sindicato podia enfrentar as más ocasiões. É bastante notável, e totalmente ao contrário do sindicalismo americano, que os sindicatos gerais eram evidentemente bastante capazes de se

---

* Relatórios anuais (1893 e 1896-1900). Mais dez filiais fecharam devido à secessão para outros sindicatos, falência dos patrões etc. O ano de 1893 é um ano-base justo, embora em 1896 o distrito de Lincolnshire (Docas, mão de obra de maquinaria, geral) tivesse ido e o distrito de Sheffield (principalmente ferro, aço e carvão) tivesse subido de 13 para 34 filiais e de 704 para 1.955 membros. A tabela tem probabilidade assim de subestimar a estabilidade do ferro e aço, e de superestimar a das docas e trabalhos fluviais no sindicato.

agarrarem a indústrias sujeitas ao ciclo comercial, como em outras partes. Na verdade, entre os trabalhadores do gás, os distritos de Bristol, Leeds e Lancashire tinham fortes núcleos de mão de obra do gás e municipal, mas Birmingham foi organizado em torno dos ofícios metalúrgicos, a Gales do Sul, das chapas de estanho e tubos, o nordeste (como o Snut maior), dos navios e maquinaria, Barnsley e Nottingham, de ferro, aço e homens do alto da mina, Hull, das docas de estanho. Uma vez que uma firma tolerasse ou aceitasse o sindicato, como os construtores navais fizeram com o Snut,[32] um colapso não traria a expulsão e destruição de outra forma inevitável. Evidentemente, a militância com consciência de classe dos primeiros líderes tinha menos probabilidade de se recomendar num tal estado de coisas do que uma política cautelosa e conciliatória.

Tabela IV. *Sindicato dos Trabalhadores de gás, Segundo Trimestre, 1905. Filiais em "firmas grandes"** *

Distrito	Número de filiais	Dezembro 1905 Membros	Filiais com membros principalmente em "firmas grandes"
Barnsley	22	2.018	?
Birmingham	33	2.346	6-8
Bristol, sudoeste	20	1.472	5-6
Costa leste	15	1.644	6
Lancashire	37	4.665	15-20
Leeds	34	4.012	24
Londres	—	5.758	—
Nordeste	35	3.801	26-8
Nottingham	10	Incl. em Londres	7
Gales do Sul	28	2.234	13-14
Total (sem Londres)	234		102-13

* A área de Londres compreende todas as filiais que não estejam em distritos separados, e as filiais de Notthingham.

IV

Insensivelmente, então, a política foi modificada. O sindicato clássico de "trabalhadores" sabia perfeitamente bem que pouco tinha a ganhar sem uma greve; de qualquer maneira, uma greve ocasional.* Mas o Snut, bem entrincheirado no Tyneside, gabou-se de sua independência das greves exatamente como os fabricantes de caldeiras.** Os londrinos marxistas do Sindicato dos Trabalhadores de Gás continuaram a abolição do trabalho por peça, em lugar do qual eles queriam um salário de alto padrão de vida; mas os homens de Birmingham, Lancashire e Llanelly objetaram. O trabalho por peça estava se tornando cada vez mais popular,[33] e de qualquer maneira o ofício de estanhador havia acabado de decidir "seguir as máquinas", isto é, abandonar a restrição da produção.[34] Da mesma maneira, o Sindicato dos Trabalhadores, cuja força principal estava no maquinista semi-habilitado, iria mais tarde apoiar a mecanização contra a qual tantos sindicatos mais antigos lutaram.[35]

Mas houve uma mudança mais surpreendente. Como muitos sindicatos gerais, os trabalhadores de gás haviam sonhado originalmente com a unificação final de todas as sociedades de trabalhadores num único sindicato grande,[36] ou, como segunda alternativa melhor, na intercambialidade universal dos cartões dos sindicatos: "um homem, um passe".[37] Do ponto de vista dos trabalhadores que mudavam ou nômades, indo de emprego para emprego, e de ofício para ofício, nada podia ser mais lógico. Onde quer que eles fossem, qualquer que fosse seu sindicato, qualquer grupo *ad hoc* de trabalhadores organizados podia agir como uma sociedade isolada para o fim de exercer o controle temporário dos empregos. Nos canteiros de obras, por

---

* Em 1892, 1899 e 1902, por exemplo, mais da metade da renda dos trabalhadores do gás foi em benefício contestado.

** Seus Relatórios Anuais mostram tabelas detalhadas. Geralmente, cerca de 90 por cento das disputas eram resolvidas pacificamente; o que prova um alto grau de reconhecimento.

exemplo, isto acontecia frequentemente. Mas já que o trabalhador flutuante não constituía realmente o núcleo do sindicato geral, "um homem, um passe" encontrou uma acolhida cada vez mais indiferente dos campeões da tática alternativa, que podemos chamar de "um passe, um emprego", o monopólio do emprego local. Cada sindicato, tendo talvez acabado de raspar o reconhecimento local, veio a considerar os imigrantes não como reforços que lhe permitissem sustentar os baluartes num mercado de trabalho sempre em mutação, mas como furadores de greve em potencial. "Tome qualquer cais do país", alegava Ernest Bevin em 1914. "Qual é o problema sério que temos que enfrentar? É que onde os homens foram organizados há mais tempo, e tenham sido capazes de estabelecer certas condições, o patrão está sempre fazendo o máximo para atrair um grande excesso de mão de obra à sua volta a fim de intimidar os homens."[38] Se a mobilidade indiscriminada deve ser encorajada, os sindicalistas podem ser uma ameaça tão grande como os não sindicalistas.

Os líderes originais, céticos quanto ao monopólio dos empregos mantidos pelos "trabalhadores", não se perturbaram por causa disto. Os homens móveis, como os construtores, e talvez os trabalhadores de maquinaria semi-habilitados do Middland em expansão e longe de cristalizados, podiam manter a velha opinião. (Daí o apoio do distrito de Londres aos trabalhadores de gás, e talvez o porta-voz do Sindicato dos Trabalhadores para a velha palavra de ordem em 1911-14.)[39] Os revolucionários que pensavam em termos de militância de classe detectariam o perigo "reformista" no restricionismo e defenderiam o grande sindicato único, como Larkin e Connolly fizeram. Contudo, na verdade, está claro em 1910-14 que o sindicato de todos os trabalhadores "não habilitados", embora desejável, não seria de uma massa de trabalhadores individuais flutuantes, mas de muitos monopólios de empregos locais e profissões fechadas, cujos interesses especiais tinham que ser salvaguardados, se tivessem que desistir de sua independência. As discussões de unidade extremamente importantes entre o Conselho Nacional de Trabalhadores

Gerais e a Federação dos Trabalhadores em Transportes em 1911-14 chegaram a um impasse exatamente sobre este ponto.[40] Foi somente cerca de dez anos mais tarde, quando o Sindicato dos Estivadores (em grande parte do modelo da organização de Bristol de Bevin) havia desenvolvido um esquema de autonomia para os grupos de ofícios, que as vastas fusões que deram origem aos Trabalhadores em Transporte e Gerais e aos Trabalhadores Gerais e Municipais tornou-se possível.[41] (Contudo, a adoção de uma organização mais flexível foi simplesmente uma condição do seu sucesso; a força que impelia sindicatos distintos no sentido da fusão era em grande parte a inquietação política e revolucionária.)

Podemos assim distinguir três fases nas táticas do sindicato geral: o sindicalismo geral antiquado de 1889-92, o sindicalismo "seccional" cauteloso, limitado e conservador de 1892-1910, e a ânsia revolucionária pela fusão, o sindicalismo industrial ou a organização "geral" articulada do moderno Trabalhadores em Transporte, que surgiu das expansões de 1911-20. Tanto a primeira como a terceira pretendiam a organização de todos os trabalhadores "não habilitados". A segunda — principalmente sob pressão das circunstâncias — renunciou a isso, limitando-se à organização daqueles grupos capazes da negociação antiquada. É importante, por exemplo, que ela falhasse totalmente em organizar os geralmente fracos — p. ex., as mulheres. Apesar do seu entusiasmo inicial pela organização das mulheres, os 32 mil membros dos trabalhadores de gás em 1908 compreendiam apenas cerca de 800 mulheres.[42] O sindicalismo geral neste período entre as expansões havia na verdade se tornado algo como o sindicalismo seccional de certos grupos "não habilitados" da Federação Americana do Trabalho entre 1896 e 1935, os Condutores de Veículos, os Serventes de Pedreiro etc. Se não tivesse havido uma segunda expansão vinte anos após a primeira, ela bem poderia ter sido assimilada no padrão de ofício, como nos EUA.[43]

O "novo sindicalismo" de 1889 tornou-se assim desconfortavelmente como o "velho sindicalismo" que certa vez combatera, e as políticas dos seus líderes mudaram de acordo. Os marxistas revolucionários que lideraram os Estivadores e os Trabalhadores de gás então, foram cada vez mais substituídos por socialistas muito mais conciliadores (embora por causa dos velhos tempos de outrora alguns deles continuassem a chamar a si mesmos de Social-democratas Marxistas). Ernest Bevin, não Tom Mann, iria dominar os Estivadores após sua segunda expansão. Os Trabalhadores de Gás, uma organização muito marcadamente "dominada pelo partido", cujo líder era um protegido de Engels, cujas *éminences grises* do começo da década de 1890 eram os Marx-Avelings, e muitas de cujas posições-chaves eram ocupadas pelos social-democratas, tornou-se o sindicato do Rt. Hon. J.R. Clynes, e um corpo nitidamente moderado.

V

Contudo, depois de 1906 a queda dos salários reais e a inquietação das fileiras forçaram os sindicatos mais uma vez à ofensiva. Os problemas do recrutamento maciço e da negociação agressiva obrigaram os líderes a reconsiderar suas táticas. Até então isto não tinha sido realmente necessário. O ímpeto da expansão de 1889 havia dado a eles todos a força ofensiva de que precisavam originalmente. Quando o colapso e os ataques dos patrões tinham eliminado todos, exceto os mais fortes, os sindicatos gerais descobriram poderosos recursos defensivos que lhes permitiram sobreviver. Eles diluíram seus riscos entre indústrias e áreas nem todas as quais eram capazes de atacar ao mesmo tempo. Eles agiram, na verdade, como um "banqueiro" conveniente, para uma multiplicidade de unidades de negociação locais e seccionais.[44] Essa diluição dos riscos era absolutamente essencial, porque o sindicato de "trabalhadores" enfrentava atuarialmente riscos totalmente imprevisíveis: a qualquer momento os seus fundos podiam ser drenados por disputas entre mestres e "artesãos", ou entre sindicatos habilitados. Daí nada teria sido ganho, se o Snut se transformasse num puro sindicato de estaleiros, ou os estivadores se dividissem em sociedades de ofícios distintas de beira d'água e de chapada de estanho. Pelo contrário, o incentivo de recrutar largamente permaneceu. Assim os Trabalhadores de gás admitiram os homens do alto da mina que haviam recusado originalmente,[45] e os três sindicatos gerais principais usaram o surto econômico de 1898-1900 para fazer importantes conquistas — seus únicos progressos realmente sólidos entre as duas expansões — no carvão, ferro, aço e chapas de estanho na Gales do Sul, e na área de Nottingham-Derby-Yorkshire do Sul. Se muitos dos membros flutuavam, isso não precisava enfraquecer o sindicato desde que este tivesse um núcleo de filiais regulares. Pelo contrário, um influxo constante de taxas de admissão e assinaturas temporárias simplesmente acresciam os fundos das sociedades que não podiam cobrar as altas taxas dos sindicatos de artesãos.[46]

Os esquerdistas mais agudos, contudo, haviam reconhecido há muito tempo a necessidade de uma tática agressiva mais adequada. Mesmo nos dias de 1889 todos os tipos de federações e "estados maiores" centralizados tinham sido sugeridos.[47] Tom Mann, incomparavelmente o mais capaz dos radicais, tinha até usado a pequena expansão de 1898-1900 para fundar um corpo a meio caminho entre sindicatos "gerais" e "industriais", o Sindicato dos "Trabalhadores", que iria abranger todas as indústrias e graus de habilitação, inclusive os mais altos.[48] Este sindicato não foi muito bem-sucedido senão depois de 1911, quando se tornou um dos sindicatos gerais importantes, e que conservou por muito tempo certas ambições ecumênicas.[49] As teorias de Mann permitiram, contudo, que este fizesse um progresso excepcional entre os trabalhadores rurais, e na maquinista da produção em massa dos Midlands, onde a coordenação dos vários graus de habilitação era urgente, e os sindicatos nacionais de artesãos relativamente fracos. Desde 1906, contudo, outros sindicatos — novamente em grande parte sob o impulso da esquerda — despertaram para a importância do recrutamento "estratégico", e negociação sistemática de todos os graus. Certamente em 1911 os estivadores de Bristol estavam recrutando sistematicamente graus estrategicamente importantes,[50] e o Sindicato dos Estivadores como um todo adotou a causa do "sindicalismo industrial" e a nova Federação dos Trabalhadores em Transportes com entusiasmo.

Para muitos sindicatos gerais, contudo, o problema da negociação "industrial" resolveu-se por si mesmo não tanto num problema de formar corpos abrangendo uma indústria inteira, mas num de recrutamento, de demarcação e de desmexer seus ovos. O recrutamento era fácil, de qualquer maneira em épocas de expansão. A demarcação era mais difícil, porque eles naturalmente atravessavam quaisquer fronteiras industriais que pudessem ser traçadas. Foi na verdade sobre esta rocha que o sindicalismo sistemático finalmente fundou-se na década de 1920.[51] Contudo, certas combinações locais tinham sido feitas há muito tempo — os estivadores de Bristol prometeram não invadir os galvanizadores, os trabalhadores de gás renunciando aos carregadores de carvão[52] — e as grandes federações como os Trabalhadores em Transportes de alguma ajuda.* Mas dentro de cada sindicato os ofícios formavam uma massa confusa; a menos, como aconteceu algumas vezes, que um distrito particular fosse predominantemente composto de homens de uma indústria, e pudesse assim formar uma "seção de ofício" *de facto*. O Snut assim tinha os seus grupos geograficamente distintos de beira d'água e reparos navais, os Estivadores seu distrito de chapas de estanho, os trabalhadores de gás seus tintureiros etc. No entanto, isso não era suficiente. Desde 1893, os trabalhadores de gás do Sindicato dos Trabalhadores de Gás desejavam se federar com os mineiros, com quem estavam os seus interesses estratégicos; como o sindicato de

---

* O fato dos sindicatos de fora (como os trabalhadores de gás e o Snut) filiados em benefício dos seus membros de transporte era sinal de flexibilidade bem-vinda.

Carregadores de Carvão havia feito. Mas os tintureiros e trabalhadores nas indústrias químicas do sindicato objetaram fortemente em pagar taxas de admissão para o que era completamente irrelevante para eles, e o assunto foi engavetado.[53] Enquanto a velha organização indiscriminada existiu, os ofícios inevitavelmente atrapalhariam uns aos outros.

Quando os sindicatos cresceram depois de 1906, e acima de tudo quando aceitaram indústrias localizadas, tiveram assim .que desenvolver maior flexibilidade. Os estivadores tomaram a dianteira nisto, sem dúvida devido às suas unidades fortemente marcadas e contrastantes de trabalhadores de beira d'água de Bristol e de chapas de estanho de Gales, que dominavam o sindicato, e estes foram forçados a conceder a cada uma considerável autonomia. Em 1911-14 podemos ver as sementes do novo modelo brotando no oeste: o "Distrito de Chapas de Estanho" foi convertido numa seção de ofício, para ser um modelo para as outras e, até uma brecha maior, foi estabelecida uma "seção de galvanização" numa base principalmente não geográfica.[54] O Sindicato de Transportes e Trabalhadores Gerais iria mais tarde ser organizado sobre autonomia sistemática de ofícios. Isso teve sua recompensa. Em 1910 os estivadores foram, falando nacionalmente, um dos menos bem-sucedidos, e de maneira alguma o maior sindicato geral. No curso dos vinte anos seguintes eles iriam alcançar os trabalhadores do gás organizados menos sistematicamente, para se tornarem o maior sindicato do país. Mas, se a adoção da autonomia de ofícios era sistemática ou não, todos os sindicatos gerais se moveram na mesma direção. Por ocasião da grande fusão após a Primeira Guerra Mundial, eles estavam a caminho de se tornarem alianças de ofícios e seções industriais, em vez de, como no passado, unidades locais de negociação. E como tal que eles funcionam hoje.

VI

Traçamos o lento progresso dos Sindicatos Gerais desde a política de 1889 até a moderna federação das seções industriais. Resta explicar esta lentidão, e esboçar alguns dos seus resultados.

Pode ser sugerido um certo número de motivos por que as alianças de profissões fechadas locais, compostas de empregados regulares, talvez restringindo a entrada para seus empregos, continuassem a pensar em si mesmas como algo como sindicatos flutuantes, ou porque maquinistas semi-habilitados, organizando profissões modernas de produção em massa, deixaram de perceber que sua posição de negociação diferia essencialmente da dos trabalhadores assentadores de tijolos.[55] Em primeiro lugar, a distância entre "trabalhador" e "artesão", embora não tão real como na convenção, era bastante real. Um fazia aprendizado, o outro conseguia o emprego de qualquer modo. Mesmo o carvoeiro de gás experiente ou o marinheiro podiam ver por si mesmos as mudanças nas indústrias mais facilmente do que podiam conceber um fabricante de caldeiras transformando-se num carpinteiro. Daí o progresso da mecanização pareceria, para começar, simplesmente como alguma coisa que acrescentava ao número de "trabalhadores" em face dos "artesãos", e assim não criar nenhum problema fundamentalmente novo.[56] Além do mais, o pouco que sabemos do processo real de "escolher" novas habilitações — algumas vezes de uma ordem bastante alta — nos mostra o jovem trabalhador vagando de uma fábrica para outra, talvez de um ofício para outro, certamente de uma máquina ou departamento para outro antes de se instalar finalmente.[57] Em segundo lugar, a grande irregularidade, sazonalidade e flutuação de muitos empregos sem aprendizagem sugerem maior fluidez do que existe realmente. Assim, uma grande proporção de carvoeiros de gás eram migrantes sazonais que enchiam os claros no verão como fabricantes de tijolos, trabalhadores em construção, colhedores, ou mesmo como em Southampton, como tripulantes de iates.[58] Quando não havia, teoricamente, nada que ligasse o trabalhador a um ofício ou firma em particular, a fluidez potencial e real eram facilmente confundidas. Em terceiro lugar, a posição "legal" dos mais habilitados era muitas vezes exatamente a mesma dos não habilitados, de cujas fileiras eles eram recrutados, e a cujas fileiras podiam voltar a qualquer momento, quer permanentemente, ou por um período, quando os negócios estavam lentos.[59] Tecnicamente, o estivador altamente especializado, ou operário das docas, que podia dispor de um emprego a qualquer momento que desejasse, podia ser tanto um casual como o rato de cais desprezado, e igualmente olhado com desprezo como "não habilitado" pelo "artesão".[60]

O fato de os trabalhadores de ambos os lados da distância manterem-se em seus próprios lugares como "artesãos" e "trabalhadores" provou ser de considerável vantagem para os sindicatos gerais em seu período de formação. Eles evitaram essa concorrência com os "ofícios" que destruiu os Knights of Labor nos EUA mais mecanizados no fim da década de 1880.[61] Porque mesmo que tivesse ocorrido aos trabalhadores dos estaleiros ou aos homens do alto da mina que sua força de barganha precisava de reforço pela dos fabricantes de caldeiras ou cortadores, eles eram fracos demais para pensar, como os Knights fizeram, em forçar o sindicato a aceitar seus termos, e os "ofícios" não se sentiam com necessidade disso nos deles. Apesar dos avisos da sua esquerda[62] o progresso e diluição da mecanização não pareceu, até depois de 1906, apresentar perigos urgentes ou incontroláveis. A política clássica de restrição ainda parecia exequível. Qualquer dos dois novos graus estranhos podiam ser mandados formar sindicatos próprios, que não complicassem ou enfraquecessem as negociações dos artesãos: como os maquinistas mandaram os eletricistas, os fabricantes de botas à mão mandavam os fabricantes à máquina formar os seus;[63] como os tipógrafos facilitaram a formação de uma sociedade distinta de trabalhadores de "impressão", e os fundidores de ferro não fizeram nenhuma tentativa de organizar os fundidores à máquina.[64] Ou o "artesão" podia tentar capturar a máquina para si mesmo, as taxas de artesão, como os tipógrafos, maquinistas e fabricantes de caldeiras tentaram fazer, e em parte conseguiram.[65] Só raramente o sindicato de ofício se sentia impelido a estender sua jurisdição sobre novos grupos de homens não habilitados ou semi-habilitados — a técnica que mais tarde iria permitir à Federação Americana do Trabalho competir com a sua rival mais moderna.* Além do mais, onde os sindicatos de "não habilitados" tinham sido formados para lutar com os "artesãos" da mesma forma que os mestres (p. ex., nos estaleiros), os problemas de unidade eram em grande parte acadêmicos.

Desde que os artesãos continuassem complacentes e os trabalhadores modestos, os sindicatos gerais estavam livres para criar raízes: organizando aqui uma indústria totalmente negligenciada (como a de transportes), lá os graus inferiores de uma indústria na qual os sindicatos de ofícios estavam estabelecidos mais altos (navios, ferro e aço, maquinismos), ou áreas inteiras negligenciadas pela localização do sindicalismo (Devon e parte dos Midlands), ou grupos inteiros de ofícios pequenos ou espalhados (os Artesãos Galeses** ou os Cardadores de Lã do Yorkshire)*** que preferiam os recursos de um sindicato grande, ou precisavam do apoio de outros graus em sua indústria.**** A estagnação do "velho" sindicalismo após 1875, e a localização da indústria os deixaram com uma boa seleção de grupos fortes para organizar. E o forte incentivo para diluir seus riscos lhes deu uma elasticidade que faltava aos outros sindicatos. Muito antes de uma

---

* O recrutamento dos fiandeiros de anel pelos Operários da Sala de Cardar é um exemplo inglês.
** Trabalhadores de manutenção no ofício das chapas de estanho (fundado em 1889): Eles entraram para a NUGMW em 1935.
*** Também agora no NUGMW.
**** Os homens das pedreiras, mineiros de metais, certos oficiais de faca e pequenos objetos de metal, tanoeiros em fábricas de cimento, ameaçados pela maquinaria, homens habilitados em moinhos de farinha etc. Os sindicatos de moleiros de farinha, fabricantes de papel, trabalhadores em produtos químicos e outros altamente mecanizados e novas indústrias surgiram em 1889, mas não tiveram muito sucesso independente.

nova indústria ou região ter se desenvolvido a ponto de estabelecer sindicatos próprios, ela teria sido invadida e, caso receptiva, organizada por um sindicato geral. Os campeões do sindicalismo industrial sistemático estavam assim errados em acreditar que os sindicatos gerais desapareceriam, mesmo que todas as suas seções industriais fossem para sindicatos apropriados, a descasualização reduzisse seus núcleos de trabalhadores "gerais".[66] Na falta de qualquer autoridade dominante que determinasse os campos a serem organizados, eles conservariam suas funções residuais, e tenderiam assim a se beneficiar anormalmente de qualquer expansão importante do sindicalismo. Assim, os Sindicatos de Trabalhadores, nunca com mais de 5 mil membros entre 1898 e 1910, afirmavam ter 150 mil em 1914, quase todos eram homens e mulheres que, embora não fossem "trabalhadores não vinculados" simplesmente não encontraram nenhum outro sindicato em sua região ou indústria pronto a recebê-los.

Inversamente, o incentivo para organizar sindicatos "industriais" sistemáticos permaneceu fraco por muito tempo. Até 1914, a negociação era esmagadoramente local, ou na melhor hipótese regional. Até a Primeira Guerra Mundial, além do mais, a estrutura salarial permaneceu, de qualquer maneira para os "não habilitados", esmagadoramente tradicional.[67] A ponto de os patrões lixarem os salários dos "não habilitados" simplesmente pela "taxa do distrito" para esse trabalho, e a ponto de as variações locais serem substanciais,[68] um forte argumento para a "profissão regional fechada" do ideal do sindicato geral permaneceu. Os vários ofícios que surgiram na famosa greve do Black Country de 1913 exigiam muito naturalmente não só concessões seccionais, mas um mínimo geral do Black Country de 23 shillings.[69] Desde que o trabalhador pudesse sentir que a sua negociação dependia exatamente da mesma forma do mercado "geral" de trabalho da área como da situação em sua indústria específica (local ou nacionalmente), um sindicato "geral" propriamente articulado podia realmente provar ser a forma mais vantajosa de "sindicalismo industrial".

Sem dúvida esta era uma fase temporária. No momento em que os construtores e estivadores começaram a negociar nacionalmente, a estrutura tradicional dos salários dos maquinistas havia sido abalada pela guerra e os ferroviários haviam adotado uma política moderna de exigir os salários que o tráfego pudesse suportar, o caso para o "sindicalismo industrial" sistemático estava vastamente mais forte. Além do mais, coisas tais como juntas comerciais, leis de salário mínimo etc. forneciam um método alternativo de enfrentar o problema da "taxa do distrito para o trabalho não habilitado". Mas em 1911-14, quando teve lugar a expansão decisiva dos sindicatos gerais, um pouco de tudo isto havia acontecido. Os sindicatos gerais foram assim os principais beneficiários da expansão — embora numa forma não inconsistente com a negociação industrial. Isto explica, talvez, seu sucesso surpreendente após 1911 ao absorverem seus rivais industrialmente organizados, que haviam, entre 1900 e 1910, sido relativamente tão mais bem-sucedidos. Os Trabalhadores em Bondes e Veículos, ao se fundirem com os Trabalhadores Gerais em Transportes, os Empregados Municipais, ao entrarem para formar os Trabalhadores Gerais e Municipais, obtiveram uma dupla vantagem: a de negociarem com outros graus em sua indústria e, até certo ponto, a de coordenarem suas negociações com as dos numerosos empregos facilmente intercambiáveis (ou os numerosos empregos cujas taxas de salário eram fixadas umas em relação às outras), dos quais eles organizaram um lote. Bastante diferente do fato de que, com a existência do gigantesco Trabalhadores Gerais em Transportes, foi muito mais fácil fundir-se com ele do que, digamos, formar o sindicato composto organizado nacionalmente dos trabalhadores de transportes rodoviários, com o qual os carroceiros de 1911-14 ainda sonhavam.[70] Os Sindicatos Gerais tinham vindo para ficar. Sua força e vantagens eram tais que eles continuaram a crescer. Certamente, a menos que houvesse uma transformação revolucionária do movimento sindical, qualquer esperança de eliminá-lo após 1911 era utópica. Se o seu crescimento, apesar da flexibilidade que ele deu à expansão sindical inglesa, não criou mais problemas do que resolveu, é outra questão.

(1949)

Notas

1. Para as definições tradicionais do sindicalismo de "ofícios" e "industrial", cf. *British Trade Unions* (1947), de N. Barou, pp. 20-6; *Trade Union Documents* (1929) de W. Milne-Bailey, pp. 122-134; *Organized Labour* (ed. 1924) de G.D.H. Cole, pp. 2833, para uma classificação mais elaborada. O "sindicalismo industrial" tradicional é aqui chamado de sindicalismo industrial "rigoroso" ou "sistemático".

   "Sindicalismo de ofício" aqui significa a organização para graus e seções individuais de trabalhadores (ou grupos de graus intimamente aliados) que negociam independente e separadamente.

   "Sindicalismo industrial" aqui significa o tipo de organização que procura unir e coordenar a negociação de todos os grupos cujas negociações afetam umas às outras substancialmente; organização de "todos os graus". Em virtude da mudança de tamanho da área de negociação isto é até certo ponto uma distinção dos períodos históricos, bem como da função; mas nada tem a ver com a "habilitação", "aprendizado" ou "indústrias" no sentido do censo. Nem são o sindicalismo de ofício e o sindicalismo industrial encontrados necessariamente da forma pura, ou mutuamente exclusiva.

2. Todos os números são pouco dignos de confiança. Os relatórios do Conselho de Ofícios Locais, contudo (p. ex., de Bristol, Norwich, Bolton e Leicester), indicam a importância relativa dos vários corpos. Por exemplo, em Bristol, em 1890, a "força do sindicato geral" constituía cerca de metade da força total do "novo sindicato" e 30-40 por cento da força total do sindicato (Bristol, T.C. 1891. Rel. An.).

3. *Unemployement in Lancashire* (Manchester 1909) de S.J. Chapman e H. M. Halsworth, p. 83,

4. Ver *Industrial Democracy,* de Webb, *disperso,* mas esp. caps. X e XI.

5. C.R. sobre Mão de Obra, Grupo A, Evidência 24.943.

6. Os grupos semi-habilitados de mineiros e operários de algodão estão neste como em outros sentidos a meio caminho entre os "velhos" e "novos" sindicatos (*Short History of British Working-Class Movement* (ed. 1948), de Cole, pp. 245-6. Cf. também, os debates sobre o dia legal de 8 horas no Relatório TUC (1889), notadamente W. Matkin, p. 55.

7. Com exceção dos primeiros líderes do Snut, os trabalhadores de gás de Birmingham (que eram chamberlainitas) e talvez o Sindicato Nacional Unido de Trabalhadores — para a qual ver *Rise and Progress of the National Amalgamated Labourer's Union* (Cardiff 1891), de T. J. O'Keeffe.

8. Ver E.R. Pease (o Fabiano), seu secretário, sobre isso em *To-day* (junho, 1887). Ele entrou em colapso no começo da década de 1890, entrando suas relíquias para os Trabalhadores de Gás. Os relatórios sobreviventes estão na Bibl. Ingl. Ciê. Pol., Col. E.B., CVI.

9. A "General Labourers" "Amalgamated Union" de Patrick Kenney (que sobreviveu à Grande Depressão de uma forma sombria) foi principalmente uma tentativa de aplicar os princípios de fusão aos trabalhadores em construção (*Builders 'History de* Postgate, pp. 298-9) e não com mentalidade tão ecumênica. Ele continuou um sindicato de trabalhadores em construção. Mas houve alguns sindicatos "gerais", p. ex., a Liga Trabalhista de Londres e dos Condados.

10. *Principles,* de Marshall, I, II, 7 (8ª ed., p. 26) para uma afirmação extrema. A Comissão Real sobre os Pobres Velhos (1895), Evidência 16, pp. 545 ss., para uma opinião de um conselheiro da classe trabalhadora da cidade de Birmingham.

11. *Dict. Pol. Econ.* de Palgrave, artigo: "Labour, Skilled" (II, p. 527). Para versões menos sofisticadas deste dualismo cf., *Oxford English Dictionary,* "Labourer" (1903); Relatório da *Industrial Remuneration Conference* (Londres 1873), pp. 4-9; e na verdade linguajar comum contemporâneo.

12. "Como o seu título de 'não habilitado' insinua, ele não tem nenhum ofício manual e não tem nenhum sindicato" — *Working Men and Women,* de um Trabalhador (Londres 1879). "Em vez de ser com-

petente para agir como um artesão ele só foi muitas vezes capaz de produzir um artigo particular de mobiliário, e algumas vezes apenas uma parte desse artigo foi confiada a ele." W.G. Bunn em *Industrial Remuneration Conference* (1885), pp. 168-9.

13. Ver *Methods of Industrial Remuneration* (1892) de D.E. Schloss, para os métodos em voga.

14. Evidência de R. Knight na C.A. sobre Mão de Obra (Grupo A, Evidência 20.801 ss.), e o capítulo fantástico sobre "The Unskilled Labourer" em *A Warking Man,* op. cit.

15. Cf., as reclamações sobre o domínio do carvão e do algodão nas Notas do Mês do (conservador) *Trade Unionist* (outubro 1899).

16. Cf, *History of Trade Unionism* (1ª ed. 1894), de Webb, pp. 388-9, onde moças vendedoras de fósforos e carvoeiros de gás são classificados como fracos e não habilitados. Eles deviam saber melhor (cf., H.W. Massingham, colega deles, na "The Trend of Trade Unionism" em *Fortnightly* (1892) I, VIII, p. 450).

17. Assim, os arrumadores de Cardiff, os trabalhadores das docas e do rio Tyne tiveram reconhecimento imediato e permanente, e uma profissão fechada virtual. (Lembrança NUGMW (1929), p. 13.) O mesmo é verdade com relação aos trabalhadores de gás de várias cidades.

18. Cf., a evidência de Sir B. Browne na Comissão Real sobre a Lei dos Pobres, Apend. vol. VIII, pp. 86. 211 ss., 86.286, 86.299, 86.301; Professor S. Chapman, *ibid.*, p. 84.798; ou o Relatório da Comissão Especial sobre o Trabalho Não habilitado da Sociedade da Organização de Caridade (1908), p. 6.

19. Para o TIM, *The IWW* (Nova York 1920) de P.F. Brissenden e *The Decline of the IWW*, de J.S. Gambs (Nova York 1932). Para as Dragagens, a evidência de John Ward na C.R. sobre a Lei dos Pobres (vol. VIII) e p. ex., o relatório sobre a greve do Reservatório Leighton no Relatório Trimestral do Sindicato de Dragagens (janeiro 1914), pp. 31-4.

20. Os problemas dessas filiais misturadas são discutidos na *History of Labour in the US*, de J. Commons e associados, II. pt. 6, cap. 10 (Assembleias Mistas dos Knights of Labor); *The American Federation of Labour (1933)*, de L. Lorwin, pp. 701 (SindicatosTrabalhistas Federais), e *Trade Unionsin Canada* (1948), de H.A. Logan, pp. 347 SS., 389 ss.

21. Seus Balanços e declarações trimestrais são as fontes mais importantes; seguidas pelos Relatórios da Conferência e Minutas Executivas que sobrevivem. Para o Sindicato, ver as duas Lembranças do Jubileu (1929 e 1939), a Lembrança do Jubileu do seu Distrito do Norte (Newcastle 1939), e as memórias de Will Thorne e J.R. Clynes. Não há nenhuma história real disso. Em 1924 ele fundiu-se com o Snut e os Empregados Municipais para formar os Trabalhadores Gerais e Municipais. Ele absorveu vários outros sindicatos.

22. Conferência de 1890, p. 7.

23. Dos Relatórios Trimestrais das estatísticas de 1904-5 da Compensação dos Trabalhadores.

24. Relatórios da Conferência (1892); p. 37; (1894), p. 91; (1898), p. 50; (1900), p. 17. Para os despenseiros o Snut ver seus Relatórios da Conferência dos Delegados, (1890), pl. 7, 20; (fevereiro 1992), pp. 48-9.

25. Relatório Anual (1895), p. 7. Isto foi cerca de metade a dois terços dos membros nominais pagos.

26. Relatório Anual (1893), pp. 7 ss. Uma análise completa e mais valiosa das filiais.

27. "Why the New Union was Founded", folheto I do Sindicato dos Trabalhadores, 1898 (Bibl. Ingl. Ciê. Pol., Col. E.B. XI).

28. Sindicato Unido de Trabalhadores Gerais e de Máquinas, Relatório Anual (Bolton 1893) (Bibl. Ingl. Ciê. Pol., Col., E.B. CVI).

29. Trabalhadores de gás, Minutas Executivas Gerais: 13 de março 1904, 13 novembro 1904; 19 fevereiro 1905 (Biblioteca NUGMW).

30. Trabalhadores de gás, Quarto Trimestre (1905), p. 15 (Bristol).

31. Trabalhadores de gás. Quarto Trimestre (1901), p. 13 (Lancashire).

32. Os construtores navais do Tyne reconheceram as escalas de ajuda do sindicato desde 1893 (Minutas Executivas L.U Tyneside e Nacionais; março, p. 7; abril, p. 10). Biblioteca do NUGMW).

33. Conferência de 1902 (trabalhadores de gás), p. 16; Segundo Trimestre, (1904), p. 15.

34. *The Tinplate Industry* (1914), de J.H. Jones, pp. 229-30. Os Sindicatos Gerais estavam firmemente estabelecidos ali, desde 1900.

35. Discurso presidencial de W. Beard no Relatório do Sindicato dos Trabalhadores, julho 1916, pp. 3,6.

36. "O que desejamos tanto ver... uma fusão de todos os Trabalhadores", trabalhadores de gás, primeiro trimestre, 1897, p. 11.

37. Trabalhadores de gás, Segundo Relatório Semestral (1889-90), p. 5; Segundo Relatório Anual (1894), p. 9, 1894, Conf. 117-18.

38. Conferência Especial sobre a Fusão (Federação Nacional dos Trabalhadores em Transportes e Conselho Nacional dos Trabalhadores Gerais) 1914, p. 47. Um documento importante.

39. *Ibid.*,p. 28.

40. Propostas Conjuntas para a Fusão 1914 (Federação Nacional dos Trabalhadores em Transportes e Conselho Nacional Trabalhista Geral) contêm um resumo dos acontecimentos desde 1906. *World of Labour (ed.* 1915), de Cole, pp. 235-7. "The Union, Its Work and Problems" (Londres, TGWU 1945) I, pp. 5-7, discute o assunto, embora não muito precisamente.

41. Para a organização da autonomia dos ofícios ver "The Union, Its Works and Problems" I e II. Os Trabalhadores Municipais e Gerais simplesmente especializaram funcionários industriais no QG para atender os interesses seccionais.

42. Relatório sobre os Sindicatos, 1912-13. Foi sem dúvida devido a esta falha que a Federação Nacional das Mulheres Trabalhadoras estabeleceu-se como um sindicato geral independente desde 1906.

43. Lorwin, *op. cit.*, sobre os condutores de veículos (p. 536).

44. *My Life's Battles* (sem data), de Will Thorne, p. 142; trabalhadores de gás, terceiro trimestre (1896), p. 9, para declarações oficiais neste sentido.

45. NUGMW (1929), Lembrança, p. 47, para os primórdios.

46. A rotatividade era considerável. Assim, no distrito de Sunderland, os trabalhadores de gás em 1900-2 recrutaram 4.072 e perderam 4.432 para manter um número de membros total de 4 mil e tantos (Conferência de 1902, p. 11).

47. Por exemplo, *The New Trades Unionism* (1890), de Mann e Tillet, um pedido de liderança pelos conselhos de ofícios; ou *The Labour Programme* (1888), de J.L. Mahon. Ver também Ciem Edwards sobre "Labour Federation" no *Economic Journal,* 1893.

48. "Why the New Union was Formed", loc. cit., W. Beard no Relatório do Sindicato dos Trabalhadores, *loc. cit.*

49. *Organized Labour* (ed. 1924), de Cole, p. 32: "na mente de alguns dos seus funcionários Trabalhadores Industriais do Mundo embrionário com toda a mão de obra *como* sua província."

50. Relatório dos Estivadores (março 1911), p. 2.

51. Relatório TUC (1927), pp. 99 ss.

52. Trabalhadores do gás, Minutas Executivas Gerais (7 agosto 1904).

53. Conferência de 1894, pp. 127-8. Para filas — menos bem-sucedidas semelhantes ao Snut, ver Assembleia de Delegados (fevereiro 1891), pp. 7-8.

54. Relatório dos Estivadores (março 1911), p. 5; (junho 1911), p. 2.

55. Por exemplo, Relatório do Sindicato dos Trabalhadores (setembro 1916), p. 11: "estávamos todos exultantes pelo que todos nós considerávamos nosso sucesso maravilhoso (em 1904)... mais ainda porque a classe de homens organizados (em BSA, Birmingham) era considerada como impossível. Isso foi no tempo em que a classe dos maquinistas semi-habilitados não era geralmente conhecida e certamente não reconhecida."

56. Trabalhadores de gás, terceiro trimestre (1896) (Will Thorne): "O Sr. Stevenson não reconhece que há competição maior entre os trabalhadores do que entre os mecânicos, através do rápido desenvolvimento e simplificação da maquinaria; que o artesão habilitado é mais ligado ao seu ofício particular do que o trabalhador não habilitado?" (pp. 8-9). "A maquinaria que economiza mão de obra está reduzindo o anteriormente habilitado ao nível da mão de obra não habilitada" (o que era, naturalmente, concebido como o clássico "servir de criado") ["Um discurso de John Burns sobre o Congresso de Liverpool" (1890), p. 6.]

57. Cf., de uma série de biografias semanais de membros proeminentes do Sindicato dos Trabalhadores: um fabricante de ferramentas de 32 anos de Bilston trabalhou no seu tempo, meio expediente na fábrica de botas e calçados, foi menino de açougue e fazenda, "foi levado à vida de fábrica" e tornou-se alternativamente soldador de panelas de metal, ferreiro malhador, maquinista, ajudante de bancada numa oficina de máquinas e fabricante de ferramentas. [Relatório WU (março 1917), p. 9.] O aprendizado pela imigração, seguindo e catando é bem discutido no *Industrial Training (1914) de N.B. Dearle, caps. V-VII*.

58. InstitutoTrans. Gas. (1890), p. 80.

59. C.R. sobre o Trabalho, Grupo A, Evidência 25.744 (W. A. Valon).

60. John Burnett da Diretoria de Ofícios do Departamento do Trabalho, um engenheiro, classificou os arrumadores de carvão, carregadores de grãos e estivadores casuais como "não habilitados" no Relatório sobre Greves (1889).

61. Ver J. Commons e associados, *op. cit.*, II, cap. 8-10; *History of Trade Unionism* in the USA, de S. Perelman, pp. 114-16.

62. Por exemplo, John Burns, *op. cit.*, J.B. Jefferys mostra que a admissão dos maquinistas de certos homens semi-habilitados em 1892, sob pressão da esquerda, foi nominal. (*Story of the Engineers* (1944), pp. 136-8).

63. *"50 Years of the ETU"* (Manchester 1939); *Industrial Democracy* (ed. 1902) deWebb, pp. 418-9.

64. *The Story of Natsopa* (1929) de R.B. Suthers, pp. 12-13; Amai. S. Plate and Machine Moulders (Oldham), Relatório Anual (1894), p. 5 (Bibl. Ingl. Ciê. Pol., Col. E.D., p. 163).

65. *Industrial Democracy* de Webbs, cap. VIII, "New Processes and Machinery"; *The London Society of Compositors* (1948), de Ellic Howe e H. Waite, pp. 231-3.

66. *The Greater Unionism* (1913) de Cole e Mellor, p. 17; *World of Labour (e,* d. 1915), de Cole, pp. 239-40 é menos extremo.

67. *Wages in Practice and Theory* (1928), de J. W. Rowe pp. 151-6.

68. Rowe, op. cit., pp. 69-71,74-5. Ver também *Local Variations in Wages*, de F. W. Lawrence (1898). Os tamanhos dos distritos sindicais constituem guias para a pequeneza da área de negociação. O Censo dos Salários de 1906 (p. ex., LXXXIV de 1910 Construção e Trabalho em Madeira) nos permite observar as notáveis variações dos salários-padrão dos trabalhadores em áreas bastante pequenas — por exemplo, no Lanes, do Sul.

69. *Industrial Problems and Disputes* (1920), de Askwith, p. 252, cap. XXV.

70. Conferência Especial sobre Fusão (1914), pp. 25-6.

11

SINDICATOS NACIONAIS PORTUÁRIOS

I

AS BATALHAS, TRIUNFO E DERROTAS mais dramáticas do assim chamado "Novo Sindicalismo" do fim do século dezenove e do começo do vinte ocorreram nos portos ingleses. Suas greves, tal como o confronto de 1889 dirigido por John Burns, Tom Mann e Ben Tillett, são lembradas por muitos para quem poucos outros episódios na história do trabalhismo são familiares. Seus *lock-outs* e contraofensivas dos patrões foram numa escala igualmente vasta. Um líder dos estivadores, Ernest Bevin, tornou-se o sindicalista do século vinte mais familiar entre o público leigo. É portanto natural que a história das agitações portuárias tenha sido mais comumente escrita em termos dos seus acontecimentos e personalidades dramáticas, embora, como acontece, nem mesmo uma narrativa histórica adequada deste tipo exista ainda. Contudo, não é meu objetivo contar novamente ou completar essa narrativa, mas em vez disso considerar os motivos pelos quais o sindicalismo nos portos ingleses emergiu como o fez e quando o fez.

Falando de maneira geral, ele emergiu entre 1889 e 1914. Antes de 1889, a mão de obra portuária não era absolutamente organizada séria ou permanentemente. Após as grandes greves e *lock-outs* de 1911-12, o sindicalismo nunca recaiu na insignificância. A primeira questão com a qual estamos preocupados é portanto aquela do princípio tardio e difícil do sindicalismo portuário. Isto exige explicação, porque hoje em dia constitui uma banalidade o fato de a mão de obra portuária constituir uma posição de negociação extremamente forte. As greves das docas, como as greves ferroviárias, podem causar perdas financeiras maciças ou ruptura de um grande setor da economia — especialmente em áreas dependentes do comércio de ultramar —, atrasando ou impedindo o transporte de mercadorias e matérias-primas. A mão de obra do cais é poderosa porque sua capacidade de fazer greve é poderosa, e em geral os sindicatos portuários têm uma forte tradição de militância. De Santos a São Francisco, de Sydney a Liverpool, a ameaça de greve dos estivadores é ainda considerada extremamente séria. Contudo, na verdade — com a exceção de certos ofícios especializados tais como os homens das chatas —, a organização sindical no porto tem geralmente sido lenta em se desenvolver. Neste sentido a Inglaterra não difere grandemente da maioria dos outros países industriais adiantados.

A segunda questão diz respeito à forma que a organização portuária tomou, e aqui a experiência inglesa é menos comparável com aquela dos outros países. O porto é uma indústria com fronteiras fluidas e nenhuma forma exata, já que o seu trabalho consiste na carga e descarga de carregamentos, no transporte de mercadorias através da água (por chatas ou balsas), na beira do cais (por caminhão, vagonetes e outros equipamentos mecânicos), e do cais para as estradas de ferro, armazéns e outras partes (por trem, e no fim do século dezenove, cavalo e carroça). Ela compreende também a manutenção das instalações e máquinas permanentes do cais, o complexo de empregos burocráticos do pessoal de "colarinho branco" de conferir, despachando e dispondo em geral das mercadorias, força pequena mas decisiva para o fluxo (pilotos, tripulações de rebocadores e manobreiros), e uma força maior de supervisores, policiais oficiais e não oficiais e guardas para impedir perdas excessivas de mercadorias.[1] Daí o porto não ter nenhum núcleo óbvio e predestinado para o seu sindicato, tais como os homens das casas de retortas nos gasômetros, os ajustadores e torneiros das fábricas antiquadas de maquinaria, os cortadores na mineração ou os fiandeiros no algodão. Em várias ocasiões e em vários lugares, quase qualquer grupo pode se tornar o núcleo de um sindicato. Em Bristol (que ia se tornar a base doméstica do moderno Sindicato dos Trabalhadores de Transportes Gerais), os homens do porto e os carregadores de navios constituíam o seu núcleo; em Harwich os ferroviários; em Grimsby o sindicato geral de fora dos Trabalhadores de gás e os marinheiros (que também começaram o movimento em Glasgow e Liverpool).[2] Em outros portos ainda, cada seção do trabalho era organizada separadamente numa base de semiofício. Certos grupos, notadamente as equipes permanentes de manutenção e os operadores de máquinas, podiam ser organizados por sindicatos de ofícios externos ou sem ofícios tais como os trabalhadores de gás, ou mesmo — como os guindasteiros de Glasgow — pelos Fundidores de Aço. Todo padrão possível de sindicalismo pode ser encontrado no porto: sindicalismo separado e de ofícios locais, como entre os arrumadores de carvão; sindicalismo de ofícios compostos, como entre os carroceiros e os marinheiros; sindicalismo geral, como entre os membros de vários sindicatos gerais dos portos, e todas as variedades de sindicalismo local, regional e nacional.[3]

Da mesma forma, a base geográfica natural da força do sindicato portuário é o porto, ou mesino, dentro do porto, o cais ou desembarcadouro especializado. Um porto fortemente organizado, tal como Birkenhead, pode existir quando o sindicalismo em outras partes virtualmente entrou em colapso. Uma parte fortemente organizada de um porto, tal como o sul de Liverpool ou Londres, pode existir entre a desorganização do resto. Há pouco motivo estratégico ou tático para que o sindicalismo portuário não deva crescer portanto como um mosaico de sindicatos baseados localmente, de estrutura muito diferente, talvez numa federação frouxa, talvez não. E na verdade isto é o que não pareceu pouco provável em certa ocasião. Em 1813, por exemplo, pelo menos sete organizações monopolizaram o sindicalismo portuário em um ou mais portos, e um navio costeiro visitando os portos, digamos, da costa leste da Inglaterra, podia encontrar um padrão sindical diferente em cada um.*

Contudo a direção básica do sindicalismo portuário inglês não era local ou seccional, mas desde o começo regional ou mesmo nacional, e seu resultado final foi o Sindicato de Trabalhadores em Transportes Gerais em 1922, na verdade um sindicato industrial de trabalhadores portuários e de transporte rodoviário concentrados num sindicato geral. Foi sugerido que esta realização notável deveu-se à habilidade e à personalidade de Ernest Bevin, mas isto é exagerar os méritos de qualquer líder sindical individual, mesmo de uma figura tão impressionante como a dele. Os líderes sindicais, ao contrário dos generais do exército, não aprendem sua estratégia e tática em escolas de Estado-Maior e as praticam em exercícios, mas exclusivamente no próprio trabalho e durante o combate. A escola de Bevin foi o sindicalismo portuário de 1889-1914, mais sua própria consciência da necessidade do sindicato nacional, e das implicações estratégicas e táticas desta necessidade, remetem a experiência e as tendências do trabalho portuário neste período. Quais eram estas tendências?

---

* Assim, em Aberdeen, ele lidaria principalmente com o Sindicato Nacional dos Trabalhadores do Cais, em Dundee, com o Sindicato Escocês de Trabalhadores do Cais, nos portos do Fife e Leith mais uma vez com o SNTC, em Blyth, com os Vazadores e Estivadores do Norte da Inglaterra, em Newcastle, com uma variedade de sindicatos, em Sunderland, com as Sociedades Federais da Costa Nordeste, nos Hartlepools mais uma vez principalmente com os Vazadores, em Middlesbrough, com os Estivadores de Londres, em Hull, com praticamente todos os sindicatos da indústria, em Goole, somente com o SNTC, mas em Grimsby com os trabalhadores de gás, e em Boston e portos do sul, com os Estivadores de Londres.

II

Tecnicamente falando, o trabalho da estiva era espantosamente primitivo em 1889. Naturalmente é verdade que a irregularidade essencial das chegadas e partidas dos navios impõe limites até hoje à racionalização e à mecanização da faina portuária,[4] mas no fim da década de 1880 não havia, em absoluto com exceção dos cais, guindastes, guinchos e ferrovias de beira de cais, virtualmente nenhum equipamento mecânico. A revolução técnica que iria mecanizar a carga e descarga de grãos e carvão, e até certo ponto da madeira, não foi iniciada seriamente senão no fim da década de 1890 e começo da de 1900, e o seu progresso foi lento. A melhor descrição do trabalho nas docas de Londres em 1908[5] dificilmente menciona equipamento mecânico exceto no Cais Vitória (trigo, carne congelada e carvão), e mesmo em 1914 muito içamento de carvão em Liverpool era feito em cestas manuais, enquanto a descarga de grãos por sacos estava longe de ser extinto em Bristol mesmo após a mecanização da Primeira Guerra Mundial.[6] As tarefas especializadas eram feitas por homens especializados, as tarefas não especializadas por homens não especializados. Tecnicamente, as docas de Liverpool, tais como descritas por Sexton, no fim da década de 1880, como as docas de Gênova no mesmo período, estavam mais próximas do ofício dos carregadores centro-africanos do que da indústria moderna.[7] Segue-se que o quadro habitual de uma indústria composta esmagadoramente de trabalhadores casuais e não habilitados é altamente enganador. Pelo contrário: o carregador especializado de carne ou grãos, o descarregador de carvão e o carregador de sal, o estivador ou carregador que arrumava a carga de exportação a bordo do navio, tinha que ter pelo menos as qualidades do misturador de ferro — força e destreza de alcance limitado, e muito frequentemente as qualidades do artesão completo ou operário supervisor — iniciativa, larga experiência, capacidade de tomar uma variedade de decisões para atender às necessidades de carregar e descarregar os mil e um navios não padronizados, e a capacidade de supervisionar homens. Mesmo que não fossem muito altamente habilitados pelos padrões convencionais — a Junta de Trabalho dos ofícios correspondente, um maquinista, descrevia os arrumadores de carvão como "não habilitados"[8] —, sua força de barganha era considerável.

Mas, como os "homens de processo" na indústria química, a equipe da plataforma do maquinista nas estradas de ferro, como, na verdade, os níveis-chaves em qualquer indústria moderna em contraposição à produção por ofício, os especialistas constituíam apenas uma porcentagem, embora bastante grande, do total.[9] Nos portos totalmente especializados, como os portos de carvão do nordeste e da Gales do Sul, eles podiam constituir uma porcentagem mais elevada, como podiam novamente nas docas totalmente especializadas, tais como os embarcadouros de grãos de Millwall, os embarcadouros de sal de Liverpool ou os embarcadouros de madeira da costa leste. Nos portos de exportação, onde a arrumação a bordo do navio era da maior importância, eles podiam ser mais importantes do que nos de importação. Contudo, em geral — especialmente nos três grandes portos gerais de Londres, Liverpool e Hull, e no grande porto de importação de Bristol, os "homens de processo" eram simplesmente a ponta de lança de um vasto exército de carregadores, empurradores, carroceiros, ajudantes em geral e não sei o que mais, cuja habilidade e força precisavam ser pequenas, cuja contratação era genuinamente casual, e cuja organização sindical era de partir o coração.[10]

A totalidade desta estrutura de mão de obra estava envolvida na neblina da "contratação casual". Os efeitos disto eram, naturalmente, de aumentar ainda mais a diferença entre os estivadores "fortes" e "fracos". O estivador ou carregador de grãos, mesmo quando oficialmente não organizado, era virtualmente imune ao casualismo. O número de homens na multidão que se acotovelava nos portões do cais que eram fortes, equilibrados e com nervos de ferro suficientes para tentar correr para cima e para baixo vibrando as pranchas de desembarque com sacos de cinquenta quilos em seus ombros — quanto mais conseguir — era muito pequeno. Para fins práticos o homem especializado era tão insubstituível como um criador de moldes.[11] Por outro lado, especialmente em ocasiões de rápida expansão do comércio, a chance de um dia avulso de trabalho atraía para os cais menos especializados grande número de remanescentes, homens incapazes, por qualquer motivo, de trabalhar em alguma outra coisa, e dispostos a tentar o serviço para o qual o mínimo de força, experiência e regularidade bastariam.[12] A existência de um considerável exército de mão de obra de reserva, por ineficiente que fosse, naturalmente baixava os padrões dos demais, e fazia com que os níveis mais baixos da profissão se tornassem cada vez mais residuais. Havia, portanto, dois — ou melhor três — problemas para o organizador sindical das docas. O primeiro era o problema normal do sindicato de ofício: como estabelecer e manter restrição na entrada para o ofício. Os estivadores "habilitados" e de "supervisão" tinham em grande parte os mesmos métodos de resolvê-lo como os artesãos normais.[13] Na verdade, à medida que o volume do comércio se expandia firmemente sem qualquer mecanização equivalente, os homens de qualquer cais estabelecido tenderiam sempre a estar um pouco adiante do jogo — apenas o suficiente quanto ao tempo que tomava para treinar novos carregadores de carvão ou descarregadores de sal, e fazer acordos razoáveis. Quando foram abertas docas completamente novas, a posição deles podia não ser tão fácil, embora com um pouco de determinação e organização eles pudessem ser estabilizados logo. Pode-se imaginar que o choque do movimento de 1889 forneceu exatamente o estímulo para esse esforço extra, porque nos portos de carvão da Gales do Sul e do Norte, e em muitos outros lugares, as organizações de estivadores de "ofício" os estabeleceram muito rapidamente e asseguraram todas as vantagens da restrição, reconhecimento e profissão fechada que eles nunca mais iriam perder depois.[14]

OS TRABALHADORES | 283

Mas o problema dos não habilitados não podia ser resolvido pelo restricionismo antiquado. Teoricamente poderia ter sido, porque havia economistas suficientes para apontar a ineficiência desconcertante do sistema de mão de obra casual, e todas as medidas sérias de descasualização envolviam uma diminuição relativa ou absoluta da força de mão de obra concorrente. Afinal de contas, não tinha sido demonstrado que a força de trabalho de 1912 nas docas de Liverpool era quase duas vezes maior do que a que podia ter enfrentado o pico da demanda sob condições de ótima eficiência na contratação?[15] Mas embora alguns líderes sindicais pudessem ter apreciado as vantagens da descasualização de um ponto de vista de barganha, os homens se opuseram a isso. Uma coisa era impedir novos homens de entrar para a profissão; outra completamente diferente lançar Bill e Jack (e talvez a si mesmo) no olho da rua. Uma coisa era garantir trabalho mais ou menos regular, porque alguém era mais rápido e mais forte, ou porque alguém havia subornado o capataz, ou conhecia sua mãe de algum vilarejo de Waterford; outra completamente diferente condenar Bill e Jack (ou mais provavelmente a si mesmo) a se tornarem uma "preferência B" permanente, condenados a trabalho menos regular e a menos dinheiro. Quanto mais pobre e mais casual o estivador, mais se apegava ele à justiça grosseira do casualismo, mesmo que esta fosse apenas a justiça da loteria, na qual qualquer um podia tirar o número da sorte. O que quer que o economista ou o organizador dissesse, portanto, a autopreservação impelia o estivador não habilitado a uma política de solidariedade; de distribuição "justa" do trabalho que estivesse disponível. Em Londres, onde a descasualização foi imposta pelos patrões como uma medida comercial, o sistema de preferência estava em vigor, em Liverpool, onde o Sindicato era forte, ele não pôde ser introduzido; e mesmo então, as fileiras colidiram contra o novo esquema, e o acordo que deu ao Sindicato um controle virtual sobre toda a força de mão de obra do porto, teve que ser imposto aos homens de Birkenhead por meio dos furadores de greves.[16]

Naturalmente, o restricionismo podia funcionar a longo prazo. A medida que o volume do comércio do porto crescia, mesmo uma força de trabalho estabilizada em cerca de 29 mil, em vez de cerca de 16 mil ou 20 mil podia começar a usar o seu valor de escassez na negociação — e no devido tempo isto aumentou grandemente a força das organizações de estivadores ou trabalhadores portuários na Inglaterra e no estrangeiro. A curto prazo, contudo, o sindicalismo portuário foi forçado a aperfeiçoar novas táticas de negociações combinadas e sindicalismo "industrial". Desde 1910, quando encontramos pela primeira vez os estivadores de Bristol recrutando deliberadamente grupos de trabalhadores do porto "estrategicamente vitais",[17] e a Federação Nacional dos Trabalhadores em Transportes foi fundada, os problemas do sindicalismo industrial foram constantemente discutidos na indústria; e não simplesmente, como em alguns outros lugares, pelos intelectuais. Mas isto originou o terceiro problema do organizador das docas: como impedir as seções "fortes" de organizarem seus próprios sindicatos de quase ofícios, deixando os "fracos" à mercê do mercado, ou, falhando isto, como garantir a coordenação mais eficaz entre os vários tipos de sindicatos. O perigo do sindicalismo separado era real. O porto no qual todas as seções importantes do trabalho portuário estivesse num único sindicato era raro. Bristol foi talvez o maior exemplo. Em Londres, por exemplo, os estivadores, transportadores em chatas, guindasteiros e carregadores de carvão tinham suas próprias sociedades, enquanto os carregadores especializadas do lado sul entraram para uma federação local de sindicatos independentes locais (alguns portuários, outros não), chamada Liga de Proteção ao Trabalho. O Sindicato dos Estivadores foi deixado com um grupo misto de homens especializados e trabalhadores portuários comuns.

Felizmente havia vários motivos que impediam os dois níveis de se afastarem muito, como pareceu provável em certa ocasião. Em primeiro lugar, para o mundo exterior eles eram todos "trabalhadores" iguais. Na verdade, até certo ponto, a posição técnica deles eram a mesma: a de teoricamente serem totalmente trabalhadores "casuais", sem nenhum direito a emprego regular.[18] Na prática, naturalmente, os "homens habilitados" eram regulares mas, como o servo feudal rico do fim da Idade Média cujo *status* servil o vincula aos seus companheiros menos afortunados, o estivador livre de cuidados não achava fácil ser "aceito" pelo mundo exterior. O sindicato de Londres teve alguns problemas com o Conselho de Ofícios de Londres em 1885 por causa disto. Em segundo lugar, ao contrário dos fabricantes de caldeiras ou carpinteiros, os estivadores habilitados não possuíam um conjunto-padrão razoável de qualificações e experiências. Cada embarcadouro ou cais tinha o seu conjunto especial de problemas e costumes, não necessariamente duplicados em qualquer outro lugar, e aqueles que eram habilitados neles constituíam, por assim dizer, um corpo puramente localizado. Daí serem eles, apesar de sua habilidade, relativamente fracos, porque na estrutura cada vez mais integrada do grande porto moderno, a força de barganha suficiente para aterrorizar um embarcadouro não era, afinal de contas, tão grande na totalidade de Londres. Além do mais — e este é sem dúvida o fator mais importante — mal os "artesãos" haviam estabelecido a sua posição, a mecanização começou a expulsá-los dela. O escoador de grão matou o carregador especializado de grãos, o carregador mecânico de carvão enfraqueceu os arrumadores. A diferença entre estivadores e não estivadores começou a desaparecer em alguns portos[19] quando homens "semihabilitados" vieram para fazer o serviço. O resultado disto a curto prazo bem podia se fazer o sindicato de ofício cerrar suas fileiras, e traçar com mais cuidado a linha de demarcação entre ele e o resto dos trabalhadores, e isto parece realmente ter acontecido. Ou então podiam ser organizados novos sindicatos de "ofícios".[20] Mas a longo prazo isso também incutia neles a necessidade da ação comum dentro da indústria como um todo. Os problemas dos estivadores não podiam ser enfrentados efetivamente sem enfrentar aqueles dos trabalhadores portuários comuns. Dos numerosos sindicatos de "ofícios" poucos sobreviveram às funções do começo da década de vinte, exceto os Arrumadores de Cardiff, e alguns estivadores "especialistas". Quer eles entrassem para o SGTT ou, como alguns, para o SNTGM,[21] entraram para os graus mais baixos. Naturalmente, muito antes de a fusão ser seriamente considerada, as necessidades de negociação haviam levado as várias sociedades a uma federação razoavelmente íntima.

III

Do ponto de vista comercial a perspectiva de fortes sindicatos portuários não era — teoricamente — inaceitável. A indústria precisava muito de racionalização. Dificilmente é dizer muito que ela ainda estava na fase da Estrada de Ferro Stockton-Darlington ou das estradas com pedágio. O principal equipamento comum proporcionava uma coleção heterogênea de usuários particulares e não padronizados. (Em alguns casos — notadamente em Londres antes de 1908 — nem mesmo o equipamento básico era planejado e administrado centralizadamente.) Um emaranhado de usuários pequenos e grandes, grandes companhias portuárias, municipalidades (como em Bristol), grandes expedidores e massas de pequenos administradores de cais particulares e mestres estivadores alinhavam-se à beira do cais, cada um com o seu reservatório de mão de obra casual do qual supria suas exigências de mão de obra violentamente flutuantes, cada um impondo suas próprias condições em todos os cais e todas as cargas. O homem pequeno, o subempreiteiro, dominava todo o quadro, porque mesmo as grandes unidades subcontratavam uma grande parte do trabalho, e quando não o faziam, o sistema casual de contratação punha os capatazes numa posição muito parecida com a dos subempreiteiros — embora seus lucros bem pudessem ser ganhos ilicitamente, por suborno, empréstimos em dinheiro e coisas parecidas.[22] Este grupo, naturalmente, tinha o mais forte interesse na continuação do sistema. O pequeno administrador de cais particular ou mestre carregador estava contente com um sistema que lhe fornecia uma reserva permanente de mão de obra contra flutuações súbitas, salvaguardando-o assim contra a concorrência dos usuários maiores. Os capatazes de Liverpool importados por Manchester se recusaram categoricamente a trabalhar sob qualquer sistema senão o de contratação absolutamente casual que lhes dava uma posição tão favorecida (e sem dúvida tão lucrativa).[23]

Contra este sistema podem ser feitas várias objeções sob fundamentos comerciais. A eficiência da mão de obra negligente que ele encorajava era espantosamente baixa, e a força de trabalho total excedia grandemente até as exigências máximas. Apesar disso, estes eram pontos que atingiam mais os economistas de fora que olhavam do alto toda a situação do que os embarcadores e administradores de cais preocupados em carregar e descarregar uma série de cargas desconexas. Mais perturbadora era a total falta de padronização, que tornava a negociação do preço de cada carga um tanto imprevisível. Um sindicato forte bem podia, assim disseram os comerciantes de carvão de Londres à Comissão Trabalhista, simplificar e padronizar os assuntos.[24] Isto é, desde que ele fosse "sensível" e não tentasse elevar os custos da mão de obra "irrazoavelmente", porque mesmo quando firmas grandes pagavam qualquer coisa até dois terços da sua despesa anual ou até 50 por cento do total de recibos comerciais de mão de obra,[25] a indústria era naturalmente sensível. Por outro lado, quando não havia nenhum sindicalismo, os estivadores comuns não especializados podiam pegar o emprego ou deixá-lo, sob as condições oferecidas, e de qualquer maneira a fluidez da mão de obra — alguém sempre se mudaria de embarcadouro para embarcadouro — tendia a igualar de alguma forma as suas condições. Assim, não há nenhuma evidência em Liverpool de que elas diferissem substancialmente no norte não organizado e no sul do porto menor mas não sindicalizado.[26]

Por outro lado, necessitado de reorganização sistemática, o negócio de expandir os grandes portos tinha se tornado tão viscoso a ponto de causar a todos exceto os subempreiteiros perdas realmente sérias. Williams, o campeão do esquema de Liverpool, dá qualquer número de exemplos.[27] Um navio é parcialmente descarregado, mas a carga não pode ser transferida rapidamente dos cais, onde está amontoada; ela detém outras, e custa o pagamento de horas extras para transferir. As mercadorias são deliberadamente deixadas no cais, prontas para pegar um navio antecipado, porque o remetente prefere pagar despesas extras do que arriscar-se à demora da armazenagem pesada e da aparelhagem de manuseio; enquanto isso elas também ocupam o espaço disponível. O navio mercante tradicionalmente encosta no cais de manhã para fazer a entrega das suas mercadorias, mas elas podem ter que ir a três ou quatro lugares, e no momento em que chegam a eles, a contratação está terminada, os estivadores estão ocupados ou foram embora e as mercadorias têm que esperar outro dia — usando espaço mais valioso ainda. Evidentemente a mecanização e qualquer acordo que constitua uma contratação mais racional e flexível para todo o porto se recomendaria por si mesmo para a comunidade comercial, desde que eles pudessem se reunir para examinar o assunto mais de um ponto de vista comum do que do ângulo limitado da firma individual. O estímulo da sublevação de um grande sindicato, e a assistência com tato dos funcionários do governo, os ajudaram a fazer isso.

Antes de 1914 temos, na realidade, alguns exemplos dessa racionalização deliberada, nas grandes Companhias das Docas de Londres (1891-1912), em Liverpool, e em alguns portos menores como Goole e Sunderland — embora os mil ou 2 mil homens envolvidos nos dois últimos não possam se comparar em importância aos 4 mil ou 8 mil de Londres ou aos 29 mil de Liverpool.[28] O esquema de Londres só indiretamente foi consequência do levante de 1889, embora aquele fosse adotado por recomendação de Charles Booth das pesquisas sociais, ele próprio um grande armador. Foi, naturalmente, limitado a uma grande firma e suas associadas — a Companhia das Docas de Londres e da índia, e finalmente as várias companhias associadas da "Comissão Conjunta" — e foi muito mais uma medida direta de racionalização interna, virtualmente não afetada pelas complexidades de negociar com uma multidão de patrões distintos e com um sindicato forte. Seu resultado foi muito mais de aumentar a intensidade do trabalho do que de descasualizar, porque embora a porcentagem do trabalho realizado pelos estivadores "permanentes" subisse de 30 para 38 por cento entre 1894-6 e 1902-4,[29] a porcentagem de trabalho por peça aumentou na Doca Victoria e Albert de pouco menos de 19 por cento em 1894 para pouco menos de 81 por cento em 1904.[30] Além do mais, a transferência dos tipos mais flutuantes de trabalho para os subempreiteiros tornou até a descasualização existente mais aparente do que real. O esquema de Liverpool, embora mais modesto do ponto de vista técnico, foi muito mais ambicioso, porque envolveu cerca de sessenta firmas e um sindicato em todo o porto. Por outro lado a concentração real da produção, e a regularização do trabalho portuário, tinham ido um tanto mais longe no Mersey do que no Tâmisa. Onze das 63 firmas empregavam 17 mil dos 28 mil trabalhadores, principalmente é claro os grandes embarcadores com suas linhas regulares; só duas grandes firmas, a White Star e a Leyland Dominion, receberam não menos de 7 mil estivadores no esquema real.[31] Por consenso comum, além do mais, as docas dos navios do norte, que usavam quase 80 por cento da mão de obra, e as docas médias[32] que atendiam o comércio costeiro, tinham exigências excepcionalmente regulares. Na verdade, como na indústria do gás, a regularização gradual da demanda fez mais a tempo de igualar as flutuações da demanda do que os esquemas reais para a descasualização. Será evidente que as condições para uma reorganização não eram desfavoráveis — especialmente quando o porto estava loucamente próspero. Além do mais, sob a oligarquia dos grandes embarcadores, algo como a simbiose de Detroit entre patrões e sindicatos podia bem vir a existir. Na verdade, veio.

IV

Mas a ascensão e o reconhecimento dos sindicatos não é uma questão tão simples. Bastante diferente das consideráveis variações locais, eles tendiam — eles sempre tendem — a passar através de uma série de "figuras" como uma dança ou namoro antiquado, ou, já que a metáfora militar é apropriada, através de uma série de investidas e réplicas prontas. A história do sindicalismo antes de 1889 é ainda muito obscura, mas o primeiro movimento geral parece ter ocorrido no surto econômico de 1871-3, e sido deixado para trás, salvo o primeiro acordo salarial de Londres na lembrança dos últimos sindicalistas, uma organização permanente de estivadores. Os acontecimentos em Liverpool são até menos claros, embora pareça ter havido uma greve em 1879 e um acordo salarial em 1885.[33] Em todo o caso, o primeiro movimento nacional ocorreu em 1889-90, e estabeleceu sindicatos fortes, resultando em profissões virtualmente fechadas, em vários portos importantes. Para alguns dos sindicatos e portos especializadas e habilitados isto foi o fim da contenda — no Tyne, por exemplo, ou até certo ponto no sul de Londres —, porque eles foram imediata e permanentemente reconhecidos. Em outras partes o contra-ataque se desenvolveu, estimulado pelo poder excessivo que se supunha que as grandes profissões fechadas detinham, porque uma coisa é reconhecer os mil ou 1.500 arrumadores de carvão de Cardiff, cuja importância estratégica era tão grande como sua parcela do custo local da produção e exportação de carvão era pequena,[34] e outra completamente diferente reconhecer um porto totalmente sindicalizado.[35] Algumas vezes o contra-ataque não foi coordenado, resolvendo uma Firma ou grupo de firmas importantes resistir, e o resto aguardando os acontecimentos. Este era o padrão entre os comerciantes de carvão e esmagadores de sementes de Londres, e quanto a isso, os trabalhadores de gás.[36] Algumas vezes era um contra-ataque planejado e coordenado ao longo de toda a frente, dirigido pela recém-fundada Federação de

Navegação, como em Cardiff (1891) e Hull (1893).[37] Outras vezes ficava a meio caminho entre os dois. Em consequência desta ofensiva o sindicalismo sério foi varrido, exceto entre os negociadores "fortes" como as habilidades especializadas, estivadores, barqueiros etc., em certos portos especializados, notadamente os de exportação de carvão, e em certas áreas relativamente favoráveis como Birkenhead e Briston. Na primeira, os sindicatos sempre haviam resistido — até as relíquias de um sindicato da década de 1840 sobreviveu até o século vinte — e os problemas especiais da carga de exportação, bem como a falta de concentração entre os patrões, e o isolamento de Liverpool, ajudaram o sindicato.* No último porto, o sindicato pode ter sido ajudado pelo fato de a própria cidade controlar não só as instalações do porto, como ser ela própria uma grande empregadora de mão de obra portuária, especialmente no comércio de grãos, e daí sujeita a alguma pressão política.

Pouco mudou comparativamente entre o colapso após 1889 e a expansão de 1910-14, que mais uma vez abrangeu virtualmente todos os portos. Os portos fortes registraram alguns progressos modestos, os fracos — a maioria — absolutamente nenhum, embora provavelmente o caso de Liverpool, cujos níveis de salários permaneceram inalterados desde 1885 até 1915, fosse excepcional. Em 1910-14 o padrão de 1889 se repetiu, mas sob condições mais favoráveis para os sindicatos. Bastante diferente das mudanças políticas e administrativas do período interveniente, nenhum rompimento da prosperidade dos portos veio a encorajar os patrões a diminuírem os custos. Além do mais, as organizações que se expandiam agora além dos seus picos anteriores não eram combatentes novatas, mas veteranas experientes de mais de vinte anos de campanha. A expansão não era mais a série mal coordenada de revoltas independentes

---

* Sobre as diferenças das condições de trabalho entre Liverpool e Birkenhead — especialmente falta de distinção entre marinheiros e homens do cais — ver *Shaw Enquiry,* p. 142 (344).

— no Clyde, Mersey e Tâmisa —, mas continha a frouxa, mas não totalmente ineficaz estrutura de uma *Federação Nacional de Trabalhadores em Transportes,* estabelecida em 1910.[38] A estratégia e as táticas eram mais altamente desenvolvidas do que em 1889, porque líderes como Mann e Tillett haviam pensado muito nelas, e as experiências dos sindicalistas revolucionários continentais e americanos estavam disponíveis e, o que é mais, discutidas pelo quadro de líderes militantes. Em consequência, não se desenvolveu nenhum contra-ataque nacional, e o mais sério dos contra-ataques locais, o do Tâmisa, foi apenas parcialmente bem-sucedido.

A diferença entre o Tâmisa e o Mersey é especialmente instrutiva. Em ambos, o levante começou mais ou menos da mesma maneira, em Liverpool; na verdade, ele foi muito mais espontâneo do que em Londres, onde o sindicato oficial estava por trás dele, embora a liderança revolucionária de Tom Mann lhe desse coesão. Ambos os patrões entraram em acordo, como tinham feito tantas vezes em 1889 e estavam fazendo em todo o país, porque foram apanhados desprevenidos e francamente perderam a coragem.[39] Contudo, enquanto em Londres eles logo se arrependessem de sua concessão e contra-atacassem, em Liverpool a greve simplesmente reforçou a colaboração das duas partes. Talvez, à parte todas as considerações de diferenças comerciais, a existência da nova Autoridade do Porto de Londres, sob a liderança intransigente de Lorde Devonport, explique esta divergência. Certamente não há nenhuma dúvida da deliberação com que os patrões de Londres, sob seu comandante em chefe, começaram a provocar o sindicato para uma segunda greve, a implacabilidade com que pressionaram com sua força superior num ajuste de contas, e a implacabilidade igual com que começaram, após a vitória, a reduzir os estivadores de Londres a um estado de casualismo desorganizado. O esquema da Comissão Conjunta para descasualizar sua mão de obra foi deliberadamente abandonado, as velhas listas de "Permanentes" e de Preferência "A" foram apagadas, e os furadores da greve de 1912 tiveram preferência sobre todos os outros.[40] A amargura gerada por esta greve não desapareceu totalmente. Mesmo hoje (1964) os homens se recusam a trabalhar com os filhos dos furadores da greve de 1912. Contudo, apesar do declínio catastrófico do número de membros do sindicato, Londres não retornou à desorganização, e o sindicato era agora tão forte que mesmo a recaída temporária de uma região ou outra não interrompia mais a ascensão geral. Com a Primeira Guerra Mundial, naturalmente, a esperança de destruir o sindicalismo portuário desapareceu para sempre.

A greve do Mersey, por outro lado, levou diretamente ao pleno reconhecimento. Foi criada uma comissão conjunta de proprietários e homens, e o Esquema Portuário evoluiu. Os efeitos disto foram vistos imediatamente. Quando os londrinos fortemente pressionados apelaram para uma greve nacional de simpatia em 1912, Liverpool, atenta em não fazer nada que pudesse perturbar a sua posição agora privilegiada, recusou-se a entrar na greve (embora Bristol, o velho centro do sindicalismo industrial, entrasse). Os sindicatos de Liverpool permaneceram na extrema direita do movimento, porque tinham a essa altura estabelecido uma força repressora virtual sobre a contratação em seu porto, e — para fins práticos — sua batalha seccional foi ganha.[41]

V

Contudo, esta intensificação das diferenças regionais — os estivadores escoceses se separaram até dos de Liverpool e formaram seu próprio sindicato — foi apenas temporária. A tendência geral era na direção oposta. O ímpeto inicial no sentido do sindicato nacional ou federação era do lado dos homens — quase totalmente estratégico. Diante de inimigos especialmente concentrados, inclusive a poderosa Federação de Navegação organizada nacionalmente, era desejável coordenar as várias forças sindicais, embora nos anos de relativa inatividade sindical entre 1892 e 1910 toda a questão fosse um tanto acadêmica. Além do mais, o grosso dos trabalhadores em transportes eram organizados com instabilidade, e não reconhecidos, e quanto mais fracos seus sindicatos, maior seu desejo de alargar os objetivos da organização. Quando os estivadores de Londres e os marinheiros falharam, no meio da década de noventa, elas tentaram se reforçar organizando uma vasta Federação de Trabalhadores em Transportes internacional que devia enfrentar o sindicato nacional dos patrões por uma concentração ainda mais vasta das forças dos trabalhadores, plano esse que não foi muito bem-sucedido.[42] Tampouco é de surpreender que a iniciativa para a Federação dos Trabalhadores em Transportes de 1911 devesse ter vindo do sindicato de Londres em luta. Mas num período de militância e expansão geral até os sindicatos estabelecidos — embora reservando seus direitos especiais — podiam ver vantagens numa ligação mais ampla. A indústria portuária era constantemente perseguida pelo espectro do furador de greves — o trabalhador rural não habilitado que inundara as docas, o marinheiro de folga ou o estivador da reserva de mão de obra casual que existia em outras partes, transportado pelos patrões até um porto em greve para substituir o sindicalista em greve. Ninguém era realmente imune. Num ajuste de contas real, estava claro que os patrões podiam normalmente vencer, desde que a luta fosse até o fim e até os sindicatos "de ofícios" protegidos estavam portanto ávidos — numa ocasião em que as exigências principais estavam em suspenso — em evitar o combate isolado que significava a derrota certa. Acrescentando a isto, a grande onda de radicalismo entre as fileiras tendia a tragar os interesses adquiridos locais, e a desprezar o argumento de que um acordo local com os patrões era o ideal que o sindicato devia almejar. Alem do mais, todos os portos eram ligados pelos marinheiros, cujas organizações eram necessariamente nacionais, e cujas agitações partiram dos movimentos tanto de 1899 como de 1911.[43] As agitações saltaram de porto em porto, já que elas não se espalhavam facilmente pelas rotas terrestres. Alguns meses após o irrompimento de 1889 o sindicato de Clyde-Liverpool havia se estabelecido de Limerick até os portos do Fife.[44] Por maiores que fossem as diferenças locais, por mais independentes que fossem as negociações locais, por mais irrelevantes que fossem as exigências, digamos, dos estivadores do Tyne em relação às dos de Plymouth ou Sligo, elas foram facilmente unidas num movimento geral. Em 1889 eles haviam na realidade organizado dois amplos movimentos — um baseado no Tâmisa no sul e no leste, o outro baseado no Clyde e no Mersey, e cobrindo também o resto da Escócia e do Mar da Irlanda.[45] A expansão de 1911 uniu estes num só, embora bastante frouxamente.

Por outro lado, um sindicato genuinamente nacional não podia surgir até que as verdadeiras exigências dos estivadores fossem por si mesmas capazes de ser reduzidas a um denominador comum. Mas isto era excepcionalmente difícil, exceto no sentido vago de que todos os estivadores num determinado momento tivessem probabilidade de sentir a necessidade de um aumento de salários, e o fator mais preciso de que os movimentos dá indústria de navegação produziam um certo volume de padronização interportos, e incidentalmente tornassem as alianças temporárias com os marinheiros não só possíveis como altamente desejáveis. Assim, o irrompimento de 1889 não foi simplesmente inglês, tinha havido também greves de estivadores em Hamburgo (1888), Bremerhaven (1888), Rotterdam (1889), e sem dúvida em outras partes. Por outro lado, não havia nenhuma exigência-padrão geralmente aceitável como o Dia de Oito Horas que podia unir os portos. Em virtude do casualismo do trabalho e das grandes variações dos níveis (ver Apêndice II), até a exigência de um salário mínimo não foi padronizada facilmente.

Contudo, a coordenação entre os patrões, para a qual Bevin chamou a atenção no Inquérito Shaw, já sugeria a necessidade de coordenação nacional entre os homens. Os proprietários de navios, os mais monolíticos no ataque, bem como na retirada, decidiram sobre a padronização do salário nacional depois das greves de 1911 (que trouxeram o reconhecimento do sindicato dos marítimos e a sua rápida conversão num sindicato virtual da companhia); 1913 já trouxera um aumento nacional dos salários dos marítimos, (1917) à padronização real do salário nacional.[46] Até que ponto o movimento teria progredido nas docas sem a guerra, podemos apenas imaginar. Em todo o caso a guerra o acelerou, porque os aumentos do custo de vida — e a ameaça de pós-guerra de desemprego renovado — forçaram os estivadores em toda parte a considerar mais ou menos os mesmos problemas na mesma ocasião, e a radicalização do movimento trabalhista os unificou. Mais uma vez o sindicato de Londres tomou a iniciativa num movimento nacional por um salário mínimo diário de 16 shillings e um sistema nacional de descasualização (que não foi conseguido, porque em 1939 três quartos dos estivadores ainda eram casuais). O Inquérito Shaw de 1920, que investigou a exigência, é notável por dois motivos. Ele constituiu a base de uma acordo nacional para toda indústria, e o sucesso da campanha habilmente liderada por Ernest Bevin, convenceu os sindicatos separados do valor da negociação nacional. Um sindicato nacional se apoiaria doravante em fundamentos mais firmes do que a simples solidariedade de classe ou as exigências intermitentes das grandes batalhas grevistas. O Sindicato dos Trabalhadores em Transportes Gerais foi organizado pouco depois.

Que luz esta pesquisa do sindicalismo portuário antes do Sindicato dos Trabalhadores em Transportes e Gerais lança sobre nossas perguntas iniciais? Ela sugere que elas devem ser respondidas em termos da lógica da posição dos estivadores, mas também das mudanças históricas que alteraram o cenário da negociação portuária coletiva.

Os portuários se organizaram relativamente tarde por três motivos. Primeiro — embora isto não fosse provavelmente de nenhuma importância nos principais portos ingleses —, porque os portos antigos podem ter desenvolvido formas tradicionais de associações ou corporações de organização empresarial e trabalhista que, mesmo em decadência, podiam impedir o caminho do sindicalismo, embora raramente fossem capazes de ser adaptados às funções do sindicalismo.[47] Segundo, devido à natureza da terça de trabalho da qual muitos dos estivadores eram recrutados e da alta proporção dos não habilitados e organizacionalmente fracos em suas margens. Mas terceiro, e principalmente, porque a força potencial dos portuários simplesmente não era mobilizável nas condições e sob as presunções do meio do século dezenove.

O sindicalismo de ofício só era aplicável à seções limitadas da indústria, e estas — ao contrário dos cortadores de carvão ou (na Inglaterra) dos fiandeiros de algodão — não afetavam automaticamente o resto, quanto mais carregavam-nos juntos. Os patrões exigiam muito mais provas da capacidade de organização permanente do que eles e muitos outros consideravam como uma força heterogênea de operários não habilitados do que teriam feito com, digamos, os trabalhadores dos estaleiros ou os fabricantes de caldeiras. Daí a história portuária característica de uma série de batalhas gigantescas antes da concessão do reconhecimento. Ao mesmo tempo os patrões tinham que alcançar um grau de concentração que lhes permitisse considerar o problema da indústria como um todo, e não simplesmente como um de empresários ou seções individuais dentro dela; ou então seções de grandes patrões com opiniões mais amplas tinham que ser efetivamente contrapostas à multiplicidade das pequenas seções com uma perspectiva mais estreita. Nas docas este ímpeto vinha provavelmente mais dos proprietários de navios do que dos empresários portuários, por motivos que pertencem à história econômica da navegação inglesa. Contudo, embora os grandes embarcadores tais como os Holts em Liverpool pudessem estar agudamente conscientes da inconveniência da anarquia portuária que uma regularização das relações industriais podia mitigar, da hostilidade dos embarcadores à organização dos marinheiros, que estava intimamente ligada à organização portuária, transformou-se inicialmente numa poderosa força antissindical, e assim adiou o reconhecimento dos sindicatos nos portos.[48]

Finalmente, uma nova perspectiva econômica do governo provavelmente era necessária para aplainar o caminho do reconhecimento. Foi a consciência dos possíveis perigos para toda a economia de quaisquer greves importantes, e especialmente das principais interrupções dos transportes, ou dos riscos políticos dos imensos conflitos trabalhistas, que causaram essa tendência crescente do governo de mediar as disputas trabalhistas e finalmente de regulamentar as relações industriais, e que emerge pela primeira vez com a intervenção de Rosebery na guerra do carvão de 1893.

Antes da Grande Depressão de 1873-96, esta tripla reorientação da mão de obra, patrões e governo dificilmente era de se esperar. Mas a Depressão produziu a sensação de que a economia inglesa como um todo ficou pela primeira vez vulnerável, porque "a nossa posição como principal nação industrial do mundo não é tão inconteste como antes".[49] Antes deste período, até os apologistas da classe média, ansiosos por descobrirem os motivos contra as greves, mal podiam afirmar que em alguma data não especificada mas remota no futuro a economia podia ser prejudicada por elas.* De 1889 em diante, contudo, o argumento de que essas disputas são "prejudiciais(...) para a força de produção do país"[50] é ouvido cada vez mais. E também — talvez devido à experiência das grandes greves deste tipo — o são as declarações sobre a força demolidora das greves nacionais dos transportes.[51]

O período da Grande Depressão criou também essa sensação de concentração industrial que ajudou a ensinar à mão de obra que a "indústria" mais do que o "patrão", isoladamente ou em grupos

---

* *Work and pay*, de Leone Levi (Londres 1877), p. 94: "Provei, na verdade, em minha conferência anterior, que até 1873 pelo menos, o comércio e a indústria da Inglaterra não haviam sofrido com as muitas perturbações que haviam tido lugar — pelo menos não até qualquer ponto material —, e que a concorrência externa não havia até então superado a indústria inglesa. Mas o que ainda não aconteceu pode ainda acontecer. O perigo permanece, embora possa não ser iminente." Até L.L. Price, em *Industrial Peace* (Londres 1887), que analisa especificamente as greves em termos de guerra, deixa inteiramente de considerar entre os seus danos possíveis aqueles contra a economia.

pequenos ou locais, era a força que a confrontava na guerra industrial; e foi esta sensação de que o capital estava se estendendo para fora dos estreitos limites da firma e do comércio que foi o principal argumento, do lado da mão de obra, para tais táticas novas como aquelas do sindicalismo industrial.* Que a concentração tenha prosseguido muito mais lenta e indiretamente na Inglaterra do que na Alemanha ou nos EUA é muito menos importante do que, até onde a mão de obra pôde ver, ela estivesse prosseguindo muito mais obviamente do que antes. O que é mais, as concentrações mais patentes eram aquelas nas quais os patrões se uniram para derrotar os operários, tais como a Federação de Navegação e a Federação dos Empregadores em Engenharia da década de 1890. O processo, tanto nas relações industriais como políticas, foi o que os estrategistas nucleares chamam de "escalada", cada golpe de um lado produzia uma concentração de forças maior do outro. A década de 1890 já é era das grandes disputas trabalhistas de *âmbito nacional,* tais como os *lock-outs* dos portos (nos quais a batalha estratégica), a disputa do carvão em toda a área federada em 1893 e o *lock-out* nacional da engenharia.

Finalmente, o período da Grande Depressão produziu um movimento socialista nacional e internacional, que forneceu inevitavelmente muitos dos líderes mais inteligentes e dinâmicos dos novos sindicatos. Embora na verdade este movimento (exceto talvez quanto a grupos em sua ala anarquista) não estivesse particularmente interessado na estratégia e nas táticas das operações sindicais como tais, o que é considerado como um aspecto necessário mas subordinado do movimento geral, ele forneceu um corpo sistemático de pensamento estratégico e tático sobre os movimentos trabalhistas, tais como os líderes dos trabalhadores

---

* *The Industrial Syndicalist,* de T. Mann, I; 1910. É altamente significativo que Ernest Bevin, no *Shaw Enquiry.* p. 21 (223), argumente a favor de uma única exigência nacional porque "as condições de vida se tornaram muito padronizadas *pelo funcionamento dos grandes monopólios e trusts* e a distribuição de alimentos". (O itálico é meu, E.J.H.)

que não queriam, ou não podiam, mais usar as táticas tradicionalmente aperfeiçoadas do sindicalismo mais velho, de que estavam muito necessitados. Ben Tillett, deduzindo suas primeiras ideias estratégicas de uma conferência no East End sobre Napoleão por um arcebispo subsequente de Canterbury, e mais tarde, Arthur Horner, lendo Clausewitz na cadeia, refletiram esta necessidade urgente dos líderes sindicais de uma teoria da guerra industrial. O socialismo, na verdade, lhes deu essa teoria, e é por isso que ambos os corpos de novos líderes sindicais e de novo pensamento sobre a organização e política sindical, nasceram dele ou se ligaram prontamente a ele.

Esta tripla reorientação explica também a tendência dos portuários de criarem sindicatos industriais e gerais abrangendo tudo, mas acima de tudo *nacionais,* apesar da tendência interna à autossuficiência local e seccional. Do lado dos patrões foi quase certamente a Federação de Navegação que impôs uma perspectiva nacional — pelo menos na luta contra os furadores de greves organizados nacionalmente — sobre os sindicatos que de outra forma não pudessem ter tido uma. Do lado da mão de obra, foi quase certamente a liderança socialista dos estivadores de Londres, o corpo portuário mais dinâmico, e o único que finalmente tornou-se o núcleo do Sindicato dos Trabalhadores em Transportes e Gerais, que desde o princípio rompeu os limites da organização seccional local, ou no caso do sindicato "irlandês" de Liverpool, os limites nacionais. Se os sindicatos permanentes de estivadores tivessem podido emergir vinte anos mais cedo, quase certamente teriam feito uso como um ajuntamento, talvez finalmente como uma federação frouxa de portos e zonas marítimas independentes. Mas eles emergiram na era do renascimento socialista, e é característico que, alguns anos após o seu nascimento, os sindicatos ingleses (por iniciativa dos esquerdistas de Londres) organizassem uma Federação Internacional de Navios, Docas e Rios a fim de sindicalizar ativamente não só todos os portos ingleses, como todos os estrangeiros, um empreendimento caracteristicamente socialista.* Do lado do governo, foi claramente a consciência crescente do "problema das docas" como um problema social nacional — um dos muitos para o qual o governo se via agora aceitando algum tipo de responsabilidade — que preparou o palco para as soluções nacionais. Como indicou Beveridge, foi o "exemplo principal" do emprego casual, e o emprego casual era um dos principais componentes do problema do desemprego, que por sua vez foi o motivo principal do governo, a partir da década de 1880, se ver obrigado a empregar a legislação sistemática do bem-estar que levou finalmente à securidade social moderna.

Que o sindicato nacional devesse emergir mais sob a forma de um corpo geral do que industrial não foi evidentemente inevitável embora, dada a estrutura do sindicalismo inglês e as fronteiras fluidas da indústria, isso fosse bastante provável. Na verdade, o sindicalismo portuário tornou-se industrial, embora ligado a um corpo geral. Apenas, devemos tomar cuidado para não confundir a "indústria" tal como operava realmente em termos de relações trabalhistas com as indústrias ideais elaboradas pelos estrategistas do trabalhismo e do governo ou os economistas. Eles pensaram em termos de "transporte", ou pelo menos de transporte aquático. A vida funcionava em termos de "portos". O transporte por mar e por terra se encontra no porto, mas o grosso dos seus problemas nas relações trabalhistas estão na maior parte em outros lugares, e suas condições de funcionamento eram diferentes. É por isto que tais alianças estratégicas óbvias como aquelas entre os estivadores e os marinheiros nunca duraram muito, e os sonhos ocasionais de solidariedade do transporte nacional ou mesmo internacional nunca foram de importância senão momentânea. É verdade que as docas têm uma relação mais íntima e mais permanente com o transporte rodoviário do que com as estradas

---

* Não só os marinheiros, mas também — mais significativamente — o sindicato de Liverpool entrou sob a liderança de Londres.

de ferro com os marinheiros. Por motivos históricos o sindicato inglês cresceu como uma organização conjunta destes dois grupos ligados, mais uma coleção heterogênea de outros, embora possivelmente possa não ter feito isso. A questão é que, até hoje, uma greve portuária é essencialmente baseada no poder desarticulador dos homens sobre o portos, os que operam entre o cais e o navio ou entre um navio e outro, e não dos que entram e saem pelos portões do porto.

APÊNDICE I

Tipos de trabalho portuário em alguns portos:

I. HULL 1897

Trabalhadores e outros, empregados diretamente pelos donos de navios	6.000
Carregadores de grãos dos navios	500
Carregadores de quantidade	600
Içadores e despejadores de carvão	600
Homens de chatas etc.	900
Estivadores (homens dos empreiteiros)	1.500
Trabalhadores de passeio, carregadores de frutas etc.	500

Fonte: The position of the dockers and sailors in 1897 and the International Federation of Ship, Dock and River Workers, de Tom Mann (Clarion 1897), p. 11.

II. SOUTHAMPTON 1890

Carregadores de milho, carregadores de carvão, estiva, carga geral e descarga de navios.

Fonte: Sindicato dos Trabalhadores em Docas, Embarcadouros, Margens dos Rios e Gerais, Relatório Anual, 1890,92.

III. BRISTOL 1890

Mão de obra de navios
mercantes de frutas — Algodão e linhaça importada
Mercadorias gerais — Carregadores de grãos
Carregadores de quantidade — Homens de chatas.
Estiva

Fonte: Loc. cit., pp. 44 ss.

IV. GLASGOW 1919

Homens de carga geral	7.000
Pesadoras de grãos	120
Homens de madeiras	300
Homens de carvão	300
Homens de minérios	350
Equipes de administradores de cais particulares	400
Empregados do truste do Clyde	1.400

Fonte: Shaw enquiry, apêndice 77.

V. LIVERPOOL 1919

Marinheiros (inclusive homens de guinchos, prendedores)	9.200
Carregadores (inclusive guindasteiros, conferentes, contadores de saída, anotadores de peso, tanoeiros etc.)	13.800
Homens de carvão	2.000
Homens das barcaças	2.000
Homens dos rebocadores	600
Vigias	?
Homens da turma de terra	?

Fonte: Loc. cit., apêndice 52.

VI. SWANSEA 1919

Trabalhadores (casuais)	1.000
Guindasteiros (casuais)	51
Marcadores (casuais e permanentes)	64
Capatazes (permanentes)	10
Pesadores (permanentes)	15
Anotadores de números (permanentes)	11
Porteiros das docas (permanentes)	61
Rebocadores e barcas (permanentes)	16
Turmas de dragagem (permanentes)	37
Casas de força e hidráulicas (permanentes)	30
Vigias (permanentes)	7
Burocratas (permanentes)	68
Outros (exclusive o departamento de locomotivas)	25
5 outros patrões importantes:	
Homens casuais	345
Homens permanentes	22

Fonte: Loc. cit., apêndice 98,101.

VII. ARDROSSAN 1919

Trabalhadores (casuais)	80
Arrumadores de carvão (casuais)	32
Guindastes e suspensão (permanentes)	36
Embarcadores (permanentes)	4
Homens do cabrestante (permanentes)	4
Operadores de cordas (permanentes)	11
Maquinistas (permanentes)	4
Foguistas (permanentes)	4
Eletricistas (permanentes)	2

Fonte: Loc. cit., apêndice 117.

VIII. LONDRES 1908

Milho e madeira (Comercial do Surrey)	cerca de 10 por cento
Descarga de grãos (Millwall)	4 por cento
Estivadores habilitados	12 por cento
Outros (London & índia Docks Co.)	20 por cento
Donos de navios	13 por cento
Embarcadouros inclusive alguma mão de obra especializada, p. ex., estivadores não sindicalizados nas docas	41 por cento
Victoria e Albert	74 por cento

Fonte: Relatório da Sociedade da Organização de Caridade sobre Mão de Obra Não Habilitada, julho 1908, pp. 28-30.

Apêndice II

Salário diários nos portos ingleses 1914

Londres	de 5s.3d. a 7s.6d.
Southampton	5s.5d.
Plymouth	7s. ou 4s. 10d.
Briston	7s.
Avonmouth	5s.6,5d.
Gloucester	7s.
Cardiff	5s.6d. ou 6s.6d.
Swansea	7.s.
Port Talbot	8.s.
Liverpool	4s.6d. 5s.
Manchester	5.s.
Garston	4s.
Preston	4s.9d.
Barrow in Furness	5s.7,5d.
Glasgow	5s.ou 6s.8d.
Ardrossan	6s.4d.

Greenock	*6s.8d.*
Aberdeen	*5s.10d.*
Dundee	*6s.3d.*
Grangemouth	*6s.8d.*
Leith	*5s.10d.*
Tyne (ferrovia)	*5s.1,5d.*
W. Hartlepool	*7s.11d.*
Middlesbrough	*5s. e 8s.*
Hull	*5s.7,5d.*
Goole	*6s.6d.*

Fonte: Shaw Enquiry, apêndice 130: Estes números veem do lado dos patrões. Eles são dados pela ordem dos pacotes do redor da costa a partir de Londres.

Notas

1. Para uma classificação útil, *Le Régime du Travail dans les principaux Ports de la Mer de L'Europe,* de C. Gillès de Pélichy (Louvain-Bruxelas-Paris 1899).
2. *Map ofunions in British ports* da Federação Nacional dos Trabalhadores em Transportes, 1913 (?) (LSE Col. EB cv 18) dá uma excelente pesquisa desta variedade.
3. As informações sobre os sindicatos portuários neste período são copiosas mas não sistemáticas. Os relatórios impressos e a *"Dockers' Record"* do Sindicato dos Trabalhadores das Docas, Embarcadouros, Margens dos Rios e Gerais com base em Londres sobrevivem, mas pouco material não impresso de antes de 1914; o Sindicato Nacional dos Trabalhadores das Docas com base em Liverpool deixou apenas vestígios espalhados. Depois de 1910, a Federação Nacional dos Trabalhadores em Transportes fornece informações valiosas. Os Documentos Parlamentares são de grande valor, notadamente a *C.R. sobre o Trabalho,* a *C.R. sobre as Leis dos Pobres, o Relatório de um Tribunal de Inquérito relativo aos Trabalhadores em Transportes. (Inquérito Shaw) de 1920 e, numa extensão menor, a Com. Conjunta Sel. sobre a Lei do Porto de Londres de 1908. Da literatura sobre as grandes disputas, Story of the Dockers' Strike (1889) de*

H. Llewelly Smith e V. Nash, Industrial Warfare (1912) de Watney e Little e Industrial Problems and Disputes (1920) de Lorde Askwith devem ser suplementados por relatos periódicos. As autobiografias de Bem Tillett, Tom Mann, James Sexton, Harry Gosling e J. Havelock Wilson são mais úteis quanto ao ambiente do que aos fatos; das biografias, a de Tom Mann (de Dona Torr, cf. também Tom Mann and His Times 1890-2, Our History, pp. 26-7, 1962, C.P. Grupo de Historiadores) contém pouco de novo. Ernest Bevin (de Allan Bullock), diz relativamente pouco sobre o período anterior. Há uma ampla e excelente literatura sobre as condições sociais e econômicas das docas, e especialmente sobre o casualismo, que é indispensável para o estudante sério.

4. *Mechanization in American Industry*, de H. Jerome (Bureau Nacional de Pesquisa Econômica 1934).

5. O valioso documento apresentado por Ben Tillett à *Com. Conjunta Selecionada sobre a Lei do Porto de Londres (Parl. P. X, 1908, pp. 677-82, 705-101).*

6. *Tribunal de Inquérito a respeito dos Salários dos Trabalhadores em Transportes e das Condições de Emprego da Mão de Obra Portuária (Parl. P. XXIV, 1920)* doravante citado como *Inquérito Shaw*, pp. 136 (338), 153 (355), 212 (414).

7. *The Life of Sir James Sexton Agitator, by Himself* (Londres 1936), pp. 109-13. Cf. para comparação, Socialismo e classe operaria nel Genovesato dallo sciopero del 1900 alia scissione sindacalista, de G. Perillo (*Il Movimento Operaio e Socialista in Luguria*, VI, 4, 1960, p. 109).

8. *Report on Strikes*, 1889, Tabela II (c. 6176).

9. Em Londres três organizações de homens especializados — Estivadores, Barqueiros e Liga de Proteção do Trabalho — tinham em média 6.000-8.000 membros nos anos entre as expansões do sindicato. Cerca de 45 mil portuários podem realmente ter saído na grande greve de 1912 (*Industrial Warfare*, de Watney e Little, pp. 90-1). Ver também Apêndice I.

10. *The Story of the Dockers' Strike* de H. Llewellyn Smith e V. Nash (Londres 1889) é a melhor introdução a Londres; Sexton, op. cit., à atividade portuária em Liverpool nos primeiros dias. *C.R. sobre Mão de Obra* (Grupo B) é uma mina de informações sob muitos aspectos disso, Cf., *Report on... dock labour in Liverpool* de E. Rathbone (Relatórios da Soc. Econômica e Estatística de Liverpool, 1904).

11. *Unemployment*, de W. H. Beveridge (ed. 1930), p. 83.
12. *Life and Labour* de Booth, II, p. 88, discute o "emprego residual", sobre isto nas docas de Manchester, *C.R. sobre as Leis dos Pobres* de T. Fox, p. 83.945.
13. Para o restricionismo ver evidência de H. Gosling (chateiro) à *Com. Conjunta sobre a Lei do Porto de Londres* 1903 *(Parl. P.*, VIII 1903, pp. 250-1) e da Liga Unida de Proteção ao Trabalho dos Estivadores à Com. Conjunta sobre a *Lei do Porto de Londres* 1908 *(Parl. P.*, X, 1908), p. 9.426. Os estivadores de Londres cobravam £ 1, exceto para os filhos dos membros.
14. A profissão fechada no Tyne parece ter vindo em 1889 *(Jubilee History of National Union of General and Municipal Workers*, 1929, p. 13.) Em 1910-11 acordos de conciliação — um índice razoável de reconhecimento — abrangeram os arrumadores no nordeste, Cardiff e Newport, e os estivadores de Greenock e Bristol. *Relatório TUC* 1911, pp. 106 ss.).
15. *The Liverpool Docks Problems*, de R. Williams (Soc. Econ. e Estat. de Liverpool 1912), p. 15.
16. *Le Travail Casuel dans les Ports Anglais*, de J. Maluègue (Paris 1913), pp. 297-8.
17. *Dockers Record*, março 1911, p. 2.
18. Bristol empregava apenas cerca de 100 homens regularmente como trabalhadores de manutenção. Os outros eram todos tecnicamente casuais. (*C.R. sobre as Leis dos Pobres* XVI, p. 85). Cf. *Parl. P.*, X, 1908, p. 9.401 para os estivadores de Londres: "somos todos casuais".
19. *Federação Nacional dos Trabalhadores em Transportes:* Mapa dos sindicatos nos portos ingleses. 1913? (LSE Col. EB cv 18), p. 3.
20. P. ex., guindasteiros ou corpos tais como o Sindicato Unido Protetor dos Operadores de Motores, Operadores de Guindastes e Serventes Hidráulicos e de Caldeiras — uma pequena sociedade de Londres. Algumas vezes estes homens entravam para sindicatos externos, p. ex., em Liverpool nos Trabalhadores de Gás, ou em Swansea no SNTU.
21. As seções portuárias e de cais do Sindicato Nacional Unido do Trabalho e os Chateiros do Tyne entraram no SGNTM.
22. A evidência de Sexton para a *(C.R. sobre as Leis dos Pobres* (P. 84.243) sobre os "usuários" das docas de Liverpool. Cf., também Beveridge, *op. cit.* (ed. 1909), 264 n.

23. Relatório de Squire e Maitland (*C.R. sobre as Leis dos Pobres* XVI, p. 84).
24. *C.R. sobre Mão de Obra* (Grupo C), p. 27.741, 27.772-5.
25. *Relation of Wages to Cost of Production in Certain Industries* (c. 6.355 de 1891), pp. 172 ss.
26. Maluègue, *op. cit.*, p. 48. Mas os pagamentos extra e as horas extras diferiam.
27. R. Williams, *op. cit.*, pp. 21-3.
28. Sobre Londres, Comissão da Lei dos Pobres, Beveridge e *a Labour Gazette*. Sobre Liverpool, *One Year's Working of the Liverpool Dock Scheme*, de R. Williams (Liverpool 1914). O T & GWU manteve também alguns dos seus acordos temporários em Liverpool (Dept. de Pesquisa do T & GWU).
29. Beveridge, *op. cit.* (ed. 1930), p. 90. A porcentagem combinada dos homens Permanentes e de Preferência "A" subiu de 63 por cento em 1894-6 para 78,5 por cento em 1902-4.
30. Sociedade da Organização de Caridade: *Report on Unskilled Labour* (Londres 1908), p. 121. Outras docas já estavam em grande parte em trabalho por peça.
31. *Arquivos do T & GWU*. As outras grandes firmas eram W. Berrie, Pacific Steam Navigation, Lamport & Holt, Mannion, T & J. Harrison, Elder Dempster.
32. Docas Clarence e Princes.
33. Pesquisa de Bevin no *Inquérito Shaw*, pp. 5 (207) ss; Evidência de M. Reid sobre 4 greve de 1879, *ibid.*,p. 133(335).
34. *Industrial Democracy* de S. e B. Webb (ed. 1902), pp. 478-9, para alguns outros exemplos.
35. Tal como em Cardiff em 1890, com as suas 16 filiais de portuários do Sindicato Nacional de Estivadores e Trabalhadores Unidos, dois de armadores e barqueiros, os arrumadores, e uma profissão fechada de marinheiros. (*Conselho de Ofícios de Cardiff*. Relatório, 1890)
36. *C.R. sobre Mão de Obra*, Grupo C: evidência de T. Gardner, G. Adams (p. 31.626-61).
37. Cf., os documentos da Federação de Navegação na *C.R. sobre Mão de obra*, Grupo B. (*Parl. P.* XXXV de 1892, Apêndices); também Ciem Edwards sobre o *Lock-out de* Hull no *Econ. Journ.* 1893, e em geral

"Trade Unions and Free Labour", de J. Saville, em A. Briggs e J. Savilee (eds.) *Essays in Labour History* (Londres 1960).

38. Para uma discussão disso, ver *The World of Labour*, de G.D.H. Cole, *The Greater Unionism*, de G.D.H. Cole e W. Mellor (ambos 1913).

39. *Industrial Warfare* (Londres 1912), de Watney e Little, pp. 80-5.0 ambiente é esboçado vividamente na *Strange Death of Liberal England* de George Dangerfield.

40. Maluègue, op.cit., pp. 286-7, citando H.Orbell do sindicato.

41. Para sua oposição à fusão com outros sindicatos, até estar seguro das salvaguardas, ver o relatório da Conferência Especial sobre a Fusão, convocada pela Fed. N. dos Trabalhadores em Transportes e o Conselho Nacional dos Trabalhadores Gerais, 1914 (LSE Col. EB civ. ii) p. 24.

42. *Memoirs* de Tom Mann (1923), pp. 135 ss.; *The position of the dockers and sailors in 1897* de Tom Mann (Clarion 1897); para as repercuções internacionais, *Le Régime du Travail dans les principaux Ports de la Mer de l'Europe* de Gillés de Pélichy (Louvain-Bruxelas, Paris 1899).

43. Junta de Comércio, Dep. Trabalhista: *Report on Strikes in 1889,* pp. 4-5 (C 6.176).

44. Sindicato Nacional dos Trabalhadores das Docas, *Relatório Anual* 1890-1; também Sexton, op.cit.

45. O sindicato de Londres depois de 1889 cobria toda a costa sul, toda a costa leste até o Humber, com colônias em Middlesbrough e Dundee e partilhava a Gales do Sul com um sindicato regional, o Sindicato Nacional dos Trabalhadores Unidos. O sindicato de Liverpool cobria o resto das ilhas britânicas. Os dois eram divididos pela Gales (não organizada) a costa nordeste, onde, com outros corpos locais e de ofícios, o Sindicato Nacional Unido do Trabalho mantinha o terreno. Existiam também corpos locais de trabalhadores especiais. O fluxo do movimento entre então e 1911 complicava o quadro de certa forma.

46. "Militancy and inter-union rivalries in British shipping 1911-29" de B. Moggridge *(Int. Rev. of Social History 6,1961, 375-412).*

47. *The Porters of London* de Walter M. Stern (Londres 1960) para essas organizações iniciais; mas "Chapters in the History of London Waterside Labour", de H. Llewellyn Smith (*Econ. Jornal* II, p. 605) já

indicara que o afluxo de homens dos outros ofícios havia inundado as velhas organizações da margem norte do Tâmisa — a seção mais importante do porto. Para relatos dessas velhas organizações, ver *L'organization du travail dans les ports flamands*, de L.B.C. Gillès de Pélichy (LouvainBruxelas-Paris 1899).

48. Cf. *History of the Shipping Federation*, de L.H., Powell (Londres 1950) e "Trade Unions and Free Labour" de J. Saville, em *Essays in Labour History*, de A. Briggs e J. Saville (eds.) (Londres 1960).

49. *Reports of the R.C. on the Depression of Trade and Industry*, 1887, p. 55 c.*4893*).

50. Preâmbulo a uma lei de conciliação de 1890, citado em *The Growth of British Industrial Relations*, de E.H. Phelps Brown (Londres 1959), p. 188. Para uma formulação mais familiar e extrema trinta anos mais tarde, *Industrial Problems and Disputes*, de Lorde Askwith (Londres 1920), p. 67: "Se essa luta ocorresse... arruinaria as chances de produção das quais depende o futuro."

51. *Strikes and Social Problems*, de J. Shield Nicholson (Londres 1896), p. 135.

12
HYNDMAN E A FSD

A FEDERAÇÃO SOCIAL DEMOCRÁTICA há muito tempo é a criança-problema dos historiadores trabalhistas, especialmente os marxistas ou aqueles mais ansiosos em "situá-la" do que simplesmente em narrar a sua evolução errática. Ela simplesmente não pode ser aprovada. Ela simplesmente não pode ser condenada. Ela certamente não pode ser deixada de lado. O estudante menos sutil da sua "história" é forçado a complexidades, contradições e matizes desacostumados. Qual é precisamente a sua contribuição para a evolução do movimento trabalhista inglês moderno?

Ela não pode ser deixada de lado porque foi, afinal de contas, a primeira organização socialista moderna de importância nacional na Inglaterra; uma realização pioneira não diminuída pela demonstração do Dr. Tsuzuki* de que o seu Marxismo era vacilante e lento em se desenvolver, nem pelas exigências de prioridade de homens e grupos locais esquecidos. Porque a questão quanto à FSD não é só a de ela ter sido a primeira no campo, mas de ter *durado*. Através de cisões, crises, flutuações loucas do número de membros e da atividade, ali brilha a luz inextinguível da continuidade, e o que é mais, da presença política nacional. Ela foi a principal representante inglesa do Marxismo desde o começo da década de 1880 até 1920, quando contribuiu para o incipiente Partido Comunista com o maior bloco dos seus membros e líderes originais. Marx não gostava dela, Engels se opunha a ela, William Morris deixou-a, junto com muitos dos

---

* *H.M. Hyndman e o Socialismo Inglês*, de Chushichi Tsuzuki (Oxford 1961).

seus membros brilhantes. Ela sobreviveu. Os dissidentes que se afastaram de tempos em tempos desapareceram em alguns anos, como a Liga Socialista da década de 1880, permaneceram conventículos totalmente sem importância como o SPGB (1906) ou, na melhor hipótese, se transformaram em corpos de influência regional como o Partido Socialista dos Trabalhadores na margem do Clyde (1903). Até o seu fundador e chefe paternalista, H.M. Hyndman, foi expulso quando tentou impor a ela o seu imperialismo durante a Primeira Guerra Mundial. (Os Hyndmanitas, um corpo sem nenhuma importância posterior, desapareceram até terminar finalmente a história formal da FSD nos primeiros meses da Segunda Guerra Mundial.)

Repetidas vezes os antigos dissidentes voltaram a ela, como Aveling ou Tom Mann, ou os rebeldes contra o reformismo de outros grupos entraram para ela ou fundiram-se com ela, por falta de qualquer outra organização marxista duradoura de objetivos nacionais. Repetidas vezes seu absoluto poder de permanecer permitiu-lhe recuperar-se das consequências dos seus gigantescos erros políticos, compostos de uma mistura de sectarismo e oportunismo. O que é mais, repetidas vezes os seus rivais da esquerda foram perdidos de vista. Esse não é um registro desprezível.

Tampouco devemos desprezar as suas realizações. Embora ela nunca elegesse um MP* independentemente, e fosse muito menos bem-sucedida do que o Partido Trabalhista Independente em conseguir conselheiros locais, se estabeleceu como a principal organização socialista em várias áreas, notadamente em Londres, onde a tradição provincial não conformista do PTI nunca teve muito apelo, enquanto a FSD assumiu a forte herança local do radicalismo secularista que se estendeu de Tom Paine via os Owenitas até Charles Bradlaugh. (Em parte alguma é menos verdadeiro que o socialismo inglês descende mais de Wesley do que de Marx.) Não é nenhum acidente o fato de o Conselho de Ofícios de Londres ser um reduto

---

* Membro do Parlamento. (*N. do T.*)

da FSD, como mais tarde do Partido Comunista, até ser dissolvido pelo trabalhismo oficial, nem o fato de a primeira maioria trabalhista num conselho local (em West Ham, em 1898) ser uma coalisão de radicais, irlandeses e a FSD. Mas a sua maior realização foi proporcionar uma introdução ao movimento trabalhista e uma escola de treinamento para uma sucessão dos militantes mais bem dotados da classe trabalhadora: para John Burns, Tom Mann e Will Thorne, para George Lansbury e até para Ernest Bevin. Consequentemente também, apesar da sua negligência frequente do sindicalismo, os seus membros ou aqueles formados em sua escola eram em sua maioria eficazes como líderes sindicais.

Suas realizações merecem atenção pelo menos por terem sido tantas vezes desprezadas pelos seus críticos, que compreendem praticamente todo o corpo do movimento trabalhista moderno, inclusive os comunistas, cuja atitude oficial em relação à sua ancestral direta foi no passado determinada em geral pela hostilidade de Marx e Engels e pelas críticas muito merecidas de Lenine. (Apenas uma predisposição *a priori* contra a FSD pode explicar as tentativas feitas de fazer de conta que a Liga Socialista de William Morris e seus colegas era tudo menos um fracasso objeto e quase imediato na política: destruída dentro de cinco anos pelas próprias brigas e cisões internas às quais a FSD provou ser tão resistente.) Mas naturalmente os erros e falhas da FSD eram tão titânicas que os críticos podem ser perdoados por se demorarem nelas. Ela revelou uma falta de realismo político sem paralelo em qualquer outro grupo contemporâneo de socialistas, exceto Sidney e Beatrice Webb entre a Guerra dos Boers e a eleição de 1906. No meio da década de 1880 ela se tornou não só ridícula como impopular aceitando a ajuda dos Tories para candidaturas parlamentares que receberam então simplesmente algumas dúzias de votos. Ela foi declaradamente hostil aos sindicatos e, a não ser pelo sólido instinto dos seus militantes, não teria tido parte alguma no grande renascimento sindical de 1889. Embora ela tivesse senso suficiente para participar na formação da Comissão de

Representação Trabalhista, deixou deliberadamente o futuro Partido Trabalhista em 1901 para se recolher num isolamento sectário. Ela não desempenhou nenhum papel importante na grande oscilação para a esquerda antes da Primeira Guerra Mundial, embora isto tomasse a forma ideológica de uma volta ao socialismo revolucionário, ou mesmo ao Marxismo formal. Ela foi, na verdade, como Marx, Engels e Lenine nunca se cansaram de repetir, mais uma seita do que uma organização política séria.

Influência de Hyndman

Quanto deste sectarismo inato, que tanto fez para torná-la ridícula, era devido a este líder ditatorial, H.M. Hyndman, cuja biografia (como mostra o Professor Tsuzuki) fundiu-se virtualmente com a sua história desde 1881 até 1914? A pergunta não foi feita por aqueles numerosos críticos desta obra útil, que a trataram principalmente como uma excursão à história da excentricidade inglesa ou à idade do ouro dos Clubes do Pall-Mall e do music-hall. Hyndman é na verdade um assunto compensador para o tipo de tratamento meio admirador e meio ridicularizador que hoje em dia produz os musicais do West End sobre os eduardinos ou a década de vinte, embora o Professor Tsuzuki não o tenha tratado assim. Há um sabor picante no quadro deste cavalheiro, jogador de críquete e corretor da bolsa levando as massas trabalhadoras em direção à revolução, de sobrecasaca e cartola, reforçado por aquele outro esteio da FSD, a Condessa de Warwick (cujas relações pessoais com S.M. Eduardo VII eram as mais íntimas), no trem que ela pediu para levá-la para casa da conferência da Federação. Além do mais, as peculiaridades individuais muito marcadas de Hyndman e a sua tendência de considerar os fracassos "do movimento" como um pai considera o fracasso de um filho desapontador de obter o Certificado Geral de Educação, tornam tentador escrever a história da FSD em termos da sua personalidade, e de atribuir os seus fracassos ao seu próprio.

Até certo ponto eles foram. A personalidade de Hyndman tornava difícil para ele colaborar, exceto com inferiores. Em consequência aqueles líderes da FSD que não se afastaram, ou entraram na oposição, eram mais leais do que um grupo muito brilhante, embora claramente bastante mais dotados do que o grupo equivalente do PTI. Sua falta de tato, falta de hipocrisia, sarcasmo e presunção óbvia tornam as suas memórias um prazer de ler, mas constituíam uma responsabilidade política óbvia. Sua versão altamente individual da teoria e a vacilação incerta entre o espírito utópico, o sectarismo e o oportunismo na prática, complicavam as relações da FSD com o movimento internacional. O Professor Tsuzuki, ecoando Denis Healey, chama-o de "Anglo-Marxista" (para distinguir sua tradição do "Marxista-Russo" ou do "Marxista-Leninista"). Isto não faz sentido, pelo menos porque no tempo de Hyndman (depois de 1917 ele dificilmente contava mais) a única ortodoxia Marxista contra a qual medir os desvios nacionais ou outros era a alemã, tal como representada por, digamos, Kautsky. Mas a verdade é que Hyndman simplesmente não representava absolutamente uma tendência marxista clara. Ele era um seguidor bastante ortodoxo de Marx na teoria econômica, tal como a compreendia, e certamente acreditava na luta de classes, embora tivesse suas reservas quanto ao materialismo histórico. Ao mesmo tempo combinava isto com uma ideia ingenuamente utópica da revolução, baseada em lembranças francesas, e um traço consistente de imperialismo jingoísta, antialemã — na verdade racial, que não devia nada a qualquer tradição esquerdista inglesa. (Ao contrário de muitos outros homens do movimento socialista inglês, ele vinha originalmente do Toryismo e não do ambiente Liberal Radical ou Cartista.) Nos assuntos práticos ele não tinha absolutamente nenhuma política consistente, e daí nenhuma teoria consistente. Nem ele nem ninguém mais na FSD — com a exceção do maníaco Belford Bax que escreveu histórias Marxistas pioneiras — produziu nada muito superior a bons textos diretos de propaganda. Comparados ao nível contemporâneo de textos teóricos em tais partidos continentais social-democráticos como o alemão, austríaco, russo, italiano e francês, a produção teórica da FSD é completamente desprezível. As contribuições realmente interessantes e originais à teoria marxista nestas ilhas vieram de homens como William Morris e James Connolly.

Por outro lado é surpreendente quão pouco os sofismas individuais de Hyndman afetaram a FSD, onde eles por acaso entraram em conflito com a sua orientação fundamental. Assim, ele não conseguiu impor nem o seu jingoísmo nem o seu imperialismo e antissemitismo à Federação. Pelo contrário, quando esta chegou ao ponto crítico, abandonou-o nestes assuntos. Isto foi em parte porque a FSD estava na prática muito menos centralizada, e certamente muito menos sob o controle de Hyndman, do que ele teria desejado: suas filiais eram altamente autônomas. Isso foi em parte também porque a Federação, na medida em que era genuinamente arraigada na classe trabalhadora, adotava espontaneamente as atitudes mais familiares aos trabalhadores militantes, p. ex., em assuntos sindicais. Seria demais explicar as peculiaridades de Hyndman pelas peculiaridades da FSD, mas não demais afirmar que ela as tolerava porque ambas se adaptavam à sua própria tradição ou (como os seus jingoísmo e imperialismo) pareceram durante muito tempo ser irrevelantes para eles.

Essa tradição era primeiro e mais do que tudo proletária, como todas as tradições nativas do movimento trabalhista inglês neste período. A FSD nem atraía nem mantinha intelectuais da classe média criados em casa em qualquer quantidade, embora como a coisa mais próxima do Marxismo continental, atraísse intelectuais emigrados russos como Theodoro Rothstein. A união entre os intelectuais e o movimento trabalhista não foi feita até o período de, digamos, 1910-20, porque antes disso até os fabianos, que os atraíram, mantiveram-se à distância do movimento trabalhista. Daí incidentalmente a fraqueza anormal da teoria socialista inglesa, inclusive o Marxismo, nesta, a idade do ouro do pensamento marxista internacional. O equivalente inglês de Luxemburgo e Hilferding não foi um socialista mas um liberal, J.A. Hobson.

Em segundo lugar esta tradição, ao contrário da que os conservadores e reformistas tentaram impingir ao povo inglês, não era puramente empírica e antiteórica. Como os dissidentes tradicionais (mas ao contrário dos metodistas emocionalmente saturados), como os owenitas e os secularistas que eram seus ancestrais, os homens da tradição da FSD queriam ler, estudar e discutir, e elaborar uma teoria geral da sorte dos trabalhadores e do mundo em geral pelo pensamento sistemático. A ideia de que o Marxismo foi imposto "de fora" a esses homens é ilusória: estudar e refletir sobre um grande pensador da classe trabalhadora era tão natural para os alfaiates escoceses como James Macdonald, ou para os fabricantes de sapatos ateus do Northamptonshire da FSD, como fora para seus pais e avós estudar e refletir sobre Robert Owen, Paine e Spence, e para seus bisavós discutir os desígnios do senhor à luz dos Institutos de Calvino. A inclinação pela teoria (embora concebida crua e desajeitadamente) não era simplesmente um tributo à paixão perene dos trabalhadores pela instrução. Fazia parte da busca dos trabalhadores da *sua* teoria, que havia levado os estudantes artesãos do Instituto de Mecânica de Londres a ressentirem a tentativa dos seus patronos Benthamitas de concentrarem o ensino em assuntos científicos e técnicos, com exclusão de Hodgskin, Owen e Thompson. O conhecimento da classe significava o poder de mudar o mundo, e mesmo aqueles que não podiam se dar bem com *O Capital*, de Marx (que a FSD com ambição heroica, tentava fazer os seus membros estudarem), ficavam confortados pelo conhecimento de que ele estava lá.

Em terceiro lugar, a tradição não era tão revolucionária como intransigente: militante, baseada firmemente na luta de classes, mas completamente incapaz de enfrentar (como um irlandês como Connolly) os problemas da revolta ou da tomada do poder, para os quais não havia nenhum precedente dentro da memória viva da Inglaterra. Em certo sentido as reações dos homens criados nesta tradição não eram nitidamente distintas daquelas dos antigos cartistas ou radicais da classe trabalhadora, das quais elas na verdade descendiam. Daí não ser surpreendente que numa questão como a Guerra dos Boers o reflexo de oposição da FSD estava muito mais na linha do PTI e dos radicais-liberais do que do semi-imperialismo dos fabianos, ou das próprias hesitações chauvinistas de Hyndman. Em outro sentido eles eram completamente distintos dos radicais-liberais. Para eles, como para tantos cartistas, a ideia de uma *aliança* com a classe média era intolerável, embora muita concordância em determinados assuntos pudesse temporariamente lançar os liberais e os trabalhadores juntos. A ideia de que o capitalista liberal ou humanitário e o trabalhador esquerdista pertenciam ambos a um único movimento "progressista" que se empenhava contra a "reação" para melhorar a sociedade existente, os ultrajava. Nenhum membro da FSD pensaria seriamente em pedir a Lloyd George para se pôr à testa desse movimento progressista unido, como Keir Hardie fez certa vez, quanto mais um liberal mais identificado com os capitalistas.

Finalmente, a tradição da FSD era mais a de uma elite e vanguarda da classe trabalhadora, do que a de um movimento de massa: mais do pensamento e leitura dos trabalhadores militantes que dedicavam grande parte do tempo à causa, do que do homem médio. Todos deviam pertencer ao sindicato, da mesma forma se esperou certa vez que todos assinassem a Carta e talvez lessem ou ouvissem ler o *Northern Star,* mas não se esperava que todos fossem owenitas, secularistas ou um pregador leigo metodista primitivo no campo de carvão.

Tanto esta tradição de elite como o fato de as raízes do reformismo terem penetrado tão profundamente na classe trabalhadora inglesa, ajudaram a transformar facilmente estas atitudes da tradição da FSD em sectarismo. A intransigência nativa da FSD não era provavelmente muito maior do que a do militante social-democrata continental típico (embora a tradição de que todos deviam ser membros de um partido de massa fosse muito mais forte lá, já que não havia nenhuma outra organização trabalhista de massa). Mas no continente os movimentos de massa podiam se desenvolver com base numa atitude política que na Inglaterra simplesmente isolava uma minoria militante, que por sua vez reagia ao seu isolamento exaltando-o. Os marxistas nas áreas têxteis da Saxônia e do norte da França operavam num universo político inteiramente criado por eles mesmos: partido, sindicato, imprensa, eram todos deles. Eles não enfrentaram o problema de, digamos, a FSD tentar eleger um candidato por um reduto sindical há muito estabelecido como Burnlex. Nem o sectarismo da FSD era tão grande como se supôs em certa ocasião: foi o PTI e não a FSD que, como o Professor Tsuzuki mostra, destruiu a fusão proposta dos dois grupos na década de 1890, e os membros da FSD foram para a militância do sindicato com prazer. Apesar de tudo, o sectarismo de uma minoria isolada de "progressistas" pertence à tradição da FSD, como pertencera à dos owenistas, e ela não achou a liderança não parlamentarista e rígida de Hyndman incompatível por este motivo.

Fazer de Hyndman mais a expressão do que o criador da FSD não é subestimar sua parte individual nela. Ele deu a ela muito, notadamente uma firme orientação no sentido do Marxismo e do movimento trabalhista internacional. Não é destituído de importância o fato de, embora nos EUA o Marxismo ortodoxo nunca se haver libertado completamente da sua dependência dos intelectuais e das comunidades imigrantes que o trouxeram consigo como sua herança, na Inglaterra ele tornou-se totalmente assimilado pela vanguarda trabalhista nativa. (Uma inclinação pela teoria não significa automaticamente uma inclinação pela teoria *Marxista*.) O Partido Comunista Inglês por este motivo desenvolveu um grupo de primeira ordem de líderes *proletários* nativos muito mais cedo do que muitos partidos muito maiores do seu tipo (p. ex., Horner, Pollitt, Campbell e Gallagher). Isto não foi historicamente inevitável, e o infatigável trabalho de propaganda pioneiro de Hyndman pelo Marxismo deve receber uma parte do crédito. Por outro lado, a liderança superior pode indubitavelmente ter dado à FSD um sucesso muito maior e tê-la tornado muito mais influente no movimento trabalhista mais amplo do que ela jamais foi. E Hyndman, que monopolizou a liderança, não pode fugir à responsabilidade por grande parte deste fracasso.

Especialmente, ele não pode fugir à culpa pelo fracasso da FSD em explorar sua posição única como organização socialista pioneira na Inglaterra. A amargura de Engels teve bons motivos. Ele viu a FSD jogar fora uma oportunidade após outra na década de 1880 quando ela estava virtualmente sozinha em campo, ele viu Hyndman alienar partidários valiosos, e os maiores progressos do movimento deixados quer aos marxistas forçados a agirem independentemente dela, quer a elementos indesejáveis teoricamente muito mais confusos. O "novosindicalismo" de 1889-90 e o triunfo dos candidatos independentes da classe trabalhadora em 1892 demonstram o que pode ter sido conseguido: mas não foi a FSD que o conseguiu. Em vez disso, ela impediu estas realizações e por sua vez nunca se recuperou completamente da sua perda de iniciativa.

O livro do Professor Tsuzuki não discute muitos destes assuntos. Ele é mais uma peça valiosa de história narrativa — a melhor do seu tipo — que por longo tempo permanecerá como base de outros trabalhos talvez mais analíticos. Sem ter lido a dissertação bastante grande na qual se baseia o livro, é difícil julgar quanto do excelente inglês é devido ao autor e quanto à editoração de Henry Pelling, ou quanto o livro é terminado difere em ênfase do original. Contudo, constitui um reflexo sobre os historiadores ingleses (e especialmente os marxistas) que a primeira história utilizável da organização marxista pioneira neste país — se excetuarmos o trabalho cronologicamente mais limitado de Edward Thompson sobre William Morris, ao qual inexplicavelmente é feita pouca referência — deva ser obra de um estudioso japonês.

(1961)

13

O Dr. Marx e os críticos vitorianos

Desde o aparecimento do Marxismo como uma força intelectual, dificilmente um ano — no mundo anglo-saxônico desde 1945, dificilmente uma semana — tem passado sem alguma tentativa de refutá-lo. A literatura resultante da refutação e da defesa tem se tornado cada vez mais desinteressante, porque cada vez mais repetitiva. As obras de Marx, embora volumosas, são limitadas em tamanho, é tecnicamente impossível mais de um certo número de críticas originais serem feitas delas, e a maioria delas foi feita há muito tempo. Inversamente, o defensor de Marx se vê cada vez mais dizendo as mesmas coisas repetidas vezes, e embora possa tentar com dificuldade fazer isso em novos termos, mesmo que isto se torne impossível. Um efeito de novidade só pode ser conseguido de duas maneiras: comentando, não sobre o próprio Marx, mas sobre marxistas posteriores, e conferindo o pensamento de Marx com os fatos tais como vieram à luz desde que o último crítico escreveu. Mas mesmo aqui as possibilidades são limitadas.

Por que então o debate continua entre os estudiosos — porque é natural que ele continue entre os propagandistas de ambos os lados — que não estão preocupados principalmente com a originalidade? As ideias não se transformam em forças até que se apoderem das massas e isto, como os agentes de propaganda reconheceram, exige muita repetição ou mesmo magia. Isto se aplica tanto àqueles de nós que consideram Marx um grande homem e os seus ensinamentos politicamente desejáveis, como àqueles que têm a opinião oposta. Contudo, outro motivo é a pura ignorância. Constitui uma ilusão melancólica daqueles que escrevem livros e artigos achar que a palavra impressa sobrevive. Aliás, isso raramente acontece. A grande maioria das obras impressas entra num estado de animação suspensa após algumas semanas ou anos da publicação, do qual são ocasionalmente acordadas, por períodos igualmente curtos, pelas pesquisas dos estudantes. Muitas delas aparecem em línguas além do alcance de muitos comentaristas ingleses. Mas mesmo quando não aparecem em outras línguas, são muitas vezes tão esquecidas como os críticos originais burgueses de Marx na Inglaterra. E apesar disso o comentário deles lança luz não só na história intelectual do nosso país no fim do período Vitoriano, como na evolução geral da crítica a Marx.

Eles nos atacam principalmente pelo seu *tom,* que difere bastante consideravelmente do que desde então se tornou usual. Assim, o Professor Trevor-Roper, que escreveu um ensaio sobre o *Marxism and the Study of History* (Problemas do Comunismo V, 1956) há alguns anos, estava longe de ser atípico do tom do anti-Marxismo dessa década desencoraj adora. Ele gastou uma grande quantidade de espaço propondo a própria proposição implausível de que Marx não fez nenhuma contribuição original para a História exceto "espanar as ideias já propostas por outros pensadores e anexá-las a um dogma filosófico cru", de que a sua interpretação histórica foi inútil para o passado e totalmente desacreditada como base de previsão para o futuro, e de que ele não teve influência significativa sobre os historiadores sérios, enquanto aqueles que afirmavam ser marxistas ou escreveram "o que Marx e Lenine teriam chamado de história social 'burguesa' ou eram um exército de escoliastas obscuros comentando atarefadamente as escolias uns dos outros". Em resumo, foi largamente aceito o argumento de que a reputação intelectual de Marx tinha sido inflada grosseiramente, porque, "refutada por todos os testes intelectuais, a interpretação marxista da história é constante e irracionalmente justificada apenas pelo poder Soviético".

As obras dos críticos vitorianos de Marx estão na maioria e justamente esquecidas; um aviso para aqueles de nós que se engajam nesta discussão. Mas quando mergulharmos nela encontramos um tom completamente diferente. Admitidamente os autores ingleses acharam anormalmente fácil manter sua calma. Nenhum movimento anticapitalista os desafiou, e entre 1850 e 1880 teria sido difícil encontrar um súbito inglês nato que chamasse a si mesmo de socialista em nosso sentido, quanto mais de marxista. A tarefa de refutar Marx não era portanto nem urgente nem de grande importância prática. Felizmente, como o Rev. M. Kaufmann, talvez o nosso mais antigo "especialista" não marxista do Marxismo, disse, Marx foi um teórico puro que não tentou pôr suas doutrinas em prática. (*Utopias from Sir Thomas More to Karl Marx*, 1879, p. 241). Pelos padrões revolucionários ele pareceu até ser menos perigoso do que os anarquistas e foi portanto algumas vezes comparado com aqueles comedores de fogo; para vantagem dele por Broderick (*Nineteenth Century* Apl. 1884, p. 639), para sua desvantagem por W. Graham do Queens College, de Belfast, que observou que o anarquista tinha "um método e lógica (...) que falta aos revolucionários rivais da escola de Karl Marx e o Sr. Hyndman" (*The Social Problem*, 1886, p. 423). Em consequência, os leitores burgueses se aproximavam dele num espírito de tranquilidade ou — no caso do Rev. Kaufmann — de indulgência cristã, que a nossa geração perdeu:

> Marx é um Hegeliano na filosofia e um adversário bastante amargo dos ministros da religião. Mas ao formar uma opinião sobre as suas obras não devemos nos permitir ter preconceitos contra o homem. (*Socialism*, 1874, p. 165)

Marx evidentemente retribuiu o cumprimento, porque reviu o relato de Kaufmann de si mesmo num livro posterior por instigação de um "conhecimento mútuo" não identificado. (Ver capítulo de Kaufmann em *Subjects of the Dav: Socialism, Labour and Capital*, 1890-1, p. 44.)

A literatura inglesa sobre o Marxismo, como observou Bonar, não sem presunção (*Philosophy and Political Economy*, 1893, p. 354), mostrou assim um espírito calmo e judicioso já faltando nas discussões alemãs sobre este assunto. Houve alguns ataques aos motivos de Marx, sua originalidade ou integridade científica. O tratamento da sua vida e obras foi principalmente expositivo, e quando se discorda dele, é mais porque os autores não leram ou entenderam o suficiente, do que porque eles confundiram acusação com exposição. Admitidamente suas exposições foram muitas vezes defeituosas. Duvido que exista alguma coisa mesmo se aproximando de um sumário não socialista, utilizável dos principais princípios do Marxismo, como eles seriam entendidos hoje, antes da *History of Socialism* (1900) de Kirkup. Mas o leitor pode esperar encontrar, até onde for possível, um relato real de quem era Marx e do que o autor pensava que ele era.

Ele pode esperar encontrar, acima de tudo, uma admissão quase universal da sua estatura. Miiner, em suas conferências de 1882 na Whitechapel (*National Review* 1931, p. 477), o admirava francamente. Balfour em 1885 achou absurdo comparar as ideias de Henry George com as dele, "quer em relação a força intelectual delas, consistência delas, domínio dele do raciocínio em geral ou do raciocínio econômico dele em particular" (*Report of the Industrial Remuneration Conference*, 1885, P. 344). John Rae, o mais perspicaz dos nossos primeiros *"especialistas"* (*Contemporary Socialism*, 1884, reeditando artigos anteriores) tratou-o com igual seriedade. Richard Ely, um professor americano de inclinações vagamente progressistas cujo *French and German Socialism* foi publicado aqui em 1883, observou que os bons juizes colocavam o *Capital* "no mesmo nível que Ricardo", e que "quanto à capacidade de Marx há unanimidade de opinião" (p. 174). W.H. Dawson (*German Socialism and Ferdinand Lassalle*, 1888, pp. 96-7) resumiu o que era quase certamente a opinião de todos exceto, como ele nota, do miserável Duehring, a quem os críticos recentes de Marx tentaram inutilmente reabilitar: "Embora os seus ensinamentos possam ser considerados, ninguém se aventurará a disputar a engenhosidade de mestre, a rara perspicácia, a argumentação cerrada e, deixe-se acrescentar, a polêmica incisiva que é demonstrada nas (...) páginas (do *Capital*)".*

Este coro de louvores é menos surpreendente quando nos lembramos que os primeiros comentaristas estavam longe de desejar rejeitar Marx *in totum*. Em parte porque alguns deles o consideravam um aliado útil em sua luta contra a teoria do *laissez-faire*, em parte porque eles não apreciavam as implicações revolucionárias de toda a sua teoria, em parte porque, sendo tranquilos, eles estavam genuinamente preparados para considerá-lo segundo os seus méritos; eles estavam preparados até, em princípio, para aprenderem com ele. Com uma exceção: a teoria trabalhista do valor ou, para ser mais preciso, os ataques de Marx às justificações correntes do lucro e dos juros. Talvez o fogo crítico fosse concentrado contra estes porque a acusação moral contida na frase "o trabalho é a fonte de todo o valor" afetava mais os crentes confiantes no capitalismo do que a previsão do declínio e queda do capitalismo. Se era assim, eles criticavam Marx precisamente por um dos elementos menos "marxistas" do seu pensamento, e que, embora numa forma mais crua, os socialistas pré-marxistas, para não mencionar Ricardo, já haviam proposto. Em todo o caso a teoria do valor era considerado como "o pilar central de todo o Socialismo alemão e moderno" (*Socialism* de Graham, 1891, p. 139), e uma vez ela caísse, o principal trabalho crítico estava feito.

Contudo, além disso parecia claro que Marx tinha muito a contribuir, notadamente uma teoria de desemprego crítica do Malthusianismo tosco que ainda estava em voga. Suas opiniões sobre população e o "exército de mão de obra de reserva" foram não só

---

* Os leitores podem encontrar algumas destas opiniões no Apêndice de Dona Torr à reimpressão de 1938 do *Capital*, vol I; mas ela obviamente consultou apenas uma pequena fração da literatura disponível.

apresentadas sem críticas (como em Rae), como foram citadas algumas vezes com aprovação, ou mesmo parcialmente adotadas, como pelo historiador econômico pioneiro o Arquidiácono Cunningham (*Politics and Economics,* 1885, p. 102) — ele havia lido o *Capital* desde 1879 ("The Progress of Socialism in England", *Contemp. Rev.,* jan. 1879, p. 247) — e William Smart, de Glasgow, outro economista cuja fama é devida ao seu trabalho em história econômica (*Factory Industry and Socialism,* Glasgow 1887). Da mesma forma as opiniões de Marx sobre a divisão do trabalho e maquinaria encontraram aprovação geral, p. ex., do crítico do *Capital* no *Athenaeum,* 1887, J.A. Hobson (*Evolution of Modem Capitalism,* 1894) ficou claramente muito impressionado com elas: todas as suas referências a Marx tratam deste tópico. Mas escritores ainda mais ortodoxos e hostis como J. Shield Nicholson, de Edinburgh (*Principies of Political Economy* I, 1893, p. 105) observaram que o seu tratamento disto e assuntos correlatos "é tanto erudito como exaustivo, e vale bem a pena ler". Além disso, suas opiniões sobre salários e concentração econômica não podem ser postas de lado. Na verdade, alguns comentaristas estavam tão ansiosos por evitar uma rejeição total de Marx, que William Smart escreveu a sua crítica de 1887 do *Capital* especificamente para encorajar os leitores que pudessem ter sido dissuadidos pela crítica da teoria do valor de estudar o livro, que continha muita coisa "de valor muito grande, tanto para o historiador como para o economista" (*op. cit.,* p. I).

Um manual elementar destinado a estudantes universitários da Índia (*Political Economy,* 1895 de M. Prothero) resume razoavelmente bem o que os não marxistas viam em Marx; tanto melhor por ser ligeiramente ignorante e refletindo assim mais as opiniões correntes do que o estudo individual. Três coisas foram escolhidas: a teoria do valor, a teoria do desemprego, e a realização de Marx como historiador, a primeira para aceptuar que "a estrutura econômica da sociedade capitalista atual excedeu a estrutura econômica da sociedade feudal" (p. 43). Na verdade, Marx fez o

328 | ERIC J. HOBSBAWM

seu maior impacto como historiador, e entre os economistas com um enfoque histórico do assunto deles. (Por ora, ele dificilmente influenciara os historiadores não econômicos profissionais da Inglaterra, que ainda estavam mergulhados na rotina da história puramente constitucional, política, diplomática e militar.) Apesar dos autores recentes, não havia realmente nenhuma disputa entre aqueles que o liam sobre a sua influência. Foxwell, um acadêmico anti-marxista tão amargo como se podia encontrar na década de 1880, mencionou-o como coisa de esperar entre os economistas que "mais haviam influenciado os estudantes sérios neste país" e entre aqueles que haviam produzido o progresso marcante no "sentimento histórico" deste período ("The Economic Movement in England", *Q. Jnl. Econ.*, 1888, pp. 89, 100). Mesmo aqueles que rejeitavam a "teoria peculiar, e em minha opinião errônea, do valor dado no *Capital*" sentiram que os capítulos históricos deviam ser julgados diferentemente (Shield Nicholson, *op. cit.*, p. 370). "Poucos duvidaram que, graças ao estímulo de Marx estamos agora começando a ver que grandes seções da história terão que ser reescritas à esta nova luz" (Kirkup. *op. cit.*, p. 159), aparentemente ignorando a demonstração do Professor Trevor Roper de que o estímulo não era de Marx, mas de Adam Smith, Hume, Toqueville ou Fustel de Coulanges". Bosanquet (*Philosophical Theory of the State*, 1899, p. 28) não tem nenhuma dúvida de que a "opinião econômica ou materialista da história" está "principalmente relacionada com o nome de Marx", embora "ela possa também ser ilustrada por muitas controvérsias de Bucke e Le Play". Bonar (*op. cit.*), embora negando especificamente que Marx inventara o materialismo histórico — ele exemplifica muito propriamente o pensador do século dezessete, Harrington, como pioneiro (p. 358) — apesar de tudo não ouviu falar previamente das seguintes controvérsias históricas marxistas, o que lhe causou espanto: de que "a própria reforma é atribuída a uma causa econômica, que a duração da Guerra dos Trinta Anos foi devida a causas econômicas, as Cruzadas à fome feudal de terra, a evolução da família a causas econômicas, e que a opinião de Descartes dos animais como máquinas pode ser relacionada ao crescimento do sistema de Fabricação" (p. 367).

Naturalmente a sua influência foi mais marcada entre os nossos historiadores econômicos, dos quais apenas Thorold Rogers pode ser considerado como totalmente insular em inspiração. Cunningham em Cambridge, como vimos, o havia lido com simpatia desde o fim da década de 1870. Os homens de Oxford — talvez devido à tradição germânica muito mais forte entre os hegelianos locais — conheceram-no antes de haver grupos marxistas ingleses, embora a única crítica incidental de Toynbee à sua história (*The Industrial Revolution*) esteja por acaso enganada.* George Unwin, talvez o historiador econômico inglês mais impressionante da sua geração, dedicou-se ao seu assunto através de Marx, ou de qualquer maneira para refutar Marx. Mas ele não tinha nenhuma dúvida de que "Marx estava tentando chegar aos tipos certos de história. Os historiadores ortodoxos ignoram todos os fatores mais significativos do desenvolvimento humano" (*Studies in Economic History,* XXIII, IXVI).

Tampouco houve muito desacordo quanto à sua realização como historiador do capitalismo (suas opiniões sobre períodos anteriores o crítico do *Athenaeum* achou "insatisfatórias e bastante superficiais", mas elas foram normalmente negligenciadas e, na verdade, muitos dos seus mais brilhantes *aperçus* e de Engels não estavam ainda à disposição do grande público). Mesmo a crítica inglesa mais extensa e hostil do seu pensamento — o *Socialism* de Flint (1895, escrito principalmente em 1890-1) — admite:

---

* Toynbee discordou da opinião de Marx de que a classe dos pequenos proprietários rurais havia desaparecido em 1760 (ed. 1908, p. 38). Contudo, as opiniões recentes estão mais com Marx do que com Toynbee. Espero que a revelação deste fato não leve alguns historiadores a reverem suas opiniões.

Onde só Marx realizou um trabalho memorável como teórico histórico, foi em sua análise e interpretação da era capitalista, e aqui deve ser admitido que ela prestou um serviço eminente, mesmo por aqueles que acham a sua análise mais sutil do que acurada, e suas interpretações mais engenhosas do que verdadeiras (p. 138).

Flint não estava sozinho nem em sua desconfiança inglesa de "uma tendência ao super-refinamento do raciocínio" (*Athenaeum*, 1887) nem em sua admissão dos méritos de Marx como historiador do capitalismo; mais especialmente do capitalismo do século dezenove. A prática moderna é lançar dúvidas sobre a cultura, integridade e o uso das fontes dele e de Engels (cf. *Capitalism and the Historians* e as críticas recentes a Engels por W. H. Chaloner e W.O. Henderson), mas os contemporâneos raramente exploraram este caminho da crítica, já que parecia patente para eles que os males que Marx atacava eram por demais reais. Kaufmann falou por muitos quando observou que "embora ele nos apresente exclusivamente o lado sombrio da vida social contemporânea, não pode ser acusado de deturpação deliberada" (*Utopias*, p. 225). Llewellyn-Smith (*Economic Aspects of State Socialism,* 1887, p. 77) achou que "embora Marx tenha colorido o seu quadro escuro demais, ele prestou um grande serviço chamando a atenção para as características mais lúgubres da indústria moderna, para as quais é útil fecharmos os olhos". Shield Nicholson (op. cit., p. 370) achou o seu tratamento em alguns sentidos exagerado, mas também que "alguns dos males são tão grandes que o exagero parece impossível". E mesmo o ataque mais feroz à *sua bonafides* como estudioso não se atreveu a sustentar que Marx tivesse colorido de preto um quadro branco, ou mesmo cinzento, mas na melhor hipótese que, pretos como eram os fatos, eles algumas vezes continham "riscas prateadas" de evidência às quais Marx não havia prestado nenhuma atenção (J.R.Tanner e F.S. Carey, *Comments on the use of the Blue Books made by Karl Marx in ChapterXVof the Capital,* Clube Econômico de Cambridge, Termo de maio, 1888).

O tom moderno de ansiedade histérica estava completamente ausente nas primeiras críticas burguesas a Marx? Não. Desde o momento em que um movimento socialista inspirado no Marxismo apareceu na Inglaterra, a crítica a Marx de cunho moderno, procurando desacreditar e refutar com exclusão da compreensão, também começou a aparecer. Algumas delas estavam em obras continentais traduzidas para o inglês: notadamente do meio da década de oitenta. Obras continentais hostis estavam agora traduzidas: *Socialism of Today* (1885), de Laveleye, *Quintessence of Socialism* (1889) de Schaeffle. Mas o anti-Marxismo nascido em casa também começou a brotar, notadamente em Cambridge, o principal centro acadêmico da economia. O primeiro ataque sério à cultura de Marx, como vimos, veio de dois professores de Cambridge em 1885 (Tanner e Carey), embora Llewellyn-Smith de Oxford — um lugar muito menos "antimarxista" naquele tempo — não recebesse a crítica muito tragicamente, observando simplesmente, alguns anos mais tarde, que as "citações de Marx dos livros azuis são muito importantes e instrutivas, embora nem sempre dignas de confiança" (*Two lectures on the books of political economy*, Londres, Birmingham e Leicester, 1888, p. 146). É mais o tom de difamação do que o conteúdo desta obra que é interessante: frases como "as expressões algébricas viralatas" do *Capital* ou "uma inquietação quase criminosa no uso de autoridades que nos autorizam a considerar outras partes da obra de Marx com desconfiança" (pp. 4, 12) indicam — pelo menos em assuntos econômicos — algo mais do que desaprovação cultural. Na verdade, o que deixou Tanner e Carey loucos não foi simplesmente o seu tratamento da evidência — eles se esquivaram da "acusação de falsificação deliberada (...) especialmente já que a falsificação parece tão desnecessária" (isto é, já que os fatos de qualquer maneira já eram bastante pretos) —, mas "a injustiça de toda esta atitude em relação ao *Capital*" (p. 12). Os capitalistas são mais bondosos do que Marx lhes dá crédito; devemos ser injustos com ele. Essa, de uma maneira geral, parece ser a base da atitude dos críticos.

Mais ou menos na mesma ocasião Foxwell, de Cambridge, desenvolveu a nova linha familiar de que Marx era um maníaco com o dom da tagarelice, que só podia apelar para os imaturos, notadamente entre os intelectuais; um homem — apesar do aviso de Balfour — a ser equiparado com Henry George:

O Capital foi bem-calculado para apelar para o entusiasmo um tanto diletante daqueles que eram suficientemente instruídos para perceberem e ficarem revoltados pela condição penosa dos pobres, mas não suficientemente pacientes ou teimosos para descobrirem as causas reais desta miséria, nem suficientemente treinados para perceberem a falsidade total dos remédios de charlatão tão retórica e eficazmente apresentados (loc. cit., p. 99).

Diletante, não paciente ou teimoso, falsidade total, charlatão, retórica: a carga emocional do vocabulário dos críticos se acumula. A Foxwell devemos também (através do austríaco Menger) a popularização do jogo alemão de salão de atacar a originalidade de Marx e considerá-lo como um saqueador de Thompson, Hodgskin, Proudhon, Rodbertus, ou quaisquer outros autores anteriores que caíram no goto do crítico. Os *Principies* de Marshall (1890) trataram disto numa nota de rodapé, embora a referência indicada da demonstração de Menger da falta de originalidade de Marx fosse retirada após a quarta edição (1898). A opinião de que Rodbertus e Marx — os dois eram muitas vezes equiparados — cometiam "principalmente exageros ou inferências de doutrinas de antigos economistas" (Flint, op. cit., p. 136) ou de que algum outro antigo pensador — Rodbertus (*Rodbertus*, 1889 de E.C.K. Gonner) ou Comte (Flint, op. cit.) — havia dito o que Marx queria dizer sobre a história mais cedo e muito melhor, já nos traz para um universo familiar. O próprio Marshall, o maior dos economistas de Cambridge, mostrou a sua combinação habitual de marcada hostilidade emocional a Marx e igualmente marcada tortuosidade.* Mas no todo, os anti-

---

* Suas opiniões são discutidas em maior extensão numa *Nota* especial abaixo.

marxistas empedernidos permaneceram em minoria no século dezenove, e por uma geração depois disso tenderam a seguir mais a linha marshaliana tangencial da ironia do que o ataque em escala total. Porque o Marxismo perdeu rapidamente aquela influência que provoca discussões.

Por estranho que pareça o tipo calmo da crítica a Marx provou ser muito mais eficaz do que o tipo histérico. Poucas críticas a Marx foram mais eficazes do que "Das Kapital — uma crítica" de Philip Wicksteed que apareceu no *To-day* socialista em outubro de 1884. Era escrita com simpatia e cortesia, e com apreciação total "dessa grande obra", "dessa seção notável" em que Marx discute o valor, "desse grande lógico" e até das "contribuições de extrema importância" que Wicksteed julgava Marx ter feito na última parte do volume I. Mas, o que quer que possamos agora pensar do enfoque marginalista puro à teoria do valor, o artigo de Wicksteed fez mais para criar a sensação errônea entre os socialistas que a teoria do valor de Marx era de certa forma irrelevante para a justificação econômica do socialismo do que as diatribes emocionais de um Foxweil ou um Flint ("o maior fracasso na história da economia"). Foi num grupo de discussão em Hampstead no qual Wicksteed, Edgeworth* — outro marginalista que evitava o emocionalismo —, Shaw, Webb, Wallas, Olivier e alguns outros discutiram o *Capital,* que muitos dos *Fabian Essays* amadureceram. E se, alguns anos mais tarde, Sidgwick pôde falar da "confusão fundamental [...] que o leitor inglês, acho eu, dificilmente precisa perder tempo em examinar, no momento em que os mais capazes e influentes entre os socialistas ingleses têm agora o cuidado de guardar dela uma boa distância" de Marx (*Econ. Jnl.* V, p. 343), não foi por causa das ironias Sidgwickianas que eles fizeram isso, mas devido ao argumento wicksteediano — e talvez,

---

* Edgeworth, que nunca se preocupara em estudar Marx seriamente, parece ter partilhado da rejeição total dos economistas de Cambridge e da aversão por Marx (*Collected Papers,* III, pp. 273 ss., numa crítica escrita em 1920). Contudo, não há nenhuma evidência de ele ter expressado esta opinião publicamente no velho século.

podemos acrescentar, devido à inabilidade dos marxistas ingleses em defenderem a economia política marxista contra os seus críticos. Os trabalhadores ainda insistiam no Marxismo, e se revoltavam contra a antiga WEA, porque eles não o ensinavam; mas não até que os acontecimentos tivessem demonstrado que a confiança dos críticos de Marx em suas próprias teorias era mal colocada, ou excessiva, o Marxismo reviveu como uma força acadêmica. E pouco provável que ele desapareça da cena acadêmica outra vez.

NOTA

Marshall e Marx

Marshall parece ter começado sem qualquer opinião marcada sobre Marx. A única referência na *Economics of Industry* (1879) é neutra, e mesmo na primeira edição dos *Principies* há sinais (p. 138) de que em certa ocasião o perigo para o capitalismo de Henry George o preocupou mais do que o de Marx. As referências a Marx nos *Principies* são as seguintes: (1) uma crítica da sua "doutrina arbitrária" de que o capital é apenas aquele que "dá aos seus proprietários a oportunidade de esbulhar e explorar os outros" (p. 138). (Da terceira edição 1825 — isto é transposto e elaborado.) (2) De que os economistas devem evitar o termo "abstinência", escolhendo em vez disso algo como "serviço", porque — pelo menos assim interpreto o acréscimo de uma nota de rodapé neste ponto — "Karl Marx e os seus seguidores divertiram-se muito contemplando as acumulações de riqueza que resultam da abstinência do Barão de Rothschild" (p. 290). (Esta referência é retirada do índice da terceira edição, embora não do texto.) (3) De que Rodbertus e Marx não foram originais em suas opiniões, que afirmam que "o pagamento de juros é um assalto ao trabalho", e são criticados como um argumento circular, embora "oculto pelas frases Hegeliana misteriosas nas quais Marx se deleitava" (pp. 619-20). (Na segunda edição é feita uma tentativa para substituir um resumo da doutrina de Marx da exploração pela caricatura anterior dela [1891].) (4) Uma defesa de Ricardo contra a acusação de ser um teórico do valor do trabalho, como foi afirmado falsamente não só por Marx como pelos não marxistas mal informados. (Esta defesa é progressivamente elaborada em edições subsequentes.) Deve-se lembrar que Marshall tinha uma admiração grande demais por Ricardo para desejar lançá-lo ao mar como um ancestral dos teóricos socialistas, como muitos outros economistas — Foxwell por exemplo — estavam prontos para fazer. Mas a tarefa de mostrar que Ricardo não era um teórico do trabalho é complexa, como ele parece ter apreciado. Assim notamos não só que todas as referências de Marshall e Marx são críticas ou polêmicas — o único mérito que ele lhe concede, já que ele viveu na época pré-freudiana, é um bom coração — como também que a sua crítica parece se basear num estudo muito menos detalhado das obras de Marx do que se poderia esperar, ou do que foi realizado pelos economistas acadêmicos contemporâneos.

14

Os fabianos reconsiderados

I

Os FABIANOS sempre foram fortes em relações públicas. Essencialmente um corpo de intelectuais, eles nunca precisaram de outros para tocar o seu próprio clarim, porque no máximo da sua influência inicial (em 1892) algo como dez por cento do número de membros masculinos da Sociedade consistia de jornalistas e escritores, e Bernard Shaw estava entre eles. Eles atraíram editorialistas e historiadores exatamente por este motivo. Aqueles que podiam tocar seu próprio clarim não só tocavam mais alto do que os que não podiam, como forneciam automaticamente material para os críticos musicais; aqueles cuja carreira consiste em redigir e provocar comentários escritos ou impressos constituem um presente para as pessoas que têm que confiar em documentos a fim de redigir notas de rodapé. O que é mais, o som dos clarins fabianos é particularmente tentador. A sociedade tem afirmado uma influência extraordinária na vida pública inglesa, especialmente entre a sua fundação e o fim da Primeira Guerra Mundial, e muitas pessoas têm aceito estas afirmações. Os fabianos afirmaram destruir a influência do Marxismo na Inglaterra; ter inspirado o Partido Trabalhista; ter anunciado e na verdade lançado os fundamentos do estado do bem-estar; ou mais modestamente, da reforma municipal e do Conselho do Condado de Londres.

Estas afirmações, e a relativa facilidade de pesquisas sobre elas, atraiu um número muito grande de historiadores, particularmente durante o período do governo trabalhista de 1945, cuja inspiração direta parecem ser Fabiana, e que continua um primeiro-ministro fabiano, nove ministros de gabinete fabianos, e uma clara maioria de fabianos entre os 394 M.Ps. O Dr. Alan Macbriar, o mais elaborado historiador fabiano, arrola pelo menos cinco destes por estudiosos de três continentes, todos escritos desde 1942 sobre a Sociedade, e um punhado de artigos indo desde o *Journal of the History of Ideas* até o *Journal of Economic History.* Sua lista, sendo publicada em 1962, não é exaustiva. Todos estes estudiosos deviam mais cedo ou mais tarde ter descoberto no curso do seu trabalho (como o presente autor, que é um deles, descobriu) que estavam perdendo o seu tempo, exceto, é claro, até onde estavam conseguindo os seus ph.Ds. As afirmações fabianas são em grande parte mitológicas e as pesquisas sobre a Sociedade portanto tornaram automaticamente a forma, em geral, de suas explosões sistemáticas.

Os fabianos não foram os inspiradores e pioneiros do Partido Trabalhista. Em face dos outros grupos socialistas e trabalhistas da safra da década de 1880 eles realmente na maioria das vezes se opuseram à fundação de um partido independente da classe trabalhadora, e até onde não se opuseram, "parece certo que o Partido Trabalhista Independente e o Partido Trabalhista teriam passado a existir sem a assistência deles, que foi na maior parte equívoca e não muito proveitosa" (Macbriar). Pode-se seguramente ir adiante e afirmar que a contribuição deles para a formação do Partido Trabalhista Independente foi como o Dr. Siegfried Brünger mostrou recentemente em seu estudo de Engels e do Movimento Trabalhista inglês* — nitidamente menor do que a do pequeno grupo de Engels, e a contribuição deles ao Partido Trabalhista incomparavelmente menor do que a do PTI e notavelmente menor do que a da

---

* *Friedrich Engels und die britische sozialistische Bewegung 1881-95* (E. Berlim 1962).

Federação Marxista Social Democrática, Há evidências de que antes de 1914 (quando Sidney Webb tornou-se administrador do Partido Trabalhista) os fabianos tomaram até a nova organização com muita seriedade; e então só porque, tendo sido destraídos todos os seus outros projetos políticos, eles não tinham nenhuma outra escolha.

Alan Macbriar descarta a principal afirmação dos fabianos, de terem "rompido o encanto do Marxismo" na Inglaterra, com igual justiça: "A afirmação é extravagante, porque o Marxismo não lançou nenhum encanto sobre a Inglaterra." Pode-se também acrescentar que não há nenhuma evidência de que as críticas específicas dos fabianos ao Marxismo fossem particularmente eficazes mesmo nos círculos aos quais eles tinham acesso. A alternativa particular deles à economia Marxista — inclusive o marginalismo neoclássico, foi apresentada por Shaw nos *Ensaios fabianos* — dificilmente deixou qualquer marca sobre o resto dos não marxistas ou socialistas reformistas ingleses.

As afirmações deles de terem lançado os fundamentos do estado do bem-estar são ligeiramente mais plausíveis, porque os fabianos certamente exercem sua influência mais direta como redatores do material de propaganda para o movimento trabalhista e de várias propostas concretas de reforma. Além do mais, os webbs estavam desde o começo da década de noventa em diante em contato com um certo número de formuladores da política atual futuros dos mais altos círculos do governo, oposição e funcionalismo público. Apesar disso na verdade, as propostas fabianas específicas de reforma socialmente foram adotadas e, quando foram, "em nenhum caso reproduziram os planos fabianos em detalhe, onde estes tinham sido expostos em seus folhetos" (Macbriar). Sem dúvida há motivo para discussão aqui, mas a discussão deve ser marginal. As afirmações de outros homens e outros grupos de terem conduzido as reformas específicas do período 1906-14 (que foram algumas vezes, como no caso do Seguro Nacional, implementadas de uma forma francamente anti-fabiana), e as doutrinas sobre as quais o futuro estado do bem-estar devia se basear, são muito mais fortes. O falecido Lorde Baeveridge, embora

OS TRABALHADORES | 339

em contato com os webbs, nunca foi um fabiano ou mesmo um socialista de qualquer tipo. As teorias econômicas dos marshallianos de Cambridge e de J.A. Hobson, que estavam intimamente associados com o grupo muito eficaz dos liberais esquerdistas que ficaram independentes em 1906, são muito mais fortes do que as dos fabianos.

Até a afirmação modesta deles de reformadores municipais, especialmente em Londres, pode ser seriamente reduzida proporcionalmente. Uma obra recente de P. Thompson de Oxford tendeu a reduzi-la a dimensões consideravelmente menores até do que os historiadores passados, inclusive Macbriar e o presente autor, permitiram.

O fracasso dos fabianos nas grandes coisas é até certo ponto mitigado pela atividade infatigável deles, seus dotes como redatores de panfletos e projetos administrativos, seu largo círculo de relações políticas e, acima de tudo, pela autoabnegação com a qual estavam preparados para ajudar toda e qualquer pessoa ou grupo que considerassem capazes de promover a sua causa. Contudo, na realidade, esse fracasso é ainda maior do que um mero desmantelamento do mito no poderia sugerir. Ele é devido à notável atipicidade deles. Eles não estavam nem na corrente liberal nem na da classe trabalhadora da política inglesa, até onde estas seguem cursos distintos. Eles certamente não eram conservadores. Eles não tinham, na realidade, nenhum lugar na tradição política inglesa, nem — apesar de se orgulharem seu realismo político — reconheciam este estado de coisas.

Tanto a ideologia como a política deles estavam bastante fora de *rapport* com o resto da esquerda. Os marxistas, por exemplo, quer os sectários da Federação Social Democrática de Hyndman, quer o grupo pequeno e relativamente sem importância de Engels estavam muito mais perto da principal corrente do trabalhismo inglês do que eles. A FSD favorecia um partido independente da classe trabalhadora, seus membros (apesar do líder deles) tomaram uma parte ativa na organização trabalhista do período de 1889-92, eles deram alguns passos no sentido da fundação do Partido Trabalhista (embora o deixassem subsequentemente), se opuseram à Guerra Sul-Africana, e apesar do imperialismo do seu líder e do apoio à Primeira Guerra Mundial, permaneceram predominantemente anti-imperialistas e antibélicos. Só os fabianos, entre os grupos socialistas, se opuseram à formação de um partido independente do trabalho, apoiaram o imperialismo, recusaram-se a se opor à Guerra dos Boers, não se interessaram pelas preocupações tradicionais internacionais e antibélicas da esquerda, e seus líderes praticamente não tomaram parte nos renascimentos sindicais de 1889 ou 1911. Numa ocasião em que todo o movimento se uniu em total oposição ao julgamento Taff Vale, os historiadores do sindicalismo favoreceram uma solução de compromisso e Sidney Webb foi formalmente declarado inaceitável como representante do trabalho na Comissão Real de conciliação de 1903, que os sindicatos boicotaram. É difícil encontrar um registro menos afinado com o do movimento socialista e trabalhista no período de 1889 a 1914.

Eles estavam igualmente desafinados com os liberais, embora a "saturação" do Partido Liberal fosse a coisa mais próxima de uma política Fabiana coerente que pôde ser descoberta durante este período. Não foi simplesmente o fato de eles falharem inteiramente em aprender o essencial da política do partido, que era (como Engels reconheceu) dos liberais fazerem concessões ao trabalho apenas sob a ameaça de perder o voto trabalhista, e não porque eles pudessem de alguma forma ser persuadidos a se tornarem socialistas sem perceber. Não foi só espantosa falta de senso político que levou os webbs a unirem seus destinos aos dos imperialistas liberais e a negligenciarem ou subestimarem os homens que realmente deviam contar no renascimento Liberal — Campbell-Bannerman ou Lloyd George —, como também subestimaram Keir Hardia. Foi também que eles falharam completamente em perceber a direção do liberalismo de esquerda que injetou realmente um elemento de reforma social e de ideologia *não laissez-faire* no Partido Liberal; e fizeram isso porque não eram, na realidade, em qualquer sentido Liberais, mesmo no sentido amplo e genérico no qual virtualmente todos os ingleses da esquerda eram pelo menos filhos ilegítimos da tradição liberal-radical.

A falta de contato deles com o movimento trabalhista isolou-se dos trabalhadores; a falta de contato deles com a tradição radical-liberal e na verdade sua hostilidade a ela, isolou-os do grosso dos intelectuais esquerdistas ingleses. Nenhum dos dois isolamentos era afinal inevitável. Houve um momento — entre 1890 e 1892 — em que por falta de qualquer outro núcleo nacional, os socialistas da classe trabalhadora e os militantes trabalhistas teriam se reunido em torno da bandeira fabiana; mas a Sociedade sentiu-se infeliz com eles, e permitiu que suas sociedades provinciais se afastassem indo para o novo Partido Trabalhista Independente após 1893. No mesmo período a combinação de ideias socialistas e ligações liberais deles atraiu o tipo de intelectuais esquerdistas socialmente críticos que estavam despreparados, para abandonar o que consideravam como a herança democrática-radical e Jacobina do liberalismo: W.H. Massingham, J.A. Hobson (que esteve em certa ocasião muito perto dos fabianos). O antiliberalismo deles afastou-os, como o seu fracasso, em aprender a direção da, digamos, análise econômica e histórica de Hobson do industrialismo e imperialismo, e sua antecipação do Keynesianismo levou-os a rejeitar o traço intelectual mais poderoso da análise econômica reformista. É característico que, quando fundaram a Escola de Economia de Londres, os webbs preferiram a ortodoxia de Cannan à economia esquerdista de Hobson, a quem eles deixaram de oferecer um posto.

Ao mesmo tempo os fabianos, ou melhor, o punhado de líderes que imprimiram sua política numa sociedade que continha a gama e variedade usual de opiniões esquerdistas, eram sem dúvida socialistas, embora de um tipo fora do comum. Eles se transformaram nos padroeiros do reformismo, e não têm ninguém a não ser a si mesmos a culparem por isso, embora dificilmente tivessem previsto que as opiniões que em sua juventude representavam a extrema direita do movimento socialista seria um dia responsabilizada pelo radicalismo excessivo. Eles não eram, naturalmente, radicais. É simplesmente o fato de que a direita do Partido Trabalhista hoje está tão à direita que mesmo o Fabianismo da década de 1890 parece perigosamente subversivo ao lado dele.[1] Apesar de tudo, é significativo que tanto Shaw como os Webbs terminaram suas carreiras como partidários entusiásticos do Comunismo Soviético. "Seus corações", escreve o último historiador oficial da Sociedade Fabiana dos Webbs após 1933 — "estavam na Rússia e só na Rússia."[2] Moderados embaraçados ansiosos para anunciar sua inspiração mais fabiana do que Marxista, preferiram atribuir isto à degenerescência senil; mas nenhum estudante cuidadoso do pensamento anterior quer de Shaw quer dos webbs encontrará qualquer coisa incoerente com isso em suas lealdades posteriores. Eles sempre acreditaram numa reconstrução completa da sociedade. Eles nunca se comprometeram com o aparelho político inglês da sua juventude. Eles eram não só não liberais, mas pelas definições da sua época, antiliberais, e foram realmente atacados como tais continuamente desde pelo menos o começo do século vinte. Foi a razão e não o coração que os levou para a direita; e quando sob o impacto da guerra e da crise levouos para a esquerda, e convenceu Beatrice Webb que Marx estava certo e os fabianos errados,[3] eles o seguiram sem arrependimento. Apenas a normalidade deles os derrotou mais uma vez. O que os converteu foi sua opinião da "inevitabilidade do gradualismo", não sua convicção da necessidade do socialismo. Ou melhor, o que teve sucesso com uma palavra de ordem de propaganda foram duas ou três frases frouxamente associadas com o Fabianismo, mas não as ideias fabianas. Poucos autores sérios sobre a sociedade tiveram suas ideias mais consistentemente negligenciadas do que os webbs. Suas obras são apreciadas como monumentos de erudição; mas as conclusões que eles tiram de suas pesquisas (ou no interesse das quais eles as realizaram) ainda são virtualmente desconhecidas.*

---

* Este é marcadamente o caso da *Industrial Democracy*, que é não só o melhor livro isolado jamais escrito sobre os sindicatos ingleses e uma peça de patrocínio especial pelos "velhos" líderes sindicais da época contra os "novos", como contém toda uma teoria de democracia, o estado e a transição para o socialismo. O conteúdo do livro foi suficientemente interessante para inspirar Lenine, que o traduziu, em algumas passagens decisivas em *What Is To Be Done*. Mas a *Industrial Democracy* é lido tão pouco, que o uso dele por Lenine é inadvertido ou atribuído a uma leitura da *History of Trade Unionism*, ao qual falta muito deste interesse histórico. Tampouco é a *Industrial Democracy*, ou as Seis Conferências dos Webbs sobre Democracia (1896), ou seu artigo sobre o assunto no *Political Science Quarterly* (1896), ambos cobrem terreno semelhante, largamente ou sequer mencionados na história do pensamento político.

Qual é a explicação dessas excentricidades no pensamento e na prática fabiana? Ela deve ser procurada, acho eu, segundo duas linhas: investigando a situação intelectual da Inglaterra na década de 1880 e a composição social dos fabianos. Nenhum dos dois têm muito mais do que contato incidental com o movimento trabalhista.

II

Dois pontos sobre a composição social dos fabianos são imediatamente óbvios. Eles constituíam — e este foi talvez o único fator de união entre os membros de outra forma heterogêneos — um corpo esmagadoramente não proletário. Eles eram também, como uma organização socialista da classe média, extremamente anômalos. Porque na Inglaterra, talvez porque a ascensão do socialismo proletário foi menos maciça e apressada do que nos países continentais, as décadas de 1880 e o começo da de 1890 não produziram nenhum fluxo daqueles jovens intelectuais, impressionantes, embora temporário no sentido das fileiras da democracia-social. Não temos nenhum equivalente do jovem Croce e seus contemporâneos, do jovem Sombart, de Lucien Herr, Jaurès e a falange de *normaliens,* dos brilhantes intelectuais vienenses que se tornaram austro-marxistas, quanto mais dos russos que se tornaram social-democratas, ou social-revolucionários quase sem exceção.* Os fabianos foram o único corpo socialista inglês a apelar especificamente para os intelectuais, e após 1906 o movimento socialista inglês de estudantes desenvolveu-se das sociedades universitárias fabianas. Mas eles não tinham nenhum corpo de membros entre os estudantes universitários até o meio da década de 1890, e depois apenas um punha-

---

* Este afluxo de intelectuais no ou nas vizinhanças do movimento trabalhista é certas vezes atribuído erradamente à sua "alienação". Qualquer que possa ter sido o caso depois de 1945, os *normaliens* da década de 1890 eram a coisa mais próxima da elite reconhecida da França, que era afinal de contas a "republique des professeurs".

do em Oxford cujo desenvolvimento subsequente demonstra sua atipicidade. (O mais importante entre eles, L.S. Amery, terminou como imperialista churchilliano.) A tendência radical, esquerdista ou simplesmente de reforma social entre os intelectuais foi estimulada pelo renascimento trabalhista, mas — até a primeira guerra, ou no mínimo na "estranha morte da Inglaterra Liberal" após 1906 — ela permaneceu esmagadoramente ligada ao Partido Liberal. Em consequência, muito do trabalho feito pelos intelectuais socialistas no continente foi feito pelos liberais na Inglaterra. A crítica básica do imperialismo e do capitalismo financeiro que um Lenine produziu na Rússia, um Hilferding na Áustria, uma Luxemburgo na Alemanha, na Inglaterra veio do Liberal Hobson. Um casal Liberal, J.L. e Barbara Hammond, produziu as clássicas histórias esquerdistas — e críticas — da industrialização na Inglaterra. Mesmo depois do colapso do Partido Liberal, os homens que elaboraram os fundamentos da moderna teoria social-democrata foram, e muitas vezes permaneceram, Liberais, como Marshall, Keynes e Beveridge.

Os fabianos, como muitos socialistas da classe média no fim do século dezenove, foram portanto anomalias.* Há alguma coisa na sua composição social que ajuda a explicar o aparecimento desse grupo?

Exceto em 1892, quando ele atraiu um certo número de socialistas da classe média de outra forma sem lar, o número de trabalhadores realmente praticantes (isto é, membros não oficiais do sindicato) nunca excedeu a 10 por cento do número de membros identificáveis, e constituía provavelmente uma proporção menor do

---

* Pode-se ter que fazer uma exceção parcial para os estetas e os homens das artes e ofícios da década de 1880, que parecem — Morris, Walter Crane, Oscar Wilde — ter sido bastante comumente atraídos para o socialismo. Até que ponto a aversão da classe média a Oscar Wilde, que coincide com o contra-ataque ao trabalhismo, refletiu também ódio à dissidência política, valeria à pena investigar. Afinal de contas, mesmo a questão de Parnell, o caso contra o líder da insurreição e aquele contra o destruidor dos tabus familiares da classe média, nem sempre é distinguível com clareza.

total de membros.* A massa dos membros da classe média recai em dois grupos um tanto diferentes: membros das classes médias tradicionais que desenvolveram uma consciência social, uma aversão pela sociedade burguesa, ou alguma outra forma de dissidência, e o corpo muito mais interessante de profissionais que se fizeram por si mesmos. Entre os primeiros, o grande bloco de mulheres da classe média emancipadas ou presumivelmente merece atenção especial. Elas constituíam mais de um quarto *do* número total de membros em 1890, antes da expansão, e entre um quinto e um sexto dele desde então até 1906. Não é de surpreender que a única emenda jamais levada para a "Base" fabiana foi a favor do sufrágio feminino. E a este grupo de radicais da classe média tradicional, que guia Sidney Webb para os membros acionistas dos grupos socialistas[4] — o problema do que fazer com esse dinheiro manchado não era infrequentemente discutido entre os fabianos, e se reflete no *Widowers' Houses* de Shaw — que era presumivelmente endereçado.

O segundo grupo inclui escritores e jornalistas (como Bland e Shaw), altos funcionários públicos feitos por si mesmos (como Webb), professores, artistas, profissionais liberais, e também organizadores profissionais e políticos que podem ser considerados como os trabalhadores burocráticos das fileiras. Em 1890, metade da amostra identificável consistia dessas pessoas, omitindo aquelas das carreiras tradicionais da medicina, do direito e do clero. Em 1892, a proporção teria sido mais alta, a não ser pelo afluxo temporário dos socialistas da classe trabalhadora. Se pensarmos no fabiano característico das décadas de 1880 e começo da de 1890, pensaremos inevitavelmente nas mulheres independentes, muitas vezes ganhando a vida como escritoras, professoras ou até como datilógrafas; nos jornalistas e escritores feitos por si mesmos; nos funcionários públicos feitos por si mesmos, funcionários políticos e conferencistas itinerantes; nos empregados e profissionais liberais como T. Bolas

---

* Há listas impressas dos membros para 1890, 1891, 1892, 1904 e 1906.

que editava o *Practical Socialist* (o primeiro órgão do reformismo socialista) "em seu laboratório químico, elétrico e tecnológico" e em J.M. Fells e E. Garcke, cujo *Factory Accounts* (1888) constitui um marco miliário inicial na história inglesa da administração científica. Elas eram as "novas mulheres" sobre as quais Shaw escreveu, mas também os "novos homens", elevando-se pelos interstícios da estrutura social e econômica tradicional da Inglaterra Vitoriana, ou antecipando uma nova estrutura.

A importância deles entre a liderança fabiana não pode ser numericamente estimada, porque indivíduos como Webb e Shaw valiam mais do que um, mas uma amostra pode apesar de tudo ser instrutiva. Dos 21 que se sentavam na administração fabiana no curso de 1892, cinco eram mulheres, dois trabalhadores, seis provavelmente membros das velhas classes média e superior (definidas, na falta de outras indicações, pela educação em Oxford ou Cambridge), e oito provavelmente membros da nova camada profissional da classe média inferior (inclusive um que não pôde ser identificado).

Agora estes membros do que Webb e Shaw chamavam de *"nouvelle couche sociale"*, o "proletariado intelectual", o "proletariado literário", os "de casacos pretos" ou o "proletariado prorissional",[5] desempenharam um papel-chave na teoria fabiana. Não se supunha que eles fossem particularmente pobres, embora Shaw insistisse em certas ocasiões em "minha própria classe, a dos elegantes-esfarrapados". O *status* deles era simplesmente o então comparativamente fora do comum de uma classe média assalariada. Toda a estrutura do socialismo dos webbs gira em torno desses profissionais. Eles são os administradores treinados, imparciais e científicos e conselheiros especializados que criaram um tribunal de recursos alternativo do lucro. Pela origem eles surgiram principalmente da classe capitalista, mas o crescimento da democracia e da instrução abriu suprimentos alternativos de trabalhadores mentais, e eles portanto seriam cada vez mais recrutados de baixo. Desde 1888, Olivier havia notado a separação crescente da propriedade e da administração no comércio, e assim a ascensão de uma classe de administradores assalariados, e os webbs prestaram particular atenção ao crescimento das novas profissões, que eles consideravam corretamente como, geralmente, tendo *status* assalariado. E no ato dessas profissões, do funcionalismo público em diante, eles viram uma alternativa funcional para um sistema no qual os homens trabalhavam apenas em proporção ao seu incentivo financeiro, uma espécie de antecipação do conceito de comunismo.[6]

Seria um exercício interessante e instrutivo seguir a pista destes elementos administrativos, profissionais, arrivistas ou "intelectualmente superiores" através da teoria Fabiana, especialmente a de Shaw e Webb; por exemplo, em seu débito para com o economista americano F.A. Walker, a versão deles da teoria da "locação da capacidade", na preocupação dos webbs pela "eficiência", que mesmo nos seus primeiros anos foi um pilar decisivo da sua crença no socialismo, e numa variedade de outras — muitas vezes estilísticas — maneiras. Em muitos casos ela é muito mais sofisticada do que o grito do coração do jovem J.R. Macdonald, que clamava pelo socialismo como uma "revolução dirigida do gabinete; para ser não de brutal necessidade, mas de desenvolvimento intelectual; para ser, na verdade, uma revolução dos comparativamente em boa situação".[7] Contudo, a presunção de que os profissionais da classe média desempenhariam uma parte muito maior do que a classe trabalhadora na consecução do socialismo, de que eles próprios estariam entre os seus beneficiários, e na verdade que o seu modo de vida o antecipava, pertence muito firmemente ao Fabianismo.

Era evidente naturalmente que o autointeresse de uma camada *socialista* da classe média não fornecia motivo suficientemente forte para o progresso do socialismo. Na verdade, mentes claras como a de Shaw estavam conscientes de que um apelo ao autointeresse seria afastar do socialismo,[8] os membros jovens e socialmente em ascensão das classes profissionais. Já que eles não acreditavam na classe trabalhadora ou na luta de classes, eram forçados a recair sobre forças vagas, tais como o progresso da educação e o esclarecimento de todas as classes — Webb até reduzir o preconceito de classe a uma espécie de sociedade debatedora eterna[9] —, e ao crescimento de uma consciência e altruísmo social. Admitidamente isto não foi *completamente* insípido como parece. Tanto o progresso do esclarecimento — o reconhecimento da racionalidade do socialismo — como o da consciência social da classe média refletiam "nossa consciência crescente" da tendência da evolução, estimulada igualmente pela necessidade de as classes médias chegarem a um acordo com o eleitorado da classe trabalhadora.[10] No entanto a questão era que não se esperava que este reconhecimento da racionalidade e necessidade do socialismo encontrasse qualquer resistência fundamental da classe média. Uma vez estimuladas, elas perceberiam, por assim dizer, que esta forma de organização social lhes servia tão bem senão melhor do que a capitalista. De qualquer maneira, os fabianos nunca deixaram o seu socialismo da classe média numa tendência a fazer favores à classe trabalhadora, ou numa transferência consciente de fidelidade de classe. O deles continuou um socialismo dos "comparativamente em boa situação".

A primeira vista parece estranho para corpos de homens que representam, se é que representam, uma camada social de poder, influência e prosperidade crescentes dentro do capitalismo, erguerem a bandeira do socialismo em seu próprio benefício; mesmo a de um socialismo deliberadamente gradualista e não revolucionário. Na verdade, contudo, a situação intelectual peculiar da Inglaterra ajuda a explicar porque os Fabianos fizeram isso.

III

A estrutura econômica e política — e com ela a intelectual — da Inglaterra no meio do século dezenove repousava sobre três apoios, todos os quais estavam declinando mais ou menos rapidamente entre 1865 e 1890. Economicamente ela repousava em nosso monopólio virtual da produção industrial mundial, e numa economia excepcionalmente "livre" de escala razoavelmente pequena, dirigida pelo dono, firmas particulares competitivas que cresceram sob ela, e uma riqueza de recursos espontaneamente acumulados ou exploráveis que tornavam desnecessária a organização elaborada ou o planejamento dos investimentos ou da produção. Isto, por sua vez, proporcionava a base de uma ortodoxia de liberalismo econômico *laissez-faire* que tinha a força da lei natural: um mundo no qual, como na física newtoniana, os preços como a água encontravam o seu nível natural, os salários, como as pedras, quando aumentados pouco naturalmente, deviam descer, e canecas de um quartilho não comportavam litros. Era uma ortodoxia que virtualmente não fazia nenhuma provisão (pelo menos no campo muito importante da produção) para a "interferência do estado", cujos efeitos, quando não dirigidos "com o único propósito de desestabilizar a interferência do Estado"[11] devia ser ruinosa. Politicamente repousava no compromisso peculiar de 1832, pelo qual os velhos governantes políticos aplicaram a política dos fabricantes (exceto em certos campos que afetavam o *status* social de uma aristocracia proprietária de terras), na falta de um eleitorado da classe trabalhadora e de qualquer movimento trabalhista disposto ou capaz de desafiar a estabilidade social. Do lado militar e político repousava sobre a estabilidade do equilíbrio do poder de 1815, que deixou a Inglaterra no controle dos mares e com uma voz decisiva nos negócios internacionais. As reformas eleitorais da década de 1860, as unificações dos EUA e da Alemanha, a emergência do Japão, e a "Grande Depressão" depois de 1873 minaram todos estes três pilares.

Em consequência, o conjunto de crenças teóricas que dominaram a Inglaterra médio-vitoriana, como a aliança Whig-Liberal-Radical que forneceu suas maiorias parlamentares quase intactas de 1846 até 1874, rompeu-se. Uma mudança do pensamento "individualista" para "coletivista" reflete o ajustamento intelectual necessário. Deve-se notar, para começar, que este era um problema intelectual do liberalismo, porque nenhum outro corpo coerente de doutrina estava disponível. Não havia, para fins práticos, nenhum socialista, e os conservadores que ensaiavam pensar em vez de sentir eram, pelo menos em suas teorias econômicas e legais, liberais. Daí, não só a grande maioria dos socialistas nativos da classe média (ou qualquer outra) do renascimento da década de 1880 começarem suas vidas intelectuais como Radicais-Liberais, como — mais paradoxalmente — a tomada sistemática por empréstimo da atitude "prussiana" em relação ao Estado e sua justificação Hegeliana veio via T.H. Green, um radical de esquerda; os Milners, Llewellyn-Smiths, Morants, Haldanes, e outros reformadores da máquina do Estado vieram do interior dos mesmos círculos intelectuais de ou em torno de Oxford, e as ideologias imperialistas sistemáticas foram no primeiro exemplo elaboradas não só pelo ex-radical Disreli, como pelos esquerdistas políticos da safra mais recente tais como Dilke, Chamberlain e Cecil Rhodes. O passado liberal ou radical deles indicava pouco mais do que alguma animação intelectual. E tão ilegítimo supor que a teoria do maduro Sidney Webb foi tirada do radicalismo ortodoxo da sua juventude, como supor que o maduro Milner ou Haldane tiveram a aprovação de John Stuart Mill.

Já que a teoria liberal apareceu para ser tão completamente comprometida com *laissez-faire* — algumas modificações marginais e a disposição dos interesses seccionais de exigirem dispensa como casos especiais, dificilmente afeta o argumento —, o curso mais óbvio pareceu ser procurar justificações alternativas de "interferência coletivista" ou do "Estado". Tudo isto tenderia automaticamente a ser considerada como "socialista", termo esse, mesmo em 1897, nas palavras de um francês inteligente chegado aos fabianos, que significava não mais do que qualquer doutrina oposta ao *laissez-faire*... e que concede à sociedade, qualquer que seja a forma, o direito de intervir na produção e acima de tudo na distribuição da riqueza.[12]

Ele não tinha até a década de 1880 nenhuma ligação com qualquer movimento socialista nativo, porque não havia nenhum, e os estrangeiros eram remotos demais para parecerem ameaçadores.

Ele foi na verdade o simples antônimo do *laissez-faire,* e usado como tal — algumas vezes em preferência deliberada ao seu uso atual — pelos vários escritores não socialistas e até por alguns do começo do movimento socialista.[13] Embora ele normalmente, mas de maneira alguma invariavelmente, tivesse alguma espécie de ligação com o bem-estar social e a condição do pobre como a frase "problemas sociais", não tinha mais nenhuma e podia ter menos. O arquidiácono Cunningham, pioneiro da história econômica, esboçou o Progresso do Socialismo na *Contemporary Review* de 1879 e concluiu que "os capitalistas receberão bem qualquer reorganização comercial que lhes dê uma vida mais calma. Isto é, acreditamos, não um remédio para as misérias do pobre, mas um alívio aos cuidados do rico de que o socialismo está descendo sobre nós". Ele parece ter considerado o capitalismo de Estado racionalizado que recomendou como aparentado do Marxismo. A necessidade de encontrar alguma alternativa para o *laissez-faire,* a prontidão em definir qualquer alternativa dessas como "socialismo", e a capacidade dos ingleses neste período de distinguirem o "socialismo" do movimento da classe trabalhadora, proporcionou portanto um pano de fundo muito adequado para a sua versão peculiar pelos Fabianos.*

Contudo, havia, teoricamente, duas maneiras de desenvolver uma teoria social mais proximamente na linha com as realidades do que a ortodoxia do *laissez-faire* do passado, e especialmente uma que legitimasse as novas atividades do estado e do comércio. Isso podia ser feito desenvolvendo certos traços do radicalismo liberal, p. ex., a linha de argumento destruidora da confiança, que (como toda a ala Jacobina do radicalismo à qual ele pertenceu) permitia muito mais no sentido da ação coletiva do que o *laissez-faire.* Por outro lado uma variedade de tradições não liberais possíveis — principalmente estrangeiras — podiam ser colhidas para elaborar uma teoria

---

* Para a calma com que até Marx era considerado neste período, ver o Capítulo 13, *O dr. Marx e os críticos vitorianos.*

alternativa do *laissez-faire:* o Hegelianismo alemão na filosofia, os economistas históricos e *Kathedersocialisten* (também alemão), os Positivistas (franceses), e o verdadeiro socialismo (tanto francês como alemão). Todos estes tinham a vantagem de não estarem historicamente entrelaçados com O *laissez-faire.* Ambos os enfoques tinham os seus campeões. Mas duas coisas devem ser notadas. Primeiro, que o modo *normal* do progresso da esquerda do radicalismo-liberal era *via* um desenvolvimento das ideias radicais, porque a localização *normal* da esquerda inglesa no passado imediato tinha sido no flanco esquerdo do Partido Liberal. Era natural que a Federação Social Democrática se desenvolvesse de uma aliança dos clubes radicais de trabalhadores, que Henry George fornecesse a ponte entre o radicalismo e o socialismo para tantos dos primeiros socialistas ingleses, e que o movimento trabalhista se recusasse — não totalmente logicamente a opor os conservadores contra os liberais na política. Inversamente, os corpos que romperam deliberadamente com a teoria liberal (outros além dos marxistas com consciência de classe), normalmente representavam tendências imperialistas, dos grandes negócios ou outras frouxamente classificáveis como "de direita".[14]

Agora os fabianos — de qualquer maneira o grupo que determinou a política e a ideologia da sociedade — pertencem com muita firmeza ao segundo grupo, parte em sua teoria, parte em suas filiações. No *Methodenstreit* internacional dos economistas, que na verdade separou os liberais dos antiliberais não socialistas, os webbs eram partidários extremos, embora tácitos, da escola "histórica". O débito deles para com os hegelianos de Oxford é muito menor do que Halévy supôs, mas não pode haver nenhuma dúvida de que as teorias cozinhadas em casa que Sidney Webb estava aperfeiçoando (via Spencer e Darwin) antes do seu casamento com Beatrice, corriam surpreendentemente paralelas com as deles. É interessante que os webbs tivessem encontrado os seus associados políticos mais compatíveis por tanto tempo no grupo dos imperialistas liberais que formavam em torno daquele coletivista bismarckiano, R.B. Haldane. É igualmente interessante que tanto os webbs como Shaw devessem — em parte em linha com o débito deles para com a economia de F.S. Walker, o americano — ter mostrado uma preferência marcante pelos negócios grandes, ou mesmo monopolistas, sobre os negócios pequenos e médios, como sendo ambos mais eficientes, de maior visão, capazes de pagar salários mais altos, e menos comprometidos com o *laissez-faire*.[15]

Estas filiações explicam tanto a anomalia das atitudes Fabianas dentro do movimento trabalhista até a Primeira Guerra Mundial, como a sua ineficácia. Porque na situação real da Inglaterra, aqueles que se desligavam por si mesmos das tradições liberais poderosas e profundamente arraigadas tinham probabilidade de falhar. O paradoxo da Inglaterra era que mesmo as teorias e políticas mais em desacordo com as ortodoxias Cobdenitas do passado, só tinham sucesso até o ponto em que eram aliadas ao liberalismo histórico ou operadas na estrutura dele. Joseph Chamberlain falhou; Campbell-Bannerman e Lloyd George tiveram sucesso. Milner e Rhodes eram, nos termos da política inglesa, excêntricos; mas os "imperialistas liberais" não eram. Apesar disso nenhum dos fracassos fabianos nem suas filiações faz deles simples ideólogos do imperialismo, do capitalismo de corporação e da burocracia do Estado que pertence a ele. Eles eram em suas próprias mentes socialistas. Se não tivessem sido, provavelmente não teriam estabelecido ligações com o movimento trabalhista e socialista, quanto mais gravitado mais no interior da órbita deles. O socialismo deles era de um tipo pecualiar, parcialmente porque a rejeição deles da tradição principal e proletária do socialismo forçou-os a procurarem outra que não se apoiasse na classe trabalhadora, e a rejeição deles do radicalismo-liberal fechou algumas outras avenidas teóricas óbvias; parcialmente porque a ortodoxia profundamente entrincheirada e dominante do *laissez-faire* médio-vitoriano fez realmente as diferenças entre as teorias que exigem maior ação do Estado contra ela parecerem pequenas e relativamente sem importância. A frase "somos todos socialistas agora" parecia menos cínica do que parece hoje.

IV

Nenhuma hipótese que procura ligar as ideias com o seu pano de fundo social pode ser provada para satisfação total de todos. Podemos portanto simplesmente, em conclusão, resumir a evidência principal.

Primeiro, a composição social da Sociedade Fabiana era peculiar não só por ser resolutamente não proletária, como porque continha uma grande proporção de uma *"nouvelle couche sociale",* cuja importância eles reconheciam totalmente. Muito possivelmente em ambos estes sentidos ela foi única no movimento socialista internacional. Embora houvesse muitos grupos socialistas compostos na verdade principalmente de não proletários, é difícil pensar em algum que não reivindicasse o *status* honorário da classe trabalhadora ou considerasse a si mesmo em certo sentido como subordinado à classe trabalhadora ou "às massas".

Segundo, o grupo fabiano proeminente era tanto não marxista não jacobino/radical como não liberal. Ele considerava não tanto o capitalismo como o tipo de capitalismo Cobdenita do *laissez-faire da* Inglaterra médio-vitoriana como seu inimigo imediato e principal.

Terceiro, a teoria socialista que veio a dominar a Sociedade era tanto não marxista como não liberal. As filiações dela eram com as teorias que, em outros contextos políticos, pertenciam ao imperialismo, grandes negócios, administração do governo e a direita política. Os fabianos que pertenciam a outras tradições tentavam ficar em silêncio ou se afastar da sociedade.* O antiliberalismo da Sociedade foi, naturalmente, largamente reconhecido, em todos os acontecimentos a partir do meio da década de 1890. "De coração (os seus) principais líderes são burocratas, não democratas" foi es-

---

* Este foi notadamente o caso de William Clarke, o ensaísta fabiano que pertencia mais firmemente à tradição jacobina-radical; de Graham Wallas, um liberal instruído e provavelmente também com Ramsay Macdonald.

crito desde 1901, embora a oposição histórica à "velha gang" sobre estes fundamentos só tivesse se desenvolvido entre 1966 e 1914.[16]

Quarto, as verdadeiras políticas da Sociedade, até pouco antes da Primeira Guerra Mundial, estavam quase sempre em desacordo com aquelas da maioria das outras seções da esquerda política, radical ou socialista. Os fabianos eram na verdade, até o ponto em que eles se desligaram da esquerda, muito mais sectários do que Marxistas.

Constitui alegação deste documento que estas quatro peculiaridades estão intimamente ligadas umas com as outras. Em caso afirmativo, então a revisão da história fabiana deve ir além da simples redução quantitativa da influência fabiana que até agora tem sido a sua principal realização. Os fabianos não podem ser considerados, como Eduard Bernstein os considerou quando tirou o seu "revisionismo" da experiência inglesa e dos contatos fabianos, como simplesmente um grupo particularmente empírico, teimoso e antirromântico dentro do movimento socialista inglês, e por este motivo os pioneiros da rejeição ou revisão do Marxismo doutrinário.[17] Ele não pode ser considerado, como o seu último historiador oficial ainda o considera, como o fundador de uma "tradição fabiana básica" da abolição da pobreza através da legislação e da administração; do controle comunitário da produção e da vida social, e da conversão do público inglês e da classe governante inglesa... por uma barragem de fatos e propaganda "informada".[18]

Os fabianos não eram "revisionistas" no sentido que a palavra adquiriu por volta do fim da década de 1890, porque poucos dos seus membros mais eloquentes jamais foram marxistas (embora vários tivessem estado na Federação Social Democrática), porque o que eles rejeitavam não era simplesmente algumas partes da teoria marxista — de maneira alguma todas* — mas o sectarismo e o trá-

---

* Poucos marxistas teriam discordado seriamente, ou discordaram, do ensaio de William Clarke sobre a Base Industrial do Socialismo nos *Ensaios Fabianos.*

fico de frases românticas insurrecionais, que foi realmente rejeitado por muitas outras pessoas, inclusive Frederick Engels, e porque a esquerda inglesa tinha teorias estabelecidas bastante suficientes de mudança gradual e gradativa sem ter que esperar que os fabianos as formulassem. Tampouco havia qualquer coisa especificamente nova ou fabiana quanto a escrever panfletos eficientes em apoio da esquerda, na verdade até sobre assuntos socialistas ou semissocialistas. A recusa deles de "manter opiniões características sobre a Questão do Casamento, Religião, Arte, Economia Abstrata, Evolução Histórica, Meio Circulante, ou qualquer outro assunto além dos seus próprios interesses especiais de Democracia e Socialismo práticos"[19] (inclusive política e guerra externa), não provaria ser a Sociedade particularmente prática, mesmo que isso fosse verdade. A capacidade deles de esboçarem medidas específicas de reforma só seria um sinal de teimosia se eles tivessem também analisado (como raramente faziam de qualquer maneira eficiente) como estas reformas poderiam ser implementadas. Por falta disto, a Nova Lei da Reforma de 1891 constituía uma proposta tão utópica como a proposta deles de municipalizar o fornecimento de leite, a Constituição dos webbs de uma Comunidade Socialista, ou quanto a isso o Relatório da Minoria da Comissão da Lei dos Pobres completamente natimorto. E nada poderia ter sido mais pouco prático do que a estratégia e táticas políticas reais dos fabianos durante o período em que eles seguiram objetivos políticos total ou parcialmente fora dos do Partido Trabalhista. (Após isso eles cessaram de ter qualquer política própria, e a história da Sociedade não interessou a ninguém exceto aos seus membros, ou a alguns especialistas nos casos do Partido Trabalhista na década de 1930.)

Romper com as implicações passadas do Fabianismo tem que ser mais completo do que essa crítica negativa. Eles devem ser considerados não como uma parte essencial do movimento socialista e trabalhista (por mais eficaz ou ineficaz, reformista ou radical), mas como uma parte "acidental". A história deles deve ser escrita não em termos do renascimento socialista da década de 1880, mas nos termos das reações da classe média à destruição das certezas médio-vitorianas, à ascensão da nova camada, novas estruturas, novas políticas, dentro do capitalismo inglês: como uma adaptação das classes médias inglesas à era do imperialismo. Teríamos então ainda que explicar porque a Sociedade surgiu dentro do pequeno movimento socialista da década de 1880 (e não, como as outras tendências de reforma social ou imperialista das classes média e superior, fora dele ou em sua periferia); porque eles permaneceram dentro da sua órbita, e na verdade gravitaram mais em sua direção; e porque vários indivíduos proeminentes entre eles foram sempre, como demonstrou o desenvolvimento subsequente deles, socialistas dentro do sentido tradicional do termo, e não simplesmente pessoas que usavam a palavra socialismo como um pseudônimo vago ou conveniente para fins que, fundamentalmente, não implicavam a socialização da economia.

Estas são perguntas secundárias, especialmente a última, que podem ser em grande parte reduzidas ao problema biográfico de alguns indivíduos. Apesar de tudo devem ser respondidas. Contudo, se os fabianos são considerados, como sugeri, como a expressão de uma "nova camada social", elas podem ser respondidas sem muita dificuldade. Porque a posição dos novos quadros assalariados profissionais, administrativos, tecnológicos e intelectuais do capitalismo *pós-laissez-faire* tem dois gumes. Geralmente indispensáveis nas versões modernas da economia capitalista, muitas vezes recrutados nas classes médias estabelecidas ou assemelhados socialmente (e no caso dos administradores industriais, financeiramente) à classe rica, nem a iniciativa privada nem o motivo do lucro são essenciais para o funcionamento deles.[20] Além do mais (como no caso dos fabianos), eles constituem muitas vezes uma elite de inteligência e capacidade, recrutada de baixo. Pode haver motivos sociais e históricos para que os membros dessa camada devam considerar sua fortuna ligada à do capitalismo, mas, como Sidney Webb nunca se cansava de repetir, não *motivos funcionais*. Um "socialismo" igualmente adaptável para funcionar sob o capitalismo *pós-laissez-faire* ou o socialismo expressa esta situação perfeitamente.

Surgem duas perguntas finais, se o argumento até agora tem sido aceito. A primeira é por que os principais fabianos deviam ter esperado, na situação real da Inglaterra, que a "nova camada social" abandonasse a tentação da vida regalada capitalista pelas recompensas menos tangíveis do socialismo; a segunda, por que em termos sociais essa ideologia deve ter surgido nesta ocasião na Inglaterra e não em outra parte.

A primeira destas perguntas pode também ser respondida com razoável facilidade. A opinião fabiana de que recompensas o profissional devia esperar é clara. Em termos materiais elas são, como vimos, "uma certa concepção do que constitui um modo de vida adequado numa (determinada) classe da sociedade... (e) uma renda que represente esse padrão".[21] Em termos não materiais elas são mais as recompensas do trabalho interessante e criativo, "uma vida de interesse fascinante para o exercício da faculdade, e na consciência do serviço prestado, do que acumular riquezas para si mesmos e seus descendentes".[22] É interessante que o escritor e especialmente o cientista devam servir de modelo Fabiano aqui, porém mais interessante ainda que o profissional socialista do futuro deva parecer tão admiravelmente o tipo ideal do profissional liberal da classe média da Inglaterra vitoriana: em situação suficientemente confortável para não precisar perseguir o dinheiro por motivos materiais, suficientemente seguro num nível social aceito e respeitado para não ter genuinamente inveja do rico ocioso ou dos aproveitadores comerciais, suficientemente interessado em seu trabalho para persegui-lo no seu próprio interesse, e suficientemente de acordo com a sociedade para se sentir útil socialmente. Entre as muitas falhas dos fabianos, a falha de analisar a natureza e a base histórica do seu modelo da elite socialista não é a menos surpreendente.

Nossa segunda pergunta já está em parte respondida. O resto da resposta, sugerimos, é a seguinte. O Fabianismo emergiu na Inglaterra e não em outra parte, porque na Inglaterra a *"nouvelle couche sociale"* era realmente *nova*. O administrador ou burocrata instruído mais velho, o gerente ou o comerciante tecnologicamente ou cientificamente treinado, até o trabalhador de escritório, ou quanto a isso um sistema nacional de educação primária, secundária e superior, constituíam lugar comum na Alemanha e na França desde o começo do século dezenove, mas não na Inglaterra. Até 1897 um observador capaz da cena inglesa[23] ainda podia se maravilhar com os primeiros resultados da educação e seleção primárias por meio de exames. Os primeiros meninos da Escola Semi-Interna de Londres que entraram para o alto funcionalismo público, a Igreja ou o ensino nas escolas públicas, valem ainda a pena ser lembrados pelo nome. A transformação do jornalismo numa "profissão liberal que atraía especialistas de todos os tipos para as suas colunas" foi uma questão de ontem. A administração pública, que havia crescido modestamente para pouco mais de 100 mil homens ocupados em 1881, estava prestes a subir para quase 300 mil em 1911; as profissões (e seus serviços subordinados) que haviam subido de um terço entre 1851 e 1881, estavam prestes a subir de dois terços nos trinta anos seguintes. Estava surgindo uma nova camada. Nunca é fácil para um grupo desses, especialmente em suas primeiras fases, se adaptar numa estrutura social não projetada para contê-lo, e que ele não é suficientemente forte para modificar. O socialismo da classe média dos fabianos reflete a relutância, ou a incapacidade, das pessoas por quem eles falavam, de encontrar um lugar firme na estrutura da classe média ou superior do fim da Inglaterra vitoriana.

Apêndice

Composição Social da Sociedade Fabiana 1890-1907

	1890	1892	1904	1906
Número total de membros	188	626 (a)	767	1060
Tamanho da amostra	67	197	194	244
Trabalhadores dos ofícios	7	48	19	15
não dos ofícios	2	6	15	19
Total (b)	9	54	34	34
Empregos da classe média:				
(1) Jornalistas, escritoresf c)	12	32	19	31
(2) Universidades	4	10	33	44
(3) Professores	5	17	13	14
(4) Sociais e Políticos (d)	4	6	9	13
(5) Funcionários Públicos (e)	6	8	13	13
(6) Lei	1	2	3	7
(7) Negócios, comércio	3	5	8	8
(8) Artes (f)	3	5	6	9
(9) "Classe média inferior" (g)	–	14	5	9
(10) "Profissionais" (g)	5	8	4	6
(11) Médicos	4	5	13	17
(12) Clero	11	28	31	19
Mulheres	49	117	140	253
	116	314	334	497

(a) Sem membros provinciais.
(b) Estimativo. Os membros TU foram tomados como critério. "Não dos ofícios" refere-se a homens como Keir Hardie, nessa época políticos ou funcionários em tempo integral.
(c) Estimativo. As pessoas que se acreditavam ganhar a maior parte da sua renda ou passar a maior parte do seu tempo escrevendo foram contadas. Este grupo se superpõe com o (4).
(d) Trabalho em instituições, organizações de caridade, Parlamento, organização em tempo integral ou propaganda. Os números não incluem os "Trabalhadores não dos ofícios" semelhantes.
(e) Apenas alguns destes são Altos Funcionários Públicos.
(f) Pintura, artesãos, teatro, música. As firmas técnicas de arte, como Morris Emery Walker estão, contudo, sob (10).
(g) (9) e (10) são muito hipotéticos. (9) compreende lojistas, pregadores de cartazes, tipógrafos, corretores de apostas, donos de pensão, agentes de seguro, viajantes comerciais e empregados. (10) inclui cientistas, técnicos, contadores, editores, bibliotecários, serviços administrativos e de salários mais altos. Mas os dois são reunidos melhor como "de casacos pretos".

Para este período estão disponíveis várias listas impressas dos membros, das quais tentei descobrir as ocupações de tantos fabianos quanto possível. As fontes para esta análise são numerosas demais para mencionar, mas — tal era o caráter da Sociedade fabiana — há indicações biográficas disponíveis para uma boa quantidade de membros. A amostra resultante não é, naturalmente, representativa. O número de ministros religiosos, médicos e sindicalistas, que tem probabilidade de ser mais ou menos exaustivo, pode servir como uma verificação dos restantes.

Os grupos 1-10 incluem algumas mulheres cujas profissões são conhecidas; mas a maioria ainda não estava profissionalmente ocupada.

Notas

1. *The Trades Union Congress 1868-1921* (Londres 1958), de B.C. Roberts, pp. 360.4.
2. *The Story of Fabian Socialism* (Londres 1961), de M.I. Cole, p. 252.
3. *Our Patnership* (Londres 1948), de B. Webb, p. 490.
4. "The personal duty of the rich" no *The Christian Socialist* IV, 1858, p. 427.
5. Cf. segundo *Ensaio Fabiano* de Shaw, Fabian Tract 41, pp. 26-8; *Socialism in England* de S. Webb. p. 37; Memorando de Shaw sobre a Comissão Fabiana de Reforma de 13 de dez. 1911 nos *Fabian Papers;* os Webbs no *New Statesman* I, p. 686 e, desenvolvendo a teoria mais completamente, em *Decay of Capitalist Civilization,* pp. 121-5.
6. *Cf, Socialism and Superior Brains,* 1894, de G.B. Shaw (Fabian Tract 146, 1909) *disperso,* mas esp. pp. IS18; *The Case for Equality* (Clube Liberal Nacional, Círculo Político e Econômico, Relatórios: SS, 1913), pp. 6-7. O argumento de Shaw é principalmente a favor de rendas iguais, embora deva-se notar que isso implica — e na verdade se regozija — a superioridade do talento da *elite* profissional. Mas pode também ser tomado, é pelos webbs ele foi assim tomado, como um argumento para o incentivo socialista em face do incentivo capitalista para o trabalho. Isto, numa formulação modesta é: "Para onde quer que se volte encontra-se em cada classe da sociedade uma certa concepção do que constitui um modo de vida adequado a essa classe

da sociedade; e todos nela têm por fim e exigem uma renda que represente esse padrão. Ninguém pede seriamente para ter mais do que outras pessoas da sua classe" (*The Case*. *p. 6*). *Numa formulação mais ambiciosa é "a própria primeira peculiaridade da capacidade excepcional, ou seja, a de, ao contrário da simples capacidade bruta para a labuta do trabalho de rotina, ele é exercido em seu próprio benefício, torna o seu possuidor o mais miserável dos homens se for condenado à inação". (S. e S. B., p. 18).*

7. *To-day*, N.S. 7, jan.-junho 1887, pp. 67-8.

8. "Embora a presunção deva ser sempre de que nossos recrutas das profissões e dos negócios tenham se juntado a nós, se não lhes faltasse a energia excepcional e o jeito prático que ainda permite aos homens fazerem fortunas... Falando por mim mesmo como profissional... posso dizer que quanto mais minha capacidade se torna conhecida, mais me vejo pressionado a atirar com a pá guinéus dentro dos meus próprios bolsos em vez de escrever documentos fabianos... Todo cavalheiro solteiro jovem esperto e de bom coração aprecia de dois a dez anos de desinteresse, durante os quais bom trabalho pode ser obtido dele, mas a longo prazo ele fica cansado de ser desinteressado." F. Tract 41, p. 27.

9. "Durante toda a história duas opiniões são possíveis, e devemos adotar uma ou outra segundo o nosso conhecimento e temperamento." F. Tract 69, 1896, p. 17.

10. Ibid., pp. 4,6.

11. *State Aid and State Interference* (Londres 1882), de G.S. Baden Powell, p. 29

12. *Le socialism en Angleterre* (Paris 1897), de A. Métin, p. 20.

13. *Cf. Some Leading Principies*, de Cairnes, p. 316, objetando ao uso da palavra por J.S. Mill; *Principies of Political Economy*, de Sidgwick, p. 527; *Life of Cobden* (ed. 1903), de *Morley*, p. 303.

14. Cf., o excelente *Imperialism and Social Reform* (Londres 1960), de B. Semmel.

15. Em acréscimo às passagens bem conhecidas de Beatrice Webb (*Our Partnership, p. 205*) e de Shaw (Undershaft em *Major Barbara*, o único meio-irônico *Socialism for Millionaires*), vale a pena fazer referência a *Moral Aspects of Socialism* de Sidney Bali (F. Tract 72, 1896), com sua

defesa da concentração industrial — "um monopólio, não do privilégio mas da eficiência", e esp. *The Trust Movement in British Industry* (Londres 1907), de H.W. Macrosty. O autor, funcionário público graduado e membro da administração Fabiana, opõe-se à destruição do traste, e justifica as combinações inglesas por serem dependentes "unicamente da sua eficiência como instrumentos de produção e distribuição" (p. 345).

16. *Labour Leader* 8 junho 1901. Cf., também E. Aves em *Economic Journal*, 1898, p. 512; *Democracy and Reaction*, 1904, de T. Hobhouse, e *The Nation* 1907, p. 182 (The career of Fabianism").

17. *Zur Theorie und Geschichte des Socialismus* II (Berlim 1904), p. 38.

18. *The story of Fabian Socialism* (Londres 1961), de Margaret Cole, XIV.

19. Shaw em F. Tract 70, p. 3.

20. "E da mesma forma como um gerente se tornou necessário para qualquer empreendimento de tamanho mais do que insignificante, também podemos prever com confiança que... ele permanecerá por todo o tempo um funcionário indispensável, qualquer que seja a forma da sociedade." *The Works Manager To-day*, de S. Webb (Londres 1917), pp. 5-6. Todo este livrinho é extremamente revelador.

21. *The case for equality* de Shaw, p. 6. Cf., também *Works Manager* de Webb, p. 156.

22. *Works Manager* de Webb, p. 157.

23. *Social Transformations of the Victorian Age* (Londres 1897), de T.H.S. Escott.

15

A ARISTOCRACIA DO TRABALHO NA INGLATERRA DO SÉCULO DEZENOVE

A EXPRESSÃO "ARISTOCRACIA DO TRABALHO" parece ter sido usada desde o meio do século dezenove pelo menos para descrever certa camada superior distinta da classe trabalhadora, mais bem-paga, mais bem tratada e geralmente considerada como mais "respeitável" e politicamente mais moderada do que a massa do proletariado. Este ensaio é uma tentativa de pesquisar o que sabemos a respeito dos aristocratas do trabalho do século dezenove. Ele divide-se em três partes: introdução geral; tentativa de estimar o tamanho da camada nos vários períodos, e uma discussão de alguns problemas especiais dela.

I. ALGUNS PONTOS GERAIS

As subdivisões do século dezenove

A história do século, e com ela a da classe trabalhadora, dividese em três períodos razoavelmente bem-definidos, cada um dos quais consiste de uma fase de prosperidade comercial geral (da década de 1780 até o fim das Guerras Napoleônicas, da década de 1840 até o começo da de 1870, do fim da de 1890 até a Primeira Guerra Mundial) sucedida por uma fase de dificuldades comerciais gerais (1815 — década de 1840, a "Grande Depressão" da década de 1870 — a de 1990, a crise entre as guerras). O primeiro período (década de 1780 — a de 1840), a idade clássica da "Revolução Industrial" presenciou o nascimento da moderna classe trabalhadora. O segundo (da década de 1840 — a de 90) presenciou o capitalismo tal como erigido sobre os primeiros fundamentos, reinar supremo. Ele pode ser considerado como o período clássico da aristocracia do trabalho do século dezenove. Com o terceiro (década de 1890 — 1939) entramos na era do imperialismo e capitalismo de monopólio e, tecnicamente falando, do desenvolvimento da produção em massa, e a grande expansão das indústrias secundárias e terciárias. Entramos também no período da crise permanente da economia capitalista inglesa. Contudo, as mudanças mais surpreendentes ocorreram depois de 1914. A primeira metade do período foi incluída nesta discussão, principalmente porque a massa de pesquisas estatísticas feitas entre 1890 e 1914 lançam uma luz retrospectiva inestimável sobre o século dezenove.

O que é a aristocracia do trabalho?

Não há nenhum critério único, simples, de participação na aristocracia do trabalho. Pelo menos seis fatores diferentes devem, teoricamente, ser considerados. *Primeiro,* o nível e a regularidade dos ganhos do trabalhador; *segundo,* suas perspectivas de securidade social; *terceiro,* suas condições de trabalho, inclusive a maneira como ele foi tratado pelos capatazes e patrões; *quarto,* suas relações com a camada social acima e abaixo dela; *quinto,* suas condições gerais de *vida; finalmente,* suas perspectivas de progresso futuro e as dos seus filhos. Destes o primeiro é incomparavelmente o mais importante, e também o único sobre o qual temos alguma coisa como informações completas, embora inadequadas. Podemos portanto usá-lo como nosso critério principal. Durante todo o século o homem que ganhava um bom salário regular era também o homem que economizava o suficiente para evitar a Lei dos Pobres, para morar fora das piores áreas de cortiços, para ser tratado com algum respeito e dignidade pelos patrões e para ter alguma liberdade na escolha do seu emprego, para dar aos seus filhos chance de uma educação melhor e assim por diante. A regularidade dos ganhos é importante. Os trabalhadores que ganhavam salários bons, mas irregulares ou flutuantes, não eram normalmente considerados como aristocratas do trabalho no sentido nacional — por exemplo, os carvoeiros de gás, quase dois terços dos quais ganhava 35s. por semana em 1906.[1] Contudo, em certos casos, eles se consideravam como aristocratas comparados com a massa dos seus colegas de trabalho; como por exemplo, os estivadores de Londres, se comparavam com os trabalhadores comuns das docas.

A natureza da aristocracia do trabalho

Socialmente falando, a camada mais bem-paga da classe trabalhadora fundiu-se com o que pode ser imprecisamente chamado de "classe média inferior". Na verdade a expressão "classe média inferior" foi usada algumas vezes para incluir a aristocracia do trabalho.[2] Na primeira parte do século isto teria significado principalmente lojistas, alguns patrões independentes, capatazes e gerentes (que eram geralmente trabalhadores promovidos). Perto do fim do século teria significado também empregados e assemelhados. Assim, em Bolton, na década de 1890, ela incluía "os empregados, guarda-livros, gerentes mais bem-pagos e a melhor parte do pessoal trabalhador"[3] (em contraposição aos patrões, clérigos, solicitadores, médicos, comerciantes em larga escala"). Em Salford, mais ou menos na mesma época, ela incluía "viajantes comerciais (...) empregados, tipógrafos litográficos, marceneiros, assistentes de marceneiros, descendo até os carvoeiros"[4] — sendo os trabalhadores aristocratas habilitados, se se pode falar em superioridade, superiores em *status* social a muitos trabalhadores burocratas. O quadro mais abrangente desta camada composta é dado pela Comissão Departamental sobre Professores de Alunos, já que esta ocupação parece ter sido recrutada principalmente dos seus filhos. Em Birmingham, eles vinham dentre os filhos dos trabalhadores (40 por cento) e gerentes de pequenas oficinas, empregados (15 por cento) e pessoal dos ofícios. Em Merthyr, eles vinham dentre os carvoeiros já que praticamente mais ninguém morava lá) "ou de uma classe ligeiramente afastada dela — a dos capatazes das minas de carvão e capatazes de turma como os chamam". Em Bradford, eles vinham de uma "classe melhor", em Manchester, dentre "trabalhadores, mecânicos ou pequenos lojistas", em Lambeth, da "classe dos artesãos e da classe dos comerciantes", em Exeter, dos "empregados e uma certa proporção de capatazes ou caixas das lojas". Os candidatos a uma escola de treinamento de Chelsea eram recrutados dos carpinteiros e marceneiros, empregados, jardineiros, alfaiates e negociantes de tecidos, viajantes e agentes comerciais, maquinistas, ferreiros e carpinteiros de rodas, pintores, operadores de máquinas das fábricas, gerentes ou subgerentes das fábricas, merceeiros, fabricantes de botas e calçados, marceneiros, fazendeiros, contadores e mordomos (bem como órfãos e professores de colégio).[5] Contudo, devemos nos lembrar que muitas comunidades inglesas do século dezenove consistiam quase completamente de trabalhadores manuais,[6] de forma que a aristocracia do trabalho seria virtualmente pura.

Este sombreamento da aristocracia do trabalho em outras camadas é importante, porque ajuda a explicar suas atitudes políticas. Assim, o seu radicalismo-liberal persistente no século dezenove é facilmente compreendido,* como também o seu fracasso em organizar um partido independente da classe trabalhadora. Só quando o imperialismo começou a separar a aristocracia do trabalho *(a)* da classe gerencial e do pequeno patrão com a qual ela havia se fundido e, *(b)* das classes vastamente expandidas dos burocratas — uma aristocracia do trabalho nova e politicamente conservadora —, o partido trabalhista a atraiu.

---

* Antes do período do imperialismo, ocorrem grupos conservadores entre a aristocracia do trabalho, p. ex., entre os fiandeiros de algodão, mas podem normalmente ser explicados por circunstâncias especiais tais como a oposição liberal às Leis da Fábrica, fraqueza local excepcional das seitas não conformistas, dependência de uma clientela aristocrática, emergência recente de um ambiente conservador no campo ou na cidade pequena etc. No todo eles são excepcionais.

Se as fronteiras da aristocracia do trabalho eram fluidas de um lado do seu território, eram precisas do outro. Um "artesão" ou "artífice" não deve sob nenhuma circunstância ser confundido com um "trabalhador". "O credo do artesão em relação ao dos trabalhadores é que os últimos são uma classe inferior e que devem fazê-los conhecer e ficarem no seu lugar."[7] O secretário do Sindicato dos Fabricantes de Caldeiras ficou espantado à ideia de permitirem a um trabalhador fazer o serviço de um artesão porque "não seria desejável para um homem de uma classe ir para outra classe"; o secretário dos Operários Fiandeiros estava certo de que seus homens eram diferentes dos emendadores de fios e dos menos habilitados em geral em sua capacidade superior. "Os patrões têm tido uma esplêndida seleção e eles selecionam os gigantes (...) na capacidade de trabalho."[8] Antes da ascensão dos Novos Sindicatos de 1889, acreditava-se que as fronteiras da aristocracia e do sindicalismo deviam normalmente — porque as grandes ondas de organização geral e não habilitada eram temporárias — coincidir, até onde estas fossem afinal quaisquer sindicatos. "Como o seu título de 'não habilitado' indica", escreveu *A Working Man*, "ele não tem nenhum ofício manual e nenhum sindicato."[9] Na verdade acreditava-se comumente que os sindicatos não constituíam grupos de trabalhadores tão fortes para indicar que eles já eram fortes.[10] Havia verdade nesta identificação da aristocracia do trabalho com os sindicalistas: o registro sindical de Londres de 1871 mostra como eram poucas, e como eram fracas, as filiais dos sindicatos nos distritos do East End.[11] A fronteira entre a aristocracia do trabalho e as outras era muitas vezes geográfica.

Entre os "trabalhadores" e a aristocracia do trabalho viviam trabalhadores que não pertenciam a nenhum dos dois grupos, mas se disfarçavam em cada um: trabalhadores em melhor situação, trabalhadores habilitados comuns e outros parecidos. Nenhuma linha nítida separava a aristocracia do trabalho destes, embora o aristocrata certamente se considerasse superior em espécie a estes "homens que, embora muito honestos e ansiosos de se saírem bem, por deficiência de instrução contudo, e talvez alguma por falta de força moral e coragem (...) não (são) (...) iguais à primeira classe de homens."[12] Na verdade o observador superficial pode algumas vezes considerar a classe trabalhadora simplesmente como um complexo de grupos e graus seccionais com suas superioridades e inferioridades sociais, sem observar as distinções importantes.

II. O TAMANHO DA ARISTOCRACIA DO TRABALHO

Até a década de 1840

Há dúvidas se neste período podemos falar afinal de uma aristocracia do trabalho, embora seus elementos já existissem. Há até dúvidas se podemos falar afinal de um proletariado num sentido desenvolvido, porque esta classe ainda estava no processo de emergir da massa dos produtores secundários, pequenos patrões, camponeses etc., da sociedade pré-industrial, embora em certas regiões e indústrias ela já tivesse tomado forma razoavelmente definida.* Isto torna o processo de análise extremamente difícil. Neste período é provavelmente mais simples trabalhar com o conceito de "pessoal que trabalha" ou "pobres que trabalham" que estava então muito em uso,[13] isto é, incluir todos aqueles que eram explorados e oprimidos pelo capitalismo industrial em um grupo: proletários definidos, trabalhadores fora semiproletários, pequenos produtores e comerciantes revoltados com os grandes capitalistas, e as formas transitórias e intermediárias entre eles.[14] Apesar de tudo, pode ser

---

* *Na verdade*, naturalmente muitos trabalhadores ingleses já dependiam inteiramente dos salários para a sua subsistência; mas a *forma* destes salários era ainda muitas vezes como entre os trabalhadores domésticos fora, alguns tipos de mineiros etc., mais a de um preço por *artigos* vendidos (p. ex., peças de fazenda) do que *de força de trabalho vendida*. O ponto onde estes pagamentos deixam de ser um preço por artigos e se transformam num nível de salário por peça nem sempre é fácil de determinar num período de transição.

útil do ponto de vista da análise isolar essa seção da dos "pobres que trabalham" que pode ser considerada como proletária, isto é, que consiste substancialmente de trabalhadores assalariados que não possuíam nenhum meio importante de produção.

Não temos nenhuma estimativa geral da proporção dos "pobres que trabalhavam" que eram proletários, principalmente porque os estatísticos contemporâneos classificavam automaticamente os trabalhadores habilitados e especializados com os patrões e produtores independentes, distinguindo os patrões apenas na agricultura, embora habitualmente isolassem os "trabalhadores" — isto é, os não habilitados, os mineiros e grupos semelhantes como uma classe separada.[15] Se tomarmos essa seção do país que ainda era pré-industrial, isto é, aqueles empregados "no comércio varejista e em ofícios manuais como patrões ou trabalhadores" em 1841, e os compararmos com os números descritos como trabalhadores (não agrícolas), descobriremos que nos condados agrícolas da Inglaterra os trabalhadores constituíam entre um sexto e metade do número de mestres-oficiais e operários, e normalmente entre um quarto e um terço. A proporção deles nas áreas urbanizadas, tais como Middiesex, Surrey, Kent, Edinburgh e na cidade de York, era mais ou menos a mesma, embora talvez um pouco mais alta.[16] A dos condados escoceses puramente agrícolas era muito mais baixa. Dentre os "oficiais e operários", a proporção de cada um, e dos pequenos produtores independentes de artigos, variava. Em 1851 (o primeiro Censo que fez respostas — parciais — distinguindo os oficiais dos operários) cerca de 80 por cento dos oficiais alfaiates, cerca de 71 por cento dos oficiais fabricantes de calçados, quase 90 por cento dos oficiais ferreiros empregavam 0-2 homens, embora cerca de 60 por cento dos oficiais construtores, pouco mais de 60 por cento dos curtidores, bastante mais de 50 por cento dos cervejeiros e bem menos da metade dos fabricantes de máquinas e motores empregavam entre 3 e 19 homens. (Os três primeiros grupos compreendiam 8 por cento da população masculina não agrícola de dez anos e mais, os quatro segundos um pouco mais.)[17] Podemos presumir portanto, como estimativa grosseira, que nas indústrias não transformadas radicalmente os assalariados podiam constituir uma média entre 50 e 80 por cento da população ocupada, constituindo os não trabalhadores pelo menos metade dela, e provavelmente muito mais. (A indústria de construção é excepcional entre as indústrias de ofícios pela alta proporção dos trabalhadores em relação aos artesãos.) Dois exemplos de evidência a respeito do assunto podem ser dados pelo que valem. Uma investigação na cidade de Hull em 1839, que distinguiu os artesãos empregados dos não empregados, mostra cerca de 75 por cento da população ocupada como sendo de trabalhadores.[18] Um único contador zeloso em Newcastle fez o mesmo em 1851: cerca de 80 por cento dos não classificados nem como oficiais nem como trabalhadores ou barqueiros foram assim enumerados como "jornaleiros", isto é, assalariados.[19] Uma amostra bastante mais completa dos 12 distritos de contagem de Newcastle mostra o número de trabalhadores como sendo quase igual ao número combinado dos jornaleiros e outros não oficiais. Uma amostra de cinco distritos de contagem em Bristol dá uma proporção um tanto menor de trabalhadores em relação aos jornaleiros, embora a diferença possa não ser importante.

Nas indústrias fabris — têxteis, mineração, ferro e aço —, a proporção de assalariados em tempo integral era naturalmente muito mais alta, porque os trabalhadores externos semiproletários — malhadores de bastidor, tecelões de teares manuais etc. — deviam ser computados entre eles. A proporção de não habilitados era também notavelmente mais alta, mesmo quando o trabalho das mulheres e crianças não prevalecia. Contudo, todos, exceto alguns trabalhadores supervisores e especialistas nestas ocupações, eram ainda muitas vezes considerados como "trabalhadores", embora de um tipo superior.

Em geral, portanto, é melhor para este período não distinguir os elementos da "aristocracia" proletária do resto dos "pobres que trabalhavam". Uma pesquisa em Bristol em 1838 estabeleceu que 15,7 por cento dos chefes de família da classe trabalhadora eram depositantes em bancos de poupança, membros de sociedades de beneficência ou de clubes Profissionais. Que Hull em 1839 mostra entre 10 e 13 por cento dos trabalhadores que possuíam casas "amplamente mobiliadas", em contraposição a entre 25 e 30 por cento de casas "mal mobiliadas", o que é talvez um critério mais preciso.[20] Isto pode servir como um guia grosseiro para o tamanho da camada superior da "população trabalhadora". Além disto, podemos, naturalmente, estabelecer categorias individuais de trabalhadores que possam ser considerados como trabalhadores aristocratas, e que mostravam algumas vezes o conservantismo típico e a exclusividade seccional do seu tipo; notadamente entre aqueles artesãos cuja posição não era substancialmente afetada, onde ela não era realmente reforçada pela revolução industrial: tipógrafos, metalúrgicos,[21] artesãos produtores de artigos de luxo e coisas parecidas. Não foi por nenhum acidente que os tipógrafos de Manchester se recusaram a comemorar a Lei da Reforma[22] ao passo que os fundidores de ferro evitaram greves e acreditaram em negociações pacíficas, e, os maquinistas deixaram de tomar parte no movimento para o Sindicato Geral e permaneceram neutros em 1842.[23] Na verdade, é difícil lembrar de um fabricante de máquinas ou fundidor de ferro que fosse importante nos grandes movimentos de 1830-42, embora vários outros artesãos o fossem. Contudo, as mudanças que afetaram mesmo aqueles que entre 1780 e 1815 pudessem ter sido considerados como aristocratas do trabalho foram tão complexas e extensas, que é melhor não tentar uma avaliação geral.*

---

* Estes cálculos lançam alguma luz sobre o problema muito discutido do que aconteceu com o padrão de vida da classe trabalhadora. A opinião clássica de que ele diminuiu no período após 1815 tem sido posta em dúvida por Clapham, Ashton e outros historiadores econômicos. O argumento deles se apoia principalmente sobre a controvérsia de que os índices dos salários reais elevaram-se entre 1815 e a década de 1840. Isso já foi minado pelas dúvidas que foram lançadas sobre as estatísticas do custo de vida nas quais ela se apoia. Apesar disso, pode-se mostrar que os salários reais de *alguns* trabalhadores provavelmente subiram. Mas se, como aleguei aqui, a camada favorecida da população trabalhadora era muito menos numerosa do que o resto, a opinião otimista cai por terra. Contudo, este não é o lugar para perseguir esta importante discussão. Ver, capítulos 5-7.

Décadas de 1840-90

Neste período, o problema da camada intermediária e transitória torna-se menos penoso. De qualquer maneira, agora é mais fácil distinguir um proletariado no sentido estrito — embora trabalhando em pequenas unidades de produção. Apesar de tudo, uma zona grande embora decrescente de produção secundária das oficinas ainda cercava a indústria moderna. Se a fabricação de calçados e de roupas em fábricas fez progressos, especialmente a partir da década de 1870, em 1891 havia ainda na Escócia um patrão para cada quatro alfaiates assalariados e um para cada dois sapateiros. Se as rendas, malhas, lãs, juta e o resto dos têxteis se tornaram ofícios fabris, as numerosas pequenas indústrias metalúrgicas das áreas de Birmingham e Sheffield permaneceram complexos de oficinas especializadas e produção feita fora. Na verdade, na área de Birmingham, até 1931, quase 10 por cento dos que estavam empregados em fundições, processos secundários e "outras indústrias metalúrgicas", e 25 por cento dos que estavam empregados na indústria de joalheria e laminados — e estas indústrias compreendiam 120 mil pessoas — eram patrões ou produtores independentes.[24] Apesar de tudo, embora a produção em pequena escala se renove até certo ponto a cada fase do desenvolvimento capitalista, ela faz e fazia isso numa escala decrescente e numa dependência crescente do empreendimento em grande escala.

Algumas estimativas gerais para o tamanho da aristocracia do trabalho durante este período podem ser feitas. A primeira é a estimativa de Dudley Baxter daquela seção da classe trabalhadora que ganhava um nível médio de salário de 28s. ou mais em 1867. Esta compreendia 0,83 milhão de homens dos 7,8 milhões de homens, mulheres e crianças da classe trabalhadora (inclusive trabalhadores agrícolas e empregados domésticos) ou cerca de 11 por cento. Se deduzirmos os trabalhadores agrícolas e os empregados domésticos do sexo feminino, a porcentagem é alguma coisa abaixo de 15.[25] A segunda é baseada no número de membros dos sindicatos antes da expansão de 1889 — isto é, dos "negociadores fortes" característicos deste período. A primeira estimativa confiável do número de membros em geral dos sindicatos, aquela dos webbs de 1892, coloca-os por volta de 20 por cento da classe trabalhadora, o que provavelmente está do lado alto. Se reduzirmos isto à metade para compensar os não aristocráticos organizados (mulheres trabalhadoras em algodão, muitos mineiros, sindicatos não habilitados da safra de 1889 etc.) não erraremos de muito.* Deve-se lembrar que Mayhew estimou a porcentagem dos homens da sociedade no ofício médio de Londres em cerca de10.[26] Estas estimativas são realmente baseadas em palpites mais ou menos plausíveis, e só são dadas aqui porque não são incoerentes com as melhores para o período subsequente.

Uma estimativa, também baseada em Baxter, do tamanho da camada inferior — daqueles que ganhavam menos de 20s. — pode ser dada em benefício da inteireza. Ela monta a 3,3 milhões ou pouco mais de 40 por cento da classe trabalhadora, exclusive os trabalhadores agrícolas, soldados, pensionistas e empregados domésticos do sexo feminino.[27] Esta porcentagem é também curiosamente parecida com aquelas reveladas pelas pesquisas sociais subsequentes.

Para a composição real desta aristocracia, Baxter é um guia pouco confiável, já que as suas estimativas negligenciam completamente as irregularidades dos ganhos e tiram a média dos ganhos muito altos e muito baixos em cada ofício da maneira habitual dos investigadores vitorianos. A composição do movimento sindical em 1875 constitui um guia melhor. Pouco mais da metade dela era constituída de artesãos em ofícios pouco afetados (exceto em seus materiais e na força aplicada às ferramentas manuais) pela revolução industrial: construtores, maquinistas, construtores de navios e outros parecidos, e vá-

---

* As estatísticas do número de membros dos sindicatos antes da expansão de 1871-3 são pouco representativas, exceto para ofícios ou cidades isoladas. Aquelas do meio da década de 1870 — após o abrandamento do afluxo de 1871-3 mas antes da contração da Grande Depressão — estão viciadas pela organização desigual dos diferentes ofícios "aristocratas". Daí aquelas de 1890-4, menos os "não aristocratas", constituírem o melhor guia.

rios ofícios mais antigos (tipógrafos, marceneiros, alfaiates, fabricantes de garrafas, encadernadores de livros, fabricantes de carruagens e assemelhados). O resto era composto principalmente de mineiros, trabalhadores em ferro e aço e operários têxteis habilitados dos quais os últimos constituíam o grupo menor, mas numericamente o mais estável. Uma lista dos ofícios com os níveis de salários semanais mais altos pode suplementar esta (ver Tabela I).

Tabela I. Ofícios em 1865 com níveis de salários semanais de 40 shillings e acima

Estaleiros: alguns construtores de navios

Ferrovias: alguns maquinistas

Encadernação de livros: trabalhadores por peça acabadores expedidores

Instrumentos científicos: muitos trabalhadores

* *Cutelaria:* forjadores de arquivos, malhadores, polidores (esp. acima de 12 pol.), fabricantes de serras, muitos polidores de serra

Construção naval: alguns capatazes

Marceneiros: alguns

Chapeleiros: muitos trabalhadores manuais habilitados

Joalheria: muitos homens habilitados

Ferro: alguns lingadores; mais roladores de forja; muitos ferreiros e malhadores

Têxteis: estamparia de morim; misturadores de cores, branqueadores, tintureiros, estampadores à máquina, cortadores de moldes

Couro: surradores de Londres

Vidro: muitos homens habilitados

Tipografia: composição de jornais, leitores, alguns operadores de máquinas e maquinistas

Fabricantes de instrumentos musicais: alguns

Litógrafos: muitos

Entalhadores de madeira: muitos

Fabricantes de relógios: muitos; alguns fabricantes de relógios

Malharia: alguns supervisores de fábrica

Torneiros de Osso e Marfim: alguns

Cerâmica: modeladores de barro, muitos amoldadores, muitos foguistas de biscuit

Aço: muitos fundidores, forjadores e inclinadores, roladores

Fonte: Wages and Earnings of the Working Classes (1867), de Leone Levi.

---

* Salários pagos por homens habilitados aos seus trabalhadores a ser deduzidos. Nos ofícios de ferro e aço foi feita compensação para isso.

Esta tabela indica mais a composição da superaristocracia do que da média dos artesãos prósperos e pode ser comparada com a do período 1890-1914 (ver Tabela V, p. 292). Podemos notar que a lista, compilada para a primeira metade do século, não teria sido interpretada de maneira muito diferente.

Podemos seguir a pista da aristocracia do trabalho mais de perto? Não a ponto de fazer estimativas numéricas confiáveis.* Apesar de tudo, é possível uma pesquisa geral. Três fatos se destacam: o declínio do trabalho doméstico e a ascensão correspondente do sistema fabril; o declínio relativo dos têxteis e dos velhos ofícios dos artigos de consumo e a ascensão das indústrias pesadas e metalúrgicas; a ascensão do trabalho feminino. Todos os três estão ligados. Assim, a ascensão do trabalho feminino é estatisticamente mascarada pelo seu declínio em algumas indústrias domésticas: embora a porcentagem de mulheres ocupadas não aumentasse significativamente entre 1851 e 1891, não menos do que 122 mil desapareceram de ocupações tais como a fabricação de fitas, rendas, chapéus de palha, camisas, luvas e costura.[28]

O declínio do trabalho doméstico pode ou não ter aumentado a proporção dos trabalhadores aristocratas, ou melhorado a posição dos trabalhadores nas indústrias afetadas, mas ele tornou a aristocracia do trabalho mais proeminente e baixou a temperatura política das indústrias interessadas. Os trabalhadores domésticos das grandes indústrias que produziam para vender tendiam a morar em aldeias ou bairros da cidade especializados (p. ex., Spitafields e Cradley Heath) e eram fácil e obviamente constituídos de grandes aglomerações que dependiam de um ou dois patrões. São conhecidos exemplos de patrões fabricantes de pregos que controlavam 1.800 — 2 mil trabalhadores.[29] Assim, o declínio

---

* Os números do Censo Salarial de 1886 são pouco confiáveis. Eles diferem tão substancialmente da ordem mais graduada do Censo Salarial de 1906 — e sem causas óbvias — que é melhor negligenciá-los. Provavelmente a diferença é devida a 1886 registrar níveis de salários e 1906 registrar ganhos.

deles *diminuiu* o tamanho médio da unidade. Na pequena fábrica ou no complexo labiríntico de oficinas especializadas interligadas, tais como encontramos na indústria de malhas, no comércio de armas de Birmingham ou em alguns ofícios de Sheffield, o artesão indispensável ou o operário especializado não só era mais importante como se considerava como tal. Também a coesão era mais difícil. Os trabalhadores de fora de Cradley Heath fizeram suas tentativas de sindicalismo malsucedidas enquanto os artesãos de Birmingham mal conheciam sequer as sociedades de ofícios. (O terrorismo de Sheffield foi uma reação defensiva contra a ascensão da máquina e da fábrica e a depressão de uma forma especial de subempreitar o trabalhador externo, e assim não afeta o argumento. De qualquer maneira não foi um sinal de radicalismo, mas uma alternativa a ele.)[30]

O mesmo é verdade com relação à proporção crescente de mulheres (um índice da proporção crescente da mão de obra não habilitada) nas várias indústrias. Embora isto criasse a possibilidade de um proletariado feminino organizado, que não foi largamente utilizado antes da década de 1880, e então apenas no algodão, tendia a deixar os homens habilitados mais obviamente proeminentes e dominantes. Assim a porcentagem de fiandeiros do sexo masculino na força de trabalho total da fábrica de algodão caiu de 15 em 1835 para 5 em 1886,[31] enquanto a proporção de mulheres e moças adolescentes subiu de 48,1, em 1835 para 60,6 em 1907, com uma média de cerca de 55 em nossas décadas.[32] Na indústria de fios de lã penteados a proporção de homens adultos (fora a tecelagem) reduziu-se à metade, entre 1853 e 1886.[33] O mesmo é verdade com relação aos tecelões de lã do sexo masculino em Leeds e o pesado distrito lanígero,[34] embora o principal declínio pareça ter ocorrido após a década de 1870. Na malharia, a proporção de homens caiu de três para dois quintos da força total de trabalho entre 1851 e 1891. Só na indústria de rendas ela subiu numa força de trabalho em declínio, graças ao declínio do trabalho à mão. Daí, naquelas indústrias têxteis nas quais as aristocracias do trabalho se estabeleceram — algodão, malhas, rendas —, elas se tornaram mais proeminentes, embora os trabalhadores têxteis constituíssem provavelmente uma porcentagem decrescente da aristocracia do trabalho em todo o país. (Contudo, isto pode ter sido iniciado pelo declínio dos trabalhadores externos e especialistas prósperos — os cardadores de lã, retalhadores, tosquiadores e assemelhados, que haviam encontrado algo como uma aristocracia em períodos anteriores.)

O mesmo é verdade com relação a outras indústrias de bens de consumo, com a exceção de muitos ofícios de oficinas metalúrgicas em pequena escala. Onde o sistema fabril se desenvolveu mais, a situação da aristocracia do trabalho era semelhante àquela dos têxteis, embora seus números possam ter sido menores e sua posição menos garantida quanto mais "moderno" era o sistema fabril. A produção fabril, ou por sistemas análogos, só deu origem a uma aristocracia do trabalho de bom tamanho no século dezenove quando a maquinaria era imperfeita e dependente de alguma habilidade manual importante; a indústria inglesa de algodão é a única entre as indústrias europeias deste tipo que fazia fiandeiros numa tal aristocracia, sendo a primeira tecnicamente a mais primitiva. Contudo, nas fábricas de botas na década de 1860 a aristocracia (30s. e mais) parece ter montado a mais de 20 por cento.[35] Quando a expansão tomava a forma de subempreitada, produção para a venda e exploração máxima geral dos operários, as aristocracias do trabalho podiam se manter — por exemplo especializando-se em trabalho de alto nível —, exceto no meio de uma massa crescente de trabalhadores externos ou artesãos deprimidos. A Tabela II, tirada do Censo de 1906, ilustra a situação dessas indústrias de ofícios sofrendo transição, embora estes não fossem necessariamente os ofícios afetados em 1850-90.

Tabela II. Ocupações habilitadas em 1906 com porcentagem anormalmente alta de trabalhadores do sexo masculino mal pagos

Ocupação	Porcentagem "aristocratas" 40s. e mais	Porcentagem "plebeus" 25s. e menos
Selaria, Arreios, Chicotes	12,5	35,4
Valises, Maletas, Misc. Couro	19,6	31,9
Chapeleiros	39,7	27,8
Tanoeiros	18,9	27,3
Marcenaria	19	22,7
Alfaiataria de encomenda	29,4	41,6
Encomenda e Conserto, Botas e Calçados	5,1	40,8

Fonte: Censo salarial de 1906.

Em compensação a aristocracia do trabalho desses ofícios pode ter declinado como uma proporção do grupo total.

(Pode-se observar que a ascensão das fábricas causou uma diminuição dos grupos mais mal pagos e um aumento dos menos insondavelmente pagos. Contudo, já que o conceito de "semi-habilitado" ainda não era familiar quer para os patrões quer para os trabalhadores,[36] eles eram considerados pelos aristocratas e outros simplesmente como trabalhadores que operavam as máquinas.)

Este declínio foi acentuado pela ascensão das indústrias quase totalmente não aristocráticas tais como a de transportes e mineração de carvão, embora a aristocracia em ambas provavelmente aumentasse durante o período.[37] Em 1851 os mineiros, marinheiros, ferroviários, carroceiros e assemelhados perfaziam algo em torno de meio milhão; em 1881 a mais de 1,3 milhão. Contudo, este aumento constituiu, na verdade em grande parte, uma transferência dos trabalhadores rurais ou outros trabalhadores não habilitados para ocupações um tanto mais bem-pagas, e assim perturbou menos a hierarquia geral da classe trabalhadora do que se poderia pensar.

Por outro lado o período viu um reforço imenso da aristocracia do trabalho na ascensão das indústrias metalúrgicas. Assim, os trabalhadores do ferro triplicaram seu número entre 1851 e 1881, construtores navais, maquinistas e assemelhados mais do que triplicaram os deles. A porcentagem de homens habilitados em muitas destas indústrias era extremamente alta, talvez tão alta como 70-75 em maquinaria,[38] e a posição relativa deles certamente melhorou. A ascensão da construção de navios de ferro baixou a porcentagem dos aristocratas, que tinha sido esmagadora nos navios de madeira, embora nem todos igualmente prósperos,[39] e ela permaneceu provavelmente em 50-60 por cento até a ascensão das máquinas automáticas.[40] O número de tipógrafos — outra indústria com uma alta porcentagem de habilitados — também mais do que triplicou. O caso da indústria do ferro e aço é ligeiramente diferente. A porcentagem de homens habilitados no ferro era alta — quase 44 na amostra de Levi de 1865[41] e os salários eram altos, mas os ganhos eram irregulares e o total real de pobreza entre eles parece ter sido alto, como eram a miséria geral e o atraso dos seus centros. Cidades como Middlesbrough, Wolverhampton e Neath chegam quase ao máximo em qualquer lista de analfabetismo ou pauperismo da velhice.[42] Apesar de tudo, os salários nominais anormalmente altos e a prevalência universal da subempreitada tornou o ferro e o aço um reduto da aristocracia do trabalho.

Os ofícios de construção também cresceram relativamente, e como conservaram suas velhas estruturas, mantiveram a força da aristocracia do trabalho.

O período portanto presenciou provavelmente uma transferência do centro de gravidade dentro da aristocracia do trabalho dos velhos ofícios pré-industriais para as novas indústrias metalúrgicas, e a emergência de alguns elementos da aristocracia do trabalho em ofícios previamente considerados (erroneamente) como compostos essencialmente de trabalhadores. Sua força numérica relativa não pode, contudo, ter aumentado.

Da década de 1890 até 1914

Neste período começam a aparecer estatísticas genuinamente úteis. Emergimos da obscuridade para algo como a luz do dia. Acima de tudo, possuímos estimativas gerais confiáveis do tamanho das várias camadas da classe trabalhadora, sendo os elementos semiproletários agora menos importantes do que antes.

Já que muitas pesquisas sociais estavam mais interessadas em isolar a miséria do resto do que em separar o conforto excepcional, sabemos mais sobre a camada do fundo do que sobre a de cima. As estimativas são coerentes umas com as outras. Na Londres de Booth, os "pobres", os "muito pobres" e a "classe mais baixa" constituíam entre si 30,7 por cento da população total dos 40 por cento da classe trabalhadora. Na York de Rowntree (1899), as classes equivalentes constituíam 27,8 por cento da população e 43 por cento dos assalariados que trabalhavam.[43] Uma estimativa mais impressionista para Potteries (1900) dá mais ou menos o mesmo número: três oitavos.[44] Quarenta por cento é portanto uma medida grosseira bem suficiente da seção "submersa" dos trabalhadores, dos quais dois terços iriam, numa ocasião ou outra de suas vidas — principalmente na velhice —, se tornar realmente miseráveis; a última degradação.[45] Deve-se notar que esta seção é consideravelmente maior do que o número daqueles que ganhavam o que era tecnicamente um "salário de trabalhador". Assim, as famílias cuja renda era menor do que 21s. constituíam apenas 13,8 por cento dos assalariados de York, e a "linha principal da pobreza" na pesquisa de Bowley e Burnett-Hurst de Cinco Cidades de 1910-12 foi traçada acima de 13 ou 13,5 por cento das famílias ou 16 por cento dos trabalhadores.[46] (A porcentagem de Rowntree daqueles que viviam na "pobreza principal" era de 12,7.)

As estimativas para a camada de cima são também razoavelmente coerentes umas com as outras. Owen estimou-a em um oitavo — digamos 13 por cento — em Potteries, em 1900. Na amostra de

Booth dos 75 mil trabalhadores de Londres, 17 por cento ganhavam acima de 40s., mas ele considerou isto um tanto favorável demais. A classe "F" nas suas investigações do East End continham 14,9 por cento de trabalhadores.[47] Contudo, a amostra de 356 mil trabalhadores das 38 indústrias cobertas no Censo Salarial de 1886 incluíram apenas 8,1 por cento com salários acima de 35s.[48] Podemos supor como um guia grosseiro que a aristocracia do trabalho incluía não mais do que 15 por cento da classe trabalhadora, embora isso possa ser aumentado pela inclusão dos empregados, guarda-livros, gerentes, etc. "mais bem pagos". Todas as impressões concordam que eles constituíam uma minoria um tanto pequena.[49]

O ponto importante a notar sobre esta aristocracia do trabalho é que ela *não* incluía todos os trabalhadores que podiam ser tecnicamente descritos como habilitados ou como artesãos. Embora seja seguro dizer que praticamente nenhuma mulher ganhava mais do que o salário de um trabalhador, e quase tão seguro dizer que poucos "trabalhadores" ganhavam o suficiente para fazer parte dos 15 por cento, dificilmente qualquer ocupação habilitada carecia de uma porcentagem de homens que ganhasse uma renda de baixo nível, bastante diferente da hierarquia dos ofícios mais ou menos aristocráticos em profissões geralmente "habilitadas", carpinteiros e marceneiros entre os construtores, fabricantes de pincéis de pintura entre os fabricantes de escovas, tipógrafos de jornal no ofício de tipografia etc.[50] Nos ofícios estáveis como construção e maquinaria, aqueles que ganhavam 25s. ou menos em 1906 (não um mau ano) constituíam cerca de 10 por cento: contudo, outros ofícios podiam, como vimos, carregar uma "cauda" muito mais longa.

O tamanho real da aristocracia variava grandemente de uma indústria para outra. Podemos dividir as indústrias convenientemente em três grupos: aquelas nas quais a aristocracia constituía cerca de 20 por cento do número total de homens em 1906, aquelas nas quais ela constituía cerca de 10 por cento e aquelas nas quais ela constitua significativamente menos do que 10 por cento.

Contudo, o nível da aristocracia do trabalho não é medido absolutamente mas também relativamente. Daí ser importante distinguir aquelas indústrias nas quais os aristocratas tinham abaixo deles uma quantidade anormalmente grande de trabalho mal pago, e as outras (Tabela IV).

É claro que, com algumas exceções — algodão, botas e calçados, ferrovias e talvez roupas —, o tamanho da seção mal paga é, grosseiramente, inversamente proporcional àquela dos aristocratas. Podemos portanto presumir que o conservantismo extremo dos aristocratas do algodão surgiu do conhecimento de que eles defendiam posições de privilégio numa indústria na qual, em condições normais, teriam permanecido muito mais baixo: e o conservantismo um tanto menos extremo dos trabalhadores em botas e calçados pelo fato de eles terem conseguido um grupo anormalmente grande de "rendas médias" do que teria sido de outra forma uma proporção muito maior de rendas baixas. Na verdade, sabemos que os trabalhadores ingleses de algodão foram os únicos do seu tipo na Europa Ocidental a organizarem sindicatos de ofício permanentes; os trabalhadores em botas e calçados, o único grupo composto em parte de trabalhadores fabris de produção em massa a organizarem sindicatos permanentes antes do fim do século dezenove.

Na verdade, as posições políticas e econômicas dos aristocratas do trabalho refletem umas às outras com precisão fantástica. A tabela V arrola algumas das ocupações mais bem pagas:

Duas coisas impressionarão o *leitor: primeira,* a mudança decisiva da "superaristocracia" dos ofícios para os metais, e uma menor extensão para a indústria do algodão, desde 1867 (compare a Tabela I); *segunda,* o fato de todos estes aristocratas (com exceção dos maquinistas de trem e um grau de maquinistas) pertencerem a ofício nos quais o trabalho por peça era prevalente ou forçado pelos sindicatos.[51] A Sociedade Unida dos Maquinistas, contudo, apenas tolerava isso, embora seus membros mais bem pagos estivessem na verdade recebendo por peça. O trabalho por peça provou ser a forma de pagamento de salário mais adequada para o capitalismo em mais sentidos do que Marx previu.

Tabela III. Indústrias com alta, média e baixa proporção de aristocratas do trabalho em 1906

Ganhos dos trabalhadores masculinos	40s. e mais	45s. e mais
Altos	26,8	19,6
Fabricação de Ferro e Aço		
Maquinaria, Fabricação de caldeiras	21,2	11,3
Construção naval	22	14,9
"Várias indústrias metalúrgicas"	20	11,4
Algodão	18,6	10,1
Construção	18,2	6,8
Marcenaria etc.	19,1	9,0
Tipografia	31,6	19,2
Malharia	19,1	10,6
Médios		
Roupas	11,2	6,2
Cerâmica	11,3	6,1
Profissões variadas	10,3	5,4
Produtos químicos	9,3	4,6
Ferrovias	8,7	5,6
Serviços públicos	8,5	3,6
Baixos		
Alimentos, Bebidas, Fumo	7,8	3,7
Lã	5,7	3,0
Botas e calçados prontos	5,4	2,1
Fabricação de Tijolos e Telhas	5,4	2,4
Borracha	6,8	3,5
Seda	3,4	1,4
Jura	2,2	0,8
Linho	4,9	2,6

Fonte: Censo Salarial (N.B. Este não inclui a mineração de carvão).

**Tabela IV. Porcentagem de "plebeus " em certas indústrias, 1906
Trabalhadores masculinos que ganhavam 25s. e menos**

Grupo Alto			
Ferro e Aço	31,4	Algodão	40,6
Construção naval	32,2	Construção	25,4
Maquinaria e Fabricação de	29,7	Marcenaria	22,7
Caldeiras		Tipografia	16,0
Vários Metais	31,1	Malharia	33,3
Grupo Médio			
Roupas	36,2	Produtos Químicos	40,3
Cerâmica	40,4	Ferrovias	49,7
Ofícios Variados	42,4	Serviços Públicos	40,5
Grupo Baixo			
Alimentos, Bebidas, Fumo	47,3	Borracha	54,6
Lã	50	Seda	51,9
Botas e Calçados Prontos	39	Juta	69,8
Tijolos e Telhas	50,2	Linho	66,9

Com as exceções parciais dos maquinistas e dos homens das locomotivas todos os homens desta lista pertenciam a sindicatos com uma tradição conservadora ininterrupta. Os fiandeiros de algodão investiram suas economias pessoais e dos sindicatos nas fábricas de algodão.[52] Os trabalhadores habilitados dos estaleiros em Jarrow e Newcastle fizeram o mesmo em sua indústria e os fabricantes de caldeiras enviaram seus funcionários para se tornarem funcionários nas associações dos seus patrões.[53] Os rendeiros eram ultrarrespeitáveis. Os fundidores de aço estavam na verdade entre os primeiros sindicatos a apoiarem a Comissão de Representação do Trabalho. Isto pode ser porque eles eram, em certo sentido, um "sindicato novo" (organizado em 1886). O aço era uma indústria peculiar porque recrutava para ela mais extensamente os trabalhadores que subiam de nível do que qualquer outro ofício aristocrático, e o sindicato — provavelmente por este motivo — tinha gostos mais industriais do que artesanais e era um forte partidário da profissão fechada compulsória. Contudo, seu líder Jonh Hodge era e permaneceu um liberal e não um socialista. O sindicato mais velho dos trabalhadores do ferro se recusou a filiar-se ao Partido Trabalhista até 1912.[54]

Tabela V. Ocupações nas quais mais de 40 por cento dos trabalhadores masculinos ganhavam 40 shillings ou mais em 1906

Ocupação	40s. e mais	45s. e mais
Laminadores (construção naval)	81,7	73,7
Calafates (construção naval)	78,3	61,4
Fiandeiros de Algodão (contagem de 80 e acima)	77,6	52,6
Rendeiros (braço de alavanca)	77,4	67,0
Maquinistas (ferrovias)	71,7	54,9
Rebitadores (construção naval)	70,5	60,5
Laminadores (maquinaria, salário por peça)	68,5	50,3
Fiandeiros de Algodão (contagem de 40-80)	67,9	48,3
Engrenagens e Laminação (aço, salário por peça)	61,5	52,1
Rebitadores, Calafates (maquinaria, por peça)	56,7	38,0
Torneiros (maquinaria, peça)	48,8	30,4
Ajustadores (maquinaria, peça)	47,6	26,6
Fiandeiros de Algodão (contagem abaixo de 40)	44,9	20,4
Laminadores (maquinaria, salário por tempo)	44	16,4
Pudladores (ferro e aço, peça)	39,7	27,2

Durante este período, contudo, certos membros há muito estabelecidos da aristocracia do trabalho começaram a sentir a concorrência da maquinaria e a ameaça de rebaixamento. Mais uma vez isto se reflete em suas atitudes políticas. Não muitos sindicatos se filiaram à Comissão de Representação do Trabalho antes do julgamento Taff Vale. Eles eram, com exceções desprezíveis, os principais sindicatos "novos" da safra de 1889 e os seguintes sindicatos "velhos": Trabalhadores em Bronze, Encadernadores de Livros de Londres, Operários NU de Botas e Calçados Tipógrafos de Londres, Pintores, Polidores à Francesa, Fundidores de Ferro, Trabalhadores de Fantasia em Couro, Operários Navais e Associação Tipográfica. Destes os Encadernadores de Livros estavam no meio de uma luta contra a mecanização e a diluição, os Tipógrafos ocupados enfrentando o desafio das máquinas de linotipo e monotipo, os Polidores à Francesa e Trabalhadores de Fantasia em Couro típicos dos ofícios perseguidos pela subdivisão e subempreitada, os Fundidores de Ferro ameaçados pela ascensão da moldagem à máquina e os Operários navais lutando para se manter contra os ofícios ascendentes da construção naval de metal.[55] Os pintores mal podiam ser considerados um ofício aristocrático, sendo na maioria semi-habilitados e casuais. Os fabricantes de botas e calçados tinham sido derrotados recentemente num combate importante com os patrões sobre a questão da mecanização, e estavam numa fase de recuo.[56] Os Trabalhadores em Bronze enfrentavam o declínio da moldagem e a ascensão dos "menos habilitados" em estamparia e prensagem, mudanças de longo alcance nas exigências e uma derrota séria na Arbitragem de 1900 que enfraqueceu grandemente o sindicato.[57]

Para resumir: neste período os aristocratas do trabalho continuaram substancialmente do mesmo tipo e composição que no terceiro quartel do século dezenove, embora seu centro de gravidade mudasse mais na direção das indústrias metalúrgicas.

Não é fácil resumir esta discussão do tamanho da aristocracia do trabalho. O seu tamanho relativo aumentou ou diminuiu? Não sabemos realmente o suficiente para dizer. Num palpite, ela não era provavelmente maior nas décadas de 1860 e 1870 do que a camada favorecida tinha sido antes de 1850 (pelo menos devido à grande transferência do trabalho não aristocrático da agricultura, onde ele continuou fora da "hierarquia proletária", para as áreas industriais). Mas sua posição como aristocracia era muito mais firme. Por exemplo, não era mais verdade que os colapsos a afetavam mais severamente do que aos não aristocratas, como foi alegado certa vez.[58] Da década de 1870 até 1900 ela provavelmente aumentou. Num período de queda de preços e dos custos de vida e uma nova gama de artigos de consumo mais baratos é mais fácil para a camada marginal superior dos trabalhadores intermediários ou médios se beneficiar de um padrão aristocrático, embora os "plebeus" provavelmente conseguissem pouco disso a não ser uma subsistência ligeiramente menos apertada. Contudo, provavelmente é inseguro concluir qualquer coisa da nossa pesquisa exceto que a aristocracia do trabalho representava uma média de, digamos, 10 a 20 por cento do tamanho total da classe trabalhadora, embora em regiões ou indústrias individuais ela pudesse ser maior ou menor.

Negligenciei deliberadamente as variações regionais de níveis de salários. Elas eram extremamente grandes, embora a partir da década de 1870 se multipliquem sinais de padronização e uma diminuição do diferencial. Contudo, dentro de cada região a aristocracia local podia ocupar a mesma posição relativa com os seus "plebeus", continuando as outras coisas iguais, embora seu nível absoluto, como na Escócia, pudesse ser mais modesto do que em outras partes.

III. O LUGAR DA ARISTOCRACIA DO TRABALHO NA ESTRATIFICAÇÃO SOCIAL

Nesta seção vou considerar três problemas: o "diferencial" entre os aristocratas do trabalho e o resto, a distância entre eles e a pequena burguesia e os patrões, e o problema da "coexploração".

O "diferencial"

O principal motivo por que há um grande diferencial entre ocupações habilitadas e não habilitadas, "aristocráticas" e "plebeias" no capitalismo é que o exército industrial de reserva de desempregados e subempregados, que determina os movimentos gerais de salários, afeta as diferentes categorias de trabalhadores de maneira diferente. Ele funciona no primeiro exemplo principalmente mantendo baixos os salários daquele tipo de trabalho que se expandem com mais facilidade: isto é, dos menos habilitados. Um motivo específico para isso na Inglaterra era que os aristocratas do trabalho gozavam geralmente do poder de tornar o seu trabalho artificialmente escasso, restringindo a entrada na profissão, ou por outros meios. Se eles perdessem isto — por exemplo, pela ascensão incontrolável das máquinas — deixariam, como os cardadores de lã, de ser aristocratas do trabalho. Daí na Inglaterra vitoriana haver sempre alguns grupos de trabalhadores que viviam virtualmente sempre em condições de pleno emprego, enquanto uma massa muito maior vivia virtualmente sempre no que era para os patrões um mercado maravilhoso de compradores. O desenvolvimento do capitalismo era de diminuir esta segurança relativa dos aristocratas do trabalho, e as duas Guerras Mundiais foram para remover a velha pressão do exército industrial de reserva sobre os não habilitados. Daí houve uma diminuição marcante do diferencial desde 1914. Antes disso, contudo, estas forças ainda não eram fortes.

Contudo, na verdade outra força uniu os salários dos diferentes graus por diferenciais rígidos em ofícios de padrão antiquado: o costume.* O salário do servente de pedreiro pendia do salário do pedreiro jornaleiro, embora fizesse isso por um fio moderadamente elástico. Nessas indústrias os patrões que contratavam trabalhadores tinham em mente as escalas de salários, e os trabalhadores por sua vez determinavam que tipo de salário cobravam por considerações tradicionais: o que tinha sido considerado um salário "justo" ou um diferencial estabelecido; o que os outros trabalhadores numa posição semelhante (ou numa posição que parecesse comparável) obtinham.[59] Podemos portanto distinguir entre dois tipos

---

* Ver capítulo 17.

de indústria: os ofícios tradicionais nos quais os diferenciais fixados se mantinham bem, e as novas indústrias, nas quais as considerações capitalistas haviam varrido as velhas tradições, e os níveis mais baixos eram em consequência relativamente piores, os aristocratas relativamente melhores.[60] Devemos nos lembrar, contudo, que *(a)* o salário dos "trabalhadores" em todas as indústrias era, em origem ou essência, sempre um salário de subsistência e *(b)* que os elementos tradicionais permaneceram por muito tempo eficazes no capitalismo inglês e ainda não estão mortos. O principal resultado disto durante o século dezenove foi permitir aos patrões contratarem até aristocratas do trabalho por muito menos do que poderiam ter conseguido, já que eles eram lentos para aprender como cobrar mais "o que o tráfego podia trazer" do que o que consideravam um salário "justo" para um homem habilitado em comparação com outros homens habilitados e com os trabalhadores. Por outro lado, por este sistema, a fronteira entre o aristocrata do trabalho e o trabalhador era provavelmente muito mais nítida e fixa.

Falando de maneira geral, nos ofícios tradicionais o "trabalhador" ou "ajudante" recebia cerca da metade do salário do artesão ou um pouco mais. *O State of the Poor*, de Eden, estimou os salários dos artesãos rurais em 1795 em 2s. 6d. a 3.v., os trabalhadores rurais em 1s. 6d. por dia. Em Macclesfield em 1793 os artesãos ganhavam 3s., os trabalhadores 1s. 8d. Os salários dos operários navais de Portsmouth entre 1793 e 1823 eram em média cerca do dobro do dos seus trabalhadores.[61] Em muitas ocupações urbanas, mais tarde, no século dezenove (e talvez mesmo antes), o diferencial parece ter sido menor — talvez mais perto de 40 por cento —, embora possamos duvidar se ele seria muito menor se tomarmos, não os ganhos *médios* do artesão (que incluem, como vimos, uma maioria que ganhava um salário subaristocrático), mas apenas aqueles dos aristocratas. Assim, nos ofícios de construção os artesãos parecem ter ganho mais como 30 ou 40 por cento acima dos trabalhadores.[62] Como regra geral podemos dizer que o diferencial podia chegar mais perto de

100 por cento, quanto mais forte, mais exclusivo e "aristocrático" o ofício; ou alternativamente se tornar maior, quanto menor a taxa do "distrito" para a mão de obra não habilitada (como por exemplo, nas áreas puramente rurais). Assim, em Manchester o nível dos trabalhadores oscilava em torno de 50 por cento dos níveis dos ajustadores de máquinas entre 1830 e 1871 enquanto em Leeds, onde o nível dos ajustadores era mais baixo, assim também era o diferencial. Em Londonderry, os trabalhadores ganhavam coerentemente menos do que a metade dos salários dos operários navais entre 1821 e 1834.[63] Em compensação, 100 por cento é um guia suficientemente útil para a diferença entre o mais alto e o mais baixo, embora não para os níveis intermediários.

A situação é bastante diferente nas novas indústrias, exceto quando o nível de subsistência do trabalhador não habilitado for a base de toda a estrutura salarial.[64] Aí o diferencial era não só maior como mais elástico. Assim, entre 1823 e 1900 os salários dos fiandeiros de máquinas automáticas nunca foram menores do que 221 por cento dos salários dos grandes tecelões por peça e só caíram abaixo de 200 por cento em quatro anos. Na indústria do ferro, os salários dos pudladores variavam entre 200 e 240 por cento dos salários dos trabalhadores de 1850 até 1883. No alvejamento, o diferencial entre os rendeiros à mão (masculinos) e as mulheres que operavam as máquinas de alvejar de 1850-83 (as últimas = 100) variavam entre 230 e 393. Os operários importantes do ofício de rendas em Nottingham na década de 1860 ganhavam três vezes ou mais o salário dos enfeitadores e concertadores.[65]

Estes diferenciais excepcionalmente grandes eram devidos ou a salários excepcionalmente altos para certos trabalhadores (especialmente nas indústrias altamente cíclicas, nas quais a curva de suprimento de mão de obra podia realmente inclinar-se para trás em épocas muito atarefadas), ou a salários excepcionalmente baixos para os não habilitados; tais como aqueles das mulheres e crianças, que podiam ser seguradamente diminuídos muito abaixo do mínimo de subsistência. Isto era especialmente importante nos ofícios com diferenciais incertos mas restrição de entrada eficaz; daí as queixas constantes em ofícios como a tipografia quanto à multiplicação dos aprendizes e à introdução de mulheres. Contudo, podia ter havido um diferencial fixo mesmo para estas. De qualquer maneira Dudley Baxter acreditava que em muitos ofícios os salários médios de um menino, mulher e moça podiam somar aqueles de um homem adulto.[66]

O que aconteceu com estes diferenciais durante o século dezenove? Nossa informação sobre a primeira metade é defeituosa demais para nos permitir dizer muito, mas é claro que entre a década de 1840 e 1890 o diferencial se alargou, e que ele não se estreitou substancialmente (se na verdade não continuou a se alargar) entre a década de 1890 e 1914. Isto conflita com a afirmação de Marshall de que os salários da mão de obra não habilitada haviam subido mais depressa do que os da habilitada, mas as observações de Marshall sobre o assunto de mão de obra habilitada e não habilitada são excepcionalmente pouco dignas de confiança (ou talvez esperançosas).[67]

As peculiaridades do mercado de trabalho inglês tomam este período anormalmente favorável para o desenvolvimento de altos diferenciais. Assim a Inglaterra teve durante todo o período de 1851 1911 cerca de 108 mulheres em idade de trabalho (15 aos 49 anos) para cada 100 homens; um excesso muito grande do tipo de mão de obra mais mal pago, nem todo o qual era absorvido pela demanda crescente por empregados domésticos na segunda metade do século. Como vimos, as indústrias domésticas que haviam empregado em parte muitas mulheres caíram catastroficamente depois de 1851 — p. ex., a fabricação de rendas, luvas e chapéus de palha, e certas formas de mão de obra feminina na mineração e na agricultura também desapareceram.[68] Novamente, o trabalho infantil permaneceu surpreendentemente importante neste país, não mostrando nenhuma tendência significativa a diminuir em indústrias importantes até muito tarde no século. Em 1891 ele constituía ainda quase 5 por cento da população total ocupada, comparados com menos de 3 por cento na Alemanha.[69] Inevitavelmente isto baixou os padrões de muitos não aristocratas. Há bastante evidência de que o intervalo entre os aristocratas e a camada inferior alargou-se nas décadas do meio século, muito ao contrário das afirmações gerais, neste sentido.[70] Isto aconteceu certamente nos ofícios de construção em Londres, embora nesta indústria o diferencial seja provavelmente mais rágido do que em muitas outras. Entre 1850 e 1870 os níveis habilitados subiram mais vezes, e mais cedo numa média de três anos do que os não habilitados. A evolução diferente dos salários dos homens e mulheres — sendo as mulheres *par excellence* a categoria mais mal paga e mais facilmente substituível — apontam na mesma direção. Na indústria de tecidos de lã penteada o aumento do salário médio dos homens entre 1855 e 1866-8 (1850 = 100) foi de 66 por cento, das mulheres de 6 por cento. Na indústria do algodão os ganhos médios semanais dos fiandeiros automáticos subiu de 1850-71 8s.3d. das tecelãs (mulheres) 3s. Entre 1856 e 1870 o índice do nível-padrão para os fabricantes de moldes e cortadores subiu seis pontos, dos trabalhadores em máquinas, quatro; as comparações para o período de 1834 até 1884 em Manchester dão resultados semelhantes. Na verdade, uma fábrica de máquinas de Manchester mostra que os ajudantes de laminadores ganharam ligeiramente menos em 1874 do que a média de 1851 enquanto os salários dos laminadores havia subido de 25 por cento. Nas minas de carvão do Lancashire, os salários dos descarregadores não habilitados caíram entre 1850 e 1880, os dos carroceiros semi-habilitados subiram, os dos carvoeiros e maquinistas subiram mais ainda. Nos estaleiros o diferencial entre laminadores e ajudantes era de 85 por cento em 1863-5, 88 por cento em 1871-7 e 91 por cento em 1891-1900.[71] A ausência de séries comparáveis de ganhos, ou mesmo de níveis salariais para trabalhadores habilitados e não habilitados — devido à nossa ignorância dos salários dos não habilitados —, torna essas comparações difíceis. Contudo, uma estimativa geral para o Lancashire de 1839-59 confirma essa impressão.[72]

Naturalmente não devemos esperar que este diferencial tenha alargado suave e firmemente. Houve ocasiões em que os salários dos não habilitados subiram mais depressa do que os dos habilitados — p. ex., em áreas que se expandiam rapidamente e nos surtos econômicos. Houve ocasiões — especialmente nos colapsos — em que eles caíram mais depressa. Já que o salário normal do não habilitado era determinado por uma saturação normal do mercado de trabalho, devemos esperar que ele seja bastante mais sensível do que o salário do habilitado, e daí se mover mais aos arrancos. Assim, segundo o índice de ganhos de Pollard nos ofícios pesados de Sheffield em 1850-1914, as flutuações dos ganhos dos não habilitados eram entre três a quatro vezes maiores do que as dos fundidores habilitados de 1850 a 1896, entre duas, e três vezes maiores do que as dos maquinistas habilitados. Os ganhos médios dos maquinistas na década de 1890-1900 eram 39 pontos acima dos de 1951-60, os dos fundidores eram 31 pontos mais altos, enquanto os dos não habilitados só tinham subido 18 pontos apesar das suas flutuações muito maiores (1900 = 100)[73]. É possível que a crença na tendência dos salários dos não habilitados subirem mais depressa do que os dos habilitados seja devida a uma má interpretação desta tendência maior de flutuar, não insensível à tendência. É fácil observar que os salários dos não habilitados em Sheffield subiram 13 pontos entre 1872 e 1873 (subindo os maquinistas 8 pontos e os fundidores 5 pontos), ou que eles subiram 24 pontos entre 1880 e 1881 (contra 13 e 6 respectivamente) ou 20 pontos entre 1888 e 1889 (contra 3 e 4 pontos). É fácil ignorar o fato de que eles caíram 14 pontos em 1874-5 (contra um aumento de 5 e uma queda de 1 ponto), que eles caíram 24 pontos em 1883-4 (contra a perda de 2 e 2 pontos), e 35 pontos em 1890-2 (contra 14 e 10 pontos). Tomado tudo em conjunto, a tendência geral para os salários dos habilitados subiram mais depressa do que os dos não habilitados.

Já que as décadas do meio do século foram um período de preços crescentes, segue-se que o padrão de vida dos aristocratas melhorou relativamente ainda mais do que seus ganhos reais. Mais uma vez, sabemos muito pouco a respeito disto. Há poucos inventários dos bens da família de um trabalhador habilitado.[74] Apesar disso, sabemos o suficiente em geral do "artesão" bem-vestido e bem-calçado com o seu relógio de ouro, móveis maciços e comida sólida para indicar o contraste com as massas miseráveis que tomavam emprestado alguns shillings do "prego" — 60 por cento de todos os penhores em agosto de 1855 eram de 5s.ou menos em valor, 27 por cento de 2s. 6d. ou menos[75] — e que viviam no limite da subsistência.[76]

É praticamente certo que esta tendência continuou até a Primeira Guerra Mundial. Assim os cálculos de Rowe mostram a porcentagem média dos níveis dos trabalhadores não habilitados na construção, nas minas de carvão, a indústria do algodão, máquinas e as estradas de forro caindo entre 1886 e 1913 de 60,2 até 58,6 dos habilitados, apesar do ligeiro estreitamento do diferencial entre os construtores. No algodão, a questão é bastante clara.[77] (Naturalmente, é inteiramente provável que houve áreas e ocasiões em que isto não foi assim.) O problema real do período do começo do imperialismo é quão importantes eram os trabalhadores semi-habilitados, e o que aconteceu com os salários deles. No período das décadas de 1840-70 eles podem ter ganho ligeiramente melhor do que os trabalhadores, mas quase certamente — se é que Chadwick é algum guia — a posição deles não melhorou significativamente em relação aos aristocratas do trabalho. Entre 1886 e 1913, eles perderam terreno para a aristocracia do trabalho, exceto — mas a exceção é importante — nas indústrias metalúrgicas que estavam sofrendo as primeiras fases da revolução da produção em massa e do algodão. Seus níveis médios nas cinco indústrias de Rowe permaneceram estáveis em cerca de 77 por cento dos habilitados.[78]

A aristocracia do trabalho e as camadas mais altas

A relação entre a aristocracia do trabalho e as camadas mais altas quase certamente pioraram durante o fim do século dezenove, e isto começou a afetar seriamente o seu *status,* embora não os seus ganhos. Aqui estamos em território mal pesquisado, porque pouco se sabe sobre assuntos tais como perspectivas de promoção, de "emergir da classe trabalhadora" e sobre assuntos semelhantes.

Embora o melhor estudo sobre o assunto tenha sido feito para uma pequena cidade dinamarquesa[79] a situação geral é clara. A classe trabalhadora tornou-se progressivamente mais distinta das outras classes e internamente recrutada, e as chances dos seus membros (ou seus filhos) se estabelecerem como patrões ou produtores independentes se tornou progressivamente pior desde os primeiros dias do industrialismo. Apesar de tudo, é evidente que até o fim do século dezenove as possibilidades dos aristocratas do trabalho se estabelecerem independentemente ou entrarem para as classes empregadoras não eram de modo algum desprezíveis. Devemos, naturalmente, negligenciar uma boa quantidade de mudanças sociais que não os tirou fora dessa camada da "classe média inferior", à qual, como vimos, eles eram considerados como pertencendo socialmente. Muitos dos 5 por cento dos membros do sindicato dos funileiros que se estabeleceram independentemente cada ano na década de 1860* provavelmente não a deixaram; nem os líderes do sindicato que se estabeleceram como estalajadeiros ou tipógrafos agentes de notícias.[80] (Inversamente, um capataz tipógrafo, filho de um joalheiro fabricante de relógios independente, neto de um funileiro e fabricante de fogões, ou um maquinista da BSA, filho de um pequeno maquinista independente de Birmingham, não se sentiriam como rebaixados de classe.)[81] Contudo, há uma quantidade de exemplos de trabalhadores em melhores condições subindo nos

---

* Calculados dos seus Relatórios Trimestrais.

postos médios da classe empregadora, embora poucos deles se tornando muito ricos. A pequena escala de muitas indústrias e a prevalência universal da subempreitada tornava isto bastante possível, e na verdade obscurecia a linha entre o trabalhador e o patrão.[82] Além do mais, mesmo naquelas indústrias em que dificilmente qualquer trabalhador podia esperar começar uma firma bem-sucedida o caminho para as altas posições administrativas nas pequenas fábricas estava bem aberto. Muitos gerentes de fábricas de algodão nas décadas de 1890 e começo da de 1900 parecem ter vindo das fileiras do sindicato dos fiandeiros; da mesma forma como o principal fabricante de garrafas de Castleford fora certa vez secretário geral do sindicato. É fato aceito que muitos gerentes de trabalhadores em ferro e aço eram capatazes promovidos.[83]

Contudo, seria errado presumir que as opiniões da aristocracia do trabalho fossem grandemente afetadas pelas perspectivas — remotas, na melhor das hipóteses — de deixarem sua camada. O que os afetava era o conhecimento de que ocupavam uma posição firme e aceita logo abaixo dos patrões, mas muito longe acima do resto. Em muitos países continentais havia, mesmo na década de 1880, uma quantidade de rivais para esta posição. Havia fortes grupos da pequena burguesia próspera e do campesinato rico; corpos grandes e respeitados de funcionários públicos, padres secundários, professores de colégio, ou mesmo empregados de escritório. Havia sistemas de instrução pública primária e secundária que proporcionavam meios alternativos de subir na escala social pela força, destreza manual, treinamento em ofício e experiência do aristocrata do trabalho: a diferença social entre o trabalho físico e mental era muito mais marcada, mesmo nos níveis mais baixos. Na Inglaterra (o caso da Escócia é um tanto diferente), nenhum destes existia, exceto o sacerdócio ou o ministério não conformista; e o primeiro era em grande parte recrutado da classe dirigente, ao passo que o último servia muitas vezes como uma ligação entre a aristocracia do trabalho e as fileiras inferiores da classe empregadora. Nenhum sistema de educação primária geral existia até 1870, de educação secundária até 1902. As camadas de burocratas e funcionários eram de importância desprezível. (Assim, em 1841 havia apenas 114 mil funcionários públicos e "outras pessoas instruídas" — o que inclui banqueiros, comerciantes, corretores e agentes bem como empregados, lojistas, homens de atividades literárias e científicas — na Inglaterra em cerca de 6,5 milhões de pessoas em idade de trabalhar.)

A era imperialista mudou tudo isto, substituindo os patrões não administradores ou acionistas por proprietários-administradores, introduzindo uma cunha de trabalhadores burocratas, e em menor extensão de técnicos e administradores recrutados independentemente entre os aristocratas do trabalho e os "patrões", reduzindo a posição social relativa deles, limitando suas chances de promoção e criando uma "hierarquia alternativa" de servidores civis e do governo local e professores. Em 1914, este processo tinha certamente caminhado um pouco, embora ele fizesse mais sentido no Sul e nas cidades portuárias do que nas comunidades puramente industriais ou de mineração do Norte e na "orla céltica". Admitidamente muitas das novas camadas eram, de uma forma ou de outra, filhas da "classe média inferior" (inclusive as seções da aristocracia do trabalho), mas isto não alterou o efeito delas. De qualquer maneira é seguro dizer que no fim da era Edwardiana o intervalo acima da aristocracia do trabalho havia se alargado, embora o abaixo dela ainda não tivesse se estreitado significativamente.[84]

"Coexploração"

O capitalismo em suas primeiras fases se expande, e até certo ponto funciona, não tanto subordinando diretamente grandes corpos de trabalhadores aos patrões, mas subcontratando a exploração e a administração. A estrutura característica de uma indústria arcaica tal como a da Inglaterra no começo do século dezenove é aquela na qual todos os níveis exceto os trabalhadores mais baixos contém homens ou mulheres que tenham alguma espécie de "incentivo de lucro". Assim, o empregador de maquinaria pode subcontratar a fabricação de uma locomotiva com um "patrão por peça" que empregaria e pagaria os seus próprios artesãos com o preço; e estes por sua vez empregariam e pagariam os seus próprios trabalhadores. O empregador pode também contratar e pagar capatazes, que por sua vez contratariam, e teriam um interesse financeiro em pagar essa mão de obra que não trabalhasse por subcontrato. Esse labirinto de subcontratos interligados apresenta certas vantagens. Ele permite o empreendimento em pequena escala expandir as operações sem aumentar grandes massas incontroláveis de capital circulante, proporciona "incentivos" a todos os grupos de trabalhadores que vale a pena agradar, e permite à indústria enfrentar flutuações agudas da demanda sem ter que arcar com uma carga permanente de despesas indiretas. (Por este motivo certas variedades de subcontratação são ainda largamente usadas nas indústrias com grandes flutuações da demanda, tais como o comércio de roupas, e nas indústrias primitivas que sofriam rápida expansão, tais como o surto de construção de casas da década de 1930.) Por outro lado ele apresenta desvantagens, que tem feito o capitalismo desenvolvido em grande escala abandoná-lo pela administração direta, emprego direto de todos os níveis, e a provisão de "incentivos" pelas várias formas de pagamento por resultado. Historicamente, ele pode ser considerado como uma fase transitória do desenvolvimento da administração capitalista, da mesma forma como a compra e venda de postos no serviço público e a contratação do exército por subcontratos nos séculos dezesseis e dezessete pode ser considerada como uma fase transitória de desenvolvimento das burocracias e forças militares modernas. Proponho chamar este fenômeno de "coexploração", na medida em que ele transformou muitos membros da aristocracia do trabalho em coempregadores dos seus colegas, e dos seus trabalhadores não habilitados.[85]

Até que ponto era generalizada a coexploração? Que efeito teve ela sobre a natureza da aristocracia do trabalho? O segundo ponto é mais fácil de discutir que o primeiro.

É fácil exagerar a contribuição da coexploração para a constituição de uma aristocracia do trabalho. Ela foi quase certamente muito generalizada na primeira metade do século, quando a aristocracia não estava totalmente desenvolvida. Muitos aristocratas se opunham a ela sob a forma de subcontratos e de subcontratar os capatazes, ou mesmo sob a forma de pagamento por resultados, já que achavam com razão que isso era um artifício para explorá-los ao máximo. Assim, os aristocratas de trabalho incontestos tais como os maquinistas, se opunham rigidamente ao trabalho por peça (quanto mais ao subcontrato), e talvez tivessem sucesso em reduzir o pagamento por resultados, como certamente tiveram sucesso em retardar a sua expansão[86] até o período do imperialismo; ao passo que os operários navais, embora acostumados aos subcontratos de grupos, eram esmagadoramente pagos por tempo.[87] A hostilidade dos sindicatos a esses sistemas de subcontrato como "domínio por peça", "camaradagem", "domínio-frotado" etc. foi razoavelmente constante, como tal sobreviveu numa forma vestigial na fiação de algodão até 1949 e nos estaleiros até mais tarde. Finalmente, o subcontrato como sistema geral pode bem favorecer a emergência não tanto de uma aristocracia do trabalho mas de uma massa que se esforça, e muitas vezes não particularmente próspera, de pequenos patrões e exploradores, alguns dos quais conseguiram emergir na camada dos patrões enquanto outros recaem de tempos em tempos no trabalho assalariado. As "indústrias exploradoras" típicas da Inglaterra e do Continente não eram necessariamente aquelas com uma forte aristocracia do trabalho. Assim, devemos considerar a coexploração mais como algo que reforçou a posição de uma aristocracia do trabalho que existia do que como algo que por si mesmo permitiu que ela passasse a existir. Provavelmente o seu principal resultado foi o de acentuar a sensação de superioridade qualitativa que os seus membros tinham sobre os "plebeus" e os trabalhadores intermediários. Os capatazes e supervisores que constituíam 3-4 por cento da força de trabalho em muitas indústrias na década de 1860[88] e todos os quais, durante todo o século dezenove, tinham um elemento de coexploração e subcontrato ligado a eles[89] foram sempre tão agudamente conscientes disto — pelo menos na forma do direito de contratar e despedir — que eram geralmente considerados pelos trabalhadores como "homens do chefe". O simples fato de pagar o salário de um trabalhador tornava o artesão um tipo superior de trabalhador, não simplesmente um trabalhador mais bem pago, mesmo que ele não tivesse interesse em explorá-lo realmente. Além do mais, essas relações tornavam mais fácil para os aristocratas do trabalho manterem uma exclusividade e uma restrição dos números que podiam de outra forma ter sido difíceis de manter, p. ex., na fabricação de caldeiras e algodão.

Até que ponto prevaleceu a coexploração? Sob a forma de subcontratação ela prevaleceu largamente na indústria do ferro e aço, construção de navios de ferro, uma parte da mineração de carvão (notadamente nos Midlands), todas as oficinas em pequena escala ou ofícios "explorados", muitos ofícios de transportes tais como a estiva, no período da construção rápida, nas obras públicas, construção de ferrovias e minas e assemelhados, e em vários outros ofícios. Nas indústrias de construção e maquinaria ela estava certamente lutando numa ação de retaguarda no período de 1850-73, e na tipografia onde ela não era fora do comum, seus dentes tinham sido arrancados em parte pelo sindicalismo, em parte pelos contratos de grupos genuinamente cooperativos (embora estes estivessem declinando rapidamente).[90] Na forma mais geral de contratação de trabalhadores habilitados ou pagando os seus não habilitados, ou os trabalhadores habilitados sendo pagos pelos resultados enquanto os seus ajudantes eram pagos por tempo, ela prevaleceu também no algodão, na cerâmica, nas minas, e na verdade de uma ou outra forma em muitas indústrias nas quais o trabalho por peça predominava. O subcontrato-direto estava certamente declinando depressa desde a década de 1870 (exceto para as indústrias e situações mencionadas anteriormente). Comparativamente, pouco sobreviveu à Primeira Guerra Mundial.[91] O mesmo é verdade com relação aos homens habilitados contratando os não habilitados. Estes sistemas foram cada vez mais substituídos pelo trabalho por peça comum, ou (a partir de 1900) por métodos mais "científicos" de pagamento por resultados, o que serviu para aumentar os ganhos de muitos aristocratas do trabalho, mas serviu também — como o acontecimento mostrou — para destruir a barreira entre eles e os trabalhadores por peça semi-habilitados. Contudo, podemos presumir que a coexploração coloriu as relações de muitos aristocratas do trabalho para níveis inferiores até o último quartel do século dezenove; sendo as exceções principais os ofícios de construção, maquinaria e alguns ofícios antigos.[92]

IV. A ARISTOCRACIA DO TRABALHO SOB O CAPITALISMO DE MONOPÓLIO

Se esta pesquisa se concluísse simplesmente em 1914 sem algumas palavras sobre o desenvolvimento futuro da aristocracia do trabalho do século dezenove, daria uma impressão ilusória. Porque 1914 marca um "Veranico" ilusório para esta camada, como marca para o capitalismo inglês como um todo. As novas tendências que iriam miná-la já haviam surgido, embora só algumas já tivessem se feito sentir. O período de 1914 em diante iria ver um colapso da velha aristocracia do trabalho comparável ao colapso dos velhos ofícios manuais habilitados, e os trabalhadores-chave especializados ligados às indústrias domésticas — cardadores de lã, tosquiadores, entalhadores e assemelhados — nas décadas após as Guerras Napoleônicas, embora provavelmente mais sério. Podemos notar resumidamente os seguintes fatores: *Primeiro,* as regiões das "indústrias básicas" do século dezenove (isto é, os redutos da aristocracia do trabalho de então) declinaram nas Áreas Deprimidas dos anos interguerras. *Segundo*, a mudança dos sistemas de pagamento de salários fizeram com que o diferencial entre "habilitados" e "não habilitados" se estreitasse firmemente de 1914 até a década de 1950, embora nas indústrias de trabalho por peça isto não fosse necessariamente refletido num estreitamente equivalente dos ganhos. *Terceiro*, a ascensão de uma classe grande de operadores de máquinas semihabilitados pagos principalmente pelos resultados, e a diminuição relativa em números do velho tipo não habilitado do trabalhador "ajudante" preencheram grande parte do grande intervalo que certa vez separara o aristocrata do plebeu; além do mais, em algumas indústrias a mecanização rebaixou realmente os aristocratas do trabalho. *Quarto*, o crescimento continuado da camada burocrática, administrativa e técnica (o "escritório" contra a "oficina") baixou a posição social deles ainda mais, relativamente e talvez absolutamente; porque os novos técnicos e administradores podiam agora ser recrutados não só dos filhos dos aristocratas do trabalho do velho tipo, mas também dos filhos e filhas da primeira geração da camada burocrática e técnica.

Este rebaixamento é até certo ponto refletido na mudança da política dos sindicatos dos antigos trabalhadores aristocratas. Não constitui nenhum acidente alguns dos sindicatos mais conservadores do fim do século dezenove — maquinistas, fabricantes de caldeiras, fundidores de ferro e vários grupos de trabalhadores em minas — terem hoje se tornado os sindicatos nos quais a liderança esquerdista é mais marcada. Contudo, não se pode falar de um rebaixamento por *atacado* da aristocracia do trabalho. Algumas seções (nas indústrias antiquadas) mantiveram seus diferenciais virtualmente intatos — p. ex., o algodão, onde os sindicatos também permaneceram muito conservadores. Algumas eram protegidas pelo monopólio dos piores resultados dos colapsos, como no ferro e aço; algumas, como a construção, sobreviveram com pequenas mudanças importantes do século dezenove; outras, como a tipografia, ajustaram-se às novas mudanças tecnológicas antes de 1914. Outras ainda se beneficiaram pela ascensão de novas indústrias: carros, obras elétricas, maquinaria leve e assemelhados. Mesmo hoje há muitos grupos que pertencem aos trabalhadores mais bem pagos como teriam pertencido à aristocracia do trabalho em 1900. Apesar de tudo, houve uma mudança. Mesmo na área de Birmingham, que votou em Chamberlain, o conservantismo e o imperialismo desde 1886 até 1945 mudou subsequentemente para o Trabalhismo.

A análise da aristocracia do trabalho sob o capitalismo do monopólio deve portanto continuar um tanto diferentemente daquela do capitalismo do século dezenove. Posso concluir simplesmente sugerindo algumas das linhas pelas quais ela pode continuar; observando que pode não ser mais possível torná-la simplesmente uma análise da camada mais bem paga da classe trabalhadora inglesa.[93] *Primeiro,* ela terá que notar as sobrevivências e adaptações da aristocracia do século dezenove; inclusive a expansão de que era então um grupo numérica e politicamente muito pequeno, o funcionalismo permanente em tempo integral dos sindicatos e os políticos em tempo integral entre os líderes trabalhistas. *Segundo,* ele terá que acentuar a nova aristocracia do trabalho de trabalhadores burocratas, técnicos e semelhantes assalariados que (até agora com exceções seccionais ou temporárias) se considera tão "diferente" da classe trabalhadora a ponto de permanecer em grande parte conservadora na política e não organizada, exceto em associações especiais. *Terceiro,* ela terá que enfrentar a emergência de uma camada relativamente satisfeita de "plebeus" promovidos ao trabalho fabril semi-habilitado, para garantir os empregos dentro e em torno do aparelho vastamente inchado do governo e assim por diante; daqueles grupos geralmente organizados pelos dois grandes Sindicatos Gerais que, embora começando como organizações revolucionárias e mesmo marxistas, se tornaram cada vez mais redutos da política sindical direitista.[94]

Finalmente, ela terá que considerar seriamente as implicações do comentário de Engels de que

> o proletariado inglês está se tornando cada vez mais burguês, de forma que esta mais burguesa de todas as nações está aparentemente desejando em última análise a posse de uma aristocracia burguesa e um proletariado burguês *bem como* de uma burguesia. Para uma nação que explora o mundo inteiro isto é naturalmente até certo ponto justificável.[95]

Até que ponto, sob as condições do imperialismo, monopólio e capitalismo de estado, todos — ou a maioria dos — trabalhadores recebem algum benefício da posição imperialista do seu país? Até que ponto toda a classe trabalhadora inglesa está na posição daqueles grevistas do norte da Itália contra os quais em 1917 — como conta Gramsci[96] — foi enviada uma brigada de soldados da atrasada Sardenha? "Para que vocês vieram a Turim?", os comunistas lhes perguntaram: "Viemos para reprimir a elite que está em greve." "Mas aqueles que estão em greve não são a elite; eles são trabalhadores e são pobres." "Estes caras são todos da elite: todos eles usam colarinho e gravata e ganham 30 liras por dia. Eu conheço a gente pobre e como ela se veste. Em Sassari eles são pobres; e nós ganhamos 1 lira e 50 por dia." No século dezenove este problema mal surge, porque migalhas como essas dos superlucros que eram atiradas aos trabalhadores certamente iam para a aristocracia do trabalho e não para muitos outros. Na fase moderna do capitalismo inglês isto pode não ser mais assim. Contudo, a análise da estratificação da classe trabalhadora e dos resultados políticos dos trabalhadores receberem benefícios seccionais, por menores e irreais que sejam, pode ajudar-nos a compreeender os problemas da classe trabalhadora inglesa do meio do século vinte, mesmo que as divisões reais dentro dela não sejam mais sempre aquelas que eram típicas do século dezenove.

O conceito de "aristocracia do trabalho" desempenha uma grande parte na análise marxista da evolução dos movimentos trabalhistas. Ele tem sido usado também por outros observadores — por exemplo J.A. Hobson. Os anti-marxistas tenderam a lançar dúvidas sobre ele, como sobre tantas outras partes da análise Marxista. Assim um trabalho polêmico recente observa que "a teoria da aristocracia do trabalho é tão artificial como a teoria da luta de classes dentro do campesinato".[97] Espero que este capítulo tenha mostrado que, até onde diz respeito ao século dezenove na Inglaterra, ele se apoia em fundamentos sólidos de realidade econômica e política.

Notas

1. Todas as referências até 1906 são aos importantes volumes da *Earnings and Hours Enquiry* (Censo Salarial) a menos que declarado de outra forma.
2. *Dep. Cttee on Pupil Teatchers*, 1898, XXVI, *disperso e* esp. p. 2.692; cf. também *R.C. on Poor Law*, 1905-9, Ap. VIII, p. 86.298, Sir B. Browne (construtor naval).
3. *Effects of the Factory System* (1899), de Allen Clarke.
4. *Interdep. Cttee on Physical Deterioration*, 1904, XXXII, pp. 4.422-4.
5. *Pupil Teachers*, pp. 2.287-8, 8.524, 4.397, S.329, 11.479, 3.471.
6. P. ex., *Picture of a Manufacturing District* (1856), de E. Potter, pp. 22-3. De uma população estimada em 21 mil a classe média é estimada em 500, a classe média inferior que não ganha salários em 1.500, inclusive as famílias.
7. *Our New Master* (1873), de Thomas Wright, pp. 3, 6. Cf., o extraordinário capítulo sobre "O Trabalhador Não Habilitado" em *Working Men and Women* e um Trabalhador (1879).
8. *R.C. Labour*, 1893-4, XXXII, p. 2.801-10, XXXV, pp. 789-801.
9. *Loc. cit.* Também G. Howelt: *Conflicts of Capital and Labour* (1890), p. 175.
10. *London Labour* de Mayhew, III, pp. 231-2. "O fato de pertencer a alguma dessas sociedades que invariavelmente distinguem a classe melhor

dos trabalhadores da pior", *English Pleasure Carriages* de W.B. Adams (1837), p. 187, que por este motivo não acredita que os sindicatos sejam perigosos. *Statistical Tables and Returns of Trade Unions* (I887); *R.C. Trade Unions*, evidência de Applegarth (1867, XXXII, p. 168).

11. *Beehive*, 25 março 1871. Assim os Maquinistas, Assentadores de Tijolos, Carpinteiros e Pedreiros combinados tinham 13 filiais com 1.001 membros nos bairros atuais do East End, mas 29 com 3.204 membros ao sul do Tâmisa.

12. *R.C. on Aged Poor*, 1895, pp. 16.545-9, evidência de H. Allen, secretário da Sociedade Profissional dos Trabalhadores em Joalheria, Birmingham. Ver também W.B. Adams, *op. cit.*, pp. 188-9 para a hierarquia social entre as várias classes de fabricantes habilitados de carruagens.

13. *The Proletariat* (1937), de G. Briefs, p. para exemplos.

14. Assim Mayhew, *op. cit.*, III, p. 311 classifica os "pobres" em três divisões: artesãos, trabalhadores e profissionais secundários.

15. HMSO: Guias para as Fontes Oficiais 2. *Census Reports of Great Britain 1801-1931* (1951), pp. 27 ss.

16. Os condados com população mineira foram omitidos neste cálculo. A fonte mais conveniente para os números ocupacionais de 1841 é *An Analysis of the Occupations of the People*, de W. F. Spackman (1847).

17. *An Economic History of Modern Britain*, de J.H. Clapham, II, p. 35 para resumo mais conveniente dos rendimentos. Estou com Clapham em presumir — para estas ocupações — que os patrões que deixam de comunicar o número de empregados são principalmente pequenos produtores autoempregados.

18. *J.R. Stat. S.*, IV (1841), p. 164; mas os 75 por cento incluem muitos tipos transitórios.

19. Comunicações MS do Censo de 1851, PRO, HO 107.0 recenseador comunicou sobre o 552 4jD. distr. de contagem. 17, pp. 434 ss.

20. "Condition of the Working Class in Bristol", de B. Fripp, *J.R. Stat. S.* II, p. 372; "Condition of the Working Class in Hull", *ibid.*, V. pp. 212 ss. Os números foram calculados deduzindo o número de casos pertencentes aos "níveis médios e mais altos" (213). O número mais alto é baseado apenas no número de moradias da classe trabalhadora cujos móveis puderam ser verificados.

21. *Capital*, de K. Marx, I, cap. 24 para os motivos da sua força aumentada.

22. *Minutes of Manchester Typographical Society,* Webb, Col. EA, XXX, p. 51 (Biblioteca da EEL).
23. Hist. TU (1894) de Webb, pp, 180-2, *Story of the Engineers* (1946), de J.R. Jofferys, pp, IS, 22.
24. *Conurbation* (1948), do Grupo do Midland Ocidental, pp. 122-3.
25. *The National Income* (1868) de D. Baxter, Ap. IV.
26. *Op. cit.,* III, p. 231.
27. Chegou-se a ele como se segue: As subdivisões V-VII de Baxter (homens que ganhavam menos de 20 shillings) e *todos* os trabalhadores de sexo feminino e crianças, com as exceções declaradas. Já que os preços eram mais altos na década de 1860 do que no fim do século, os limites escolhidos provavelmente superestimaram o tamanho da aristocracia do trabalho. Em 1858 um salário de 27s. (não contando as perdas pelo mau tempo) não era considerado como suficiente para manter a família de um trabalhador em construção de Liverpool com três filhos longe da "pobreza"; cf. *Town Life* pelo autor de *Liverpool Life,* etc. (1858) 1 pp. 65-6.
28. "On Forty Years Industrial Changes in England and Wales" de T.A. Wolton, *Trans. Manchester Stat. Soc.* (1897-8), pp. 153 ss. dá os números convenientemente.
29. *The Industrial Development of Birmingham and the Black Country* (1939), de G.C. Allen, p. 126.
30. O melhor do movimento deles: Associação Nacional para Promoção da Ciência Social, *Report on Trade Societies* (1860), pp. 521 ss., esp. 540-1; *R.C. on Trades Unions* (1876) disperso. Ver também as memórias de Dronfield e Uttley em *Notes and Queries,* 1948, pp, 145-8, 279-80.
31. *Wages in the Nineteenth Century* (1900), de A.L. Bowley, p. 117.
32. *History of Wages in the Cotton Trade* (1910), de G.H. Wood, p. 136.
33. *J.R. Stat. S.,* LXV (1902), p. 109.
34. *Ibid.,* pp. 116,125,
35. *Miscell. Statistics,* 1866, LXXIV, p. 743.
36. Não tenho nenhum registro do uso moderno da palavra "semi-habilitado" antes de 1894 (Conferência da *Gas Workers and General Labourers' Union,* p. 77), embora o NED não o registre antes de 1926. Para um reconhecimento inicial deles como grupo, *o Workers' Union Record,* setembro 1916, p. 11, referindo-se ao movimento na BSA de Birmingham, 1904.

37. *Railway Labour 1830-70*, de P. W. Kingsford (Tese ph.D., Biblioteca da Universidade de Londres), 1951, p. 6, mostra os "habilitados" subindo de cerca de 9 para cerca de 12 por cento entre 1847-50 e 1884; mas os níveis administrativos e de supervisão declinaram de 6,7 por cento em 1850 para 3,7 por cento em 1884.

38. "The Wages, Hours and Trade Customs of the Skilled Engineer in 1861", de J. e M. Jofferys, *Econ. Hist. Rev.*, XVII, I (1947), p. 30; *J.R. Stat. S.*, LXVIII (1905), p. 384.

39. *The Shipwrights' Journal* (Sunderland 1858), pp. 20-1 para as queixas.

40. *R.C. on Trade Unions*, 1867, XXXII, p. 17.167 (35 por cento da Fábrica de Ferro do Tâmisa não habilitados), pp. 17.363-4 (cerca de 50 por cento dos construtores de navios de ferro são trabalhadores). *R.C. on Labour*, 1892, XXXVI, p. iii, Grp.A, Resposta aos Questionários TU (pp. 274-87). (58 por cento em 8 pátios ingleses, 66 em 6 escoceses são habilitados).

41. Levi (1865), *op. cit.*, p. 122. Metade dos "lingadores" com os seus ajudantes foram encaminhados para cada grupo.

42. Ver *Registrar-General's Reports* para o analfabetismo; *The Aged Poor* (1894), de C. Booth, *At The Works* (1900) de Lady Bell, p. 94, para a miséria da velhice.

43. *Poverty* (edição popular), de B.S. Rowntree, pp. 150-1.

44. *The Staffordshire Potter* (1900), de H. Owen, pp. 346-7.

45. Charles Booth em *R.C. on Aged Poor* (1895), pp. 10.860-2.

46. *Livelihood and Poverty* (1915), de A.L. Bowley e A. R. Burnett-Hurst. Esta pesquisa negligencia irregularidades dos ganhos, exceto no ofício de construção.

47. Booth, IX, p. 371; I, p. 35.

48. *General Report on the Wages of the Manual Labour Classes in the UK*, pp. 1.893-4,1-XXXIII.

49. Não sabemos completamente como estas estimativas seriam afetadas pelo maior conhecimento da renda familiar como um todo. Os números pioneiros de Bowley e Burnett-Hurst, *op. cit.*, sugerem que em algumas áreas as rendas familiares podem ter sido muito aumentadas pelos ganhos além do dos pais. Na amostra deles um trabalhador sustentava em média a si mesmo e 1,3 outros. Números anteriores sugerem que em algumas áreas industriais o mesmo era

verdadeiro (p. ex., "Income and Expenditure of the Working Classes in Manchester and Dukinfíeld in 1836 and 1841" de W. Nield, *J.R. Stat. S.,* IV, pp. 320 ss.). Mas em outras áreas — campos de carvão (Bowley e Burnett-Hurst), cidades portuárias (Condições da Classe Trabalhadora em Hull, *J.R. Stat. S.,* V, p. 213) etc. — , isto provavelmente não era assim. Uma amostra das respostas do Censo MS para Newcastle em 1851 mostra menos de 5 por cento de esposas trabalhando, em Bristol cerca de 15 por cento. As investigações de Booth da renda familiar dos trabalhadores em vinte ofícios de Londres — I, p. 381 — mostram que entre os mais bem pagos (38s. e acima) os ganhos de todos os outros membros da família somavam apenas cerca de 10 por cento do nível semanal-padrão do pai. Na verdade podemos presumir que a função principal dos outros que trabalhavam na família nessas áreas ou indústrias era elevar a renda semanal ao nível normal do nível do trabalhador, se os ganhos do pai fossem insuficientes para conseguir isto. O salário do pai *era* a renda da família e, os homens que não podiam manter suas famílias se considerariam a si mesmos com razão como pertencendo a uma classe muito mais pobre do que a aristocracia do trabalho e bem podiam perder o respeito próprio. A rejeição apaixonada do Teste de Recursos pelos trabalhadores entre as guerras — muitas vezes aristocratas do trabalho rebaixados — apoia esta opinião. Contudo, os ganhos-extra da família podem ter aumentado o tamanho da aristocracia do trabalho em alguns casos. Por outro lado não sabemos até que ponto isto foi causado pela necessidade de atender aos membros pobres da família (principalmente os velhos). As respostas em *The Aged Poor* de Booth (Coluna: Assistência de Parentes) não fornecem informações suficientemente quantitativas, mas sugerem (a) que havia muito disso, e (b) que no mínimo o aluguel dos velhos era pago, "uma indicação do que se receava acima de todas as coisas" (p. 159).

50. Booth. V, p. 74, IX, p. 210, VI, p. 230; *R.C. Labour* Gp. C, pp. 18.820-6, 18.860-1.
51. *Industrial Democracy* (1897), de Webb, pp. 1, 286.
52. "The recruiting of the employing classes from the wage-carners in the cotton industry", de Chapman e Marquis, *J.R. Stat. S.,* (1912); *The Labour Question in Britain* (1896) de P. de Rousiers, pp. 261 ss.; *Eco-*

nomic and Political Origins of the Labour Party, de D.M. Good (Tese, Biblioteca da EEL, 1936), pp. 221-2.

53. *The Aged Poor*, de Booth, p. 113; *History of the United Society of Boiler-makers* (1905), de D.C. Cummings, pp. 103, 119, *Economic History of British Shipbuilding* 1870-1914, de S. Pollard (Tese ph.D., Biblioteca da Universidade de Londres, 1950), p. 159.

54. *Men of Steel* (1951), de A. Pugh, p. 81; *From Workman's Cottage to Windoor Castle* (1931), de John Hodge, pp. 61,138-9.

55. Encadernadores de Livros. *The London of Bookbinders* (1952), de E. Howe e J. Child, cap. XXI: "A Luta pelo Pleno Emprego"; Tipógrafos: *The London Society of Compositors* (1940), de E. Howe e H. Waite, pp. 202-6; *A Hundred Years of Progress* (1953), de S. Gillespie, pp. III ss.; ver Relatórios para os índices de desemprego, também *Annual Report of Amal. Society of Plate andMachine Moulders* (Oldham), 1894, p. 5; Construtores Navais: Pollard, op. cit., pp. 156-9.

56. *History of the National Union of Boot & Shoe Operatives* (1958), de A. Fox, caps. 212,

57. G.C. Allen, *op. cit.*, pp. 228-31, 251-2; *Brass Chandelier* (1940), de R.D. Brest, cap. X, pp. 80-1; *Women's Work and Wages* (1906) de Cadbury, Mathesoon, Shann, p. 263 e em geral, *The Life ofWJ. Davis*, de W.A. Dalley.

58. "Statistics of the present Depression of Trade at Bolton", de H. Ashworth, *J.R. Stat. S.*, V (1842), p, 79. Daí o modo, expresso na época cartista: "Basta baixar a classe do artesão deste país ao nível do trabalhador e a Carta terá que ser concedida". *R. C. Trade Unions*, 1867, p. 8.753. Os movimentos Radical e Cartista das décadas de 1830 e 40 foram tão generalizados em grande parte porque os artesãos com algumas exceções, estavam de fato sendo temporariamente rebaixados.

59. *Wages in Theory and Practice* (1929), de J.W.F. Rowe, pp. 156 ss. para uma boa discussão disto.

60. Mayhew, op. cit., III, faz esta distinção muito claramente.

61. Eden, *disperso. Wages in the Nineteenth Century*, de Bewley, p. 61.; "A Statistical Account of the Parish of Madron, Cornwall, *J.R. Stat. S.*, II, p. 217.

62. *The Builder's History* (1923), de Postgate; "Statistics of Wages in the UK in the Last 100 years", de A.L. Bowley, VI-VII, *J.R. Stat. S.*, LXIII (1900), VIII. *J.R. Stat. S.*, LXIV (1901); Bowley, *op. cit.*, p. 90.

63. "Statistics of Wages in the UK in the last 100 years", de A.L. Bowley e G. Wood, XXI, 7. *R. Stat. S.*, LXVIII (1905), pp. 137, 376-7, 380-1.

64. Kingsford, *op. cit.*, p. 145 para as estradas de ferro, *Journal of Gas Lighting* 52 (1888), p. 286 para o gás. Estatísticas de Trevethin (Pontypool), *J.R. Stat. S.*, III, p. 370 para dragagens e carvoeiros.

65. Algodão: calculado de Wood, *op. cit.*, p. 131; ferro e alvejamento: Levi (1885), pp 143,126; rendas: *Misc. Stats.* (1866), p. 274.

66. Baxter, *op. cit.*, p. 49.

67. *Principies*, 8ª edição, p. 716. Também p. 3.

68. Como isso era generalizado nas áreas rurais pode ser visto pelo mapa do Censo de 1851 reimpresso em *Econ. Hist. of Modem Britain*, II, de Clapham.

69. "Statistik der jugendlichen Fabrikarbeiter", de K. Oldenberg, *Shmoller's Jahrbuch*, XVIII, p. 969.

70. *A glimpse at the Social Conditions of the Working Classes during the early part of the present century* (1860), de J.D. Burn, p. 30.

71. Construção: Wages in the Nineteenth Century de Bowley, p. 90; *Increasing Return* (1933), de G.T. Jones, pp. 258 ss; *J. R. Stat. S.*, LXIV (1901). Tecidos de lã penteada: *J.R. Stat S.*, LXV, pp. 110-11. Algodão: *Wages in the Cotton Trade* (1910), de G. H. Wood, p. 131. Maquinaria: *J.R Stat. S.*, LXIX, pp. 158-9; *Tr. Manchester Stat. S.*, 1884-5, pp. 13, 30; *Wages and Earnings of the Working Classes* (1885) de Leone Levi, p. 102. Carvão: Levi. *loc. cit.*, p. 136. Estaleiros: *J.R. Stat. S.*, LXXII, pp. 174 ss.

72. "On the rate of Wages in Manchester and Salford and the manufacturing districts of Lancashire 1839-59", de D. Chadwick, *J.R. Stat. S.*, XXIII (1859).

73. "Wages and Earnings in the Sheffield Trades, 1851-1914", de S. Pollard, no *Yorkshire Bulletin of Economic and Socail Research*, VI (1954), p. 62.

74. *Les Ouvriers des Deux Mondes*, de Le Play, 2 ser., III, p. 69: também P. de Rousiers, *op. cit.*, pp. 14 ss.

75. *Tabulur Returns on Pawnbroking* (Liverpool 1860), não paginado. Biblioteca de Goldsmith, pp. xix, 60 (2).

76. *Not Like This* (1953) de Jane Walsh, para um quadro da margem de subsistência mesmo no século vinte; *Round About a Pound a Week* (1913), da Sra. P. Reeves.

77. Rowe, op. cit., p. 49, *Cotton Textile Wages in the United States and Great Britain 1860-1945* (N. I. 1948), de R. Gibson, p. 56.
78. A mudança da mão de obra mal paga para ocupações mais bem-pagas que teve lugar durante todo o período após a década de 1840 — p. ex., da agricultura para a mineração e estradas de ferro, da mão de obra não habilitada para o trabalho semihabilitado ou do trabalho doméstico para o fabril — não afeta por si mesmo a estratificação social.
79. *Soziale Umschichtungen in einer daenischen Mittelstadt*, de T. Geiger (Acta Juntlandica, 1951).
80. P. ex., John Doherty (Webb, Hist. TU, p. 104), Martin Jude *(The Miners' Unions of Northumberland and Durhamm*, de Wetbourne, 1923, p. 61), William Newton (Webb, p. 188 s.), T. Dunning o fabricante de calçados (Reminiscências de Dunnings, *Trans. Lanes. & Chesh. Antig. Soc.* LIX, 1947).
81. *Solo Trumpet* (1953), de T.A. Jackson, pp. 26-7, *Worker Union Record*, abril 1922.
82. Nat. Ass. for Prom. Soc. Sci.: *Report on Trade Societies* (1860), pp. 530-34.
83. Chapman e Marquis, op. cit., *R.C. Labour,* Gp. C, 30.069-81; *Economic History of Steelmaking 1867-1939* (1939), de D.L. Burn, pp. 3-12.
84. Ver também *Amount and Distribution other than Wages below the income to exemption limit in UK* de Cannan e Bowley (British Ass., 1910). Nenhum número bom está disponível para o declínio da administração pelo dono ou a ascensão de uma camada distinta de "técnicos e administradores".
85. *Methods of Industrial Remuneration* (1892), de D.F. Schloss é a obra-padrão. Ver também numerosos Inquéritos Parlamentares sobre Trabalho, Sindicatos, Leis dos Patrões e Empregados, o Sistema de Exploração Máxima e assuntos semelhantes, e monografias de algumas indústrias exploradas ao máximo.
86. J. e M. Jefferys, *op. cit.*, p. 43.
87. 84,5 por cento da amostra de 1886 na construção de navios de madeira eram pagos por tempo. Os carpinteiros opunham-se aos subcontratos nos estaleiros desde 1882, *R.C. Labour,* R. 22.077.
88. Baxter, *op. cit.*, p. 48.

89. Schloss, *op. cit.*, cap. XII.
90. *Ibid.* cap. XIII. Para a localização das queixas sobre os subcontratos em certas indústrias e áreas, cf., *S.C. on Mines,* 1866, XIV, *S.C. on Master & Servant,* 1866, XIII, *R.C. Labour* (1891 -1893), *disperso.*
91. *The Payment of Wages* (1918), de G.D.H. Cole, resume a posição.
92. *Industrial Democracy,* de Webb. cap. v, para a melhor discussão das atitudes por tempo e trabalho por peça.
93. Para uma discussão mais completa, ver Capítulo 16, *Trends in the British Labour Mouvement,* pp. 316 *seq.*
94. Ver Capítulo 10 *de General Labour Unions in Britain 1889-1913,* pp. 179 seq.; *Trade Unionism and Munitions* (1923), de G.D.H. Cole, p. 205.
95. *Selected Correspondence* (1934), de Marx-Engels, pp. 115-16.
96. *La Questione Meridionale* (Roma 1951), de A. Gramsci, pp. 18-19.
97. *The Pattern of Communist Revolution* (1953), de H. Seton-Watson, p. 341.

Apêndice

Algumas maneiras possíveis de descobrir a composição da aristocracia do trabalho. Os níveis de salários e, quando disponíveis, os ganhos têm sido usados como o principal critério de participação na aristocracia do trabalho. Em virtude da falta de dados antes da década de 1890, alguns métodos suplementares de análise podem ser sugeridos. Eles têm a desvantagem dos fatos estarem abertos a diferentes interpretações, isto é, de que se precisa saber *a priori* qual a interpretação a ser preferida. É por isso que eles não foram usados no texto.

O primeiro é baseado na proporção de mulheres e crianças numa indústria. O argumento é o seguinte: uma alta proporção de mulheres e crianças sempre demonstra um nível geral baixo de salários ou uma "cauda" grande de artesãos rebaixados. Contudo, não é possível determinar por aí se a aristocracia do trabalho na indústria é tão pequena a ponto de ser desprezível (como na juta) ou simplesmente distinta da massa (como no algodão). Além do mais, certas ocupações são intrinsecamente inadequadas para as mulheres e os adolescentes (p. ex., fabricação de gás). Uma proporção anormalmente alta de meninos nestas pode demonstrar salários deprimidos para os homens ou, mais provavelmente, uma vantagem anormal para os homens, e daí uma aristocracia de trabalho potencialmente maior (como talvez em alguns campos de carvão).

O segundo é baseado na proporção de trabalhadores idosos. O argumento aqui é o seguinte: Uma proporção anormalmente alta de homens com mais de, digamos, 60 anos numa ocupação indica que o trabalho é muito habilitado e muito leve (como na fabricação de relógios) ou que ele é simplesmente muito leve (como na vigilância de portões) ou que a ocupação atrai os velhos e enfermos e contém assim provavelmente uma alta preparação de não aristocratas. Se o trabalho é especialmente duro, uma proporção relativamente alta pode ser absolutamente bastante baixa. Podemos assim concluir que as ocupações para "idosos" são muito aristocráticas ou muito plebeias. Contudo, devemos ter em mente que em muitas profissões é afinal materialmente impossível para os velhos trabalhar, p.ex., pôr carvão nas retortas de gás ou pudlamento de ferro.

Ao considerarmos estes dois argumentos devemos nos lembrar que as ocupações não habilitadas devem esperar conter normalmente uma pequena porcentagem dos muito jovens e dos muito velhos.

O terceiro é baseado nas estatísticas de analfabetismo. O argumento aqui é um pouco mais complicado, *(a)* Pode-se sustentar que as áreas "aristocráticas" serão menos analfabetas do que as plebeias. Mas deve-se ter em mente que há uma tendência geral das velhas ocupações econômicas, bem ou mal pagas, serem mais analfabetas do que as novas — p.ex., no começo do século dezenove (um tanto surpreendentemente) para uma parte da agricultura ser mais alfabetizada do que a indústria. *(b)* Pode-se sustentar que uma disparidade anormal entre a alfabetização dos homens e mulheres indica uma condição anormalmente deprimida das mulheres, e daí dos não habilitados e da mão de obra de baixo nível em geral.

O quarto é baseado nas estatísticas de pauperismo, especialmente na velhice. Aqui a presunção é que as áreas menos aristocráticas conterão também mais pauperismo na velhice. Contudo, em contraposição a isto há *(a)* o fato de que o pauperismo na velhice será geralmente menor nas comunidades locais apertadas onde a ajuda da vizinhança e da família é comum (p.ex., nas aldeias e cidades pequenas) e *(b)* de que certas regiões mostram uma tendência notavelmente maior em economizar para a velhice do que outras.

Os dois primeiros argumentos nos permitem acompanhar o curso da aristocracia do trabalho seccionalmente, os dois segundos regionalmente ou localmente. As estatísticas para eles estão disponíveis nos Censos, nos Escrivães Gerais e nos Relatórios da Lei dos Pobres.

Para ilustrar o primeiro ponto. A tabela seguinte mostra a proporção de meninos e mulheres em várias ocupações em 1865 (Fonte: Levi).

Pode parecer portanto que, na falta de outras informações, a proporção de meninos e mulheres principalmente nos ajuda a descobrir os ofícios habilitados com uma grande "cauda" de trabalhadores deprimidos que de outra forma podiam passar despercebidos. Seria um engano usar os números demais — p. ex., concluir que os tipógrafos em 1865 continham uma aristocracia do trabalho menos forte ou marcada do que os alfaiates.

O segundo ponto é igualmente inconclusivo. Assim, uma análise do censo escocês de 1861 mostra que os homens de 60 e mais constituíam mais de 10 por cento da força de trabalho em numerosas indústrias fabris, principalmente têxteis e as relíquias da indústria doméstica; e de 7 a 10 por cento do içamento de carvão, gasômetros e pedreiras. Mas eles constituíam também mais de 10 por cento num certo número de ofícios, tais como o de construção, fabricantes de sapatos, tanoeiros e cuteleiros que não tinham nenhum direito a se considerarem como especialmente deprimidos.

O terceiro critério dá resultados mais interessantes. Podemos dividir as áreas ocupacionalmente especializadas da Inglaterra e de Gales em dois grupos, o "velho" e o "novo". Dentro das velhas áreas há uma distinção clara entre áreas agrícolas e as velhas cidades de ofícios.

Proporção de meninos e mulheres em ocupações, 1865

Ofícios com menos de 30 por cento de meninos, menos mulheres:

A *Ofícios leves*	**B** *Ofícios mais pesados*	**C** *Trabalho pesado*
*Instrumentos musicais	Maquinaria	Fervura de açúcar
*Litógrafos	*Serradores, Tanoeiros	Moleiros
*Instrumentos Científicos	Construção Naval	Trabalhadores de pedreiras
?*Alfaiates para Homens	?*Construção	Fabricantes de sal
*Peleteiros, Curtidores	?*Cerzidores	Cervejeiros
*Fabricantes de relógios de		
bolso e parede	Chafarizes	Fervedores de sabão
*Fabricação de carruagens		Trabalhadores de gás
?*Fabricação de arreios		Fabricantes de tijolos
*Fabricação de pentes		

D Ofícios com menos de 30 por cento de meninos e mais de 30 por cento de mulheres:

*Encadernação de livros botas e sapatos
*Fabricantes de estojos de couro
*Entalhe de madeira
*Chapeleiros
*Ouro e prata

E Ofícios leves:	**F Pesados ou enérgicos (mais de 30 por cento de meninos e mulheres)**
*Tipografia	Mineração de carvão
?*Marcenaria	?*Ferro
Estofaria	Produtos químicos
?*Cutelaria	*Vidro
?*Fabricantes de escovas	?*Outros metais, além do ferro
?*Outros trabalhos de madeira	

---

*Conhecidos como aristocráticos, ou por conterem uma alta proporção de aristocratas.
?* Contendo uma aristocracia, mas também muitos trabalhadores deprimidos.

Nas primeiras — tomando 1863 como nosso ponto de observação —, o analfabetismo masculino era razoavelmente alto — 28 a 36 por cento, 29 por cento para os soldados, e o analfabetismo feminino coerentemente mais baixo do que o dos homens. (Mas este fenômeno só havia surgido na década de 1850.) Nas últimas, geralmente, o analfabetismo era muito mais baixo do que a média, mas as mulheres eram menos instruídas do que os homens — p. ex., em Melksham (têxteis de West Country), as porcentagens eram de 23 a 26 respectivamente, em Stroud (têxteis do West Country), de 21 a 24, em Bristol, 19 a 26, em Rotherhithe (construção naval e ofícios ribeirinhos), 16 a 23. Dentro das novas áreas podem ser feitas três distinções. Primeiro, há cidades nas quais a mão de obra habilitada era forte, com um analfabetismo coerentemente baixo. Estas algumas vezes são difíceis de distinguir das velhas cidades de ofícios, mas é significativo que não só os velhos centros de construção naval, como os novos centros de construção e reparos navais como Birkenhead (15 a 25 por cento) tivessem pouco analfabetismo. Segundo, há os centros atrasados e analfabetos de mineração e comércio de ferro e as áreas semidomésticas, de semiofícios, espantosamente barbarizadas dos West Midlands. Nestas, tanto os homens como as mulheres são ignorantes, embora as últimas um tanto mais. Em 1863 a média conjunta excedia 45 por cento — número terrível — em lugares tais como Merthyr (64), Dudley (59), Neath (52), Wolverhampton (47), Walsall (46) Monmouth (47), e na verdade no Staffordshire e na Gales do Sul como um todo. Terceiro, há áreas têxteis nas quais os homens eram moderadamente e as mulheres chocantemente analfabetos. Assim, em todas as principais cidades algodoeiras as mulheres eram duas vezes mais analfabetas do que os homens, estando a média dos homens entre 25 e 30 por cento. O mesmo é verdadeiro para as cidades tanígeras, embora o analfabetismo masculino fosse muito mais baixo, talvez devido à idade maior da indústria. As mulheres nas cidades de malhas e rendas estavam espantosamente mais bem situadas.

O progresso da alfabetização entre o primeiro registro de estatísticas em 1838-9 e 1874-4 modifica um pouco o quadro. Em 1838-9 as áreas de fazendas ainda não estavam tão bem situadas. Elas podem ser divididas em três partes: o extremo Norte (Cumberland, Westmoreland, Northumberland) que eram os condados mais alfabetizados de todos, exceto Londres, talvez devido à influencia dos seus vizinhos escoceses instruídos; os condados do Sul e do Sudoeste onde o analfabetismo masculino era quase tão grande como em 1864, embora o analfabetismo feminino fosse ainda muito mais alto, e os condados Orientais e do Midland Oriental bem como alguns do vale do Tâmisa nos quais ele era surpreendente (com a média conjunta alcançando ou excedendo 50 por cento no Hertfordshire, Huntingdonshire, Bedfordshire). Apesar de tudo, o Lancashire tinha uma taxa de analfabetismo masculino mais alta do que todos exceto os nove piores condados agrícolas. A Gales do Sul e os Midlands Ocidentais estavam até então no fim da lista. Uma vez que a grande expansão da mineração de carvão ainda estava por vir, Durham tinha um analfabetismo masculino muito baixo e não muito menor do que a média feminina (24 e 49 por cento). A expansão da mineração iria tornar esta uma área relativamente muito analfabeta, ilustrando assim graficamente os efeitos chocantes da industrialização sobre as condições do povo. Entre 1841-5 e 1874-8 o progresso tanto entre os homens como as mulheres foi o mais lento em Londres, o Nordeste, Yorkshire e Worcesteshire. No fim da década de 1870 os mais analfabetos dos condados industriais continuaram sendo aqueles da Gales do Sul, Worcestershire e Staffordshire e as áreas de mineração do Norte. O diferencial entre os homens e as mulheres continuou mais amplo no Lancashire.

A investigação detalhada confirma este quadro. As porcentagens mais altas para os homens (acima de 20 por cento) ocorriam agora nos centros não habilitados domo Liverpool, nas áreas de mineração como Easington, Bishop Auckland, Barnsley, Houghton-le-

Spring, nos centos de ferro e aço como Middlesbrough, Warrington, Hunslet, mas também nos centros lanígeros deprimidos como Dewsbury. O analfabetismo feminino, o dobro do dos homens, ocorria em cidades como Keighley, Halifax, Bradford, Boiton, Bury, Salford, Manchester, Oldham, Preston, Blackburn e Bumley. Segundo a natureza das coisas, a alfabetização específica dos trabalhadores aristocráticos é cada vez mais difícil de descobrir porque os centros dos seus ofícios (p. ex., Swindon e York com suas oficinas ferroviárias) são muitas vezes como aquelas cidades de tamanho médio cercadas por áreas rurais nas quais se poderia esperar encontrar boa instrução — p. ex., Lancaster. Apesar de tudo, a diferença entre a cidade ferroviária de Doncaster e a cidade mineira de Barnsley é surpreendente.

Podemos concluir que as áreas com alfabetização coerentemente alta não podem normalmente ser consideradas como "aristocráticas" no sentido do século dezenove, embora possam conter trabalhadores altamente pagos, apesar de inseguros. Devemos, permanecendo as outras coisas iguais, esperar encontrar um alto grau de pobreza secundária aqui. As áreas com um amplo diferencial entre homens e mulheres, por outro lado, e aquelas com analfabetismo coerentemente baixo, deviam ser os principais centros da aristocracia do trabalho.

A análise da pobreza dos velhos confirma isto em parte, embora ela mostre centros de mineração de carvão coerentemente em melhores condições neste sentido do que os centros de ferro e aço (p. ex., em 1894, em Glamorgan, Monmouth e Carmarthen em dezoito sindicatos 46 por cento ou mais de todas as pessoas acima de sessenta e cinco anos eram pobres em seis: Llanelly (36), Neath (37), Pontypool (38), Swansea (39) Bridgend (40), Bedwellty (42). Em Northumberland, Durham e North Riding, Middlesbrough (46) eram de longe os piores centros de miséria dos velhos). Falando de maneira geral (sem contar as aldeias miseráveis), os piores centros eram aqueles das cidades portuárias não habilitadas e centros semelhantes — Londres, Liverpool, Bristol —, os centros de ferro e aço, e os pontos negros habituais da indústria semidoméstica em pequena escala de Midland — Dudley, Kidderminster e assemelhados.

A análise do analfabetismo e da miséria dos velhos, portanto, ajuda a dar alguma profundidade, e até certo ponto modificar o nosso quadro da estratificação da classe trabalhadora.

(1954)

16

TENDÊNCIAS DO MOVIMENTO TRABALHISTA INGLÊS DESDE 1850

ESTE CAPÍTULO NÃO É uma história do movimento trabalhista, mas uma tentativa de discutir em detalhe um tanto maior do que é feito habitualmente, o funcionamento de dois conceitos-padrão que os marxistas usam para explicar certas tendências dos movimentos trabalhistas sob o capitalismo: o conceito de uma "aristocracia do trabalho" gozando de privilégios especiais e portanto inclinada a aceitar as opiniões dos seus patrões; e a da "espontaneidade" do movimento que, de uma forma bastante mais primitiva, leva a resultados semelhantes. E provável que ambos estes fossem tirados originalmente da experiência inglesa. Certamente o *Imperialism* de Lenine, que discute o primeiro, deve muito ao trabalho anterior dos pensadores ingleses socialistas e até liberal-radicais sobre o assunto. Ele é menos conhecido do que o seu *What Is To Be Done,* que contém uma discussão completa do último, reflete uma leitura cuidadosa e extremamente crítica da grande defesa dos Webbs do movimento sindical inglês "espontâneo", que Lenine havia traduzido em seu exílio siberiano pouco antes.[1] Certamente a Inglaterra é *o locus classicus* para ambos no século dezenove. Uma análise tal como esta pode lançar luz sobre a força e a natureza do "reformismo" do movimento inglês hoje. De qualquer maneira, este esboço pode servir para estimular a discussão sobre um assunto de maneira alguma completamente explorado até agora.

I

Algumas palavras sobre o caráter geral da economia inglesa e do desenvolvimento do movimento trabalhista podem servir como introdução. O capitalismo inglês no seu apogeu (cerca de 1850-75) era, falando de maneira geral, um negócio em pequena escala, altamente competitivo, de empresários individuais. (Mesmo a forma de organização de capital conjunto foi lenta em se generalizar até o fim do século.) Além do mais, ele era tecnicamente um sistema conservador. A grande era da revolução técnica e organizacional inglesa na indústria estava, de maneira geral, terminada em 1850. Os triunfos da "oficina do mundo" foram obtidos mais aplicando o progresso técnico dos primeiros pioneiros mais genericamente, do que sendo os primeiros em aparelhos novos e revolucionários. Até a Primeira Guerra Mundial, as novas indústrias, baseadas nos tipos mais modernos de mecanização, produção em massa etc., foram obscurecidas pelas velhas indústrias básicas relativamente estáveis como a mineração de carvão, têxteis e a fabricação de máquinas antiquadas. A fusão do aparelho do Estado com o comércio capitalista, tão característica do capitalismo moderno, mal tinha começado. A Inglaterra médio-victoriana era uma partidária ainda mais lógica da "livre iniciativa" do que o comércio americano, porque ela rejeitava até as tarifas. O fato de a sua política de *laissez-faire* se apoiar em certas vantagens temporárias não afeta a situação.

Este era, de maneira geral, o estado de coisas até 1875. Daí por diante podemos distinguir três fases principais no progresso — ou melhor, regresso — do capitalismo inglês. Da Grande Depressão de 1873-96 até a Primeira Guerra Mundial, o crescimento do capitalismo de monopólio no sentido da concentração industrial, o crescimento da moderna produção em massa etc., foi anormalmente lento, comparado com a Alemanha e os Estados Unidos, enquanto o da política imperialista, e do aparelho do Estado imperialista, foi bastante rápido. O investimento estrangeiro e o renascimento do velho comércio básico de exportação após a depressão obscureceu a deterioração fundamental da posição internacional da Inglaterra apenas o suficiente para tornar o comércio relutante em empreender aqueles esquemas grandes e onerosos de reequipamento e reorganização que haviam sido largamente discutidos durante a depressão. (A geração atual de pensadores comerciais está culpando a passada amargamente por esta omissão.) Por outro lado, a ascensão de concorrentes sérios no estrangeiro, e de um movimento trabalhista político em casa, obrigou a classe dominante a fazer importantes mudanças administrativas e políticas, e a romper, em certos sentidos, decisivamente com uma política de *laissez-faire*.

A gravidade da sua crise recaiu sobre o capitalismo inglês entre duas guerras, quando a Inglaterra adquiriu rapidamente todas as características-padrão do imperialismo, tal como definido por Lenine: notadamente a concentração da produção até o ponto do monopólio e do oligopólio, e a "criação com base no 'capital financeiro' de uma oligarquia financeira". A situação desesperada revelada pela Segunda Guerra Mundial acelerou a fusão do Estado e dos grandes negócios.

Correndo o risco de alguma supersimplificação, portanto, podemos dividir o nosso período em três fases: (1) até 1875, pré-monopolista; (2) 1875-1918, transitória — com, talvez, o divisor de águas decisivo exatamente onde Lenine o colocou, por volta de 1900; (3) a partir de 1918, completamente monopolista. Deve-se lembrar que o progresso do monocapitalismo foi acompanhado também por mudanças importantes na estrutura industrial, notadamente a ascensão de novas indústrias baseadas na mecanização e tipos modernos de organização fabril, bem como por um aumento no tamanho das unidades industriais e comerciais.

O desenvolvimento do movimento trabalhista recai em grande parte nos mesmos períodos. Nossa primeira fase presenciou um movimento razoavelmente pequeno de sindicatos de ofício ou do tipo seccional, sociedades de socorros mútuos e assemelhados, tendendo politicamente a aceitar a estrutura liberal. Nossa segunda fase presenciou uma série de expansões que mudaram a escala do movimento: em 1889-90, em 1910-14 e durante a Primeira Guerra Mundial, os primórdios de um movimento político distinto dos partidos tradicionais e que exigiam políticas incompatíveis com a fase do *laissez-faire* capitalismo; e também o renascimento dos grupos revolucionários e socialistas. Nossa última fase presenciou o movimento como um todo convertido — teoricamente — à necessidade de substituir o capitalismo, embora ao mesmo tempo lançando raízes firmes no solo do capitalismo de monopólio, a ascensão de um Partido Comunista. Estes não foram, naturalmente, ajustamentos graduais. A tendência geral do movimento se fez sentida através de uma série de curvas em zigue-zague, períodos de progresso radical sucedidos por outros de conservantismo relativo ou regressão absoluta. Assim, os períodos de militância no começo da década de 1850, no fim da de 1860 e começo da de 70, o começo da de 1890, 1910-14, o meio e o fim da de 1930, e 1941-5 foram seguidos por oscilações na direção oposta, tais como, por exemplo, a mudança marcada para a direita no Congresso Sindical após a Greve Geral, e no governo trabalhista depois de 1945.

II

O conceito de "aristocracia do trabalho" era familiar para todos os estudantes do movimento trabalhista do século dezenove na Inglaterra. Mas ao analisá-lo, devemos distinguir bem nitidamente entre a era pré-imperialista e as outras. Na "idade do ouro" do capitalismo inglês, sua parcela dos lucros comerciais dependia, para fins práticos, da força direta de negociação (ou, o que vem a dar na mesma coisa, do valor da escassez e da capacidade de resistir) dos grupos individuais de trabalhadores; e da determinação disto, as organizações trabalhistas, sindicatos, cooperativas, sociedades de socorros mútuos — desempenharam uma parte vital.* A "aristocracia do trabalho" tendeu a ser um grupo nitidamente demarcado. Entre 1850 e 1875 os salários reais subiram apenas para aqueles cuja renda em dinheiro podia ser elevada mais depressa do que os preços. Além do mais, só os trabalhadores com recursos substanciais podiam — individualmente, ou através de corpos como as cooperativas — ter acesso aos artigos de consumo de boa linha e qualidade, que estivessem aos níveis de preço da classe média. Para o resto, os trapos e artigos adulterados que constituíam sinônimos "baratos e sórdidos", tinham que bastar; porque os alimentos baratos de ultramar não começaram a chegar senão na década de 1870 e, com algumas exceções, a produção de artigos de consumo para, o mercado barato de massa (roupas feitas, por exemplo) não começou até o período da Grande Depressão. Daí as vantagens dos "negociadores fortes" serem desproporcionalmente grandes.

Mas as condições das negociações (reais ou implícitas) emergiram quase inteiramente do regateio dos inumeráveis mercados de trabalho, seccionais e regionais. (Não se deve superestimar neste período, exceto para fins muito limitados, ou numa análise muito geral, o papel do mercado de trabalho "nacional".) Em geral eles não foram, inicialmente, consequência de uma política consciente. Os patrões eram hostis aos sindicatos em princípio, exceto quando forçados a negociar com eles. Não foi senão até as décadas de 1860 e 1870 que descobriram que os mecanismos formais para facilitar as relações trabalhistas eram desejáveis de um ponto de vista comercial, e que a negociação de corpos de trabalhadores com corpos de patrões recebia vários graus de reconhecimento oficial ou não oficial. Este foi

---

* Isto não significa, como foi declarado muitas vezes, que somente os aprendizes de artesãos, ou aqueles que comandavam o que era então considerado como "habilitação" podiam gozar dela; embora a prevalência das formas antiquadas, quase pré-industriais de habilidade artesanal — p. ex., fabricação de máquinas e trabalhos de construção — colorissem muito do movimento sindical.

o período da legislação sindical de 1867-75, de vários corpos para a conciliação e acordos de escala móvel, da defesa dos sindicatos pelos comerciantes como meio para evitar perturbações.[2] Mas isto foi em grande parte um reconhecimento de fatos estabelecidos, embora fosse sem dúvida apressado pelo medo da força política dos artesãos urbanos, que venceram o voto parlamentar em 1867. Em outras palavras: a transformação dos trabalhadores cartistas militantes em aristocratas do trabalho respeitáveis, o que Thomas Cooper notou e deplorou,[3] teve lugar "espontaneamente", sem qualquer mudança importante da política capitalista, e com mudanças conscientes relativamente pequenas, na política trabalhista.[4]

Com o reconhecimento oficial do sindicalismo e a chegada da Grande Depressão na década de 1870, a colaboração das classes conscientes e deliberada fez-se abertamente. Agora os Fabricantes de Caldeiras podiam cantar (1872):

Agora é verdade que o capital
Deve correr os riscos todos,
Como sob o sol a nau
Exposta aos ventos todos;
Do comércio sentir o fluxo e refluxo inicial,
Deve conhecer a concorrência crucial.
Portanto é justo e salutar
Os empregados devem insistir,
E ajudar com todas as suas forças Os patrões a competir.[5]

Foi agora que os grandes sistemas de sindicalismo quase-comercial foram organizados nos ramos principais de exportação-fiação de algodão, construção naval, os campos de carvão do nordeste — para serem expostos à admiração geral na *Industrial Democracy* dos webbs:

O patrão razoável e o trabalhador sindicalista razoável; o capitalista justo e o trabalhador justo, o burguês de coração grande, amigo dos trabalhadores e o proletário de mente burguesa estreita condicionam-se uns aos outros, e são ambos corolários de uma e mesma relação, cujo fundamento era a posição econômica da Inglaterra do meio do século dezenove (...)[6]

A colaboração da classe dos aristocratas do trabalho nas décadas de 1880 e 90 foi, naturalmente, numa escala mais limitada do que as versões posteriores. Ela contava com a operação lucrativa da economia inglesa, desde que o livre comércio continuasse, e limitou os seus esforços a manter o seu próprio chefe ou a sua própria indústria num estado apropriado para garantir concessões. Não havia até agora nenhuma crença geral de que o movimento

> está preocupado com a prosperidade da indústria (...) possa encontrar mais uso para uma indústria eficiente do que uma abandonada, e os sindicatos possam usar a sua força para promover e guiar a reorganização cientifica da indústria, bem como obter as vantagens materiais desta reorganização.[7]

Esse sindicalismo comercial organizado numa escala nacional, como as conferências Mond-Turner de 1927-8 sugeriram, emergiu da descoberta dos sindicatos de que a economia capitalista inglesa estava em estado de crise grave. Menos ainda havia qualquer tendência de modificar as táticas tradicionais dos sindicatos. Não foi senão até o fim da década de 1940 que foi possível para um Conselho Geral da TUC aceitar um congelamento de salários numa ocasião de lucros fortemente crescentes, a fim de garantir a estabilidade da economia como um todo. Apesar de tudo, em essência, a atitude seccional dos operários do algodão durante a Grande Depressão, que se recusaram a fazer campanha por um dia de oito horas porque isso podia prejudicar as perspectivas competitivas de sua indústria, ou dos fabricantes de caldeiras que devolveram aos seus patrões qualquer perda financeira devida ao trabalho malfeito ou a greves não autorizadas dos seus membros,[8] simplesmente precisava ser generalizada, e colocada num cenário de negociação institucional e de políticas do século vinte, para parecer a política dos Conselhos Gerais da TUC pós-1945.

É importante lembrar que a aristocracia do trabalho ou, até o ponto onde os dois não eram a mesma coisa, o movimento trabalhista do período, necessariamente excluíram muitos, talvez a maioria dos trabalhadores. Para começar, só um número limitado era capaz de organização sindical de qualquer espécie. A imensa massa de semiproletários, os pobres flutuantes, irregularmente empregados, trabalhadores externos ou operários das pequenas oficinas, o meio-mundo de miséria que emerge do *London Labor and the London Poor* de Mayhew na década de 1850, ou da pesquisa de Charles Booth nas décadas 1980 e 90, estavam, para fins práticos, fora do alcance dos sindicatos. Além do mais, até o ponto em que certos corpos de trabalhadores tinham afinidades com este substrato flutuante — migrantes sazonais, como os trabalhadores do gás, homens contratados casualmente, como nas docas, ou muitos dos níveis mais baixos das fábricas de então —, eles sofriam de incapacidades semelhantes. A força do Cartismo havia se apoiado precisamente em sua capacidade de mobilizar essas vastas massas dos incompletamente proletarizados. Os grandes surtos político-industriais militantes de 1889 e 1911 iriam fazer o mesmo. Mas todos estes tiveram sucesso porque foram além dos limites do sindicalismo estreito, e deram ao movimento revolucionário ou socialista liderança e perspectiva. Na falta dessa consciência política, estas seções da população trabalhadora continuaram, por alguma extensão de tempo, não organizadas e não representadas. Não se deve esquecer que, fora de alguns centros, um sistema fabril completamente desenvolvido, ou qualquer unidade de produção em grande escala, não se desenvolveu até o fim do século.[9]

Um reflexo semelhante do arcaísmo relativo da estrutura industrial inglesa é o tamanho do que podemos chamar da população "dócil". As estradas de ferro americanas, por exemplo, organizaram cedo sindicatos fortes. As estradas de ferro inglesas, contudo, providas de pessoal (fora da plataforma do maquinista e dos níveis da oficina) principalmente do grande reservatório da mão de obra barata e intimidada das aldeias, não conseguiram fazer isso senão muito mais tarde; e quando o sindicalismo chegou, foi em grande parte sob a forma do sindicato industrial. Contudo, é verdade que a lentidão das mudanças técnicas, e a proteção e imobilidade relativas de certos ofícios, compensaram isto até certo ponto. Quando, por motivos históricos, um núcleo de "negociadores fortes", dispostos a lutar, já existia, não era tão fácil submergilo numa inundação de mão de obra barata. Assim os fiandeiros à máquina do Lancashire conservaram e aumentaram o controle da sua indústria, e se tornaram a espinha dorsal de toda uma série de sindicatos de vários níveis, inclusive de mulheres, na indústria algodoeira; ao passo que nos Estados Unidos as mudanças mais temerárias deixaram corpos semelhantes no nordeste encalhados como pequenos grupos de artesãos, enquanto uma indústria de mão de obra barata com sindicatos fracos foi construída em outra parte. Mesmo entre os grupos inferiores, fatores como a solidariedade nacional dos irlandeses ajudaram a criar organizações bastante boas aqui e ali — entre os estivadores, por exemplo. De maneira geral, contudo, foram precisas duas gerações de lutas para enfraquecer decisivamente a docilidade tradicional de grande parte da mão de obra barata inglesa.

III

O terceiro fator e mais importante em limitar o tamanho da aristocracia do trabalho era a crença, que dominava as políticas de contratação de muitos patrões, de que os trabalhadores podiam ser divididos em dois grupos: os "artesãos", que possuíam habilidades ou qualificações especiais, e a massa da "mão de obra comum", que podia ser contratada, despedida, ou trocada à vontade, sem fazer qualquer diferença apreciável na eficiência; da qual havia normalmente uma superoferta disponível na maioria dos lugares, exceto talvez no próprio ápice de um surto econômico cíclico ou sazonal. Apenas certos tipos de trabalhadores estavam em posição de tornar ou manter o seu trabalho bastante escasso, ou bastante valioso, para concluir um bom acordo. Mas as condições relativamente favoráveis que eles conseguiam eram, em grande parte, conseguidas realmente a custa dos seus colegas menos favorecidos; não simplesmente à custa do resto do mundo que o comércio inglês dominava. Não precisamos acentuar a prevalência dessas relíquias do começo do capitalismo tais como os sistemas de subcontratação, e assemelhados, que transformavam muitos trabalhadores habilitados ou de supervisão em verdadeiros copatrões dos seus colegas menos favorecidos, porque os sindicatos — como o dos Maquinistas — muitas vezes lutaram contra estes, ou não fizeram nenhum esforço para perpetuá-los.* Mais importante é o fato de que a escassez dos trabalhadores relativamente prósperos era função do excesso relativo no resto do mercado de trabalho. Toda a questão do sindicato de ofício clássico consistia em manter o ofício, e a entrada para o ofício, restrita — muito ao contrário dos argumentos atuariais para excluir aqueles trabalhadores menos saudáveis ou qualificados que simplesmente esvaziariam os fundos do sindicato enfraquecendo a força de negociação de outras maneiras. Daí o sindicalismo universal estava fora de discussão, embora muitos sindicatos o favorecessem honestamente, exceto quando ele parecia ameaçar o monopólio seccional de emprego deles.

---

* Uma exceção importante eram algumas formas de trabalho infantil na indústria algodoeira e de mineração de carvão, que os sindicatos lutaram por muito tempo e duramente para conservar; nestes casos, os membros estavam principalmente explorando ao máximo seus próprios filhos.

Apesar de tudo, o sindicalismo seccional deste tipo não era sem valor mais amplo. Afinal de contas, ele tinha duas faces: se ele lutasse contra o resto da classe trabalhadora por sua posição especial, lutava também contra o chefe (até o reconhecimento, de qualquer maneira), pelo direito a uma parcela dos seus lucros — uma parcela pequena e estável. No curso desta luta ele estabeleceu não simplesmente uma série de mecanismos e instituições que se tornaram propriedade comum do movimento — Conselhos de Ofícios, o Congresso dos Sindicatos, a maneira eficiente de administrar os negócios do sindicato, a estratégia e as táticas das campanhas a curto prazo —, mas todo um sistema de ética da militância.[10] O aristocrata do trabalho podia usar uma cartola e pensar em assuntos comerciais exatamente como o seu patrão, mas quando os piquetes estavam na rua contra o chefe, ele sabia o que fazer. Além do mais, ele desenvolveu, numa base estreita, uma solidariedade e consciência de classe, uma crença de que desde que um homem trabalhava por salário seus interesses eram determinados exclusivamente por esse fato: uma convicção que se tornou uma parte valiosa da tradição trabalhista inglesa. O secretário do Sindicato dos Fiandeiros ou dos Sopradores de Vidro podia se tornar gerente da fábrica ou empresário; mas enquanto fosse um homem do sindicato, comportava-se como tal. E a existência de um forte núcleo de sindicalismo em muitas indústrias básicas (porque os sindicatos de ofícios eram, graças à nossa estrutura industrial, muito mais bem-sucedidos do que os americanos) tornou muito mais fácil expandir os objetivos do movimento mais tarde.

IV

O advento do imperialismo mudou este estado de coisas. Se vamos falar de uma "aristocracia do trabalho" de tendências reformistas neste período, estaremos descrevendo alguma coisa muito mais complexa do que a próspera "classe dos artesãos" da década de 1860. Então havia massas de trabalhadores ingleses que, para fins práticos, não haviam se beneficiado do capitalismo inglês. Quanto mais avançamos na era imperialista, mais difícil se torna pôr-se o dedo sobre grupos de trabalhadores que não tiraram, de uma maneira ou de outra, alguma vantagem da posição da Inglaterra; que não foram capazes de viver bem melhor do que o teriam feito num país cuja burguesia possuísse menos reivindicações acumuladas sobre os lucros e dividendos no estrangeiro, ou força para impor as condições do comércio com as áreas atrasadas. Ou, já que não há nenhuma correlação simples entre o padrão de vida e a moderação política, sobre os trabalhadores aos quais não se podia fazer sentir que os seus interesses dependiam da continuação do imperialismo. E realmente verdade que os "benefícios" do imperialismo, e suas promessas, eram distribuídas desigualmente entre os vários trabalhadores em qualquer momento dado; e que alguns dos mecanismos para distribuí-los não entraram em funcionamento completo até os anos interguerras. É igualmente verdade que a crise crescente da economia inglesa complicou o padrão. Mas, no todo, a mudança permanece.

Na década de 1880, então, procuramos o "proletariado burguês" do qual Marx falou, quase inteiramente entre a camada dos "artesãos" favorecidos. No período imperialista os encontramos não só lá, e nos grupos totalmente novos de trabalhadores privilegiados, mas — e isto é igualmente significativo — nos corpos importantes dos até então não privilegiados e malpagos, e no que podemos chamar de movimento trabalhista profissional dos políticos, funcionários dos sindicatos e outros especialmente susceptíveis à persuasão capitalista.*

Por paradoxal que pareça, os menos "confiáveis" destes eram alguns dos velhos aristocratas do nosso primeiro período, porque a

---

* Ver capítulo 15.

nova era minou a posição deles de privilégios especiais. É bastante provável que, relativamente falando, a posição do artesão habilitado inglês nunca foi mais alta do que na década de 1860, nem o seu padrão de vida e acesso à instrução, cultura e viagens (pelos padrões contemporâneos) tão satisfatório, nem a distância entre ele e os pequenos fabricantes locais que o empregavam tão estreita, nem entre ele e a massa de "mão de obra" tão larga.* Mas a primeira se alargou, à medida que a produção se concentrou e o dono-administrador deu lugar à corporação de capital conjunto, e à medida que todo um conjunto de novas técnicas administrativas e graus burocráticos se introduziram entre o "homem habilitado" e o seu patrão. A última distância se estreitou, à medida que também graus semi-habilitados intermediários — operadores de máquinas e assemelhados — encheram o abismo entre "artesão" e "trabalhador", e empurraram até o próprio artesão para o que ele considerava como trabalho semi-habilitado. Muitos membros do Sindicato Unido dos Maquinistas hoje não teriam sido admitidos no seu predecessor na década de 1880. Além do mais, a generalização da comida barata, dos artigos de consumo baratos produzidos em massa, da instrução pública e da seguridade social diminuíram as vantagens anormais dos salários mais altos no período inicial. Finalmente, é claro, a crise interguerras iria atingir precisamente as indústrias básicas da Inglaterra do século dezenove nas quais o "velho" movimento trabalhista estava mais firmemente entrincheirado. Passo a passo o aristocrata do trabalho se viu forçado a entrar nas fileiras da classe trabalhadora; e, no todo, ele deslocou-se para a esquerda. Daí a sua presteza, após 1900, em aliar-se com os socialistas no Partido Trabalhista; em romper com o Partido Liberal que havia apoiado apaixonadamente; finalmente em apoiar até um programa socialista.

Enquanto isso, contudo, novos grupos de "aristocratas do trabalho" haviam surgido nos graus administrativos, técnicos e buro-

---

* Ele estava, na verdade, sendo mencionado cada vez mais como da "classe média baixa".

cráticos, e é entre estes que devemos procurar o verdadeiro "proletariado burguês do imperialismo", lisonjeado pelos seus dirigentes (a nova imprensa popular era principalmente dirigida a eles), recusando-se até a se considerarem como membros da classe trabalhadora. A posição especial deles não era nem mesmo dependente da negociação coletiva, como a dos "artesãos" tinha sido; os ganhos reais deles nos níveis inferiores não eram muito mais altos do que os dos artesãos: eles tiravam muitas das suas vantagens diferenciais em termos de um *status* social mais alto. Em consequência, já que o objetivo principal deles era se elevarem acima dos graus mais bem pagos dos trabalhadores em mangas de camisa, a hostilidade política deles ao trabalhismo era satisfatoriamente intensa. Só gradualmente a crise da economia imperialista os trouxe para o movimento trabalhista. Surgiram sindicatos burocráticos, em pequena escala, na década de 1890, e novamente pouco antes da Primeira Guerra Mundial. As consequências dessa guerra trouxeram os primórdios do sindicalismo profissional entre os cientistas, professores universitários e assemelhados, e a firme sindicalização de pelo menos um grupo de empregados burocráticos, os empregados do Funcionalismo Público. Mas não foi senão até os últimos anos da Segunda Guerra Mundial, com sua expansão dos sindicatos profissionais e de supervisores, e a sublevação política que fizeram as massas de homens e mulheres burocratas e administradores votarem no trabalhismo pela primeira vez, que ocorreram mudanças realmente importantes (embora provavelmente ainda não decisivas) na aliança destes grupos.

Mais importantes ainda foram as mudanças no *status* da massa da mão de obra até então não privilegiada, não reconhecida e não organizada, ilustradas pela distância que se estreitava entre as taxas de salário "habilitadas" e "não habilitadas":* Os aperfeiçoamentos

---

* Assim, a taxa do trabalhador em construção, 50 por cento da do artesão antes de 1914, é hoje de 80 por cento dela. A generalização do pagamento por resultados significou, contudo, que os ganhos não foram nivelados da mesma maneira que as taxas.

modernos da produção trouxeram a oportunidade de ascensão de empregos não habilitados para semi-habilitados; do subemprego casual para o regular, embora não necessariamente contratos mais bem pagos; da força de negociação desprezível para respeitável. A moderna legislação de seguridade social trouxe de qualquer maneira um ligeiro alívio das horríveis ansiedades daqueles sem absolutamente quaisquer reservas financeiras. Duas guerras mundiais trouxeram até a contingência única da escassez de mão de obra. Para os párias totais dos cortiços do meio do século dezenove, mesmo melhoramentos modestos pareciam ganhos absolutos. O artífice habilitado consideraria com razão a introdução da máquina semiautomática operada a um ou dois pennies acima da taxa do trabalhador, como um meio de intensificar a exploração. O trabalhador não habilitado bem poderia, feitas todas as reservas, considerar isso como uma promoção triunfante por algum tempo pelo menos. O arcaísmo da estrutura industrial inglesa no período anterior aumentou o efeito dessas mudanças.

Além do mais, o que quer que tenha acontecido ao não privilegiado como um todo, seções deles sem dúvida melhoraram sua posição, pelo menos através das mudanças automáticas na distribuição e estrutura das indústrias. Enquanto os velhos centros de mão de obra habilitada se tornavam áreas abandonadas, habitadas por desempregados a longo prazo, os velhos centros de mão de obra casual e baixo nível se tornaram sedes relativamente prósperas de produção em massa da indústria leve, distribuição etc. Entre 1929 e 1937, a taxa de desemprego em Londres nunca chegou à metade da do litoral nordeste.* Na década de 1880, os estivadores tinham sido considerados — e, embora eles contivessem grupos mais fortes, considerados com razão como um corpo tipicamente fraco e impotente; em 1948 eles estavam entre os trabalhadores mais alta-

---

* Compare o julgamento de Schulze-Gaevernitz no começo do século de que "O problema do desemprego é principalmente um problema de Londres e da camada proletária inferior".

mente pagos. Novamente, a vasta expansão do governo central e local proporcionou uma grande quantidade de empregos protegidos e relativamente seguros para os trabalhadores pouco qualificados que, anteriormente, teriam feito parte inevitavelmente do reservatório casual. Seria interessante esboçar o crescimento destas redes de "interesses adquiridos na estabilidade", por exemplo em áreas como a Gales do Sul e Londres, nas quais o Partido Trabalhista teve o controle do patrocínio municipal por um longo período. Podem-se multiplicar esses exemplos.

O que é ainda mais importante, os não privilegiados pela primeira vez se tornaram capazes de usar os métodos de negociação do movimento trabalhista em larga escala. A escala da negociação coletiva aumentou; ela teve lugar mais e mais numa teia de instituições públicas ou semipúblicas; ela foi apoiada pela pressão de um movimento trabalhista independente e ameaçador. Para o sindicato de ofício estabelecido (digamos dos Fabricantes de Caldeiras ou Tipógrafos), isto pouco significava; porque eles já eram reconhecidos, e a sua força de negociação era de qualquer maneira formidável. Para os até então fracos e não privilegiados, ela trouxe uma mudança profunda e, como veremos, tentações importantes.

E verdade que a crise da economia inglesa neutralizou estas tendências. Possivelmente, se o país tivesse enfrentado uma crise catastrófica cujos efeitos sobre o padrão de todos os trabalhadores tivesse se tornado palpável, isso as teria suplantado completamente. Mas os lucros acumulados do monopólio mundial e do império, a posição estratégica do capitalismo inglês, protegeram tanto os trabalhadores como os patrões contra um impacto da realidade cruel demais, até uma ocasião em que o movimento trabalhista de "livre iniciativa" da década de 1870 tivesse tido tempo de se alargar no poderoso movimento fabiano-reformista do nosso século. Assim, o movimento para a esquerda entre os velhos aristocratas do trabalho foi mais lento e mais parcial do que se podia ter esperado, embora fosse inconfundível nos sindicatos de ofício clássicos tais como os Maquinistas

Unidos; embora o secretário-geral dos Fabricantes de Caldeiras hoje possa ser ouvido dizendo coisas que fariam o seu predecessor da década de 1880 se torcer na sepultura, e os veneráveis Fundidores de Ferro, que remontam a 1809, são hoje um sindicato de esquerda de níveis semi-habilitados relativamente mal pagos. Mas se eles mudaram, ainda mais surpreendentemente, outros também, notadamente os dois grandes Sindicatos Gerais de Transportes e Trabalhadores Municipais, que hoje constituem um quarto do número total de membros do sindicato. O ancestral dos Trabalhadores Municipais, o Sindicato dos Trabalhadores de Gás de Will Thorne, começou a vida no ano do levante, 1889, como a coisa mais perto de um corpo "vermelho" concebível antes da fundação dos partidos comunistas. Eleanor Marx constituía uma força na sua diretoria; seu marido redigia suas regras e objetivos; virtualmente todos os seus líderes nacionais e distritais eram socialdemocratas marxistas. (Podemos acrescentar que ele foi facilmente o mais bem-sucedido dos sindicatos gerais fundados em 1889.) Contudo, dentro de vinte anos ele havia mudado consideravelmente para a direita; e as grandes figuras da sua segunda e terceira gerações — o Reto e Honrado J.R. Clynes, Lorde Dukeston, Sir Tom Williamson — estão mais ou menos tão longe à direita do Partido Trabalhista quanto possível. A história do Sindicato dos Estivadores, outro filho de 1889, e ancestral dos Trabalhadores em Transportes de hoje, é ligeiramente mais complexa.

Ele entrou em colapso bastante sério entre 1892 e 1910,e teve que ser reanimado por outro acesso de expansão agressiva, que deu à sua liderança rebelde original um segundo período de proeminência; além do mais, certas seções que o constituíam, tais como os homens do ônibus, enfrentaram problemas que os empurraram, também, para a esquerda. Contudo, se acompanharmos a carreira do maior dos líderes da sua segunda geração, o Sr. Ernest Bevin, das suas origens social-democráticas marxistas em Bristol, através do seu período de ativa agitação sindicalista industrial, até o sucesso, uma carreira tão afastada da do chefe radical do maior sindicato do país, e entrando finalmente no Gabinete como secretário do exterior, a tendência geral é suficientemente óbvia. Os dois grandes sindicatos dos prescritos de 1889 se tornaram os dois pilares principais do conservantismo do movimento inglês.*

V

O que torna estas mudanças tão complexas é a notável combinação de correntes políticas que fluem tanto para a direita como para a esquerda; e intensificação local do reformismo num cenário geral de radicalização, por exemplo. Vimos que na idade do ouro do monopólio mundial inglês, a classe dominante havia comprado a estabilidade social, e o que ela considerava como produção eficiente,** a um preço grotescamente barato, como Joseph Chamberlain foi o primeiro a lembrar aos seus colegas.[11] Teoricamente, o caso para o reformismo deliberado, ou uma "economia" consciente "de altos salários" como meio de obter ambos sob as condições da nova era, foi forte; e numerosos grupos de intelectuais, desde Toynbee e Alfred Marshall até Sidney e Beatrice Webb, forçaram-na. O mesmo fizeram alguns patrões, por irônico que pareça muitas vezes homens cujas ligações com as colônias eram especialmente íntimas, como as firmas de cacau, chocolate e sabão. Na prática, contudo, os capitalistas estavam conscientes de uma ameaça crescente, e raramente inclinados a fazerem concessões, exceto sob coação. O imperialismo inglês, afinal de contas, desde o começo, registrou um passo para trás, do monopólio mundial potencial para o verdadeiro monopólio de um quarto do mundo; embora em números absolu-

---

* O Sindicato dos Trabalhadores Gerais e de Transportes mudou para a esquerda novamente, graças à sucessão um tanto inesperada ao trono de F. Cousins, que devia a sua ascensão no sindicato a este elemento da esquerda e representava.

** Pelos padrões modernos de administração da mão de obra ela era grosseiramente ineficiente. Ver capítulo 17.

tos o último possa ser maior do que o primeiro. Mas precisamente na ocasião em que os horizontes ilimitados estavam se contraindo para eles, os comerciantes ingleses pareceram ser solicitados através de concessões diretas, através de taxação ou de outra forma, a pagar mais dos seus lucros do que antes a mais trabalhadores. (Não estou discutindo aqui se, de fato, estavam; mas era isso que parecia para o comerciante individual.) Certamente eles foram solicitados a abandonar o direito de "fazerem o que quisessem com o que lhes pertencia" ao que estavam acostumados.

As concessões foram portanto extorquidas pela força; e seguidas de contra-ataques cada vez mais desesperados, que forçaram até a mão de obra moderada para a esquerda. A decisão dos sindicatos de formarem um Partido Trabalhista (1898-1906) em consequência do ataque ao seu *status* legal é o exemplo mais bem conhecido. Na verdade, tanto o reformismo como o ataque podem ser vistos em ação simultaneamente. Assim, após a Greve Geral de 1926 os donos do carvão e as seções mais estúpidas do Partido Conservador reagiram da maneira tradicional pelo esmagamento do sindicato e a legislação punitiva antisindical. Enquanto isso, outro grupo de patrões, chefiado por Sir Alfred Mond do truste químico, enfrentou a ameaça da maneira exatamente oposta, convidando a liderança do Congresso Sindical para as notórias conferências sobre a paz e a racionalização industrial que, sob o nome de conferências Mond-Turner, se tornaram um ponto de referência na história da colaboração de classes. Da mesma forma, ambas as tendências coexistiram no movimento trabalhista. Assim, o período geral da Grande Depressão (especialmente de 1880 até o meio da década de 1890) presenciou tanto uma radicalização do movimento (o renascimento do socialismo, a organização de sindicatos novos e militantes) como uma intensificação do *embourgeoisement** dos velhos sindicatos, cujos primórdios notamos acima.

---

* Aburguesamento. (*N. do T.*)

O historiador olhando para trás sobre todo o período fica portanto impressionado tanto pelos retrocessos maciços da colaboração das classes como pelos seus grandes progressos. O desemprego da Depressão da década de 1880 fez mais para abalar a crença dos sindicalistas ingleses na iniciativa privada libertada do que o reconhecimento oficial da aristocracia dos ofícios para reforçá-la. O contra-ataque desesperado dos patrões contra o sindicalismo radical de 1889 e depois destruiu realmente grande parte dele; mas seu resultado principal a longo prazo foi empurrar até os velhos sindicatos conservadores para uma simbiose com os socialistas — para um Partido Trabalhista independente potencialmente distinto do Liberalismo da classe média. O partido foi durante anos pouco mais do que um fraco grupo de pressão sobre o flanco dos Liberais; e facilmente apaziguado. Mas enquanto os líderes trabalhistas parlamentares eram domados (poucos deles jamais foram realmente selvagens), o fracasso do imperialismo edwardiano de manter as condições da classe trabalhadora precipitaram outro irrompimento de inquietação trabalhista, dirigido pelos sindicalistas das fileiras e sindicalistas industriais. A Primeira Guerra Mundial fez ainda mais para alienar os trabalhadores de uma crença no sistema capitalista, rompeu a lealdade do Partido Trabalhista aos liberais, a quem eles substituíram dentro de poucos anos; e até comprometeram o partido teoricamente com um programa socialista. Realmente, de 1921 até 1934 os patrões contra-atacaram com muito efeito. Em 1934 os sindicatos dificilmente tinham mais membros do que em 1913, o Partido Trabalhista estava reduzido a um resto de 50 e tantos membros do Parlamento, e por força da miséria humana sem paralelo o custo inesperadamente alto dos serviços sociais, notadamente o auxílio desemprego, havia sido restaurado numa base "atuarialmente sólida". Tampouco os líderes moderados do movimento resistiram fortemente, estando eles próprios ansiosos para recuarem da posição radical incômoda para a qual a inquietação de 1911-26 os havia forçado; se não, como Macdonald, Snowden, J.H. Thomas e outros, de se bandearem inteiramente para os proletários. Apesar disso o principal resultado das décadas interguerras duramente enfrentadas foi de alienar um núcleo sólido de milhões de cidadãos permanentemente (é seguro dizer) de qualquer partido que não prometesse o socialismo. A avalanche de 1945 foi a resposta. Isto não significa que a liderança reformista do movimento trabalhista tenha se tornado absolutamente menos ligada ao *status quo;* se há alguma diferença o caso foi o oposto. É positivamente tão fácil justificar uma política moderada nas frases socialistas como nas liberais ou conservadoras; as primeiras podem ser até mais eficientes. Mas se a consciência socialista da classe trabalhadora inglesa é mais potencial do que real; se realmente ela é a todo momento transformada no seu oposto no contexto de um movimento reformista e instituições imperialistas, devemos apesar de tudo estar errados em subestimar o processo amargo da educação política que a ensinou a rejeitar totalmente o capitalismo, embora possa não saber completamente o que significa tal rejeição.

VI

Contudo o que surpreende o observador é mais a sobrevivência do que o enfraquecimento do reformismo inglês; mais o fracasso de um partido comunista ou da esquerda semimarxista de avançar decisivamente, do que a mudança do espírito político do movimento como um todo.

Costumava-se alegar que esta força era devida aos benefícios da exploração imperial e durariam portanto apenas enquanto os trabalhadores ingleses ainda estivessem protegidos por ela contra todos os rigores da sua posição. Este argumento, embora obviamente supersimplificado em todas as ocasiões, ainda não perdeu inteiramente a sua força, porque a coisa mais surpreendente quanto à Inglaterra pós-1945 é a lentidão extraordinária com que *todas* as seções da política inglesa se ajustaram ao declínio e à queda do império britânico. Dificilmente se pode afirmar que o processo começou seriamente até o meio da década de 1950. e mesmo no começo da década de 1960 o seu progresso era muito modesto. É discutível, e na verdade provável, que uma exposição genuína da Inglaterra às realidades econômicas e políticas do período pós-imperial deve produzir profundas mudanças nas políticas inglesas doméstica e externa. Na verdade, um dos argumentos menos anunciados dos campeões do Mercado Comum Europeu foi que a exposição às economias europeias destruiria a força do imenso interesse adquirido no conservantismo econômico e técnico tanto entre os comerciantes como os sindicatos, levando à falência os mais ineficientes dos primeiros e destruindo os segundos. O argumento de que o reformismo inglês em sua forma atual depende de uma certa proteção contra as realidades econômicas não depende da presunção de que a exploração imperial continue como antes.[12] Ela pode ser reformulada para depender de uma ou mais de quatro presunções.

A primeira destas é a vantagem imensa e crescente que *todas* as economias adiantadas têm sobre todas as atrasadas ou fracamente desenvolvidas. A segunda é a falta de depressões econômicas sérias, isto é, de desemprego em massa, desde 1941. A terceira é a força anormal do movimento trabalhista na Inglaterra. A quarta é a sobrevivência da exploração econômica imperialista antiquada ou remodelada, que não é inteiramente desprezível. Contudo, não é de maneira alguma certo que o ajustamento à oposição econômica inglesa real no mundo transformaria o movimento trabalhista inglês de reformista em revolucionário, pelo menos porque há claramente fatores importantes desfavoráveis a qualquer tentativa drástica de resolver as dificuldades econômicas a custa dos trabalhadores, notadamente a competição política entre os setores capitalista e socialista do mundo.[13] Portanto, é bobagem prever tal transformação, embora não seja mais bobagem do que alegar que o trabalhismo ocidental entrou numa era de contentamento econômico permanente. Para os fins deste capítulo, a profecia não é de qualquer maneira necessária. Estamos aqui preocupados mais com o mecanismo pelo qual uma liderança cada vez mais reformista tem sido mantida.

O problema de um mecanismo desses surge porque é evidente pela luta persistente entre a esquerda e a direita dentro do movimento trabalhista, que o reformismo no sentido normalmente dado a ele pela liderança trabalhista está longe de um domínio incontestado. Nos movimentos trabalhistas, tais como aqueles dos EUA, não existe absolutamente nenhuma ala esquerda e o socialismo não desempenha nenhuma parte importante. Nos partidos social-democráticos que dominam vários países da Europa, tais como a Alemanha Ocidental, a Áustria e a França, os desafios sérios às políticas da direita de suas lideranças ou não existem, ou vêm de fora do partido, p. ex., dos comunistas. Na Inglaterra, eles são persistentemente fortes. Além do mais, de tempos em tempos a força deles está evidentemente aumentando, como no período de 1957 a 1962, que presenciou o fim do longo domínio da TUC por um bloco automático de direita, e a derrota consequente da liderança do Partido Trabalhista em combate aberto.

Há quatro motivos para esta força da esquerda. O primeiro é que a aspiração no sentido de uma sociedade *nova* e não simplesmente melhorada está profundamente arraigada nos movimentos trabalhistas europeus, e provavelmente em todos os movimentos trabalhistas exceto os muito anormais. Isto não significa que ele seja muito eficiente na prática. O segundo está no sentido maciço de solidariedade e unidade de classe da classe trabalhadora inglesa. Mesmo hoje, o principal apelo do Partido Trabalhista, na verdade esmagador, ao seu eleitorado, é de que ele é um partido da classe. O terceiro está no fato muitas vezes negligenciado de que a mão de obra inglesa não sofreu a divisão que separou os comunistas dos social-democratas no resultado de revolução de 1917, porém mais uma divisão que empurrou os trabalhadores anteriormente liberais para um partido independente da classe trabalhadora, e oficialmente socialista. Este fato foi reconhecido por Lenine e a Internacional Comunista e levou-os a apoiarem a política excepcional de insistir com os comunistas ingleses para entrarem no Partido Trabalhista mais a fim de o converterem a se apoderarem dele, do que de competirem com ele. Apesar dos desvios ocasionais para a política alternativa, em grande parte sob pressão internacional — como em 1928-35 e após 1948 —, a política de empurrar o trabalhismo para a esquerda em vez de criar um partido alternativo de massa permaneceu anormal para os comunistas ingleses. A exclusividade doutrinária progressiva do Partido Trabalhista, e sua tendência de proibir de fazerem parte dele ou de a ele se associarem uma gama crescente de opiniões e organizações, tornou naturalmente o objetivo original da filiação comunista formal ao Trabalhismo bastante acadêmica.

O quarto motivo é que a esquerda na Inglaterra (como em certo sentido na Austrália) sempre teve uma função real embora não revolucionária dentro do movimento, ou seja, a de tornar o reformismo efetivamente reformista. Ela sempre atuou como o banco de cérebros do movimento, especialmente do lado industrial. Virtualmente todas as sugestões para a modernização da estrutura e política do sindicato sempre vieram de qualquer que fosse a esquerda contemporânea — os marxistas até a década de 1880, os marxistas-sindicalistas na de 1910, os comunistas nas de 1930 e 1940. Os militantes e os líderes das fileiras, ou os líderes dos sindicatos novos e não estabelecidos ou velhos e ameaçados, tenderam a gravitar para a esquerda. Se ela não existisse, o movimento teria que inventá-la, porque como vimos, o líder sindical combativo conservador ou moderado do tipo de John L. Lewis ou James Hoffa, nos EUA, tem sido na verdade uma ave muito rara na Inglaterra. Em resumo, a esquerda foi e é parte maciça e integral do movimento trabalhista que permaneceu em essência unido, eleitoralmente e em suas atividades sindicais. De que tamanho, continua uma questão de discussão, mas mesmo a cerração da publicidade favorável que cerca todo líder de direita — p. ex., o falecido Hugh Gaitskell — nunca conseguiu obscurecer a falta relativa de apelo eleitoral deles, e a popularidade muito maior da esquerda entre os militantes do partido.*

Apesar de tudo, qualquer que fosse sua força, a esquerda da classe trabalhadora tem sido normalmente muito mais ineficaz do que a direita, exceto em momentos ocasionais de extrema tensão social. Quase sempre ela tem sido fraca demais para fazer mais do que modificar uma política controlada pela direita. Sua força tem sido suficiente para conseguir a posição mais conveniente da qual liderar o Partido Trabalhista ligeiramente para a esquerda do centro. Mas a sua política tem sido quase invariavelmente na melhor hipótese um tanto para a direita do centro, e na pior (como em 1923-4, 1929-31 e na década de 1950), muito para a direita dele. Mesmo em 1945-50 o governo trabalhista só era "de esquerda" pelos padrões liberais e não pelos socialistas, ou mesmo por aqueles de um radicalismo populista tais como do segundo governo de ED. Roosevelt. É esta inferioridade quase permanente da esquerda em relação à direita (e dentro da esquerda, dos revolucionários em relação aos não revolucionários) que tem que ser explicada.

VII

Nesta fase a teoria da "espontaneidade" dos movimentos trabalhistas mais bem conhecida sob a forma da distinção de Lenine entre a "consciência sindical limitada" que os movimentos desenvolvem espontaneamente e a "consciência socialista" que eles não

---

* A falta de divisão eleitoral no movimento trabalhista condenou os partidos rivais do Partido Trabalhista, a falta de divisão dentro do movimento sindical favoreceu-os. Assim, o Partido Trabalhista Independente desapareceu alguns anos após se desligar do Partido Trabalhista em 1932, apesar dos seus numerosos MPs, porque sua base sindical era desprezível. O Partido Comunista, que nunca conseguiu ou confiou num eleitorado distinto, permaneceu pouco afetado por seus fracassos eleitorais, devido à sua força nos sindicatos.

desenvolvem, se torna relevante. O argumento de Lenine é duplo.[14] Por um lado, a experiência espontânea dos trabalhadores é limitada aos problemas da sua luta econômica, isto é, às relações entre patrões e trabalhadores. Mas um sentido mais amplo dos objetivos, estratégias e táticas socialistas a longo prazo não deve decorrer desta experiência, mas somente da "esfera das relações entre *todas* as várias classes e camadas, o estado e o governo",[15] o que está além da perspectiva "espontânea" do proletariado, pelo menos inicialmente. Por outro, na falta dessa perspectiva, os movimentos espontâneos têm probabilidade de serem levados na direção da esteira da ideologia burguesa. Os detalhes da análise de Lenine estão abertos à indagação, mas a importância da sua distinção é fundamental.

Para o nosso fim talvez seja útil elaborá-la e refraseá-la. A experiência "espontânea" da classe trabalhadora a leva a desenvolver duas coisas: por um lado um conjunto de reivindicações imediatas (p. ex., salários mais altos) e de instituições, modos de comportamento etc., destinados a obtê-las; por outro — mas de uma forma muito mais vaga e não invariavelmente —, um descontentamento geral com o sistema existente, uma aspiração geral após uma mais satisfatória, e um perfil geral (cooperativo contra competitivo, socialista contra individualista) de medidas sociais alternativas. O primeiro grupo de ideias é pela natureza das coisas muito mais preciso e específico do que o segundo. Além do mais elas funcionam o tempo todo, ao passo que o segundo é de pequena importância prática — embora de imensa importância moral —, exceto nos momentos comparativamente raros em que a derrubada do sistema existente parece provável ou imediatamente praticável.* Sob condições de ca-

---

* Lenine deixou de observar que um vago — e consequentemente inteiramente ineficaz — espírito utópico pode ser um produto da experiência proletária tão "espontâneo" quanto o reformismo. Os sindicatos de ofício ingleses não são neste sentido mais espontâneos do que o anarquismo espanhol. A fraqueza de ambos é não estabelecer nenhuma ligação funcional entre as lutas em pequena escala do dia a dia dos trabalhadores e a batalha principal pelo poder.

pitalismo estável a "consciência sindical" é bastante compatível com a aceitação *de facto* (ou mesmo formal) do capitalismo, a menos que o sistema deixe de levar em conta o *minimum* da exigência sindicalista de "o trabalho de um dia justo pelo pagamento de um dia justo". (Quando ele não leva, a consciência sindical parece insinuar automaticamente mudanças de segunda ordem.) Os movimentos trabalhistas espontâneos, portanto, têm probabilidade de atuarem como se o capitalismo fosse permanente, reduzindo suas aspirações socialistas, quando elas existem, a apêndices politicamente irrelevantes das suas atividades "reais", ou ao apoio de grupos políticos de pressão. Isto não é simplesmente por ser a propaganda burguesa mais velha, mais influente e mais onipresente do que a ideologia socialista, mas porque até os movimentos socialistas precisam, em suas atividades do dia a dia, agir *como se* o capitalismo fosse permanente a maior parte do tempo. Exceto nas raras ocasiões de crise revolucionária, um grau mais alto de consciência política, um esforço especial, é necessário para impedir o movimento de ser levado para um simples reformismo; a menos que algum fato óbvio como pura fome ou desemprego em massa mantenha o estado de espírito revolucionário dos trabalhadores.

Um movimento socialista consciente, e notadamente um partido comunista, fornecem esse fator especial. Se uma classe trabalhadora se liga a um movimento desses na fase decisiva do seu desenvolvimento quando ela estabelece tais ligações, terá alguma garantia interna contra o impulso para o reformismo, porque a consciência e a unidade da classe (solidariedade, lealdade) são duas lições mais elementares da experiência proletária espontânea. Mas se, como no caso inglês, ela se liga a um movimento formado em grande parte no molde pré-marxista, não terá. A lealdade e a inércia teórica que ela retira da sua experiência espontânea manterão suas ligações tradicionais, e — a menos que ocorram catástrofes bastante extraordinárias, e mesmo então de maneira alguma ligeira ou rapidamente — ela permanecerá com elas. Enquanto o Trabalhismo for o "nosso" movimento, as divergências locais e seccionais com este ou aquele aspecto da sua política e comportamento não afetarão a lealdade básica.*

A "espontaneidade" permite às fileiras serem levadas passivamente para a direita (ou manterem a lealdade a uma esquerda tradicional); mas ela impele os quadros do movimento no sentido da moderação. O punhado de regras empíricas simples baseadas na consciência e solidariedade de classe, pelas quais a base determina sua conduta política, não oferecem muita orientação num nível mais alto. Enquanto o movimento estiver fora da lei, perseguido e não reconhecido, não é necessária muita orientação, e algumas vezes se detecta na esquerda teórica uma certa nostalgia desta situação direta, um desejo de prolongar por meio de condenações *a priori* de todos os compromissos, coalizões ou manobras, a idade de ouro em que nada perturba a mente do militante simples que luta duramente. Mas a menos que o sistema capitalista seja derrubado mais cedo, o reconhecimento e as suas complexidades resultantes chegam, de uma forma ou de outra, a todos os movimentos trabalhistas quando elas são fortes demais para serem negligenciadas ou destruídas. Neste ponto só a teoria revolucionária ou compromisso moral mais firme e mais claro podem garantir o quadro trabalhista contra o simples reformismo.

Na Inglaterra, onde a classe trabalhadora tem sido por quase um século por demais forte para ser desejada longe pelas classes dominantes, seu movimento tem sido emaranhado na teia da conciliação e da colaboração mais profundamente, e por muito mais tempo, do

---

* As condições para uma mudança de lealdade não foram investigadas seriamente, embora várias dessas mudanças estejam registradas — normalmente de social-democrática para comunista, ou de liberal para socialista, mas ocasionalmente (como na Alemanha Ocidental) de comunista para a direita. Pode-se sugerir resumidamente três: uma divisão organizacional, a ascensão de uma nova região ou geração não afetada pelas lealdades do velho movimento, e um fracasso realmente espetacular ou abdicação do velho movimento, ou uma combinação de todas três.

que em qualquer outra parte. Em muitos países da Europa, a decisão de tolerar o movimento trabalhista e de funcionar com ele em vez de contra ele foi tomada não antes do fim do século dezenove. Na França, ela ocorreu na década de 1880, após o fim da histeria pós-Comuna, na Alemanha após Bismaryk, com a abolição das leis antissocialistas, na Itália após o fracasso da repressão Crispi. Na Inglaterra, contudo, tanto a aceitação oficial do sindicalismo como a da massa do eleitorado (e, neste caso, predominantemente proletária) ocorreu no meio da década de 1860. Recente trabalho histórico lançou muita luz sobre a busca de alma entre as classes dominantes que precedeu as decisões deliberadas de fazer isso.[16] A partir desse momento, nenhuma tentativa sistemática de suprimir o movimento trabalhista foi feita na Inglaterra, exceto por seções particulares do comércio, nunca inteiramente apoiadas mesmo pelos mais conservadores dos governos. Pelo contrário, a postura fundamental do governo e cada vez mais das indústrias importantes tem sido mais a do domador de leões do que a do caçador de caça graúda. Os períodos mais militantes de sedução trabalhista ou esmagamento trabalhista — notadamente no fim da década de 1890 — foram aqueles nos quais a política trabalhista escapou do controle dos governos para cair sob o controle de visão muito mais curta dos consórcios privados de capitalistas e advogados ultraconservadores.* O sonho de um país livre de sindicatos e de Partido Trabalhista (quanto mais dos socialistas) ainda adoça as conversas da hora de almoço desses homens de negócios que não têm nenhuma experiência da vida industrial — corretores de valores, banqueiros e seus assemelhados — ou do pequeno comerciante indefeso, e encontra um eco nos discursos dos políticos mais estúpidos e nas publicações dos senhores

---

* O que saiu "errado" com o contra-ataque dos patrões da década de 1890 — para o qual ver *Studies in Labour History* (Londres 1960), de J. Saville em A. Briggs e J. Saville — foi que uma ofensiva destinada aos sindicatos novos e fracos, ou determinados sindicatos, desenvolveu-se — por uma série de decisões legais — numa que ameaçava todo um movimento trabalhista, inclusive as seções mais moderadas.

da imprensa mais feudais. Mas mesmo entre 1921 e 1933, quando a "luta até sobrar um" obteve o controle temporariamente e tentou forçar o trabalhismo a cair de joelhos, eles eram, como vimos, sempre mantidos em alguma espécie de xeque pela ala dominante e moderada do Partido Conservador assistida tacitamente pelos Liberais. Nos momentos de medo e histeria ainda podem ser feitas tentativas de ataque ao Trabalhismo ao longo de toda a linha; mas os governantes de um país do qual 90 por cento dos cidadãos vivem de salários e dois terços dos quais são trabalhadores manuais, têm sido por demais espertos para entregar-se a eles, mesmo na década de 1930, quando o fascismo europeu fez a derrota do trabalhismo parecer tentadora e possível.

Há, numa situação dessas, dois fatores que impelem o movimento trabalhista para a direita. Por um lado, os simples detalhes técnicos da atividade sindical reconhecida numa economia capitalista moderna envolve os líderes, acima do nível da loja ou oficina, numa rede de atividades conjuntas com patrões e o estado, da mesma forma que a simples existência de um partido da classe trabalhadora que é um governo em potencial ou sócio nas coalizões do governo nos sistemas parlamentares. Este é um problema para os partidos comunistas, bem como para os social-democráticos, como na França durante a Frente Popular e nos períodos pós-guerra imediatos. Por outro, há os esforços sistemáticos do governo e (normalmente grandes) negócios destinados a reforçar a moderação trabalhista e enfraquecer os revolucionários. Os comunistas até agora têm sido em grande parte dispensados destes, porque o governo e os negócios os têm considerado coletivamente como irreconciliáveis, mas não é de maneira alguma impossível (especialmente desde cerca de 1960) que as mesmas táticas sejam aplicadas a eles.

VIII

Devemos considerar este processo dos pontos de vista um tanto diferentes dos patrões, do governo (isto é, os grupos dominantes adotando um ponto de vista político nacional em contraposição a um individual ou seccional) e trabalhista.

Pouco precisa ser dito sobre os patrões, já que a atitude deles permanece a de uma relutância fundamental absoluta em aceitar a existência de um movimento trabalhista, exceto como um mal menor. Isto se reflete no tratamento geral da imprensa de virtualmente qualquer greve ou exigência sindical, e um folclore fortemente sobrevivente na classe média sobre os males da "ditadura sindical". Mesmo hoje o trabalhador que se recusa a entrar para um sindicato tende a ser considerado como uma figura heroica, o administrador da loja como um tirano, mitigado apenas por uma educação inadequada que os diretores de cinema fingem achar cômica, o sindicato como uma subespécie do totalitarismo. A "administração" — especialmente das firmas grandes e inteligentes — aceitaram há muito tempo o sindicalismo, tanto nacional como localmente, mas com relativamente poucas exceções, os patrões não tomaram a iniciativa de domar o movimento trabalhista.

Contudo, na política, os partidos não trabalhistas e os governos têm, de 1867 em diante, tomado deliberadamente tais iniciativas. O Partido Liberal tentou estabelecer-se como partido "do povo" (o que incluía os trabalhadores), e bem podia ter tido sucesso ao fazer isso, se não fosse a relutância dos políticos mais velhos como Gladstone e de certos grupos de homens de negócios do partido em pagar o preço necessário em "interferência do governo". O patrocínio deliberado de candidatos trabalhadores, a promoção de ministros da classe trabalhadora (1906), as primeiras concessões de honras reais — tal como participação no Conselho Privado — a trabalhadores (1914) pertencem a esta era liberal.

Uma característica especial do capitalismo inglês favoreceu a absorção das organizações trabalhistas no aparelho do governo, o que também começou antes de 1914: a falta de uma burocracia profissional de uma administração social. Tanto ele como os primeiros sistemas estatais rudimentares de administração trabalhista e seguridade social tiveram que ser improvisados quase simultaneamente. No contexto de uma política de conciliação parecia tão natural admitir os sindicalistas no funcionalismo público — na década de 1890 muitos deles já estavam esperando tais postos após se aposentarem[17] — como usar seus serviços estatísticos. A Lei do Seguro Nacional de 1912 incluiu até os sindicatos como parte da administração do seguro-saúde como "sociedades aprovadas", proporcionando assim àqueles sem muita força de negociação um motivo sólido para manter os seus membros enquanto ao mesmo tempo desencorajava a militância excessiva. Depois disso, foi apenas um passo para as técnicas modernas de emaranhar o trabalhismo numa rede de corpos consultivos e deliberativos, que foram desenvolvidos particularmente no curso das duas Guerras Mundiais, e têm sido da maior importância desde 1945.[18] Os sindicatos são hoje intermediários vitais entre o estado e os trabalhadores.

A ascensão do Partido Trabalhista após 1918 apresentou o problema especial de um possível governo Trabalhista. Dada a moderação dos líderes do partido, nunca houve nenhuma dúvida séria quanto à sua solução. Desde 1923 era claro que uma coalizão dos Liberais e Trabalhistas, mesmo sob um primeiro ministro Trabalhista, era não só tolerável como realmente desejável como um meio de desviar a "irresponsabilidade."[19]

O efeito desta política de conciliação e reconhecimento sobre o militante trabalhista "espontâneo" é complexo. Na sua forma mais simples, a couraça de ignorância e alheamento da tentação pode se descarnar, deixando-o como presa fácil da hospitalidade, da falsa camaradagem, ou mesmo da simples cortesia dos poderosos. Num nível ligeiramente menos elementar, o ex-militante pode identificar o reconhecimento do seu partido ou sindicato, e o seu próprio sucesso pessoal, com o sucesso do movimento. Que um homem como ele possa ter progredido tanto é não simplesmente, pode ele refletir, um reflexo da força do movimento, como demonstra realmente suas realizações. Mais objetivamente, a descoberta de que a política e a negociação mais altas são bastante mais complicadas do que um simples agitador, propagandista e organizador possa ter suspeitado, pode perturbá-lo. Se rebelde, o militante "espontâneo" pode reagir a esta descoberta com uma cobertura de hostilidade ao parlamento, à política, e a todas as outras instituições que põem em perigo a pureza do movimento, e uma corrente dessa hostilidade muitas vezes corre através das primeiras fases da história quando esta absorção do trabalhismo na vida oficial tem lugar; p. ex., na Inglaterra de 1911 até 1926.

Mas inevitavelmente, mesmo o mais revolucionário deve travar os combates para a melhoria e a reforma segundo a natureza do terreno, que é aquela do cálculo "realista" numa economia capitalista e num estado capitalista. Isso quer dizer que eles devem transigir, fazer aliados, e agir em geral como reformistas. Se ele quer ser eficiente numa economia capitalista estável, mesmo o líder do sindicato comunista deve fazer isto, quaisquer que sejam suas reservas e cálculos particulares. Uma municipalidade comunista num estado não comunista deve se comportar na maior parte do tempo de maneira muito parecida com qualquer outra municipalidade esquerdista. É assim apenas natural que para muitos militantes trabalhistas "espontâneos" a alternativa para a militância descuidada é para *fins práticos* um reformismo eficiente dentro de um ambiente capitalista que é considerado como Permanente *de fato,* ou que é considerado, na melhor hipótese, como sujeito apenas a mudanças graduais e intermitentes.

O apelo de tal empirismo é talvez mais bem ilustrado pela carreira do falecido Ernest Bevin, o mais influente líder sindical do período pós-1918, e talvez com Arthur Horner dos mineiros, o mais capaz (embora provavelmente inferior em inteligência a Horner e certamente inferior em altruísmo). Bevin, como vimos, começou como um homem da extrema esquerda — ele preferiu deliberadamente os Social Democratas ao PTI como sendo mais revolucionário —, e não pode ser considerado como moderado por inclinação ou tradição natural. Apesar disso, na realidade, sua carreira é de moderação política crescente. Poderia parecer claro — embora sua biografia lance apenas luz indireta sobre a questão[20] — que o fator mais importante em sua evolução foi a descoberta de que o capitalismo não estava se decompondo, acentuado como este estava pela derrota da Greve Geral e uma visita às indústrias então muito florescentes dos EUA. Não há nenhuma evidência de que Bevin tenha abandonado suas convicções socialistas imediatamente, ou absolutamente. No começo da década de 1930, ele ainda estava preparado para cooperar intimamente com G.D.H. Cole e outros esquerdistas, e até 1936 ele declarou sua crença no socialismo numa forma que a direita Trabalhista da década de 1950 teria considerado como extremista. Contudo, na verdade, o negócio do sindicalismo tinha que continuar, e sob as condições vigentes após a Greve Geral, isso significava, achava ele, aumentar a colaboração com o Estado e a administração. A lógica desta posição levou-o ao Ministério do Exterior em 1945.

A carreira de Bevin, contudo, ilustra também outro fator do movimento trabalhista inglês que tornou o abandono da "espontaneidade" ainda mais difícil: o seu antiintelectualismo marcado. Esta característica, muitas vezes encontrada nos movimentos trabalhistas espontâneos, é em certo sentido um índice da força da consciência de classe deles, sendo a participação da classe definida como "trabalhando com as próprias mãos". Em outro sentido, ela é um índice das suas limitações. Na medida em que os intelectuais socialistas tragam para dentro do movimento, como Lenine sugeriu, apenas esse alargamento das perspectivas políticas que corrige a sua "espontaneidade", a desconfiança de *todos* os intelectuais perpetua a estreiteza do movimento. Naturalmente esta desconfiança é algumas vezes justificada. O grosso dos intelectuais Trabalhistas ingleses (e para ser justo com Bevin, ele também não confiava neles) era migrante relativamente tardio do liberalismo, cujo efeito líquido sobre o Trabalhismo era certamente o de não empurrá-lo em direção à esquerda. Tampouco o *"ouvrièrisme"* espontâneo dos movimentos proletários está inevitavelmente ligado a uma ideologia reformista. Na França (onde o Partido Comunista mostra sinais disso), ele está historicamente ligado a uma espécie de Jacobinismo Robespierrista, nos países hispânicos muitas vezes com tradições anarquistas de ação direta. Contudo, na Inglaterra, as tradições de antiintelectualismo da classe trabalhadora são em grande parte reformistas, e a exclusividade de classe se perpetua e, na verdade, as acentua.

IX

Para resumir. As raízes do reformismo inglês estão sem dúvida na história de um século de supremacia econômica mundial e na criação de uma aristocracia do trabalho, ou ainda mais genericamente, de toda uma classe trabalhadora que tirava vantagens disso. Inversamente, a manutenção da crença de que o capitalismo inglês é um negócio em funcionamento, e não sujeito ao colapso imediato, é uma condição necessária (mas provavelmente não suficiente) para a sua sobrevivência. Um segundo motivo, e não desprezível para a sua manutenção, pertence à superestrutura da história. É que o movimento trabalhista inglês foi formado e moldado na ocasião em que a tradição dominante era a de um radicalismo-liberal reformador, cuja marca ele ainda traz. Contudo, o terceiro motivo e talvez o mais importante para a sua sobrevivência é mais geral do que específico. É que, em condições de capitalismo estável ou florescente, e de reconhecimento oficial dos movimentos trabalhistas, uma política reformista é "natural" porque é a política óbvia e prática, e uma política revolucionária correspondentemente difícil. Portanto, a inclinação espontânea da paisagem política e social tenderá para fazer os movimentos trabalhistas se moverem furtivamente em direção ao reformismo, a menos que eles resistam a isso; e mesmo — muitas vezes — quando eles resistem.

Isto não significa que os movimentos trabalhistas nessas circunstâncias (que são comuns a todos ou à maioria dos países não socialistas desenvolvidos hoje) *devem* se tornar reformistas. Fatores históricos, tais como a impregnação de um movimento por uma ideologia revolucionária na fase decisiva do seu desenvolvimento, ou a recusa do Estado e dos patrões em conciliarem-na, podem iniciar o impulso natural no sentido do reformismo. Os movimentos revolucionários podem imaginar estratégias para a transformação da sociedade que não exijam (exceto na autodefesa e após a vitória) barricadas ou insurreições, ou mudanças políticas súbitas e cataclísmicas.* Eles podem na verdade não ter nenhuma outra escolha, se não forem impelidos para o insurrecionismo casual das minorias, tal como tentado na esquerda europeia no período sindicalista antes da Primeira Guerra Mundial, ou a autoexclusão maciça de um movimento trabalhista que afirme simplesmente esperar pelo seu momento histórico para chegar. A primeira destas táticas tem pouca probabilidade de ser eficaz em situações não revolucionárias. A segunda (como mostra a história do Partido Social Democrático Alemão antes de 1914) pode simplesmente resultar numa conversão tácita ao reformismo.

(1949/63)

---

* Uma tal perspectiva parece ter estado na mente de Frederick Engels em seus últimos anos para a Alemanha, mas como todos os marxistas em todos os tempos, ele considerou as perspectivas pacíficas, ou mesmo graduais em alguns países no contexto geral de uma situação mundial na qual os desenvolvimentos revolucionários "antiquados" de algumas regiões — Engels pensava na Rússia — reagiriam sobre os não antiquados.

Notas

1. *Industrial Democracy* (Londres 1898).
2. Em virtude dos últimos desenvolvimentos imperialistas, a defesa de Joseph Chamberlain deles no começo da década de 70 é especialmente significativa. Ver o seu *Speeches*, ed. C. Boyd, I, p. 27 f.
3. *The Life of Thomas Cooper, Written by Himself* (Londres 1872), p. 393 f.
4. Isto é, antes do meio da década de 1860. Pode-se talvez excetuar o trabalho da escola Socialista Cristã dos filantropos da classe média cujos esforços ajudaram a garantir a legislação das sociedades de Socorros mútuos da década de 1850. Quanto no trabalhismo, a *History of Trade Unionism* dos Webbs exagerou a prevalência do "novo modelo" das sociedades unidas, como o dos Maquinistas, e a aceitação da economia liberal pelos líderes trabalhistas e dos novos movimentos — quer cooperadores dos Maquinistas ou de Rochdale — não tencionavam em sentido algum abandonar os seus objetivos a longo prazo. Era simplesmente que o conteúdo das velhas palavras de ordem mudaram para um novo contexto econômico; até que, por falta de uma teoria socialista clara, elas se tornaram cada vez mais privadas de sentido.
5. Citado no *Labour's Formative Years* (Londres 1948), de J.B. Jefferys, p. 48.
6. "British Spectacles" de Rosa de Luxemburgo, *Leipziger Volkszeitung*, 9 maio 1899. Ela está enganada em pensar que o domínio *indisputado* da indústria inglesa era necessário para o funcionamento desse tipo de colaboração.
7. Relatório do Conselho Geral da TUC sobre as conferências Mond-Turner (Relatório TUC; 1928, p. 209).
8. Ver meu *Labours Turning Point* (Londres 1948), pp. 10ss. e 104.
9. Cf. *Studies in the Development of Capitalism* de Dobb, pp. 263-7.
10. Cf. *La Coutume ouvrière* (1913) de Maxime Leroy, para uma discussão das "obrigações" do sindicalismo, pp. 190-361.
11. "Que seguro a riqueza achará ser vantajoso proporcionar contra o risco ao qual ela sem dúvida está sujeita?" (isto é, agora que o trabalhismo está deixando de ser dócil); *Speeches*, ed. Boyd, I; p. 130.
12. É possível que ele nunca tenha dependido. Cf., *After Imperial ism* de M. Barrat Brown(1963).

13. *Wirtschaftswunder oder keines?* (Viena 1963), dc T. Prager.
14. *What Is to Be Done?* Partes II e III, *Selected Works* II.
15. *Loc. Cit.*, p. 99.
16. Cf. esp. "The Tenth April of Spencer Walpole: the problem of revolution in relation to reform, 1865-7" de Royden Harrison (*International Review of Social History* VII; 1962, p. 352) e *The Age of Improvement* (Londres 1959) de Asa Briggs, Capítulo X.
17. *Our Partnership* (Londres 1948) de Beatricc Webb, p. 24.
18. Cf. *Trade Unions and the State* (Londres 1934), de W. Milne-Bailey, *The State and the Trade Unions* (Londres 1960) de D.F. Macdonald, *Trade Unions and the Government* (Londres 1960) de V.L. Allen. Para as operações em tempo de guerra desta política, cf. *The Britsh War Economy* (1957) de Lord Inman, *Manpower* (1957) de Parker, todos da história oficial da Segunda Guerra Mundial.
19. Cf. *The First Labour Government* (Londres 1959) de R. Lyman.
20. *The Life and Times of Ernest Bevin,* vol. I (Londres 1959) de Alan Bullock, esp. pp. 390-446 e 505.

17

Costumes, salários e carga de trabalho na indústria do século dezenove

O PRINCIPIO BÁSICO DA economia da iniciativa privada no século dezenove era comprar no mercado mais barato e vender no mais caro. Para o patrão, comprar a mão de obra no mercado mais barato significava comprá-la pela taxa mais baixa de unidade de produção, isto é, comprar a mão de obra mais barata da mais alta produtividade. Inversamente, para o trabalhador, vender o seu trabalho no mercado mais caro significava logicamente vendê-lo pelo preço mais alto pela produção unitária mínima. Obviamente era vantagem para o assentador de tijolos receber 7d. por uma hora, o que significava o assentamento de 50 tijolos em vez de 100. A situação ideal almejada pela economia clássica era aquela em que a taxa do salário era fixada exclusivamente através do mercado sem a intervenção da compulsão econômica de qualquer das partes. Para os patrões, isto significava ter um exército permanente de mão de obra de reserva de todos os graus necessários de habilitação, para o emprego permanente dos trabalhadores, pleno ou melhor superpleno. Significava também que ambas as partes seriam atuadas por motivos de mercado: os patrões pela busca do mais alto lucro possível (o que significava o mais baixo custo possível da mão de obra), os trabalhadores pela busca do salário mais alto possível (o que significava sensibilidade completa aos incentivos salariais). Por grosseiras que sejam estas supersimplificações, elas representam apesar de tudo as partes relevantes daquele modelo teórico simples de uma economia de mercado autorreguladora à qual muitos economistas e comerciantes aspiram e que eles acreditavam estar em grande parte em funcionamento.

A questão era que nem os patrões nem os trabalhadores reconheciam completamente as regras deste jogo ou o que elas significavam. Isto era devido em parte ao fato de elas serem irreais. Assim, mesmo os trabalhadores mais abertos aos incentivos salariais só o são até o ponto em que a seguridade social, o conforto no trabalho, o lazer, etc., competem com o dinheiro. Mas era devido também a uma tendência ao comportamento econômico básico não em análise racional a longo prazo mas aos Costumes, empirismo ou cálculo a curto prazo. Neste capítulo proponho-me a discutir alguns dos efeitos disto sobre a produtividade do trabalho no século dezenove.* As conclusões desta discussão podem ser resumidas como se segue:

1. Há dois divisores de águas principais na história do século dezenove do emprego da mão de obra industrial: um, provavelmente, nas décadas por volta do meio do século, o outro na direção do fim da Grande Depressão. Ambos marcam mudanças, ou o começo das mudanças, na atitude tanto dos trabalhadores como dos patrões. Ambos, incidentalmente, coincidem com os pontos decisivos na evolução de outros aspectos da economia.

2. O primeiro marca o aprendizado *parcial* das "regras do jogo". Os trabalhadores aprenderam a considerar o trabalho como uma mercadoria a ser vendida nas condições historicamente peculiares de uma economia capitalista livre; mas, onde eles tinham escolha na

---

* *A produtividade do trabalho* é geralmente sinônimo de *produção por homem-hora* ou unidade semelhante. Tal uso normalmente deixa de distinguir entre aquelas mudanças na produção devidas à maquinaria e aquelas devidas a outras causas, p. ex., mudanças na organização, pessoal, na utilização eficiente do tempo, esforço e habilidade dos trabalhadores. Neste ensaio a expressão se aplica *exclusivamente* ao segundo tipo de mudanças. Na prática, naturalmente, os dois tipos de mudanças geralmente andam lado a lado e são difíceis de separar.

questão, ainda fixavam o preço básico pedido e a quantidade e qualidade do trabalho por critérios não econômicos. Os patrões aprenderam o valor da utilização intensiva em vez de extensiva da mão de obra e em menor extensão dos incentivos, mas ainda mediam o grau de utilização da mão de obra pelo costume, ou empiricamente — se é que mediam.

3. O segundo marca o aprendizado *completo* das regras do jogo. (Não importa, para o nosso fim, que a esta altura o modelo ideal de uma economia de mercado autorreguladora estivesse, exceto talvez no mercado internacional de dinheiro, deixando até de ser aproximadamente realista.) Os trabalhadores começaram a exigir o que o tráfego podia suportar e, onde tinham alguma escolha, a medir o esforço pelo pagamento. Os patrões descobriram maneiras genuinamente eficientes de utilizar o tempo de trabalho dos seus trabalhadores ("administração científica").

I

Como podiam os trabalhadores no começo da economia industrial decidir que salários e condições aceitar e que esforço aplicar ao seu trabalho, supondo que tivessem alguma escolha? Eles raramente nos disseram, de forma que somos forçados a conjeturar, baseados em parte na observação, e em parte na análise dos dados históricos dispersos.[1]

Nenhum problema inicial de determinação do salário surgia para os não habilitados ou aqueles com oferta abundante. Eles tinham que aceitar um salário de subsistência (se fossem homens), ou um fixado de tal maneira simplesmente para atraí-los para longe do (digamos) trabalho rural.[2] (As mulheres e as crianças naturalmente recebiam menos do que o da subsistência, mas já que a taxa deles era fixada normalmente em relação ao salário masculino, podemos desprezá-los.) O fato de os salários da mão de obra não habilitada serem fixados nos custos de subsistência ou em volta deles é esmagadoramente atestado pelos teóricos, industriais e historiadores. Podemos portanto tomar o salário de subsistência do trabalhador não habilitado ou abundante ou do trabalhador rural como ponto de referência, em relação ao qual todos os outros graus fixavam suas próprias posições. Devemos negligenciar os problemas decorrentes do pagamento de salários em espécie. A "subsistência" não era, naturalmente, um absoluto fisiológico, mas uma categoria convencional variando em diferentes ocasiões em lugares diferentes.

O trabalhador habilitado característico dos ofícios pré-industriais poderia esperar obter idealmente cerca de duas vezes mais do que o trabalhador comum, um diferencial de grande antiguidade e persistência, porque podemos encontrá-lo na fixação de preços e salários de Diocleciano como naquela dos Juízes de Paz ingleses sob Henrique VI e Carlos II, na Itália do século dezoito, na França, nos ofícios de construção de Barcelona no século dezenove, e sem dúvida em outras partes. (Estas são, naturalmente, *taxas,* não *ganhos.*) Na verdade, o homem habilitado tendia a obter bastante menos do que este diferencial, especialmente quando era incapaz de restringir a entrada dos graus não habilitados, e mais quando a entrada era efetivamente restrita, como quando o homem habilitado era branco, o não habilitado preto. Na prática, a relação entre as taxas do trabalhador pré-industrial e o artesão — digamos o pedreiro e seu ajudante — era mais provável ser de dois para três ou de três para cinco, do que de um para dois.[3]

Como um homem habilitado iria fixar o seu padrão salarial em relação a outro homem habilitado? O cálculo aqui, embora tácito e muitas vezes inconsciente, era bastante complexo. Por um lado cada trabalhador poderia se considerar como pertencendo a uma camada particular — digamos de artesãos em contraposição aos trabalhadores —, e esperaria portanto um salário de acordo com o seu *status* social: os pedreiros, telheiros e carpinteiros esperariam ganhar salários grosseiramente da mesma ordem de grandeza, como os ferreiros, maquinistas, alfaiates habilitados e fabricantes de sapatos. Por outro lado, dentro de cada camada ou indústria havia uma hierarquia bem definida, embora nem sempre seja claro se isto representava capacidade de ganho ou se os ganhos a refletiam. Assim, os fabricantes de carruagens em 1837 não constituem um corpo uniforme, mas composto de classes assumindo postos uma depois da outra... o corpo dos fabricantes de carrocerias são os primeiros da lista; depois vêm os fabricantes de chassis; depois os decoradores; depois os ferreiros; depois os fabricantes de molas; depois os carpinteiros de rodas, pintores, laminadores, fabricantes de braçadeiras e assim por diante. Os fabricantes de carrocerias são os mais ricos de todos e constituem entre si uma espécie de aristocracia para a qual os outros trabalhadores erguem os olhos com sentimentos meio de respeito, meio de inveja. Eles sentem sua importância e tratam os outros com consideração variada: os fabricantes de chassis têm direito a uma espécie de familiaridade condescendente; os decoradores são considerados bons demais para serem desprezados; um capataz dos pintores eles podem tratar com respeito, mas os pintores efetivos podem no máximo ser favorecidos com uma inclinação de cabeça.[4]

Hierarquias semelhantes são atestadas para as novas indústrias, em Alsàce, Lancashire, as oficinas de maquinaria, e em outras partes.[5] *O status* sem dúvida refletia diferenças salariais, ou as diferenças salariais se consolidavam em costume; mas os trabalhadores não distinguiam claramente entre estes e *o status* que acreditavam estar ligado ao trabalho: um tipógrafo que não conseguisse um salário mais alto do que, digamos, um alfaiate local se consideraria como mal pago, qualquer que fosse a demanda relativa para cada um no mercado.

Os diferenciais tradicionais eram, naturalmente, menos importantes nas novas indústrias e naquelas dominadas pelo trabalho por peça (exceto até o ponto em que o preço original lançado para os vários graus de trabalho tivessem sido estabelecidos com referência à escala de salários previamente existente). É perigoso exagerar o papel dos costumes na estrutura salarial de uma economia completamente industrial como alguns estudantes recentes fizeram, embora os costumes sem dúvida a deformem. (Afinal de contas, os padrões pelos quais os trabalhadores julgavam um salário como aceitável ou não, não eram o único fator na fixação deste.) A questão é que a estrutura salarial de uma economia capitalista desenvolvida não era constituída num vazio. Ela começou como uma modificação ou distorção da hierarquia salarial pré-industrial e só gradualmente veio se aproximar do novo padrão; mais rapidamente nas áreas de falta aguda ou excesso de mão de obra, nas economias dominadas por flutuações comerciais abruptas, do que em outras; e certamente mais depressa naquelas economias que tiveram sucesso em destruir ou desorganizar as organizações de autodefesa dos pequenos produtores ou trabalhadores pré-industriais. Contudo, o importante a ter em mente é que o cálculo do salário *do trabalhador* permaneceu por muito tempo, e ainda permanece até certo ponto, um cálculo em grande parte decorrente do costume e não do mercado.

Um resultado importante disto foi que os patrões quase certamente conseguiam sua mão de obra habilitada no século dezenove abaixo do custo do mercado. Isto se aplica não só aos países com um nível salarial geralmente baixo tais como a Alemanha e a Bélgica, como também à Inglaterra. Parece claro que, mesmo compensando as flutuações cíclicas abruptas às quais eles estavam sujeitos, os fundidores de ferro e maquinistas na Inglaterra antes, digamos, de 1840, viviam num mercado vendedor maravilhoso e podiam ter exigido muito mais do que a taxa de 30s. ou parecida que os maquinistas do Lancashire recebiam na década de 1850.[6] Obviamente a competição entre as pequenas firmas e a falta de sindicatos eficientes desempenhavam o seu papel, bem como o fato de que os homens exigiam uma parte do preço extra deles em termos de satisfações não econômicas, tais como independência da supervisão, tratamento digno e mobilidade. Apesar de tudo, a modéstia de suas exigências eram e permanecem importantes, como qualquer australiano chegando a este país está pronto a atestar. Quanto mais tradicional e hierárquica a sociedade deles, maior ela era.

Uma vez que só podemos especular sobre "o que o tráfego poderia suportar" naquele tempo, não podemos naturalmente medir o tamanho do bônus que os patrões tiravam da relutância dos seus trabalhadores em cobrá-lo. Poder-se-ia imaginar que era pelo menos tão grande como o bônus que eles tinham tirado no século dezoito da "inflação-lucro" do Professor Hamilton. Parece provável também que as opiniões deles sobre a produtividade individual eram afetadas por ele. O esforço do trabalho do operário, ou padrão de produção por unidade de tempo, era também determinado mais pelo costume do que pelo cálculo do mercado, de qualquer maneira até que ele começasse a aprender as regras do jogo. O ideal de "um dia justo de trabalho por um dia justo de pagamento" tinha, e tem, pouco em comum com o ideal de comprar no mercado mais barato e vender no mais caro. Os critérios para um dia justo de trabalho são provavelmente complexos demais para uma análise apressada. Eles dependiam em parte de considerações fisiológicas (p. ex., a velocidade de trabalho e o esforço que um homem podia manter indefinidamente, compensando os descansos durante e entre os dias ou turnos de trabalho); de considerações técnicas (p. ex., a natureza das tarefas que se podia esperar que ele cumprisse no curso de um dia ou turno); de considerações sociais (p. ex., a necessidade de um grupo trabalhar num ritmo que permitisse aos membros mais lentos acompanhá-lo e por sua vez ganhar um salário justo de um dia); de considerações morais (p. ex., o orgulho natural que um homem tem em fazer um trabalho o melhor que pode); de considerações econômicas (p. ex., que quantidade de trabalho pode receber um "salário justo"); de considerações históricas, e sem dúvida de outras. Eles eram impostos por uma pressão coletiva poderosa.[7] Na verdade, como sabemos, esses padrões eram tão bem aceitos que quando os trabalhadores tinham escolha — não havia muitas vezes nenhuma diferença importante entre as taxas por tempo e por peça: cada uma podia ser transformada na outra com pouca dificuldade. O patrão de trabalhadores por tempo sabia grosseiramente qual a produção por peça que obteria, o patrão de trabalhadores por peça (como Adam Smith observou)[8] sabia que não tinha probabilidade de obter mais deles do que a produção-padrão pela semana de trabalho aceita, embora eles pudessem tê-la feito em menos dias. As estatísticas que temos tendem a mostrar que nas indústrias não mecanizadas a produção tendia a flutuar mais ou menos numa tendência uniforme. A produtividade nas minas do Ruhr (exceto para o período de 1796-1802 e o começo da década de 1830) permaneceu bastante firme de 1790 até 1850 entre 87 e 97 por cento do nível de 1850. Nas minas de cobre de Halle ela mediou de 12-13 toneladas por homem-turno para cada período do ciclo comercial entre 1800 e 1850.[9] Na mineração de carvão na França ela foi igualmente estável entre 1834 e 1852.[10] Este nível não era necessariamente o mais alto que se podia obter, mas é provável que os operários trabalhassem o mais duramente que podiam, ou se esperava tradicionalmente que o fizessem, sujeito à condição de que eles sentissem por si mesmos estarem recebendo um salário "justo" e que o trabalho não interferia com o conforto deles no trabalho e no lazer. Naturalmente os trabalhadores rudes, o trabalho forçado, ou outros dedicados a fazer um trabalho desagradável ou não tradicional para o qual não tinham nenhum padrão habitual, sendo destreinados ou sem prática, os trabalhadores se sentindo mal pagos, ou incapazes de sentirem qualquer orgulho em sua labuta, naturalmente só trabalhavam duramente quando obrigados. Mas o prazer no trabalho é mais comum do que se pensa. As pesquisas de De Man na década de 1920 mostraram que na Alemanha 67 por cento dos trabalhadores habilitados e até 44 por cento dos não habilitados disseram que sentiam mais prazer do que aversão por seu trabalho.[11] O estigma moral contra a moleza era e permaneceu muito grande entre esses grupos. O patrão que admitia esses tipos de trabalhadores pré-industriais, ou aqueles que os tomavam como modelo, podia estar razoavelmente certo de obter deles inicialmente tanto trabalho por unidade de tempo quanto era socialmente esperado, a menos ou até que introduzisse os critérios da economia de mercado. Naturalmente essa rigidez de produção podia ser incômoda quando ele exigisse que a produtividade aumentasse rapidamente, ou que os trabalhadores se ajustassem rapidamente a mudanças dos processos de trabalho.[12]

Portanto, é claro que os trabalhadores habilitados, na verdade talvez todos os trabalhadores que sentissem algum respeito próprio e não fossem incitados à revolta, não aplicavam os critérios de mercado para a medida dos seus esforços. Os não habilitados eram natural e habitualmente explorados e mal pagos, mas os patrões não esperavam deles, de qualquer maneira, mais do que o mínimo absoluto de trabalho voluntário, e confiavam — talvez erradamente, antes da idade da produção em massa moderna — na disciplina ou na "energia" para obter deles tanto esforço quanto podia ser esperado.[13]

II

Em alguma ocasião, por volta do meio do século, observamos um ajustamento consciente dos trabalhadores habilitados às "regras do jogo", pelo menos na Inglaterra. Assim, os sindicatos começaram na década de 1840 a reconhecer a natureza peculiar do ciclo comercial em suas precauções para o desemprego, e um pouco mais tarde a desenvolver as políticas características de um sindicalismo de "novo modelo": restrição da entrada, máxima mobilidade da mão de obra entre áreas de pleno emprego e de falta, benefícios de emigração, o uso sistemático de benefícios de socorros mútuos, e assim por diante.[14] Como sabemos, a teoria econômica por trás destas políticas pretendiam a criação de uma escassez permanente de mão de obra habilitada, de forma a elevar o seu preço de mercado Novamente, como veremos, os trabalhadores habilitados, bem como os patrões nas décadas de 1850e 1860, tendiam a favorecer as formas mais curtas possíveis de contrato de trabalho de forma a permitir a qualquer das partes negociar por melhores condições com o menor atraso possível. Mas, mesmo compensando as exceções do *laissez-faire* às quais os sindicatos naturalmente se apegavam (especialmente a proteção legal e o sindicalismo), isto era apenas uma adaptação parcial à negociação do livre mercado. Os critérios de um "salário justo" permaneceram os costumeiros em muitas indústrias, aqueles de um "dia justo de trabalho" igualmente inflexíveis. Na verdade, alguns sindicatos combinaram a negociação do *laissez-faire* com uma punição rigorosa do trabalho malfeito, como fizeram os fabricantes de caldeiras.[15]

O período que se seguiu à Grande Depressão pode ter presenciado uma mudança mais fundamental de atitude, já que presenciou uma revolução mais fundamental na economia e na estrutura da força de trabalho. Em primeiro lugar, como Rowe mostrou, certos grupos de trabalhadores — p. ex., os ferroviários — começaram pela primeira vez a exigir o que o tráfego podia suportar. Em segundo lugar havia, num certo número de indústrias em vários países, um afrouxamento muito marcado da produtividade individual, ainda mais surpreendente em contraste com a ascensão muito rápida do terceiro quarto do século. Assim, na mineração de carvão na França, a produção por homem-dia (trabalhadores subterrâneos, 1900 = 100) subiu de 62 na década de 1840 para 100 em 1887-95, após o que caiu lentamente para 95 em 1909-1914. Na Alemanha, a produtividade por trabalhador na mineração de carvão duro subiu de 45 em 1844-52 para 101 em 1887-94 (1900 = 100) após o que, permaneceu grosseiramente estável até 1913.[16] A produção por cabeça na mineração inglesa e belga, nos ofícios de construção de Londres, e na fiação de algodão no Lancashire da década de 1890 em diante, mostrou tendências semelhantes.[17] Mesmo se compensarmos, quando necessário, o efeito dos rendimentos que diminuíam, ou o aumento dos trabalhadores não produtivos algumas vezes compreendidos nestes totais, ou o encurtamento das horas, a tendência permanece bastante sugestiva. Em um ou dois casos isso foi especificamente atribuído a um certo afrouxamento,do esforço individual de trabalho dos homens.[18] É pelo menos possível que certos grupos de trabalhadores começassem agora a deixar que sua produção caísse sistematicamente, a menos que mantida por incentivos, ou então que o enfraquecimento das formas mais velhas de disciplina ou tradição do trabalho produzissem o mesmo resultado.

Muito embora os militantes industriais como Tom Mann desenvolvessem a teoria da negociação do livre mercado variando o esforço de trabalho do operário na década de 1890,[19] o afrouxamento consciente e sistemático deste tipo era sem dúvida raro. Quando proposto, ele encontrava uma grande indignação moral não só — naturalmente, embora ilogicamente — por parte dos patrões, como dos próprios trabalhadores habilitados e seus simpatizantes.[20] A tendência de afrouxar minava o respeito próprio dos trabalhadores mesmo que isso melhorasse a sua posição no mercado; e o respeito próprio é uma coisa muito mais fundamental do que as categorias historicamente fugidias da economia do livre mercado.

Entre 1880 e 1914, portanto, os trabalhadores começaram a perder as vantagens de que até então tinham gozado devido à ignorância dos trabalhadores das "regras do jogo" ou da relutância deles em segui-las, e das quais eles tinham obtido benefícios consideráveis. Algumas vezes, como na fiação de algodão inglesa, o quase monopólio os protegia contra os efeitos desta perda;[21] outras vezes não. Devemos portanto nos voltar para o lado do quadro dos patrões.

III

Se a falha de aprender ou aplicar as regras do jogo fez com que os trabalhadores muitas vezes trabalhassem mais duramente e por menos dinheiro do que teoricamente precisassem ter feito, a falha dos patrões de aprendê-las ou aplicá-las fez com que eles utilizassem a mão de obra que contrataram com uma ineficiência notável.

Ao considerar o comportamento dos empresários do século dezenove devemos naturalmente distinguir entre o que pudesse ser ineficiente hoje, mas pudesse ser racionalmente justificado sob as condições então prevalecentes, e o que pudesse não ser. (Não precisamos concordar com as justificações racionais dos primeiros patrões, mas precisamos reconhecer simplesmente que elas eram racionais.) Os primeiros empresários industriais acreditavam, não sem alguma justificação, que a sua força de trabalho era em grande parte impermeável aos incentivos monetários, relutantes em trabalhar da maneira que lhes convinha, ou na verdade de entrarem absolutamente a serviço deles. Como Townsend observou em 1780:

> Os pobres pouco sabem dos motivos que estimulam as categorias mais altas à ação — orgulho, honra e ambição. Em geral é apenas a fome que pode incitálos e convencê-los a trabalhar.[22]

É, podemos acrescentar, apenas a disciplina que os manteria trabalhando. Portanto, era lógico que os patrões usassem a coação, nãoeconômica bem como econômica, para recrutar a força de trabalho e para mantê-la trabalhando. Daí, a primeira metade do século dezenove é qualquer coisa, exceto *laissez-faire* em suas relações trabalhistas. Na Inglaterra, ela presenciou a codificação da Lei de Patrões e Empregados, que punia as violações de contrato mais severamente para os homens do que para os patrões,[23] a proscrição sistemática embora nem sempre eficiente dos sindicatos e das greves — a revogação das Leis Combinadas fez relativamente pequena diferença quanto a isto —, um gosto marcado pelos contratos de trabalho a longo prazo e inelásticos como o vínculo anual ou mensal dos mineiros,[24] e aquela peça implacável de coação legaleconômica, a Nova Lei dos Pobres. Em outras partes, mecanismos semelhantes eram comuns.

Estas coisas eram em parte racionalmente justificáveis em termos de teoria contemporânea, embora não totalmente; porque os patrões estavam apenas dispostos demais a abandonar o *laissez-faire* quando este não lhes convinha. Assim, os vínculos anuais, embora compreensíveis como uma reação às faltas locais de mão de obra, como nas minas do século dezoito, não eram facilmente defensáveis por um discípulo de Adam Smith. Contudo, o que não é justificável é a negligência extraordinária do problema da produtividade e da utilização eficiente da mão de obra. Falando de maneira geral, os patrões presumiram que a folha de pagamento mais baixa por horas mais longas significava um custo mais baixo de mão de obra por unidade de tempo; que o esforço dos trabalhadores não podia ser muito aumentado acima de uma norma determinada, embora eles fossem muitas vezes preguiçosos demais para perceber isto; que o problema da produtividade era essencialmente de mecanização combinado com a disciplina; e que os incentivos eram principalmente úteis como um auxiliar a isto, se é que eram. Os manuais para industriais e gerentes, embora dedicando muita atenção à utilização econômica das matérias-primas, negligenciavam quase completamente o problema da administração da mão de obra.[25]

Isto é, naturalmente, para supersimplificar a parte desempenhada pelos incentivos no esquema dos primeiros empresários. Eles foram de fato largamente usados, em parte sob a forma de salários por peça, em parte sob a de subcontratos. Apesar disso, nenhum dos dois era incoerente com a opinião resumida acima. O subcontratante era um tipo de empresário, e os empresários eram naturalmente sensíveis aos incentivos. Além do mais, ele estabelecia o ritmo para aqueles subordinados a ele que *não* gozavam de incentivos, e na verdade a prevalência da subcontratação pareceu tornar os incentivos para os próprios trabalhadores em grande parte desnecessários, exceto no caso de salários por tarefa genuinamente coletivos fixados por turmas. A chefia por peça, chefia contratada, ou como quer que fosse chamado, o artesão habilitado — fiandeiro, laminador ou fundidor — que pagava ele mesmo aos seus assistentes não habilitados não raro em taxas diretas por tempo, o capataz ou chefe de turma que, quase invariavelmente, trabalhava numa base de comissão ou como subempreiteiro:[26] estes estabeleciam o ritmo e o resto não tinha nenhuma opção senão acompanhá-lo.

Tampouco era o pagamento por resultados por si mesmo (em contraposição ao subcontrato) concebido primariamente como um meio de aumentar a produtividade, mas como um meio de impedi-la de cair abaixo da norma. Como o Dr. John, especialista galês em ferro afirmava, essa era a única maneira de garantir que os trabalhadores "cumprissem o seu dever" quando não podiam ser efetivamente supervisionados.[27] Ou, para citar M. Ponson de Liège:

> O trabalho por dia é o método mais desvantajoso nas minas, porque os trabalhadores, não tendo nenhum interesse em trabalhar ativamente, em grande parte afrouxam o total dos seus esforços assim que cessa a supervisão.[28]

Na verdade, temos exemplos de grande poços sendo cavados em salários por tempo nas primeiras dezenas de metros, enquanto a supervisão é possível, mas a taxas por peça daí por diante.[29] Em geral, se for necessário um *aumento* do esforço ele é conseguido "trabalhando com afinco", embora isto possa significar dar incentivos a um número limitado de "cavalos atrelados aos varais". Naturalmente, os graus de trabalhadores que resistiam à supervisão disciplinada — p. ex., os artesãos habilitados — não podiam ser tratados assim.[30]

Este argumento não se aplica da mesma maneira às indústrias que sempre foram pagas por resultados, por exemplo as indústrias domésticas, nas quais o trabalho por peça era uma forma degenerada do preço que os artesãos anteriormente independentes recebiam pela venda do seu produto, ou em ocupações que tomavam essas indústrias diretamente como modelo.

Embora esta atitude não possa ser justificada, pode ser compreendida. A combinação dos custos dos salários ultrabaratos com os esforços-padrão habituais da mão de obra dava aos patrões um excedente considerável, uma vez os trabalhadores estivessem treinados e experientes; maior talvez do que eles pudessem ter conseguido por salários altos e esforços mais intensos. Assim, os mineiros belgas de carvão eram mais mal pagos do que aqueles do Ruhr; a produção deles por homem-turno entre 1886 e 1910 foi consistentemente de 30 a 40 por cento abaixo da dos alemães. Mas durante o mesmo período (1892-1910), o custo da mão de obra do carvão belga, medido como uma porcentagem do seu preço na boca da mina, era menor: 53,9 contra 55,9 por cento.[31] Novamente, as pequenas oficinas podem ser capazes, talvez pela supervisão rigorosa e outros fatores, de terem custos de mão de obra mais baixos do que todas exceto as oficinas muito grandes e eficientes: de qualquer maneira, os números de Rostas para a indústria inglesa em 1937 parecem sugerir isto.[32] Muitas das primeiras oficinas eram pequenas, e quando assim era e o capital era pequeno os empresários podiam pensar ser boa política utilizar o fator abundante, a mão de obra, em vez do escasso, mesmo ao custo de alguma ineficiência do trabalho por trabalhador. Finalmente, parece provável que mesmo com poucos incentivos, o trabalho não habilitado ou simples pode ser utilizado muito mais ineficientemente do que o trabalho habilitado ou complexo, simplesmente porque o seu ritmo pode ser supervisionado e controlado mais efetivamente, quer pelo homem quer pela máquina. Um manual americano-padrão de "administração científica" estima que a mão de obra não habilitada e as tarefas burocráticas de rotina diretamente supervisionadas em pequenos grupos funcionam com 50 por cento de eficiência, os operadores de máquinas semi-habilitados a 38-40 por cento, os mecânicos habilitados e completos a 30 por cento, e os homens altamente habilitados e completos tais como os fabricantes de ferramentas a 25-28 por cento.[33] Mas isto não altera o fato de que para cada unidade de salário paga os patrões obtinham muito menos do que poderiam, e em grande parte não tinham consciência disto.

Novamente, a combinação de uma força de trabalho não habilitada, destreinada e a mecanização tenderam a cegá-los. De qualquer maneira, não se pode esperar que a mão de obra rude seja eficiente: precisa-se orçar uma produção *per capita* baixa. O aumento da produção devido à inovação técnica era tão vasto que era fácil esquecer o quanto maior ela poderia ter sido com uma exploração eficiente. "Com a ajuda dos dedos mecânicos", exclamou o Dr. Ure,[34] "um inglês com sua máquina de fiar pode produzir diariamente mais fio do que 200 dos fiandeiros mais diligentes do Indostão." Parecia não importar que eles pudessem ter produzido mais, porque poucos empresários perceberam as economias potenciais da exploração realmente eficiente do trabalho. *O Carding and Spinning Master's Assistant* de 1832 prevenia os patrões contra rearrumar sua maquinaria uma vez instalada, mesmo que achassem a arrumação menos do que ideal, já que os custos da reorganização excederiam provavelmente às economias.[35] Contudo, isto era um engano patente. Talvez seja impossível, de qualquer maneira sem trabalho demorado e laborioso, fazer uma estimativa dessa ineficiência, mas temos pelo menos um guia dela no Relatório da Comissão da ONU sobre as Indústrias Têxteis da América Latina (1950), algumas das quais são extremamente arcaicas. Este estudo pioneiro tenta separar a ineficiência devida à maquinaria obsoleta ou defeituosa daquela devida a outros fatores, principalmente à má organização — p. ex., excesso de pessoal, em outras palavras utilização ineficiente da mão de obra. Ele conclui que ambas são causas igualmente importantes de ineficiência. No Brasil e no Equador, na mais tecnicamente antiquada das indústrias estudadas, a reorganização melhoraria mais a eficiência do que novos investimentos. "Ao contrário do que sempre se supôs," diz o relatório, "a má organização e administração afetam tanto a produtividade como a falta tradicional de capital."[36] Nenhum historiador do começo da Europa industrial ficará sequer surpreso diante desta descoberta.

As tentações de uma economia de mão de obra barata tornou os patrões igualmente relutantes em reconhecer a sua ineficiência quando isso lhes foi apontado. Admitidamente, poucos estavam preparados para instruir os industriais em administração científica exceto o cientista raro como Charles Babbage.[37] Por outro lado, o fato de os baixos salários e longas horas não serem necessariamente idênticos aos custos de mão de obra mais baixos foi provado repetidas vezes nos negócios, e pode realmente ser observado. Brassey deu larga publicidade à sua prova.[38] Como Lujo Brentano acentuou, mesmo a experiência do grande aumento salarial de 1872 provou isso, embora ele fosse considerado como enunciando um paradoxo e muitos observadores simplesmente se recusaram a acreditar nos seus olhos.[39] A New Lanark de Owen havia levantado a questão décadas antes. O judicioso Ponson, que deu estatísticas de produção por homem-dia para os cortadores de carvão de 113 pedras em quatro países cujos turnos iam de seis até quinze horas, concluiu em 1853, sem qualquer tendência filantrópica detetável, que oito horas parecia um turno médio razoável diante do carvão.[40] Mas até 1901, 80 por cento de todos os trabalhadores belgas ainda trabalhavam onze horas em excesso.[41] Quando em 1889 os sindicatos forçaram a indústria inglesa de gás a adotar três turnos de oito horas em vez de dois de doze horas, a indústria acreditou estar enfrentando *(a)* uma perda líquida em eficiência e *(b)* um método de trabalho completamente sem precedentes; mas vários gasômetros do país haviam funcionado em turnos de oito horas durante até cinquenta anos, seus resultados estavam disponíveis para inspeção, e acontecia que a indústria era uma na qual a discussão técnica era particularmente animada e informada.[42]

Esta resistência ao conhecimento é também compreensível. Na prática, uma grande eficiência da mão de obra significava salários mais altos e horas mais curtas. Mas, em primeiro lugar, nenhum comerciante gosta de elevar os seus custos a menos que esteja certo de recuperá-los, e os empresários não tinham nenhuma garantia rígida. Em segundo, era indesejável encorajar os trabalhadores a exigir salários mais altos e horas mais curtas, porque onde iriam parar tais exigências? Era mais seguro, embora menos eficiente, ficar com os velhos hábitos, a menos que a pressão sobre as margens de lucro, concorrência aumentada, as exigências da mão de obra ou outros fatos inevitáveis forçassem uma mudança. Mas os períodos importantes de ajustamento econômico após as Guerras Napoleônicas e o colapso de 1873 sujeitaram os patrões exatamente a este tipo de pressão, e daí levou a modificações importantes no método de utilização da mão de obra. No período pós-napoleônico, o efeito foi retardado, já que os patrões tentaram primeiro exaurir as possibilidades de cortar os custos da mão de obra estendendo as horas e cortando as taxas de salário em dinheiro. Durante a Grande Depressão (1873-96), os novos métodos tenderam a ser adotados mais rapidamente. Grosseiramente falando, o meio do século trouxe o começo da substituição da utilização do trabalho "extensivo" por "intensivo", a última parte da Grande Depressão o começo da substituição da utilização "intensiva" empírica, pela racional ou da "administração científica".

IV

Embora seja muito provável que a eficiência da utilização do trabalho subisse após a década de 1840, isto não é fácil de estabelecer estatisticamente. Contudo, é claro que o sistema das relações trabalhistas na Inglaterra sofreu mudanças fundamentais, e outras análogas são observáveis em outras partes (por exemplo, na legalização das greves de Napoleão III). A compulsão não econômica desapareceu virtualmente com o declínio do vínculo dos mineiros e outros contratos longos, a abolição das Leis dos Patrões e Empregados e a legalização total do sindicalismo. Podemos traçar a extensão dos contratos de trabalho curtos na década de 1850, particularmente na

Escócia,[43] mas também numa variedade de acordos locais de ofícios de construção. A chefia por peça e a subempreitada, esses concomitantes quase invariáveis da rápida industrialização, capitalista em suas primeiras fases, pode bem ter passado o seu pico, de qualquer maneira nas indústrias mais velhas.[44] As modificações na Lei dos Pobres (p. ex., em 1867) tendeu também a transformá-la de um instrumento de coação trabalhista num de ajuda.[45] Não raro estas mudanças legais ratificavam uma situação *de jacto*. Obviamente a substituição de uma negociação não desejada por uma desejada tinha probabilidade de melhorar o moral dos operários habilitados, e daí sua produtividade. (Isto era mais importante nos países de *laissez-faire* doutrinário do que onde o paternalismo era generalizado, como na indústria pesada alemã, mas este não é lugar para discutir estas diferenças interessantes). Mais importante, o movimento para encurtar as horas ganhou terreno, em parte através da legislação, em parte através de acordos e negociações privadas, como no meio-feriado de sábado, que entrou em uso razoavelmente geral a partir da década de 1840 entre os construtores e em algumas partes das províncias, e em Londres a partir do meio da década de cinquenta.[46] As horas mais curtas obrigavam virtualmente os patrões e elevaram a produtividade, e o fato de que isto pôde ser feito era agora mais amplamente apreciado.

Sabemos tão pouco sobre os sistemas de administração e pagamento de salários que é perigoso generalizar sobre eles, especialmente em virtude da incrível complexidade da cena industrial. Só três fatos são absolutamente certos. Primeiro, de que da década de 1830 em diante os economistas, que haviam previamente discutido sistemas de pagamento de salários apenas incidentalmente — como em Adam Smith, Malthus, Say e Sismondi — começaram a prestar atenção sistemática a eles. A partir do fim da década de 1830, os tratados de economia continham normalmente uma seção especial sobre a forma de pagamento de salários.[47] Onde os autores tinham sido neutros quanto às taxas por peça ou ligeiramente hostis, agora se tornavam muito entusiastas quanto a elas, p. ex., McCulloch e Michel Chevalier.[48] Segundo, os patrões em vários países mostraram uma tendência marcada a estenderem os pagamentos por resultados — isto é, pagamentos de incentivos — inicialmente em grande parte em combinação com a subempreitada e chefia por peça. Tudo isto levou Marx à opinião familiar de que o pagamento por resultados era o tipo de pagamento de salários mais adequado ao capitalismo.[49] Já que não temos nenhuma estatística confiável, não podemos estimar o sucesso destes esforços. Algumas vezes eles falharam, como entre os maquinistas e construtores ingleses.[50] Outras vezes tiveram sucesso, como quando a Krupp introduziu o trabalho por peça após 1850 juntamente com a produção em massa,[51] ou quando os novos campos de carvão tais como aqueles da Gales do Sul pagavam a maioria dos seus trabalhadores por resultados, enquanto nos campos mais velhos (como no Nordeste) apenas certos graus tais como os apanhadores de carvão tinham sido pagos assim.[52] Mas a tendência — observada nos relatórios dos inspetores de fábricas inglesas — não está em dúvida.[53] Ela foi vastamente acelerada pela construção maciça de estradas de ferro, que eram pagas quase inteiramente por resultados, e ajudou a espalhar largamente o princípio do trabalho por peça, p. ex., na agricultura alemã,[54] e na indústria de construção. Finalmente, é claro que a relutância em aumentar os salários em dinheiro diminuiu. As taxas de salários em dinheiro tomaram uma tendência marcada para cima na maioria dos países da Europa Ocidental após a metade do século, e as primeiras defesas tímidas de uma "economia de altos salários" puderam ser ouvidas.[55] Contudo, estamos bastante no escuro quanto ao aumento real da eficiência do trabalho, e é claro que vastas áreas da indústria permaneceram resolutamente antiquadas.

Após 1850, navegamos em águas muito menos carentes de mapas. Já que este foi precisamente o período em que a eficiência do trabalho veio a ser considerada um assunto de estudo especial, pelo menos tão importante como o do uso eficiente do equipamento e da matéria-prima, atraindo o pesquisador, o engenheiro, o departamento do governo e outros fornecedores de material histórico.

O principal incentivo para mudar veio da tendência bem conhecida de as margens de lucro declinarem na Grande Depressão. Este é também o período em que a competição imperfeita se fez sentir em larga escala, em que a "segunda revolução industrial" pôs-se em marcha, e em que um movimento trabalhista poderoso emergiu em vários países, composto, além do mais, de trabalhadores que conheciam cada vez mais as "regras do jogo". Se a pressão da competição ou do trabalho foi mais importante em voltar as ideias dos patrões em direção à eficiência da mão de obra é incerto. As alegações foram provadas para ambos.[56] Do nosso ponto de vista, a pressão da mão de obra é a mais interessante, embora se deva ter em mente que a escala e complexidade crescentes da produção industrial tornaram as firmas mais vulneráveis a elas do que previamente, bem como tornando os velhos métodos de administração da mão de obra menos aplicáveis. Como um dos discípulos de F.W. Taylor disse: "Nós costumávamos induzir os trabalhadores, mas — especialmente se eles forem habilitados — (...) não têm que tolerar isso".[57] Um dos motivos pelos quais eles não tinham, como observa um historiador da administração científica, era que tinha que haver agora "um substituto para a supervisão efetiva característica da loja pequena."[58]

A "administração científica" foi a consequência.[59] Em suas fases iniciais, com as quais estamos preocupados aqui, ela consistia de três elementos principais:

(a) uma análise cuidadosa do processo de produção, sua divisão em segmentos simples e o estabelecimento de normas de trabalho para cada um;

(b) um sistema de contabilidade de custos que permitisse à firma descobrir o custo da mão de obra de cada operação e mantê-lo sob observação constante;

(c) a elaboração de sistemas de incentivos ou supervisão capazes de fazer os trabalhadores trabalharem na intensidade máxima. Para fins práticos, isto então significava pagamento por resultados.

Na prática, estes eram geralmente combinados com a mecanização, embora isto não fosse teoricamente essencial. É possível ter mecanização sem administração científica consciente como no começo do século dezenove, e administração científica sem investimento de capital em novas máquinas. Para começar, a administração científica partilhava a velha opinião de que havia um esforço da mão de obra ótimo, sendo a tarefa do gerente impedir os trabalhadores de caírem abaixo dele. Mas ao abandonar o costume e a tradição a administração científica descobriu que o esforço ótimo era muito mais alto do que se acreditara possível, e assim, na prática, tornou-se um conjunto de métodos mais para elevar do que para manter o esforço.

Tudo isto envolveu mudanças consideráveis no comportamento dos patrões. Podemos acompanhar a evolução do pensamento deles, ou melhor, dos engenheiros de produção — nos debates da Sociedade Americana de Engenheiros Mecânicos desde cerca de 1886. Eles começaram como uma busca dos incentivos para substituir a supervisão efetiva ou o "ímpeto" dos primeiros tempos. Daí, a primeira preocupação deles foi com a elaboração de novas formas de pagamento por resultados, e os principais métodos em voga atualmente — os sistemas de prêmios em bônus dos tipos Halsey e Rowan, os Taylor, Gantt etc. — foram inventados na década seguinte. Os engenheiros foram levados então a considerar os sistemas de custo; e na verdade em alguns países os contadores de custos foram os verdadeiros pioneiros do movimento, como na Inglaterra, onde Fells e Garcke (dois jovens membros da Sociedade Fabiana, por interessante que pareça) publicaram suas *Factory Accounts* em 1887.[60] Daí, as discussões se voltaram naturalmente para a própria organização e administração, e foi neste ponto que Frederick Winslow Taylor interveio dominando daí por diante todo o movimento.

Antes de 1914 e fora dos EUA mal estamos ainda preocupados com a administração científica no sentido moderno — a racionalização baseada em estudos de tempo e movimento e coisas parecidas. Contudo, de uma forma mais empírica, mesmo isto estava implícito na produção em massa pelas máquinas ou processos especializados que agora se expandiam grandemente; particularmente onde a mão de obra era o fator oneroso. Desconhecendo o taylorismo, os patrões de botas e sapatos de Bristol, que imaginaram um "sistema de grupo" por volta de 1890, aplicaram os seus princípios. Eles subdividiram o processo e se certificaram de que o grupo fosse "atendido pela mão e pelo pé e nunca ficasse esperando por qualquer coisa, ao passo que quando eles tinham que "procurar" seu próprio trabalho havia uma perda de tempo envolvida".[61] Qualquer processo novo envolvia automaticamente essa computação dos custos da mão de obra. Quando ele era executado por mão de obra barata e dócil, como em muitas fábricas novas de artigos de consumo, isto não era importante, porque o custo dos salários de qualquer maneira era baixo. Contudo, o núcleo da nova revolução industrial era uma indústria que tivesse sido até então operada esmagadoramente numa base semimanual por trabalhadores autoconfiantes e altamente pagos: metais e maquinaria. Aqui a transição para o novo sistema tinha que ser imaginada e enfrentada muito mais conscientemente do que em outras partes. Tampouco é de surpreender que em consequência os metalúrgicos, até então bastante conservadores, se tornassem em muitos países do mundo os líderes característicos dos movimentos trabalhistas militantes. A história desses movimentos desde a greve dos patrões ingleses de 1897 pode ser escrita em grande parte nos termos dos metalúrgicos, tanto que — por exemplo — os movimentos contra a guerra de 1916-18 seguiram um ritmo estabelecido quase exclusivamente por eles. (Basta simplesmente que pensemos no sindicato de Merrheim na França, nos empregados das lojas de Berlim, nos empregados ingleses das lojas, nas fábricas Putilov de Petrogrado, nas fábricas Manfred Weiss de Budapeste, nos metalúrgicos de Turim e Milão.)

Contudo, se a racionalização estava na sua infância, o pagamento por resultados e os esquemas de incentivo progrediram rapidamente. Na Inglaterra eles foram impostos à Sociedade Unida dos Maquinistas em 1903, após os amargos conflito, da década de 1890, e aumentaram firmemente até a guerra de 1914.[62] A Armstrong-Whitworth passou para a administração científica antes de 1900; a SiemensSchuckert de Viena adotou o prêmio em bônus nesse ano.[63] A rápida generalização do pagamento por resultados não está em dúvida. Na Inglaterra, 5 por cento de todos os trabalhadores em maquinaria e fabricação de caldeiras estavam nele em 1886, 27,5 por cento em 1906. Entre os torneiros: 6-7 por cento em 1886, 46 por cento em 1914; entre os operadores de máquinas: 11 por cento em 1986, 47 por cento em 1913.[64] Podemos observar frequentemente a mudança dos salários por tempo para por peça, como nas usinas siderúrgicas da Lorena (especialmente as maiores),[65] nas fábricas ferroviárias inglesas,[66] nas estradas de ferro alemãs e em outras partes.[67] Mesmo onde os salários por peça tinham sido a regra há muito tempo, como no algodão, a Grande Depressão trouxe modificações importantes. No mínimo — como na lista de Fiação de Bolton em 1887 — eles produziram uma sistematização geral das taxas por peça; mas podia levar também ao reconhecimento franco da "aceleração" como um elemento dos salários por peça, como em Oldham, onde predominavam as companhias, de capital conjunto.[68]

O objetivo dessas inovações era, naturalmente, de baixar o custo da mão de obra por unidade de produção. Se isto não era conseguido, o patrão não ganhava nada pela intensificação do trabalho exceto talvez algumas economias gerais de capital e trabalho em outras seções de produção. Os trabalhadores atrasados ou dóceis não apresentavam nenhum problema. Idealmente podia ser possível "impeli-los" simplesmente pela velocidade da máquina ou a eficiência da supervisão, pagando-lhes taxas simples por tempo e apropriando-se de todo o ganho. Este, o assim chamado "sistema continental",[69] era aplicado algumas vezes, p. ex., quando o ofício de fitas de Coventry passou a ser produzido em fábricas na década de 1850 e em muitas das primeiras fábricas de botas e calçados.[70] A prática generalizada de subornar "cavalos de guiso" ou "perseguidores" como mercadores de ritmo para o resto também evitava o problema do pagamento de incentivos. Os trabalhadores ligeiramente menos incapazes ou estúpidos podiam receber uma simples gratificação ou prêmio por toda a produção além da norma, independente de quanto fosse. Até que os sindicatos dos tecelões acabassem com ele, este sistema foi muito usado no Lancashire.[71] Contudo, os trabalhadores fortes ou "instruídos" tinham que receber incentivos mais realistas, do contrário eles simplesmente se "acomodavam".

A importância esmagadora do pagamento por resultados nesta fase reflete portanto em grande parte o fato de que os patrões tinham agora que operar com uma classe trabalhadora que conhecia as "regras do jogo" e faria um esforço proporcional à recompensa, quer fosse ou não organizada em sindicatos. Isto também desencorajou o trabalho comum por peça, porque sob tal sistema os custos da mão de obra só eram baixados por cortes periódicos das taxas, um processo sempre impopular. Daí, todos os novos sistemas de pagamento por resultados tenderem a fazer o pagamento automaticamente regressivo, isto é, pago por cada aumento de produção a uma taxa mais baixa do que para o aumento anterior; fato esse geralmente, e muitas vezes intencionalmente, obscurecido pela sua imensa complexidade. Mas embora a diminuição dos custos da mão de obra se tornasse assim automática e tácita teoricamente, na prática isto raramente acontecia. As firmas raramente tinham eficiência, especialistas habilitados o suficiente ou fixadores de taxas para calcular definitivamente o preço das tarefas. A produção em massa raramente era tão padronizada que as mercadorias permanecessem as mesmas por longos períodos. Os métodos técnicos e os produtos mudavam. Os novos esquemas de pagamento portanto muitas vezes deixavam de garantir ajustamentos tranquilos. Eles podiam até, como na maquinaria, criar aqueles conflitos constantes sobre a determinação do preço de novas tarefas ou máquinas que fizeram a fortuna dos administradores de oficinas. Daí, a tendência moderna de voltar aos salários simples por tempo (baseados, contudo, numa norma de produção por unidade de tempo muito mais cientificamente calculada e controlada), como na indústria automobilística americana. No entanto, antes de 1914, a administração científica e a extensão do pagamento por resultados ainda andavam juntas, como testemunham as obras de Alfred Marshall.[72]

Mal há qualquer necessidade de demonstrar os resultados dos novos métodos. Jewkes e Gray calcularam a extensão da aceleração na fiação de algodão entre 1876 e 1906, concordando suas estimativas com aquelas dadas na época pela Comissão Real sobre a Depressão do Ofício.[73] Contudo, a economia real no custo da mão de obra — 23 por cento entre 1876e 1886 — foi detida daí por diante pela resistência dos operários. O aumento de produção por cabeça que se seguiu à mudança dos salários por tempo para por resultados — e o dos acidentes que também se seguiu frequentemente — é tão óbvio que dificilmente precisa de documentação. Nosso manual americano estima a eficiência do trabalho por peça ou prêmio em 78 por cento em contraposição às porcentagens do trabalho por tempo citadas anteriormente.[74] Um único exemplo do nosso período deve bastar. Na indústria belga do vidro, a produção por homem permaneceu estável em 750-800 unidades de pé durante a década de 1890; subiu de cerca de 25 por cento até 1903 quando os pagamentos por resultados foram introduzidos, juntamente com um aumento do dia de trabalho; e daí por diante disparou para cima em 1909, com flutuações, até cerca de 300 por cento do nível de 1890 e 200 por cento do de 1903.[75] Os patrões estavam enfim conscientes das economias fantásticas no custo da mão de obra que a utilização científica do trabalho podia trazer. É pelo menos discutível que a drenagem desta reserva pela exploração eficiente fosse tão importante para o progresso contínuo da economia como a redução dos outros custos.[76]

Nesta discussão resumida, eu supersimplifiquei necessária e deliberadamente. Assim concentrei-me sobre um aspecto dos esquemas de incentivo — os salários regressivos do trabalho por peça — com a exclusão de vários outros métodos de obter substancialmente os mesmos resultados; algumas vezes, como no caso do próprio sistema de Taylor, à custa de outras firmas tirando a nata do mercado de trabalho local. Além do mais, eu me concentrei sobre um aspecto da administração científica, a economia direta real do tempo da mão de obra por trabalhador, em vez de em outros aspectos que, embora economizando capital em vez de mão de obra, têm uma relação muito direta também sobre o uso eficiente do tempo da mão de obra; por exemplo, vários sistemas de revezamento e de trabalho contínuo que foram também grandemente reformados e expandidos no período após 1880, parte em reação à pressão da mão de obra por horas mais curtas.[77] Ilustrei também o argumento principalmente de alguns países ribeirinhos do Atlântico, a fim de evitar complicar mais a discussão considerando diferenças importantes da cronologia do desenvolvimento industrial. O objetivo desta simplificação é de dirigir a atenção para as conclusões principais, como estabelecidas anteriormente. Estas são obviamente muito experimentais. Até que muito mais trabalho tenha sido realizado sobre as cargas de trabalho e a produção por homem no século dezenove, elas não podem ser satisfatoriamente verificadas. Esses estudos devem distinguir, o mais possível — como a pesquisa tantas vezes tem deixado de fazer — entre os vários efeitos de redução de custo da mecanização e outras formas de reorganização na divisão do trabalho, das maneiras tentadas pela Comissão da ONU para a Indústria Têxtil da América Latina. Isto envolverá um trabalho considerável, e a cooperação de estudantes com boas qualificações em engenharia e contabilidade bem como históricas, porque envolverá a análise dos processos de trabalho e a contabilidade de custo de muitas tarefas individuais. Talvez porque o material disponível raramente lance muita luz sobre os esforços de trabalho individuais e porque os historiadores raramente são qualificados para realizar essas análises, a importância das mudanças para as quais este documento tentou dirigir a atenção, tenha sido um tanto subestimada.

Notas

1. *Wages in Practive and Theory* (1928), de J.W.F. Rowe, e *The Social Foundations of Wage Policy* (1955) de Barbara Wootton, sugerem maneiras de enfrentar este problema.
2. P. ex., *Railway Labour 1830-70*, de P.W. Kingsford (Dissertação ph.D. Biblioteca de Univ. de Londres), p. 145. Uma discussão útil da base desta "taxa distrital" para a mão de obra do ponto de vista da administração está no *Journal of Gas Lighting*. lii (1888), p. 286. Ela faz parte de uma série sobre "The Management of Workmen". Para alguns fatores que tendem a elevar a "taxa distrital" acima do mínimo estritamente econômico, cf. "Work and Wages in East London Now and Twenty Years Ago", de R. Newman (*Charity Organization Review*, (julho 1887), p. 273; *Life and Labour...*, de Charles Booth, 2ª ser. V, pp. 365 ss.).
3. *Labor in England and America* (Washington 1876), de E. Young; *Storia del laboro in Italia — secolo XVIII* (Milão 1944), de L. Del Pane, Ap. III; *Histoire Écon. de la France* de H. Sée, ii, p. 179; *La Question Sociale en Espagne*, de Angel Marvaud (Paris 1910), p. 426. Para os diferenciais na Inglaterra, ver capítulo 15 da presente obra. *A Aristocracia do Trabalho na Inglaterra do Século Dezenove*, p. 272 seq.
4. *English Pleasure Carriages* (Londres 1837), de W.B. Adams, pp. 188-9.
5. P. ex., "Die Fabriksbevoelkerung des Oberelsass im Jahre 1850" de Volz (*Ztschr. f. d. des. Staatswissenschaft*, vii, p. 136): "Der Drucker hasst den Steçher, dieser faehrt stolz an jenem vorueber; der Zeichner und der Maler spricht mit Verachtung von Spinnern..." e os vários comentários sobre a recusa dos "mecânicos" de abandonarem seu *status* mesmo sob grande pressão econômica na Sociedade de Organização da Caridade, *Special Committee on Unskilled Labour* (1908), p. ex., pp. 102, 112.

6. *The Story of the Engineers* (1945) de J.B. Jefferys, p. 23; "On the Rate of Wages in Manchester and Salford... 1839-59", de D. Chadwick (Journ *Stat Soc.*, xxiii, 1859).

7. P. ex., a evidência do Sr. Dent — um capataz de construção — sobre esse nivelamento coletivo no *Special Ctee. sobre Unskilled Labour. op. cit.*, p. 104.

8. *Wealth of Nations,* cap. viii (Cannan [ed] i, pp. 83-4). Cf também *Workshop Management* de F. Smith (sem data? 1884), p. 1: "No interesse da conveniência o tempo é computado como o equivalente do trabalho feito"

9. *Geschichte der Lage der Arbeiter in Deutschland* (6ª ed., Berlim, 1954), de J. Kuczynski, i, pp. 112-16.

10. Ministério das Obras Públicas, *Statistiques de l'Industrie minérale* (Paris 1935).

11. *Joy in Work* (1928), de H. De Mann. Contudo, deve-se notar que as investigações pioneiras alemãs de A. Levenstein sobre esta questão deram resultados diametralmente opostos (*Die Arbeiterfrage.* Munich 1912). 60,5 por cento da sua amostra de mineiros, 75,1 por cento dos seus trabalhadores têxteis, e 56,9 porcento dos seus metalúrgicos (todos trabalhando com pagamento por resultados) expressaram aversão pelo trabalho; 15, 2, 7, 1 e 17 por cento, respectivamente, prazer ativo.

12. Cf., algumas das queixas dos patrões americanos contra os trabalhadores habilitados ingleses, p. ex., *British Immigrants in Industrial America 1790-1950* (Harvard 1953), de R.T. Berthoff, p. 66. Mas possivelmente também as queixas inversas dos patrões e capatazes ingleses sobre os americanos, de que eles não trabalhavam sem incentivos específicos, p. ex., *Special Ctee. on Unskilled Labour,* pp. 108-9,

13. *A Traitise on Weaving* (Glasgow 1846), de Geo. White, reclama que há administração do trabalho demais puramente coatora, e atribui isto em parte à má qualidade da mão de obra, em parte ao fato de que "tal estado da sociedade no qual, como conosco, a mão de obra geralmente excede a demanda por ela, tem uma tendência a provocar indiferença à sua melhoria e vem a ser tratado como um estado de coisas em associação necessária conjunta" (pp. 330-1). A sintaxe é obscura, mas o sentido geral é claro.

14. *Industrial Democracy*, de S. e B. Webb, *disperso:* J.B. Jefferys, op. cit.; "Trade Union Policy in the Scots Coalfields 1855-85", de A. Youngson *(Ec. Hist. Rev..*, 2ª ser., vi, I, 1953). Ver também o Capítulo 4 da presente obra, *O Artesão Ambulante,* pp. 34 seq.

15. *R.C. on Labour.* Grupo A, 1893-3, xxxii, P. 20.769.

16. *Short History of Labour Conditions in France* (1946) de J. Kuczynski, p. 179; *Short History of Labour Conditions in Germany,* (1945) de J. Kuczynski, 1.151. Pode-se observar que estes cálculos inspiram mais confiança ainda porque os seus resultados não se adaptam bem à tese geral do autor.

17. *Steinkohllenpreise u. Dampfkraftkosten* (Leipzig 1914), de M. Saitzew, p. 141; *Increasing Return* (Cambridge 1933), de G.T. Jones. p. 90; *Wages and Labour in Cotton Spinning* (Manchester 1935), de Jewkes e Gray, pp. 42 ss.

18. P. ex., na indústria de construção. As primeiras queixas de que os patrões tinham dificuldade em obter "um dia de trabalho por um dia de salário" e que os trabalhadores são mais preguiçosos do que costumavam ser, são mencionados no *Progress of the Working Class 1832-67* (1867), de J.M. Ludlow e Lloyd Jones, pp. 267 ss., mas a discussão é vaga demais para nos permitir julgar se o que pesa lá estava nestas queixas, se é que estava.

19. Cf., "Se o trabalho e a habilidade são 'mercadorias comerciáveis' então os possuidores dessas mercadorias estão justificados em vender o seu trabalho e habilidade da mesma maneira como um chapeleiro vende um chapéu ou o açougueiro vende carne de vaca... Se (a dona de casa)... só pagar dois xelins, terá que ficar contente com uma qualidade inferior de carne de vaca ou uma quantidade menor." (*Whatls Ca'Cannyl,* panfleto publicado pela Federação Internacional de Trabalhadores em Navios, Docas e Rios, 2 de outubro 1896). Cf., também *Le Sabotage* (Paris, sem data) de E. Pouget, capítulo 2: "La 'marchandise' travail". A questão é discutida *à propos* da alegada queda de produtividade neste período, por Saitzew, op. cit., p. 155.

20. P. ex., *TheDecay of Capitalist Civilization* (1923), de S. e B. Webb, p. 162.

21. Jewkes e Gray, op. cit., p.45.

22. *Dissertation on the Poor Laws by a Well-Wisher of Mankind* (J. Townsend), J.R. McCulloch (ed), *Scarce and Valuable Economical Tracts* (1859), p. 404.

23. "Master and Servant", de D. Simon, em J. Saville (ed), *Democracy and the Labour Movement* (1954), pp. 160 ss.

24. Sua história é contada em "The Miners' Bond in Northumber land and Durham", de Hylton Scott. *Proc. Antiq. of Newcastle-upon-Tyne*, 4 ser. II (1946-50), pp. 55-78, 87-98.

25. Dos manuais sobre fiação de algodão que consultei, os seguintes se limitam a cálculos de oficina, omitindo em alguns casos até os cálculos de salários: *The Cotton Spinner's Companion* (Glasgow 1834), de G. Galbraith; *The Practical Cotton Spinner* (Edinburgh 1845), de A. Kennedy; *The Manager's Assistant, being a condensed treatise on the cotton manufacture* (Hartford, Conn. 1850) de Daniel Snell. *Scott's Practical Cotton Spinner and Manuracturer* (3ª ed. Londres e Manchester 1851) [R. Scott] considera o problema de pagamento aos fiandeiros e aconselha a manter os livros de pagamento numa forma adequada para o cálculo da eficiência produtiva — 2 páginas em 395. O único livro digno do seu nome, *The Carding and Spininning Master's Assistant or the Theory and Practice of Cotton Sipinning* (Glasgow 1832), de J.M. (J. Montgomery) trata do problema da administração da mão de obra — em 3 ou 4 páginas — essencialmente como um problema de "boa ordem uniforme e autoridade própria" (p. 221). Dos manuais de tecelagem *The Art ofWeaving* (1845), de C.C. Gilroy, é puramente técnico e histórico, e Geo. White, op. cit. (Glasgow 1846), considera a administração dos empregados um dos quatro assuntos não de tecelagem que devem ser dominados, mas dedica apenas 5 páginas a ele (pp. 329-34) em contraposição a 16 à escolha do fio, 31 a vários cálculos relacionados com o trabalho, e 9 à urdidura em teares manuais.

26. Cf. *Methods of Industrial Remuneration* (1892), de D. Schloss, capítulo xii.

27. *The Industrial Development of South Wales* (Cardiff 1950), de A.H. John, p. 80.

28. *Traité de l'exploitation des mines de Houille* (Liège 1854), de A.T. Ponson, iv, p. 120.

29. A.T. Ponson, loc. cit., iv. Mas Ponson aconselha também supervisão incessante, quando possível, mesmo quando as escavações são pagas por metro cúbico (i [1832], pp. 320-1).

30. Contudo, o patrão ou capataz esperto levaria em conta também o costume local entre os trabalhadores, mesmo quando isto não fosse baseado em considerações práticas decorrentes da experiência local, "l'abandon des habitudes invétérées des ouvriers est chose difficile à obtenir" e, não a ser imposta exceto quando absolutamente necessária, na opinião de Ponson (*op. cit.* ii, p. 598).

31. Saitzew, op. cit., pp. 141,175-6.

32. *Productivity, Princes and Distribution* (Cambridge 1937), de L. Rostas, p. 37.

33. *Cost and Production Handbook* (Nova York 1942), de L.P. Alford, p. 1.333.

34. *Dictionary ofArts, Manufactures and Mines* (ed. 1863), i, p. 529.

35. Op. cit., p. 218.

36. O relatório é resumido na *International Labour Review*, agosto 1952.

37. *On the Economy of Machinery and Manufactures* (1832), Babbage, incidentalmente, insiste também fortemente no pagamento de incentivos sob a forma de participação nos lucros.

38. *On Work and Wages* (1873), de T. Brassey, *disperso.* O assunto parece ter atraído grande atenção pela primeira vez durante as discussões sobre o encurtamento do dia ou semana de trabalho. Cf., "Exigindo sete dias de trabalho obtém-se menos de seis dias de trabalho. Esta é uma verdade largamente verificada." — O superintendente de maquinaria da Eastern and Continental Steam Packet Co., citado em *Statistics and Facts in Reference to the Lord's Day* (1852), de John T. Baylee, p. 68.

39. *Ueberd. Verhaeltnis v. Arbeitslohn u. Arbeitszeit zurArbeitsleistung* (2ª ed., Leipzig 1893), de L. Brentano.

40. Ponson, *op. cit.*, iv. pp. 275-82.

41. *Handwoerterbuch der Stadtswissenschaften*, artigo "Arbeitszeit".

42. *The Journal of Gas Lighting*, liii (1889), p. 894, afirma não ter consciência de nenhuma cidade onde o sistema de turnos de três vezes oito horas estivesse em voga, embora de fato (*loc. cit.*, pp. 953, 1.000, 1.043) ele estivesse funcionando durante quinze anos em Burnley, há dezoito em Hull, há doze em Bristol, e pelo menos há nove em Birkenhead, para não mencionar Dundee e Liverpool, onde o sistema remonta a "quarenta ou cinquenta anos" (*loc. cit.*, 1 [1887], pp. 109-10). Ignorância semelhante de práticas bem estabelecidas

por casas comerciais importantes é combatida por (J. Lilwall), *Practical Testimonies to the Benefits Attending the Early Payment of Wages* ... (Early Closing Association, 1858), que publica uma lista impressionante de firmas de Londres que pagavam nas sextas-feiras e/ou ciando um meio-feriado no sábado.

43. P. ex., *Economic Developments in Victorian Scotland* (1936), de W.H. Marwick, pp. 178-8; Proc. *Industrial Remuneration Conference* (1885), p. 106; *Sei. Ctee. on Master and Servant* (1866), XIII, pp. 1.281-1.320 ss., 701-15, 469 ss., 562 ss.; *Report on Trade Societies* (1860), da Associação Nacional para a Promoção da Ciência Social, pp. 290, 332-3; *Papers and Discussitm on Social Economy* (1863), da Ass. Nac. Prom. Ci. Soc., pp. 24, 37 (sistema de horas entre os pedreiros na Escócia); Coleção Webb, *Coll. EA* 31 (Biblioteca Inglesa de Ciência Política), MS. pp. 258-64 (sistema de horas introduzido entre os Assentadores de Tijolos de Birmingham, 1865), p. 311 (greve malsucedida em Glasgow entre eles, 1849); *The Builder's History* (s.d.), de R.W. Postgate, p. 209. *Workshop Management* (s.d. ? 1884), de F. Smith, originalmente dirigido aos construtores e marceneiros, observa que o pagamento por hora substitui "gradual mas certamente" o pagamento por dia contra a oposição dos trabalhadores (p. 32).

44. Exceto, naturalmente, no Continente onde este *foi o* período do começo da industrialização e daí da expansão da chefia por peça e o subcontrato. *Cf, Die Akkordarbeit in Deutschland* (Leipzig 1903), de L. Bernhard, *disperso.*

45. *The English Poor Law System* (1888), de P. Aschrott, Pt. I, sect. xii-xiii.

46. Sobre a literatura geral do sabatismo, que se multiplicou a partir do meio da década de quarenta, cf. *The Literature of the Sabbath Question,* ii (Edinburgh 1865), de R. Cox. Sobre as atividades e sucessos do movimento do Fechamento Cedo, *Gouverment, Legal and General Saturday HalfHoliday* (4ª ed. 1857) de J.R. Taylor; *The alf Holiday Question* (1856) de John Lilwall; (J.Lilwall), *Practical Testimonies...* (1858), que trata principalmente de Londres, mas contém informação incidental sobre o progresso (anterior) do movimento nas províncias. Das firmas de Londres que praticavam o fechamento cedo e dando datas da sua introdução, muitas afirmam ter começado isso nos últimos três anos, praticamente todas na década de 1850.

47. Devo este argumento a L. Bernhard, *op. cit.*, pp. 3-8.
48. Cf., *Statistical Account*, de McCulloch, ii, p. 43, que vai a ponto de atribuir a superioridade da indústria inglesa à prevalência do trabalho por peça.
49. *Capital*, i (ed. inglesa 1938), pp. 561 ss.
50. Jefferys, *op. cit.*, p. 63; Postgate, *op. cit.*, p, 149.
51. R. Ehrenbcrg, Kruppstudient III (*Thuenen-Archiv*, iii, pp. 53, 89 ss.)
52. *The Payment of Wages* (ed. 1928) de G.D.H. Cole, p. 10.
53. Cf., a observação de Leonard Horner em 1851 sobre "a proporção (de trabalho por peça) em relação aos salários semanais sendo fixados diariamente sobre o aumento".
54. L. Bernhard, *op. cit.*, pp. 39 ss.
55. Parte como um meio de evitar a radicalização política dos trabalhadores, como por Mundella (*Mundella*, 1951, de W.H. Armytage, p. 23) e mais tarde por Joseph Chamberlain, mas também sob fundamentos de produtividade, p. ex., *Workmen and Wages at Home and Abroad* (1868), de Brassey e John Ward, um grande crente nas verdades da economia política: "Uma opinião é alimentada, por um número considerável de pessoas, de que os altos salários tendem a gerar hábitos de ociosidade e dissipação entre os trabalhadores. Esta opinião se apoia sobre dados muito incertos e inconclusivos. Os salários são a recompensa e o encorajamento da indústria, a qual, como qualquer outra qualidade humana, aumenta em proporção ao encorajamento que recebe. Quando os salários são altos, geralmente encontramos os trabalhadores mais ativos, diligentes e perseverantes do que quando são baixos" (p. 216).
56. *Scientific Management* (Harvard 1914), de C.B. Thompson, pp. 684 ss.: *The Economics of Efficiency* (NI 1914), de N. Brisco, p. 5. Cf., também F. Smith, op. cit., (1884), p. 2, "Nestes dias de competição excessiva, é mais do que nunca necessário que o patrão possa obter o equivalente completo do que gasta em salários".
57. Thompson, *op. cit.*, p. 685.
58. *Scientific Management in American Industry* (NI 1929) de H.S. Person, p. 7.
59. *Scientific Management* (Columbia 1915), de H.B. Drury, para um breve esboço e história do movimento americano em suas primeiras fases.

60. *The Making of Scientific Management*, ii (1946), de L. Urwick e E.F.L. Brech, pp, 22, 90, 148. O valor do pagamento por resultados em contraposição aos salários por tempo para apropriação do custo é acentuado em, p. ex., "Die Entloehnungsmethoden in der deutschen Metallindustrie", de C. Heiss, *(Schmollers Jahrb.* xxxvii, 1913), p. 1.479.

61. *Report of Factory Inspectors for 1894*, p. 213: *Industrial Democracy*, de S. e B. Webb, p. 399. Cf. também o conselho para F. Smith, *op. cit.*, no mesmo sentido, porque "cada minuto (que os artesãos) gastam de suas ocupações apropriadas (é) uma perda igual para o patrão", e a conveniência de ter mão de obra especializada semihabilitada para cada máquina (pp. 5-6, 13-14).

62. Jefferys, *op. cit.*, pp. 129-30, 154-5; *Wages and Labour Conditions in British Engineering* (1937), de M.L, Yates, pp. 86, 88,98.

63. *S. C. on Govt. Contracts* (2.469); *Auslese u. Anpassung in den SiemensSchuckert Werken*, de J. Deutsch (Schriften des Vereins f. Sozialpolitik, vol. cxxxiv).

64. Yates, *op. cit.*, p. 98; Censo dos Salários de 1906, CD. 5.814 (1911), p. 15.

65. *L'Ouvrier dans les mines defer ...de Briey* (Paris 1914), de A. Carbonnel de Canisy, pp. 81-2; *Entloehnungsmethoden in d. suedwestdeutsh-luxemburgischen Eisenindustrie* (Berlim 1906), de L. Bosselmann, p. 144.

66. *Life in a Railwav Factory* (1916), de A. Williams.

67. "D. Arbeitstaritvertrag im Deutschen Reich", de A. Zimmermann, *(Schmollers Jahrb.,* xxxi, 1907, p. 339), Arbeits — u. Lohrnverhaeltnisse i.d. Berliner Maschinenindustrie de Dora Landé (Schriften des Vereins f. Sozialpolitk, vol.cxxxiv, 1910) e muito mais literatura alemã.

68. Jewkes e Gray, *op. cit.*, pp. 60 ss. 82 ss.

69. *R.C. on Labour*, Grupo C, 1893-4, xxiv, Ps. 33.296-9.

70. *Indusirial Democracy* de S. e B. Webb, pp. 397 ss., 401 n.

71. Schloss, *op. cit.*, p. 53.

72. *Industry and Trade*, Livro 2, cap. xii.

73. Jewkes e Gray, *op. cit.*, pp. 41-2; *Royal Commission of Trade*, citado em D. *Grossbetrieb* (1895) de Schulze-Gaevernitz, p. 117.

74. Alford, *op. cit.*, p. 1.133.

75. *Untersuchungen ueber Preisbildung: Belgien*, de E. Mahaim (Schriften des Vereins f. Sozialpolitik, vol. cxLiv B), p. 269 (o livro é em francês).

76. E que a superioridade da indústria americana sobre a inglesa foi em grande parte devida a isso. Cf., a observação fecunda, feita em 1872, de que na Inglaterra "economia de mão de obra" significava alguma coisa que *deslocava* a mão de obra, enquanto nos EUA significava alguma coisa que *diminuía* o tempo de trabalho de uma determinada tarefa. (A *Treatise on... Woodworking Machines*, de J. Richards, Londres e Nova York 1872, pp 55-6.)

77. *L'Organisation du travail dans les usines à feu continu* (Paris 1912), de P. Boulin, e *Eight Hours Work* (1894), de J. Rae, para os desenvolvimentos em nosso período.

18
Tradições trabalhistas

Que parte o costume, a tradição e a experiência histórica específica de um país desempenham em seus movimentos políticos? Até agora no que diz respeito ao movimento trabalhista, o problema tem sido discutido mais frequentemente pelos políticos (Marx versus Wesley) do que pelos historiadores. Proponho-me neste capítulo a ilustrá-lo com uma comparação da experiência da França e da Inglaterra, os países com a história mais longa de movimentos trabalhistas.

O movimento trabalhista, quer política quer industrialmente considerado é, naturalmente, um fenômeno novo na história. Quer haja ou não continuidade entre as associações de artesãos assalariados e os primeiros sindicatos, constitui simples arqueologia pensar no movimento da década de 1870, ou mesmo na de 1830 em termos, digamos, das sociedades dos artesãos chapeleiros ou surradores de couro. No entanto, historicamente falando, o processo de organizar novas instituições, novas ideias, novas teorias e táticas raramente começa como uma tarefa deliberada de engenharia social. Os homens vivem cercados por uma vasta acumulação de mecanismos passados, e é natural recolher os mais adequados destes e adaptá-los para os próprios fins (ou novos) deles. O historiador, naturalmente, que registra estes processos, não deve se esquecer da função específica que se espera que as novas instituições preencham; nem deve o analista funcional se esquecer de que o cenário histórico específico deve colori-las (e talvez ajudá-las, embaraçá-las ou desviá-las).

Vamos tomar um par de exemplos extremos. Em 1855, os pedreiros de ardósia de Trelazé, descontentes com as suas condições econômicas, resolveram entrar em ação: marcharam sobre Angers e proclamaram uma Comuna insurrecta,[1] presumivelmente com a Comuna de 1792 em suas mentes. Nove anos mais tarde, os mineiros de carvão de Ebbw Vale estavam igualmente agitados. As cabanas das aldeias do vale seguiram marchando para as montanhas, puxadas por bandas. Foram feitos discursos, fornecido chá pela cabana do Ebbw Vale a 6d. por cabeça e a reunião terminou com o canto da Doxologia.[2] Tanto os mineiros galeses como os pedreiros bretões estavam engajados em agitações econômicas bastante semelhantes. Evidentemente elas diferiam, porque as histórias dos seus respectivos países haviam diferido. A acumulação da experiência passada, na qual se inspiraram quando aprenderam como se organizar, para que se organizar, onde recolher o seu quadro de líderes e a ideologia que esses líderes personificavam, eram, pelo menos em parte, elementos específicos franceses e ingleses: falando de uma maneira geral podemos dizer que, no primeiro caso, eram as tradições revolucionárias e no último as radicais não conformistas.

Novamente, as ilustrações concretas podem ser úteis. Os tecelões e subempreiteiros de Lyon, desejando organizar um sindicato em 1828, naturalmente organizaram sua sociedade de "Mutualistas" pelo modelo revolucionário. Assim, eles descreveram o ano de sua fundação como o "Ano Um da Regeneração", um eco óbvio do Jacobinismo, e se organizaram em pequenos grupos conspiratórios, que parecem ter devido alguma coisa aos mecanismos Babouvistas,[*3] embora talvez também aos velhos compagnonages,[4] e à necessidade prática de evitar a Lei Chapelier. Novamente, sob o Segundo Império, o programa trabalhista foi patentemente retirado da doutrina clássica Jacobina-radical; os esquerdistas simplesmente recorreram a Robespierre e St. Just, se não a Hébert e Jacques Roux para

---

* François Émile Babeuf, demagogo francês que conspirou contra o Diretório e foi condenado à morte. Sua doutrina, que é uma espécie de comunismo, chama-se *babouvismo*. (*N. do T.*)

inspiração, enquanto os liberais procuraram a deles na direita. No fim da década de 1890, Emille Pouget, o anarquista e mais tarde líder do CGT, modelou o seu jornal *Le Père Peinard* em título e em estilo no Père Duchêne de Hébert. Além do mais, foi a ideologia revolucionária que se recomendou por si mesma automaticamente aos trabalhadores e intelectuais progressistas que formaram o núcleo da liderança do movimento. Os trabalhadores de porcelana de Limoges eram republicanos, e facilmente mudaram os métodos sindicalistas por políticos; assim quando o sindicato deles foi assaltado, eles prontamente organizaram uma comuna insurrecta.[5] A Esquerda do departamento de Nièvre opôs-se ao *coup d'état* de Napoleão, e foi organizada numa sociedade secreta conhecida como a "Jeune Montagne".[6]

Na Inglaterra, a situação é mais complexa, porque a tradição original radical-democrática havia desenvolvido duas alas, sendo a linha entre elas (estou supersimplificando) em grande parte aquela entre os artesãos e artífices sindicalistas das cidades mais velhas, e os novos centros fabris e de mineração: radicais-secularistas por um lado, metodistas-dissidentes do outro. Em Londres, por exemplo, a tradição, não conformista nunca realmente criou raiz como uma tradição esquerdista; o que pode explicar a influência relativamente maior do Marxismo aqui em épocas posteriores. Mesmo um trabalhador naturalmente religioso como George Lansbury viu-se na Federação Social Democrática Marxista no princípio da sua carreira política, e nunca foi atraído para os templos dissidentes, mas para a Igreja da Inglaterra — um estado de coisas muito fora do comum. Nas províncias o caminho levou muito mais naturalmente para o PTI ou o púlpito-leigo Metodista. Temos, na verdade, duas linhas de descenso intelectual. Uma vai de homens como Tom Paine, através de homens como os radicais ateus do período de Owen-Carlile, até os secularistas médio-vitorianos como Holyoake e Bradlaugh e, depois de 1880, os Marxistas. Desta tradição o movimento trabalhista inglês retirou alguns dos seus mecanismos organizacionais mais importantes: a "Sociedade de Correspondência" da década de 1790, o panfleto, o jornal da classe trabalhadora, a petição ao Parlamento, a reunião e o debate públicos etc.; também, naturalmente, o pouco interesse que ele tem na teoria.

Num certo sentido esta primeira tradição remonta àquela filial dos dissidentes do século dezessete que, no dezoito, evoluíram no sentido do deísmo e mais tarde ao agnosticismo. Parte da outra tradição, especialmente na Escócia calvinista, remonta diretamente à revolução do século dezessete que ainda se travava em termos de ideologia religiosa. Mesmo na Inglaterra, o sectário independente persistiu como um tipo puro — p.ex., no Zechariah Coleman de MarkRutherford.[7] Essencialmente, contudo, a tradição trabalhista do dissidente vem do renascimento Metodista; mais especificamente, da série de desvios de rumo após 1810 dos quais o metodista primitivo é o mais conhecido. Foi nesta escola que os novos proletários fabris, trabalhadores rurais, mineiros e outros do tipo aprenderam como dirigir um sindicato, tomando como modelo para si templo e circuito. Basta que se leia o relatório distrital de um sindicato de trabalhadores rurais da East-Anglia[8] para ver o quanto eles deviam a isso. Dos metodistas, também, como o Dr. Wearmouth mostrou, vieram mecanismos importantes de agitação de massas e propaganda: a reunião no campo, a reunião da classe e outros. Acima de tudo, no entanto, a dissidência forneceu o terreno ideológico de reunião para a liderança do movimento, especialmente nas áreas de mineração. Quando Lord Londonderry expulsou os líderes da agitação dos mineiros de Durham em 1943, dois terços do circuito metodista primitivo local se viram vitimizados,[9] e quando na década de 1870 um sindicato de trabalhadores rurais do Lincolnshire se viu em dificuldades, pensou em se fundir com os Metodistas Primitivos. Evidentemente esta seita foi para os mineiros de Durham da década de 1840 ou os trabalhadores do Lincolnshire da de 1870, o que o Partido Comunista é para os trabalhadores franceses hoje, o quadro da liderança.

Esse fenômeno religioso não é muito desconhecido na França. Em certas partes do sul a minoria huguenote sempre foi, por motivos óbvios, inclinada ao anticonservantismo, e forneceu portanto um número desproporcionado de líderes esquerdistas. Mas de modo geral isto não é de grande importância para o movimento trabalhista francês. É fácil de explicar os diferentes graus de radicalismo político na Inglaterra e na França por essa diferença de tradição. Mas a explicação será verdadeira?

Uma tradição revolucionária pode ser politicamente moderada; uma religiosa não precisa ser. Quando os partidários mais importantes da Comuna de Paris voltaram do exílio em 1880 se viram na maior parte[10] na extrema direita de um movimento que estava caindo rapidamente sob a influência socialista. Uma disposição de erguer barricadas não indica necessariamente um programa extremista. Durante a maior parte do século dezenove a tradição revolucionária francesa foi simplesmente um aspecto do radicalismo-liberal francês, cujos partidários estavam ideologicamente em igualdade com republicanos secularistas respeitáveis ingleses como George Odger. É importante que a forma moderna de revolucionarismo, o Partido Comunista, em certos sentidos marcou um rompimento tão grande com as tradições francesas como com as inglesas, embora em outros ele continuasse ambas.

O destino da que é ostensivamente uma das tendências mais violentas do trabalhismo francês, a anarquista, ilustra a questão. Em geral os pequenos artífices e artesãos que constituíam o principal sustentáculo do anarquismo francês eram extremamente militantes. (Contudo, o pai espiritual deles, Proudhon, era marcadamente pacífico.) Eles lutaram, muitas vezes sem nenhum ponto de apoio excluído — como fizeram seus equivalentes nos pequenos ofícios metalúrgicos de Sheffield —, e atraíram facilmente os intelectuais radicais. Mas da mesma forma como os terroristas de Sheffield eram extremamente moderados em suas políticas,[11] também os anarquistas franceses estavam essencialmente na ala moderada do seu movimento. O maior triunfo deles, o CGT, mudou do ultrarrevolucionarismo aparente para uma social-democracia cuidadosa com uma velocidade notável após o irrompimento da Primeira Guerra Mundial. Além do mais, essa seção do socialismo francês que iria mais tarde apoiar a política de apaziguamento apaixonadamente demais, e colaborar com Pétain — Dumoulin, Belin e outros —, retirou sua força em grande parte da ala anarquizadora do movimento pré-1914. De maneira geral o sistema político francês havia aprendido há muito tempo a enfrentar estas formas de revolucionarismo mais velhas, e muitas vezes intrinsecamente moderadas. Quando o Partido Comunista Francês foi organizado em 1920, entrou imediatamente para ele grande número de figuras respeitáveis da classe média, porque "a tradição de que o filho da família começa a sua carreira na extrema esquerda, sob o olhar indulgente do clã, para terminá-la na mais respeitável das posturas"[12] estava bem estabelecida. Na verdade, um grupo de ferroviários revolucionários que iria fornecer vários líderes do novo partido (Sémard, Monmousseau, Midol) a princípio recusou entrar para ele por este motivo. Ele não foi "bolchevizado" até alguns anos mais tarde.[13]

Uma tradição religiosa, por outro lado, pode ser muito radical. É verdade que certas formas de religião servem para aliviar a dor das tensões sociais intoleráveis, e fornecer uma alternativa à revolta. Algumas, como o Wesleyanismo, podem fazer isso deliberadamente. Contudo, até, o ponto em que a religião é a língua e a estrutura de toda a ação geral das sociedades subdesenvolvidas — e também, numa grande extensão, entre as pessoas comuns da Inglaterra pré-industrial —, as ideologias da revolta serão também religiosas.

Dois fatores ajudaram a manter a religião como uma força potencialmente radical na Inglaterra do século dezenove. Primeiro, o acontecimento decisivamente político da nossa história, a revolução do século dezessete, tinha sido travada numa ocasião em que a língua secular moderna da política ainda não havia sido adotada pelas pessoas comuns: foi uma revolução Puritana. Ao contrário da

França, portanto, a religião não estava identificada principalmente com o *status quo*. Além do mais, os hábitos custam a morrer. Na década de 1890 encontramos um exemplo quase puro do enfoque medieval ou puritano: as Igrejas Trabalhistas. John Trevor, que as fundou, era um mal-ajustado surgido de uma daquelas seitas pequenas e superpiedosas da classe trabalhadora ou dos puritanos rancorosos da classe média inferior que estavam sempre se separando para organizar comunidades mais devotas. Como outros movimentos intelectuais médio-vitorianos, a Dissidência estava rachando lentamente sob o impacto das mudanças políticas e sociais após 1870, e durante a Grande Depressão, Trevor foi atraído para o movimento trabalhista após várias crises de consciência e uma carreira espiritual um tanto cheia de vicissitudes. Incapaz de conceber um novo movimento político que não devia ter também sua expressão religiosa, ele transformou o trabalhismo numa religião. Ele *não* era um socialista cristão; ele acreditava que o movimento trabalhista fosse Deus, e construiu o seu aparelho de igrejas, escolas dominicais, hinos etc., em torno disso. Naturalmente, os sombrios artesãos dissidentes do Yorkshire e do Lancashire não seguiram a sua teologia peculiar, que pode ser mais bem descrita como um unitarismo eterealizado. Contudo, eles tinham sido criados num ambiente no qual o templo era o centro da sua vida social e espiritual. A Grande Depressão (e coisas tais como a Tarifa McKinley de 1891) os tornaram cada vez mais conscientes da divisão dos interesses dentro dos templos entre irmãos patrões e empregados; e nada era mais natural do que supor que a divisão política devesse tomar a forma de uma secessão no templo, da mesma forma como antes a divisão entre wesleyanos e metodistas primitivos havia sido entre grupos politicamente radicais e conservadores. Assim, as Igrejas Trabalhistas, com a sua parafernália familiar de hinos, escolas dominicais, bandas e coros do templo, clubes etc., surgiram no norte. Na verdade, eles eram uma casa a meio caminho entre o liberal-radicalismo político ortodoxo e o PTI com o qual as Igrejas logo se fundiram.[14] Este fenômeno que ocorreu há menos de sessenta anos, teria evidentemente sido impossível num país em que as tradições pré-seculares da política não tivessem criado raízes particularmente profundas.

O segundo fator foi a tensão psicológica extraordinária do começo do industrialismo no país industrial pioneiro — a rápida transformação de uma sociedade tradicional, baseada no costume; o horror, o arrancamento súbito das raízes. Inevitavelmente as massas dos desarraigados e a nova classe trabalhadora procuraram uma expressão emocional dos seus mal-ajustamentos, alguma coisa para substituir a velha estrutura de vida. Da mesma forma como as minas de cobre da Rodésia do Norte hoje se congregam nas Testemunhas de Jeová, e entre os basutos o cataclismo da mudança social encontra expressão num renascimento dos cultos de feitiçaria e mágica, assim também por toda a Europa o começo do século dezenove foi uma era de atmosfera religiosa supercarregada, intensa e muitas vezes apocalíptica, que se expressava em campanhas evangelizadoras nas áreas de mineração, assembleias gigantes no campo, conversões etc. Agora, onde quer que esteja a religião organizada, de uma maneira geral, uma força fortemente conservadora — como era a Igreja Católica Romana — o movimento trabalhista ativo necessariamente se desenvolvia independentemente dela. Na França, além do mais, a grande experiência emocional da Revolução havia gerado, do combustível puramente secular, seu próprio fogo emocional para aquecer a vida fria dos trabalhadores. Lembramo-nos do velho da década de 1840 morrendo com as palavras "Oh sol de 1793, quando o verei erguer-se novamente?" A grande imagem da República Jacobina acenava, e era em torno da república personificada que as emoções dos homens e mulheres que lutavam se reuniam facilmente, da mesma forma como mais tarde na Alemanha e na Áustria elas se reuniam em torno da personificação das suas próprias lutas, os partidos marxistas e seus líderes. Na Inglaterra não havia nenhuma experiência viva dessas; mas houve os conventículos e seitas dissidentes, independentes do Estado, comparativamente democráticos, e vivos. Daí aquela experiência que é tão típica do movimento trabalhista inglês, o jovem trabalhador "vendo a luz", muitas vezes jcomo um metodista primitivo, e traduzindo seus objetivos políticos em termos da Nova Jerusalém.[15]

Isto não o torna necessariamente em nada menos consciente da classe ou militante. Evidências da natureza fortemente militante dos metodistas primitivos em algumas regiões abundam; e ocasionalmente — como no longínquo Dorset — até os wesleyanos conservadores puderam ver o ponto de reunião dos líderes trabalhistas locais. Tampouco esta tradição impediu os homens de fazerem maiores progressos políticos. Em nossa própria época, Arthur Horner (um rapaz evangelista) e William Gallacher (cuja primeira experiência política foi naquele subproduto da dissidência, o movimento de temperança) tornaram-se ambos comunistas.

Devemos então considerar as nossas duas tradições como tantas massas informes de material plástico, a serem modeladas para se adaptarem à forma do estado de espírito e situação prática dos seus movimentos? Nenhuma teoria pode ser menos adequada à conversão numa doutrina da "inevitabilidade do gradualismo" do que a de Marx; apesar disso entre o fim da grande Depressão e a Primeira Guerra Mundial isto foi feito, tacitamente ou por atos surpreendentes de acrobacia exegética, num certo número de países. A Igreja Católica Romana tem insistido em algumas máximas de política social mais firmemente do que na indesejabilidade de organizar os patrões e empregados separadamente; contudo, sem exceções importantes, as organizações conjuntas que ela tem patrocinado nos países industriais foram impelidas para fora do movimento trabalhista ou — após algumas lutas — transformaram-se em sindicatos comuns.[16] As ideias, na verdade, são mais elásticas do que os fatos. No entanto, uma tradição política ou ideológica, especialmente se resume padrões genuínos de atividade prática no passado, ou é incorporada em instituições estáveis, tem vida e força independente, e deve influir no comportamento dos movimentos políticos. A teoria do material plástico é evidentemente uma supersimplificação.

Quando, contudo, tentamos estimar o papel real que estas instituições desempenham, enfrentamos uma das tarefas mais difíceis do historiador. Alguns pontos podem, contudo, ser sugeridos legitimamente. Assim, em primeiro lugar, a tradição de dissidência, sendo politicamente bastante imprecisa, era muito mais maleável do que a revolucionária. Por trás dela não havia nenhuma experiência histórica específica dessas como a Revolução Francesa, com os seus programas, lições, táticas e palavras de ordem políticas, embora inadequadas. Foi extremamente difícil afastar-se do fato de que a tradição revolucionária glorificava a revolta armada "do povo" contra "os ricos"; ou dos métodos consagrados dessa revolta — comunas insurrectas, ditaduras revolucionárias etc. Se ela fosse transformada no seu oposto, uma teoria de gradualismo e colaboração social, por exemplo, isto só poderia ser feito indiretamente; por exemplo, usando os seus aspectos radicaisliberais contra os comunistas, como a CGT de interguerras e a Igreja Católica pós-1945 tentaram fazer idealizando suas tradições Proudhonianas em contraposição às Babouvistas e Blanquistas; ou — como fez Gambetta[17] — acentuando o interesse comum de todas as classes "do povo" contra algum inimigo comum externo, como a "Reação" ou o "Clericalismo". Mas o próprio processo de aparar suas arestas só podia ser conseguido na prática glorificando a Revolução teoricamente. O conservador genuíno tinha, mais cedo ou mais tarde, que romper completamente com ele. Mas a tradição de dissidência, até o ponto em que era religiosa, não estava ligada à qualquer programa ou registro especial, embora associada há muito tempo a exigências políticas particulares. A ilusão da afirmação moderna de que o "Socialismo inglês vem de Wesley e não de Marx" está precisamente nisto. Até o ponto em que o socialismo (ou quanto a isso o liberalismo radical) era uma crítica específica a um sistema econômico particular, e um conjunto de propostas de mudança, ele veio das mesmas fontes seculares que o Marxismo. Até o ponto em que ele era simplesmente uma maneira apaixonada de apresentar os fatos da pobreza, não tinha nenhuma ligação intrínseca com qualquer doutrina política particular. De qualquer maneira, era necessária apenas uma pequena mudança de ênfase teológica para transformar o dissidente ativamente revolucionário num quietista (tanto os anabatistas como os quakers tinham feito isso no passado), ou permitir que o esquerdista militante se transformasse num moderado. A diferença entre a elasticidade das duas tradições pode ser ilustrada pelos casos individuais: a mudança de John Burns de agitador revolucionário para ministro liberal significa inevitavelmente um rompimento com as suas crenças marxistas anteriores. Por outro lado, o Sr. Love, o dono da mina de Brancepeth, um homem de sindicato em sua juventude, que destruiu a Associação de Mineiros de Durham em 1863-4, pôde terminar sua vida como a tinha começado, como um Metodista Primitivo ativo e piedoso.[18]

Um segundo ponto segue-se ao primeiro. Uma tradição revolucionária é por sua própria existência um chamado para a ação constantemente sugerido, ou de simpatia com a ação. O Levante de Newport de 1839 foi, numericamente falando, um caso muito mais sério do que o Levante de Páscoa de Dublin de 1916, embora dirigido de maneira muito pior; contudo o seu efeito nos dez anos seguintes foi muito menor do que o da aventura irlandesa, e o seu impacto na tradição popular inglesa, ou mesmo galesa, incomparavelmente menor. Um ajustou-se num quadro no qual o orgulho do lugar tinha sido reservado há muito tempo para "o rebelde"; o outro não.

Um transformou-se portanto facilmente em inspiração ou mito, o outro simplesmente um incidente histórico obscuro. A diferença é de importância considerável, porque não é a disposição de usar a violência, mas um certo jeito político de usar ou ameaçar com a violência que torna os movimentos revolucionários. Nenhum outro país europeu tem uma tradição de tumulto tão forte como a Inglaterra; e uma que persistiu bem depois do meio do século dezenove. O tumulto como parte normal da negociação coletiva estava bem estabelecido no século dezoito.[19] A coação e a intimidação foram vitais nas primeiras fases do sindicalismo, quando a imoralidade de furar as greves ainda não tinha se tornado parte do código de ética do trabalhismo organizado. Seria tolice afirmar que, se a Inglaterra possuísse uma tradição revolucionária, teria tido também portanto uma revolução. Contudo, é razoável afirmar que episódios como os Levantes do Derbyshire e de Newport bem podiam ter ocorrido mais frequentemente, e situações extremamente tensas, como a de Glasgow em 1919, não teriam sido resolvidas tão facilmente.[20]

Naturalmente, é bem verdade que no trabalho diário normal do movimento trabalhista, a presença ou ausência de uma tradição revolucionária não é de importância imediata. Do ponto de vista de obter salários mais altos e melhores condições, a disposição dos pedreiros de Trelazé de proclamarem a república social por lá, cá aquela palha não era nada mais e, nada menos do que uma forma extremamente militante de demonstração de massa. Ela pode até não ser a maneira mais eficiente de alcançar suas exigências econômicas imediatas. Ou então, pode ser simplesmente útil, porque ao organizar os trabalhadores fracos e desorganizados contra uma oposição forte, as táticas agressivas e brilhantes são sempre as mais eficazes. (Daí os revolucionários políticos sempre terem constituído uma parte desproporcionalmente grande dessa organização, quer nos movimentos ingleses "neossindicalistas" de 1889 e 1911, os enlatadores de sardinha de Douarnenez, a maquinaria leve inglesa da década de 1930, quer até os sindicatos americanos e canadenses da mesma década.) Em épocas de mudança política rápida e grande tensão, contudo, sua presença ou ausência pode bem ser um fator independente sério; por exemplo, na Alemanha após 1918.

A tradição revolucionária, então, era por sua própria natureza política; a tradição de dissidência muito menos diretamente política. O quanto esse fato contribuiu para o caráter muito mais político do movimento trabalhista francês, não é fácil dizer. Os movimentos sindicais fracos geralmente tendem a tirar força adicional das campanhas políticas, ao passo que os fortes tendem a não se preocupar com isso; e os sindicatos franceses durante todos os séculos dezenove e vinte foram muito mais fracos do que os ingleses. Apesar de tudo, isto não explica totalmente dois fenômenos surpreendentes: a velocidade muito maior com que a opinião da classe trabalhadora francesa se tornou socialista, e a intercambialidade muito maior da agitação política e industrial.

Assim, na França, o movimento trabalhista e socialista começou a tomar as municipalidades cerca de vinte anos antes do que na Inglaterra. O primeiro distrito inglês a ter uma maioria irlandesa-radical-trabalhista foi West Ham em 1898. Contudo, desde 1881 o Parti Ouvrier ganhou sua primeira maioria em Commentry. Em 1892, quando os conselheiros socialistas (muitas vezes nem mesmo eleitos como tais) ainda eram excessivamente raros na Inglaterra, só os marxistas revolucionários — sem contar os possibilistas, alemanistas e os vários outros corpos que exibiam o rótulo socialista — dominaram mais de 12 municipalidades, entre elas lugares como Marselha, Toulon e Roubaix. A disparidade ainda é mais marcada nas eleições parlamentares.

Novamente, as atividades políticas dos sindicatos ingleses sempre foram extremamente limitadas, embora isto tenha sido obscurecido pelo fato de que aqueles que tomaram parte nelas fossem também muitas vezes sindicalistas. Eles financiam o Partido Trabalhista, embora esteja longe de ser claro (exceto em certos casos bastante especiais) até que ponto os sindicalistas votam no Trabalhismo *porque* os seus sindicatos apoiam o partido, ou se eles são tanto sindicalistas como votantes do Trabalhismo porque são "pessoas da classe trabalhadora". Certamente os candidatos sindicais *puros* raramente têm sido bem-sucedidos. Na Londres das décadas de 1870 e 1880, os candidatos apresentados pelo Conselho de Ofícios de Londres tiveram votações notadamente piores do que os apresentados pelas organizações políticas como a Sociedade Nacional Secular,[21] e na década de 1950 o convocador eleito (comunista) dos empregados de lojas numa grande fábrica de motores podia ter uma votação ridícula numa área cheia de homens que, em suas fábricas, votaram nele e — o que é ainda mais importante — o seguiram. A agudeza da distinção é especialmente clara no caso de um homem como Arthur Horner, que foi tanto uma figura política como um sindicalista — uma combinação que é muito rara. (Aneurin Bevan, por exemplo, foi uma figura política de grande importância, mas nunca desempenhou um papel de qualquer grande consequência no sindicato dos mineiros.) A carreira de Horner recai em dois segmentos distintos: o período inicial, quando ele era principalmente um líder político, com uma poderosa base local em Maerdy, e afinal, quando — após sua expulsão das principais posições do Partido Comunista — ele se concentrou em seu trabalho sindical. Mas o Horner que se tornou o líder mais capaz que os mineiros ingleses jamais tiveram, embora fosse um ornamento do seu partido, não era em qualquer sentido importante um líder dele.[22]

Da mesma forma, é difícil pensar em qualquer greve política bemsucedida ou sequer seriamente tentada na Inglaterra, embora sejam comuns as greves de simpatia ou solidariedade (que entram nos termos mais estreitos de referência do sindicalismo). A Greve Geral de 1926 pertence a esta classe. É difícil conceber um equivalente inglês para as greves gerais a favor da reforma eleitoral que os movimentos dirigidos pelos marxistas lideraram no continente, muitas vezes com muito sucesso, entre 1890 e 1914; como na Bélgica e na Suécia. As greves políticas não são inconcebíveis na Inglaterra, especialmente em épocas de excitação intensa e quase revolucionária, como em 1920, quando uma foi ameaçada contra a intervenção inglesa na guerra russo-polonesa. Contudo, a existência de uma tradição política quase certamente as favorece mais, embora naturalmente o objetivo delas seja sempre mais limitado (exceto durante épocas de revolução) do que seus advogados têm suposto muitas vezes.

Terceiro, e mais importante, uma tradição revolucionária tem por fim por definição a transferência do poder. Ela pode fazer isso com tanta ineficiência, como entre os anarquistas, que não precisa ser levada a sério. Mas sua possibilidade é sempre explícita. O historiador do Cartismo, por exemplo, mal pode deixar de ficar triste pela tibieza extraordinária deste maior de todos os movimentos de massa do trabalhismo inglês; e o que é mais, pela equanimidade com que a classe dominante inglesa o considerou, quando não assustada pela revolução *estrangeira*.[23] Esta equanimidade era justificada. Os cartistas não tinham nenhuma ideia qualquer que fosse do que fazer se a campanha deles de recolher assinaturas para uma petição tivesse que falhar em converter o Parlamento, como naturalmente falharia inevitavelmente. Porque até a proposta de uma greve geral ("mês sagrado") foi, como os seus adversários indicaram, simplesmente outra maneira de expressar a incapacidade de pensar em alguma coisa a fazer:

> Será que vamos soltar centenas de milhares de homens desesperados e esfomeados sobre a sociedade sem ter qualquer objetivo específico em vista ou qualquer plano de ação estabelecido, mas confiando num capítulo de acidentes quanto a quais serão as consequências? [...] Oponho-me a fixar um dia para o feriado até que tenhamos melhor evidência, primeiro quanto a praticabilidade da coisa, ou a probabilidade dela ser levada a efeito; e em seguida quanto à maneira pela qual ela irá ser empregada.[24]

Além do mais, quando algo como uma greve geral espontânea ocorreu no verão de 1842, os cartistas foram incapazes de fazer qualquer uso dela, e ela foi menos efetiva do que o tumulto espontâneo dos trabalhadores agrícolas em 1830, que, na verdade, foram em grande parte bemsucedidos em seu objetivo limitado de deter o progresso de mecanização nas fazendas. E o motivo para a ineficácia do Cartismo foi, pelo menos em parte, devido a pouca familiaridade dos ingleses com a própria ideia da insurreição, da organização necessária para a insurreição, e da transferência do poder.

Inversamente, o movimento de Resistência Francês durante a Segunda Guerra Mundial *não* foi deliberadamente uma tentativa de tomar o poder, em todo o caso por parte dos comunistas que, como de hábito, constituíram de longe o seu contingente mais importante e ativo. O argumento de que ele foi apresentado como uma descul- pa para fins de propaganda após 1945 e durante a "guerra fria", é uma *mentira jornalística,* e tem sido conclusivamente refutado.[25] Ele nunca teve qualquer plausibilidade ou evidência a apoiá-lo, exceto concebivelmente as atividades independentes de alguns grupos lo- cais que foram contra a política central ou não tinham consciência dela. Contudo, a questão é que nas condições do movimento fran- cês era necessário um esforço especial para *impedir* a Resistência de fazer o que poderia ter parecido ser a forma lógica (embora não necessariamente a mais aconselhada) de um lance para assumir o poder; de que os grupos de resistência, deixados aos seus próprios mecanismos, bem podiam ter seguido seus narizes nas tentativas locais de assumir o poder.[26] É extremamente pouco provável que qualquer movimento inglês, embora militante e radical, fizesse isso espontaneamente.

Até que ponto essas diferenças de tradição são importantes na prática, deve permanecer uma questão de especulação. Evidente- temente elas não são decisivas. Elas afetam mais o *estilo* das ativi- dades de um movimento do que a natureza delas ou dele. Apesar disso, o estilo pode ser de interesse mais do que superficial, e pode bem haver ocasiões em que é o homem, ou melhor, o movimen- to. Obviamente isto raramente será assim quando — por exemplo — os movimentos se conformam com padrões rigidamente deter- minados de organização, ideologia e comportamento, como entre os partidos comunistas. Apesar disso, todos com conhecimento dos movimentos comunistas sabem que a uniformidade internacional extrema que foi imposta a eles desde o meio da década de 1920 em diante ("bolshevização") não impediu mais as diferenças surpreendentes na atmosfera e estilo nacional dos comunistas do que a uniformidade do sacerdócio católico torna a igreja irlandesa idêntica à italiana ou holandesa. Quando as forças conscientes que modelam a movimento são menos fortes, os efeitos estilísticos da tradição podem ser até mais óbvios.

Um exemplo instrutivo é o do "movimento pela paz", que sempre foi anormalmente forte na Inglaterra, e relativamente fraco na França. (Ele não deve ser confundido com o movimento antimilitarista, que algumas vezes corre paralelamente a ele.) Um patriotismo agressivo e algumas vezes militante foi, desde os jacobinos, profundamente entranhado na extrema esquerda francesa, e na verdade dominou-a exceto em certos períodos históricos (p. ex., de *circa* de 1880 até 1934) quando a bandeira tricolor foi segura por outras mãos. Pode-se ir até o ponto de sugerir que os períodos de unidade e poder máximo do trabalhismo francês foram aqueles em que ele pôde estigmatizar as classes dominantes não simplesmente como exploradoras mas também como traidoras: como durante a Comuna de Paris, durante o período da Frente Popular e especialmente durante a Resistência. (Num certo sentido isto é simplesmente outra expressão da aspiração interna ao poder numa tradição revolucionária: os jacobinos e seus herdeiros sempre se consideraram como potencialmente ou realmente uma força de governo ou que carregava o estado.)[27] Por outro lado, uma aversão moral pela agressão e pela guerra como tal sempre esteve profundamente entranhada no movimento trabalhista inglês, e é claramente uma das partes mais importantes da sua herança radical-liberal — e muitas vezes, especificamente da sua herança dissidente. Não foi por acidente que em 1914 o PTI foi o único partido socialista não revolucionário num país beligerante — e na verdade quase o único partido socialista em qualquer país — que como um corpo se recusou a apoiar a guerra: mas então, a Inglaterra era o único país beligeramente no qual dois ministros — ambos Liberais — renunciaram ao gabinete pelo mesmo motivo. Vezes sem conta a oposição à agressão e à guerra tem sido o método mais efetivo de unificar ou dinamizar a esquerda inglesa: no fim da década de 1870, por ocasião da Guerra dos Boers, durante a década de 1930, e novamente no fim da década de 1950.

O contraste entre os movimentos pacifistas da França e da Inglaterra após 1945 é particularmente esclarecedor, porque é difícil encontrar quaisquer fatores outros além daqueles da tradição para explicá-lo. A França não teve nenhum movimento de massa pacifista espontâneo, mas apenas uma fase em que o Partido Comunista pôs suas energias por trás de um apelo antinuclear, e portanto recolheu muitas assinaturas. Os ingleses não tiveram nenhuma organização política importante disposta a mobilizar a opinião pública contra a guerra nuclear ou capaz de fazer isso. (A ligação íntima entre o "Movimento pela Paz Mundial" e os comunistas provavelmente adiou a emergência de um movimento pacifista de massa de base ampla na Inglaterra até o fim da pior histeria da "guerra fria".) Por outro lado, um grupo não oficial de pessoas pôde improvisar a Campanha implicitamente pacifista pelo Desarmamento Nuclear, que se tornou não somente o movimento antinuclear mais maciço do mundo, com a possível exceção daquele dos japoneses, e um modelo para (menos bem-sucedido) os imitadores estrangeiros, como uma força importante na política inglesa fora dos seus termos estreitos de referência. Porque foi em grande parte sobre a questão da "paz" que a esquerda dentro do movimento trabalhista se reuniu para derrubar o longo domínio de uma liderança de direita do partido.

Notas

1. *La vie ouvrière en France sous le second Empire* (Paris 1946), de G. Duveau, *p. 543.*
2. *The history of the South Wales Miners* (Londres 1926), de Ness Edwards, p. 39.

3. *Le mouvement ouvrier et les idées sociales en France de 1815 à la fin du XIX siècle*, de E. Labrousse. (Os Cursos da Sorbonne: Fase, III), pp. 83-4.
4. *Gewerkvereine u. Unternehmerverbaende in Frankreich* (Leipzig 1879), de W. Lexis, pp. 123-4.
5. W. Lexis, *op. cit.*, pp. 183-4.
6. Duveau, *op. cit.*, pp. 89-91.
7. *The Revolution in Tanner's Lane*, de Mark Rutherford.
8. Reeditado em *Labour's Turning Point 1880-1900* (Londres 1948), de E.J. Hobsbawm (ed.), p. 89.
9. *Some working-class movements of the nineteenth century* (Londres 1948), de R.F. Wearmouth, p. 305.
10. *De l'Introduction du Marxisme en France* (Paris 1947), de A. Zévaès, pp. 116-55.
11. Para a combinação da ação direta e da moderação extrema em Sheffield, cf., *A history of labour in Sheffield* (Liverpool 1959), de S. Pollard.
12. *Physiologie du parti cotttppjunistefrançais* (1948), de A. Rossi, p. 317.
13. Sobre a crise no PC francês, cf. *The first five years of the Comintern* II (Nova York 1953), de L. Trotsky, quase *disperso*, mas esp, pp. 153-5, 281-2, 321.
14. Cf. "The Labour Church Movement", de K.S. Inglis *in International Review of Social History* 111(1958).
15. Para esta e as passagens seguintes, ver o capítulo sobre Seitas Trabalhistas em meu *Primitive Rebels* (Manchester 1959).
16. Cf. *La pensée syndicale française* (Paris 1948), de R. Goetz-Girey, pp, 96 ss.
17. Cf., esp. Discours prononcé le 12 août à là réunion électorale du XXème arrondissement (*Discours... de Léon Gambetta*, ed. J. Reinach, Paris 1895).
18. *The miners' unions of Northumberland and Durham* (Cambridge 1923) de E. Welbourne, P. 115.
19. Halévy, *op. cit.*, I, pp. 148 ss. Para a negociação coletiva pelo tumulto, ver acima, Capítulo 2 (pp. 15 seq).
20. *Revolt on the Clyde* (Londres 1936), de W. Gallacher, cap. X para um relato autocrítico por um dos "líderes da greve, nada mais; nós nos esquecemos de que éramos líderes revolucionários".

21. Assim nas eleições de 1882 da Junta Escolar de Londres os candidatos sindicalistas (exceto quanto a um membro que já participava) atuaram extremamente mal; enquanto Helen Taylor e Aveling, cujas ligações eram principalmente políticas ou ideológicas, foram eleitos.

22. Inversamente na França, Pierre Semard, um sindicalista puro de origem, foi por algum tempo secretário-geral do Partido Comunista, e Léon Mauvais (secretário da CGTU em 1933) tornou-se secretário organizador do PC em 1947. Charles Tillon, também com antecedentes principalmente sindicalistas na Bretanha — mas combinado com a política municipal — tornou-se o principal organizador militar da resistência comunista e ministro no governo de De Gaulle; como fez Lucien Midol. A lista pode ser prolongada.

23. Cf. *Public order in the age of the Chartists* (Manchester 1960), de F.C. Mather.

24. William Carpenterem *The Charter,* 21 julho 1839.

25. *Stalin and the French Communist Party 1941-7*, de A.J. Rieber (NI e Londres 1962) discute a questão extensivamente, pp. 142-55.

26. Rieber, *op. cit.*, pp. 150-1.

27. O exemplo aparente mais óbvio do contrário, o caso Dreyfus, prova a questão. Seu efeito dentro do movimento trabalhista foi dividir e não unir; porque contra a "reunião dos políticos socialistas em torno da causa da República ameaçada e um *rapprochement* entre a maioria dos grupos socialistas" deve estar estabelecido o reforço de um sindicalismo antipolítico (*History of Socialist Thought* III, p. 343, de G.D.H. Cole), para não mencionar a divisão causada pela aceitação de cargo no gabinete por Millerand.

Este livro foi composto na tipologia Dante MT Std, em corpo 12/15,5, e impresso em papel off-white no Sistema Digital Instant Duplex da Divisão Gráfica da Distribuidora Record.